普通高等教育"十一五"国家级规划教材辅助教材

《产业经济学》
学习与教学手册

主编 杨风禄 尹 莉 余东华

经济科学出版社

图书在版编目（CIP）数据

《产业经济学》学习与教学手册／杨风禄，尹莉，余东华主编．—北京：经济科学出版社，2008.6

普通高等教育"十一五"国家级规划教材辅助教材

ISBN 978-7-5058-7142-7

Ⅰ．产… Ⅱ．①杨…②尹…③余… Ⅲ．产业经济学—高等学校—教学参考资料 Ⅳ．F062.9

中国版本图书馆 CIP 数据核字（2008）第 055572 号

目 录

第一章　导论 1

第二章　产业经济学的理论基础 11

第三章　厂商理论 21

第四章　产业组织理论的产生与发展 33

第五章　规模经济与范围经济 46

第六章　进入退出壁垒 64

第七章　企业行为 91

第八章　寡头垄断企业的竞争行为 118

第九章　市场绩效 142

第十章　中间性组织 168

第十一章　网络经济条件下的产业组织 188

第十二章	产业结构	208
第十三章	产业关联	224
第十四章	产业布局	243
第十五章	产业竞争力与企业竞争力	265
第十六章	外部性与市场失效	288
第十七章	政府管制的经济分析	308
第十八章	产业政策	326
第十九章	国际贸易与产业经济	341
附　录	主要国家竞争与反垄断法	363

第一章 导 论

一、内容提要

产业经济学理论起源于马歇尔对组织的研究,初步发展于张伯伦和罗宾逊等对不完全竞争理论的研究,以贝恩的《产业组织》一书的出版为标志,形成了较完整的理论体系。其研究内容除了西方国家普遍研究的产业组织理论以外,还包括产业结构、产业关联以及产业布局等方面的内容。产业经济学作为经济学中的一个分支学科,从一般意义上说,进行经济学研究的所有方法都会在产业经济学研究中被应用。同时,产业经济学又是一门独立发展的学科,因而在形成和发展过程中也形成了许多特殊的研究方法,这些研究方法主要有:案例分析法、比较研究分析法、计量分析法以及博弈理论的应用。

二、复习思考题

(一) 名词解释

1. 产业
2. 产业经济学
3. 产业组织

(二) 单项选择题

1. 组织作为与劳动、资本和技术并列的生产的第四个要素,最早由英国经济学家（　　）在1890年出版的《经济学原理》一书中提出。
   A. 张伯伦　　　B. 马歇尔　　　C. 罗宾逊　　　D. 亚当·斯密
2. 产业经济学研究的领域是（　　）。
   A. 产业　　　B. 家庭　　　C. 企业　　　D. 国民经济总量
3. 从产业经济学的理论体系形成过程看，其较早形成和成熟的部分是（　　）。
   A. 产业政策理论　　　　　　B. 产业关联理论
   C. 产业布局理论　　　　　　D. 产业组织理论
4. 1959年，哈佛大学教授贝恩出版了（　　）一书，第一次系统地阐述了产业组织理论，被认为是这一理论的开山之作。
   A.《垄断竞争理论》　　　　B.《不完全竞争经济学》
   C.《产业组织》　　　　　　D.《经济学原理》
5. （　　）把产业经济学看做产业组织学的同义词。
   A. 欧美经济学界　　　　　　B. 日本经济学界
   C. 中国经济学界　　　　　　D. 国际通行

（三）多项选择题

1. 下面哪几个经济学家的研究领域涉及产业组织理论（　　）。
   A. 张伯伦　　　B. 梅森　　　C. 贝恩　　　D. 谢勒
2. 产业经济学所研究的包括（　　）。
   A. 各个具体产业内部的关系　　B. 国民经济总量
   C. 企业内部的制度安排　　　　D. 各个具体产业之间的相互关系
3. 与产业经济学的研究对象和内容有所交叉的学科包括（　　）。
   A. 微观经济学　　　　　　　B. 宏观经济学
   C. 发展经济学　　　　　　　D. 马克思经济学
4. 研究产业经济学的方法包括（　　）。
   A. 案例分析方法　　　　　　B. 比较研究分析方法
   C. 计量分析方法　　　　　　D. 博弈理论的应用
5. 产业应该具有以下哪几种属性或特征（　　）？
   A. 同类产品或服务
   B. 相互密切竞争相关或替代相关的产品或服务
   C. 具有相似生产技术、生产过程、生产工艺等特征的物质生产活动或相

似经济性质的服务活动

D. 产业活动包括具有经济性质的政治、社会等方面的活动

（四）辨析题

1. 从产业经济学的理论体系形成过程看，其中较早形成和成熟的部分是产业结构理论。
2. 最早注意到规模经济的获得与企业组织的扩张以及由此产生的垄断之间关系的是张伯伦与罗宾逊。
3. 欧美国家经济界与中国、日本等国经济学界关于产业经济学研究对象和领域的认识是一致的。
4. 产业经济学研究的领域为"产业"。
5. 由于产业经济学不同于其他经济学科，所以产业经济学的研究方法也是独特的。

（五）简答题

1. 产业经济学的研究对象与内容是什么？
2. 产业经济学在经济学科中处于什么地位，它与微观经济学有什么联系与区别？

（六）论述题

1. 研究产业经济学主要有哪些方法？
2. 简述产业经济学的理论渊源及发展。

三、复习思考题参考答案

（一）名词解释

1. 产业：产业既可以指工业，又可以泛指国民经济中的各个具体产业部门，

如工业、农业、服务业，或者更具体的行业部门，如钢铁业、纺织业、食品业、造船业等。

2. 产业经济学：产业经济学是现代经济学中用来分析现实经济问题的新兴应用经济学。产业经济学以产业作为研究焦点，它一方面研究各个具体产业内部的关系，另一方面又研究各个具体产业之间的相互关系。前一个方面，产业经济学研究的产业在某种意义上与市场同义，研究的是某一具体产业或市场中生产可以替代产品的企业之间的关系。这种研究通常被认为涉及三个相互密切相关的方面，即市场结构、市场行为和市场绩效。早期的研究，以不同市场结构（市场形态）中企业间的关系和行为为重点，较少涉及单个企业内的制度安排。后来这种研究延伸到企业内部的组织结构及组织形式。后一方面主要研究不同产业之间的相互关系，这一内容是西方国家的产业经济学不涉及的，它研究不同产业发展所体现出来的长期趋势差异，以及不同产业在经济总体中的结构变动对经济总体增长产生的影响等。总之，产业经济学日益成为一国制定经济发展战略、推动经济与社会发展的经济理论和经济政策。

3. 产业组织：产业组织理论是运用微观经济学理论分析厂商和市场及其相互关系的一门学科，是研究企业结构与行为、市场结构与组织，以及市场与厂商相互作用和影响的一门新兴应用经济学分支。通过探讨产业组织状况及其演变对产业内部资源配置效率的影响，可以为维持公平合理的市场竞争秩序和市场运行效率提供理论依据和政策建议。

（二）单项选择题

1. B　　　2. A　　　3. D　　　4. C　　　5. A

（三）多项选择题

1. ABCD　　2. AD　　3. ABCD　　4. ABCD　　5. ABCD

（四）辨析题

1. 从产业经济学的理论体系形成过程看，其中较早形成和成熟的部分是产业结构理论。

答：这句话不正确。从产业经济学的理论体系形成过程看，其中较早形成和成熟的部分是产业组织理论。一般认为，产业组织理论的形成可以追溯到张伯伦和罗宾逊夫人，他们在20世纪30年代分别发表了《垄断竞争理论》和《不完全竞争经济学》，提出垄断竞争和不完全竞争理论。与此同时，梅森在哈佛大学成立了产业组织研究小组，以明确的目标和稳定的组织研究产业组织问题，发表了大量的文章，1959年，以这些前期研究为基础，梅森的弟子贝恩发表了《产业组织》一书，第一次系统地阐述了产业组织理论，被认为是这一理论的开山之作。产业经济学的另一部分研究内容，是有关产业结构包括产业关联和产业布局的理论，相对产业组织理论而言，这一部分内容提出的较晚一些。

2. 最早注意到规模经济的获得与企业组织的扩张以及由此产生的垄断之间关系的是张伯伦与罗宾逊。

答：这句话不正确。最早注意到规模经济的获得与企业组织的扩张以及由此产生的垄断之间的关系的是马歇尔。马歇尔注意到对规模经济的追求会带来组织规模的扩张，由此又导致垄断问题的产生，这交织在一起的两类问题——规模经济和垄断的弊端——被后人称为"马歇尔冲突"，成为产业组织理论中的核心问题。而张伯伦与罗宾逊提出的垄断竞争和不完全竞争理论可以被看做是对"马歇尔冲突"的一种新解释，它在完全竞争与完全垄断市场之间建立了过渡性特征的市场结构，这种市场结构更符合当时的经济现实，正是因为这种垄断竞争或不完全竞争市场的存在，导致厂商行为的变异，从而对整体经济效率产生影响，这就是"马歇尔冲突"揭示而没有解决的问题。

3. 欧美国家经济界与中国、日本等国经济学界关于产业经济学研究对象和领域的认识是一致的。

答：这句话不正确。欧美经济学界把产业经济学看做产业组织学的同义词，尤其在美国，一般不提产业经济学，而是提产业组织理论。中国、日本等国研究的内容除了包括产业组织学，还包括产业结构、产业布局及产业政策等。另外，对"产业结构"这一范畴的界定，欧美主流经济学界与中国、日本学者也存在分歧。

4. 产业经济学研究的领域为"产业"。

答：这句话正确。产业经济学作为一门经济学分支学科，其研究领域为"产业"。这里的产业既可以指工业，又可以泛指国民经济中的各个具体产业部门，如工业、农业、服务业，或者更具体的行业部门，如钢铁业、纺织业、食品业、造船业等等。产业经济学所研究的，一方面包括各个具体产业内部的关系；另一方面，又包括各个具体产业之间的相互关系。前一个方面，产业经济学研究的产业在某种意义上与市场同义，研究的是某一具体产业或市场中生产可以替代的产品的企业之间的关系。这种研究通常认为涉及三个相互密切相关的方面，即市场结构、市场行为和市场绩效。后一方面主要研究不同产业之间的相互关系，这一内容是西方国家的产业经济学不涉及的，它研究不同产业发展所体现出来的长期趋势差异，以及不同产业在经济总体中的结构变动对经济总体增长产生的影响等。

5. 由于产业经济学不同于其他经济学科，所以产业经济学的研究方法也是独特的。

答：这句话不正确。产业经济学是经济学中的一个分支学科，因此，进行经济学研究的所有方法都会在产业经济学研究中被用到。比如，经济学研究方法中最一般的实证方法和规范方法会在产业经济学的研究中得到应用。在一般研究方法的基础上对经济学研究方法的多样化分类包括：各种形式的回归分析、数理分析、运筹研究技术、文献综述、数据搜集、对所选择理论结构的运用以及其他一些程序，并包括了各种技术的联合运用等。产业经济学研究过程中，也会广泛运用这些不同的研究方法。此外，作为一门独立的分支学科，产业经济学在建立和发展过程中也形成了许多特殊的研究方法。这些方法包括案例分析法、比较研究分析法、计量分析法和博弈理论等。

（五）简答题

1. 产业经济学的研究对象与内容是什么？

答：产业经济学作为一门经济学分支学科，其研究领域为"产业"。在英文中，产业（Industry）既可以指工业，又可以泛指国民经济中的各个具体产业部门，如工业、农业、服务业，或者更具体的行业部门，如钢铁业、纺织业、食品业、造船业等。

产业经济学所研究的，一方面包括各个具体产业内部的关系；另一方面，又包括各个具体产业之间的相互关系。前一个方面，产业经济学研究的产业在某种意义上与市场同义，研究的是某一具体产业或市场中生产可以替代产品的企业之间的关系。这种研究通常认为涉及三个相互密切相关的方面，即市场结构、市场行为和市场绩效。早期的研究，以不同市场结构（市场形态）中企业间的关系和行为为重点，较少涉及单个企业内的制度安排。后来这种研究延伸到企业内部的组织结构及组织形式。后一方面主要研究不同产业之间的相互关系，这一内容是西方国家的产业经济学不涉及的，它研究不同产业发展所体现出来的长期趋势

第一章 导 论

差异,以及不同产业在经济总体中的结构变动对经济总体增长产生的影响等。

2. 产业经济学在经济学科中处于什么地位,它与微观经济学有什么联系与区别?

答: 通常认为,产业经济学的重要组成部分产业组织理论是微观经济学的应用。正如有的经济学家所言,如果认为微观经济学是价格理论,那么,产业组织理论则为应用价格理论。

微观经济学又称为个体经济学,研究的对象是市场中单个经济单位(企业、家庭)的经济行为,是在一定约束条件下经济个体(厂商、居民户)如何获取最大效益,即厂商怎样以稀缺资源组织生产,谋取利润最大化,居民户怎样在现实的禀赋约束下选择消费,谋取效用最大化。研究的方法主要是边际分析、均衡分析和最大化分析方法等,研究的重点是厂商的行为和他们之间的竞争关系、居民户的消费行为等。研究的主要内容为:①消费(需求)理论;②厂商理论;③市场理论;④分配理论;⑤一般均衡理论;⑥福利经济学等。

尽管在微观经济学中涉及厂商理论和市场理论,但是,这里市场或者说产业,并不是指一个个的具体产业,而是以"代表性企业"行为分析均衡价格理论或者说市场需求与供给理论。与微观经济学分析企业与市场理想化模型相比,产业组织理论分析企业与市场采取一种更贴近、更现实的观察,或者说,使用微观经济学模型,解释现实中企业的行为以及现实中的市场结构。

需要进一步指出的是,微观经济学和产业组织理论经过近几十年的迅速发展,两者关系似乎已经突破了以上的描述。今天,两者的研究对象和内容在一定程度上有所交叉。如交易费用、产权、效率、信息、博弈等似乎已经成为两门学科共同的研究内容,学科的边界似乎变得越来越模糊。

(六) 论述题

1. 研究产业经济学主要有哪些方法?

答: 产业经济学的研究方法是在产业经济学研究中所使用的技术、工具和程序等。因此,从一般意义上,经济学研究的所有方法都会在产业经济学研究中被用到。对经济学研究方法的最一般化的分类是经济学研究的实证方法和规范方法。

实证方法是指在描述经济和建立模型预言经济的变化或者不同政策的后果时

使用的方法，当评价不同的政策以及不同政策的好处和代价时使用的方法是规范经济学方法。实证经济学所回答的是经济现象是什么，具有什么样的特征，为什么会这样等一些不涉及基本价值判断和价值准则的基本问题。而规范经济学则牵涉到应该是什么的问题，牵涉到对各种不同的选择是否符合人们头脑中的价值标准的评价。规范经济学研究需要应用实证经济学研究的结论，因为如果不知道经济过程的真实内容是什么，就无法判断它是否符合人们的要求。

在此基础上对经济学研究方法的进一步分类就显得多样化了，产业经济学研究过程中，会广泛运用各种形式的回归分析、数理分析、运筹研究技术、文献综述、数据搜集、对所选择出的理论结构的运用以及其他一些程序，并包括各种技术的联合运用等研究方法。

但是作为一门独立的分支学科，产业经济学在建立和发展过程中也形成了许多特殊的研究方法。这些研究方法可以包括以下几种。

(1) 案例分析方法

在产业组织理论产生的早期阶段，案例分析方法应用得比较多，研究的主要对象是不同的产业部门。目前这一分析方法也被用于对特殊产业发展的研究过程中。

(2) 比较研究分析方法

比较研究可以是在一国内的不同产业之间进行，也可以就某一产业做关于不同国家间的比较研究，甚至可以就特定产业做不同历史发展阶段的比较研究等。比较研究分析的主要目的不在于揭示不同产业、不同国家或者不同发展阶段的差异，而是从中找到产业发展的一般化规律。

(3) 计量分析方法

计量分析方法在产业经济学研究中也被广泛应用，在研究影响市场结构的因素的文献中，特别是在研究企业组织结构的文献中，计量方法能够揭示不同要素之间的数量关联，从而验证相关理论在实证层次上的有效性。

(4) 博弈理论的应用

博弈论也被称为对策论，它研究决策主体的行为在存在相互关联时，决策主体是如何决策并最终实现均衡的。在产业组织理论中，市场结构的基本特征不是完全垄断，也不是完全竞争，而是处于这两种极端状态之间，表现为垄断竞争和寡头垄断。在这样的市场结构中，决策主体的行为是相关联的，其收益的状态不仅取决于决策主体的行为，也与竞争对手的反应有关，因此决策者不仅要考虑自身决策问题，还要考虑竞争对手的反应，这种决策以及由此形成的均衡就是博弈理论所研究的内容。将这一理论引入到产业经济学中，研究不完全竞争和不完全

第一章 导 论

垄断状态下的市场均衡和厂商行为，使得产业组织理论的研究更加规范化了。

2. 简述产业经济学的理论渊源及发展。

答：产业经济学是研究产业组织、产业结构及产业政策等的新兴学科。从产业经济学的理论体系形成过程看，其中较早形成和成熟的部分是产业组织理论。

组织作为与劳动、资本和技术并列的生产的第四个要素，最早由英国经济学家马歇尔在1890年出版的《经济学原理》一书中提出。马歇尔关于组织的概念具有多重的含义，它可以是指企业内部组织，也可以是企业之间的组织或者是产业之间的组织形态等，其中关于组织的认识成为初期产业组织理论的核心研究内容，现在的产业组织理论的研究领域已经延伸到企业组织内部。马歇尔注意到规模经济的获得与企业组织的扩张以及由此产生的垄断之间的关联，对规模经济的追求伴随有组织规模的扩张，由此又导致垄断问题的产生，这交织在一起的两类问题——规模经济和垄断的弊端——被后人称为"马歇尔冲突"，成为产业组织理论中的核心问题。

一般认为，产业组织理论的形成可以追溯到张伯伦和罗宾逊夫人，他们在20世纪30年代分别发表了《垄断竞争理论》和《不完全竞争经济学》，提出垄断竞争和不完全竞争理论。垄断竞争和不完全竞争理论的提出可以被看做是对"马歇尔冲突"的一种新解释，在完全竞争与完全垄断市场之间建立了过渡性特征的市场结构，这种市场结构更符合当时的经济现实，正是因为这种垄断竞争或不完全竞争市场的存在，导致厂商行为的变异，从而对整体经济效率产生影响，这就是"马歇尔冲突"揭示而没有解决的问题。

产业组织理论的创始人为哈佛大学的梅森及其弟子贝恩。20世纪30年代，梅森在哈佛大学成立了产业组织研究小组，开始以明确的目标和稳定的组织研究产业组织问题，发表了大量的文章，1959年，以这些前期研究为基础，梅森的弟子贝恩发表了《产业组织》一书，第一次系统地阐述了产业组织理论，被认为是这一理论的开山之作。

相对于产业组织理论，产业结构理论是产业经济学中的新生部分，有人认为，它是伴随着日本经济发展的实践过程而产生的。第二次世界大战之后，在20世纪50年代和60年代，日本经济高速增长，到1972年超过当时的联邦德国经济总量，成为世界上仅次于美国的第二经济大国，被认为是"东亚奇迹"，被公认为是经济后进国赶上经济先进国家的唯一例子。一般认为，日本之所以能够创造这一奇迹，是由于其推行的产业结构改革，主要是主导产业选择和扶植政策。基于对这一经济现象的认知，日本经济学家拓宽了产业经济学的研究领域，把对产业结构的研究囊括到产业经济学中。

中国产业经济学形成的初始阶段更多地受到日本学者的影响，杨治的《产业经济学导论》中明显表现出这一点。《产业经济学导论》被公认为是中国最早的一本系统阐述产业经济学的教材，并对中国经济学界和政府政策制定过程产生了很大的影响。

东西方经济学家对产业经济学的认识有很大差异。欧美经济学界把产业经济学（Industrial Economics）看做产业组织学（Industrial Organization）的同义词。尤其在美国，一般不提产业经济学，而是提产业组织理论。在欧洲，产业经济学就是美国的产业组织理论的另一种称谓，其研究对象和内容是完全一致的。

欧美国家经济学界同中国、日本等国经济学界关于产业经济学研究对象和领域的认识差异集中体现在对"产业结构"这一范畴的界定上。按照欧美主流经济学家的界定，产业结构就是通常我们所说的市场结构，即某一产业或市场中企业间的构成形态，或者说市场形态。主要分为完全竞争、完全垄断、垄断竞争和寡头垄断四种形态。而按照中国、日本学者的界定，产业结构主要是指不同产业间的构成关系。显然，前者的产业结构主要是指某一具体产业内部的组织形态，不涉及不同产业间的关系，而后者则是指主要存在于某一个具体产业外部的、不同产业间的组织形态。

第二章 产业经济学的理论基础

一、内容提要

完全竞争市场被认为是能够实现资源有效配置的唯一市场形式。完全垄断市场由于独家垄断厂商的市场力量形成了高价格、低产量的市场结果,最终导致效率的损失。但是现实中这两种市场结构都不存在,这两种市场结构只是为分析特定市场结构状态下的资源配置效率问题提供一个坐标系。现实中大量存在的市场结构是垄断竞争市场,在这种市场结构中,企业既具有一定的市场力量,又相互竞争。因而其市场价格比垄断价格低,比完全竞争价格高。此外,资源配置效率的提高除了可以通过在同一市场上不同厂商间的资源流动实现,还可以通过在不同产业间的重新配置实现。经济增长的结构主义观点强调了不同产业之间在效率、增长的一般趋势等方面的差异,这种差异是资源在产业间重新配置并提高效率的基础。

二、复习思考题

(一) 名词解释

1. 完全竞争市场
2. 完全垄断市场
3. 竞争性选择
4. 垄断竞争理论

（二）单项选择题

1. 在完全竞争的条件下，如果厂商把产量调整到平均成本曲线最低点所对应的水平（   ）。
   A. 他将取得最大利润　　　　　　B. 他没能获得最大利润
   C. 他是否获得最大利润仍无法确定　D. 他一定亏损

2. 在完全竞争市场中，行业的长期供给曲线取决于（   ）。
   A. SAC 曲线最低点的轨迹　　　　B. SMC 曲线最低点的轨迹
   C. LAC 曲线最低点的轨迹　　　　D. LMC 曲线最低点的轨迹

3. 垄断利润或者说超额利润（   ）。
   A. 不是一种成本，因为它不代表生产中使用的资源所体现的替换成本
   B. 不能被垄断者在长期中所获取，因为价格在最优产出水平上必须等于长期平均成本
   C. 为保证资本继续进入该行业所必需
   D. 能被完全竞争者和垄断者一样在长期中获取

4. 如果垄断者的长期平均成本超过市场价格，则厂商将（   ）。
   A. 停留在这一营业水平上，因为它使资本得到了一个正常报酬
   B. 停留在这一营业水平上，尽管其固定成本没有得到补偿
   C. 歇业并清理资产
   D. 暂时停业

5. 在垄断竞争中（   ）。
   A. 只有为数很少的几个厂商生产有差异的产品
   B. 有许多厂商生产同质产品
   C. 只有为数很少的几个厂商生产同质产品
   D. 有许多厂商生产有差异的产品

（三）多项选择题

1. 完全竞争市场必须满足的基本条件包括（   ）。
   A. 商品的买方和卖方数量众多，没有单个卖方或买方能影响商品价格
   B. 厂商的产品同质
   C. 不存在卖方或买方的合谋

D. 信息是完全的
2. 消费者剩余是指（　　）。
   A. 生产者获得的超出他们愿意生产时的最低成本的收益
   B. 生产者愿意接受的最低价格与市场价格之差
   C. 消费者效用的满足感
   D. 消费者对其购买的产品愿意支付的价格超出实际支付的价格部分
3. 传统的垄断理论认为垄断的形成主要是（　　）。
   A. 淘汰掉低效率的企业而保留下来的有效率的大企业
   B. 该产业的进入壁垒较高
   C. 生产者在该产业中的独占性
   D. 生产者拥有完全竞争市场上其他生产者所没有的某种权力
4. 完全竞争的社会价值在于（　　）。
   A. 完全竞争导致企业保持在较小的规模水平
   B. 完全竞争是一种无超额利润的生产
   C. 完全竞争的假设条件是不存在的
   D. 完全竞争是在最小单位成本条件下运行的
5. 竞争性选择模型在解决完全竞争模型与实证数据不协调的问题中具体表现为（　　）。
   A. 竞争性选择模型表明不同的企业有不同的收益率
   B. 竞争性选择模型解决了厂商规模的分布既不是确定在某一个数值上，也不是无法确定的问题
   C. 竞争性选择模型仍然假定价格信息是充分的
   D. 竞争性选择模型说明在同一产业中厂商进入与退出是同时发生的

（四）辨析题

1. 当产出为完全竞争均衡时，消费者剩余与生产者剩余之和实现最大化。
2. 长期均衡条件下，每个完全竞争厂商的利润为零。因此，价格一旦下降，则所有厂商均会退出该行业。
3. 对某种产品拥有垄断权的企业一定是盈利的。
4. 市场的竞争程度越高，则经济效率越高；市场的垄断程度越高，则经济效率越低。
5. 垄断厂商长期均衡时，垄断者的生产规模一定会使短期平均成本和长期

平均成本达到最小。

（五）简答题

1. 完全竞争在现实经济生活中存在吗？为什么西方经济学家首先需要研究完全竞争模型？
2. 完全竞争的条件是什么？怎么看待完全竞争的社会价值？
3. 为什么说垄断会增加社会成本？

（六）论述题

1. 竞争性选择模型与完全竞争模型相比有何不同？
2. 在垄断竞争市场，即使厂商在短期可以获得超额利润，在长期却不能保持超额利润，为什么？

三、复习思考题参考答案

（一）名词解释

1. 完全竞争市场：指一种竞争不受任何阻碍和干扰的市场结构。完全竞争市场必须满足以下四个基本条件：第一，在这个市场上，一种商品的卖方和买方都足够多，以至于没有任何单独一个卖方或买方能够影响该商品的价格，价格由供给和需求的市场力量决定，单个厂商在决定生产和销售量时都将价格看做给定的，或者说他们是价格的接受者。消费者在决定商品的购买量时也将价格当做给定的。第二，在这个市场上，每个厂商的产品是同质的，面对的是一条完全水平的需求曲线，厂商可以自由进入或退出行业。第三，不存在卖方或买方的合谋。第四，信息是完全的。除此之外，完全竞争者都是理性的。事实上，这种理想的完全竞争市场很难在现实中存在。但是，完全竞争市场的资源利用最优、经济效率最高，可以作为经济政策的理想目标，所以，西方经济学家总是把完全竞争市场的分析当做市场理论的主要内容，并把它作为一个理想情况，以便和现实比较。

第二章　产业经济学的理论基础

2. 完全垄断市场：完全垄断市场是与完全竞争市场相对立的另一极端市场形态。完全垄断市场的条件主要有以下三点：第一，市场上只有唯一的一家厂商生产和销售商品；第二，该厂商生产和销售的商品没有任何相近的替代品；第三，其他任何厂商进入该行业都极为困难或不可能。一般认为，与完全竞争市场上的产量和价格相比，完全垄断市场提供的产量较低而价格较高。这就意味着垄断造成了一种社会成本，因为只有较少的需求者买到产品，而且买到产品的需求者要支付较高的价格。像完全竞争市场一样，完全垄断市场是很少见的。

3. 竞争性选择：竞争性选择模型通过放宽完全竞争模型的某些假设修正了完全竞争模型与实证数据之间的矛盾。竞争性选择模型相对于完全竞争模型仍然保留的假设为：①厂商是价格的接受者；②产品的同质性；③价格信息是充分的。与完全竞争模型不同的假设为：①厂商进入需要支付沉没成本；②不是所有厂商都能得到相同的技术。得出的结果为：获得一系列坏信号，高生产成本的厂商逐渐对自己的效率水平悲观失望，减少产量，最终可能决定退出该产业；相反，获得一系列好信号，生产成本低的厂商会继续活跃在该产业内，并逐渐增加产量。竞争性选择模型认为，让厂商从产业中进进出出看起来似乎是效率低下的，但是，在厂商对其效率的判断是不确定的情况下，决定厂商效率的唯一办法是进入该产业。竞争性选择模型得出的结论是：在竞争性选择下达到的均衡是有效率的。

4. 垄断竞争理论：指一种由许多厂商生产和销售有差别的同种产品的市场，市场中既有垄断又有竞争，既不是完全竞争又不是完全垄断。引起这种垄断竞争的基本条件是产品差别的存在。产品差别是指同一种产品在质量、包装、牌号或销售条件等方面的差别。产品差别既会产生垄断，又会引起竞争，从而形成一种垄断竞争的状态。有差别的产品往往是由不同的厂商生产的，因此，垄断竞争的另一个条件就是存在较多的厂商。这些厂商努力创造自己产品的特色，以形成垄断，而这些产品之间又存在竞争，这就使这些厂商处于垄断竞争的市场中。垄断竞争市场上，厂商面临着两条需求曲线：一条表示当一厂商改变产品的价格，而该行业其他厂商并不随它改变价格时，该厂商的价格和销售量的关系；另一条表示当一厂商改变自己产品的价格，该行业中其他与之竞争的厂商也随之改变价格时，该厂商的价格和销售量的关系。垄断竞争厂商的均衡条件为 $MC = MR$，实现均衡时，可能有超额利润、收支相抵或亏损。垄断竞争市场有利于鼓励创新，但同时会使销售成本增加，许多经济学家认为，垄断竞争的存在从总体上说利大于弊。现实中垄断竞争是一种普遍存在的市场结构。

(二) 单项选择题

1. C   2. C   3. A   4. C   5. D

(三) 多项选择题

1. ABCD   2. CD   3. BCD   4. BD   5. ABD

(四) 辨析题

1. 当产出为完全竞争均衡时，消费者剩余与生产者剩余之和实现最大化。

答：这句话正确。总剩余随产量的变化而变化。只要消费者愿意支付的最高价格大于生产者可以接受的最低价格，总剩余便会随产量的增加而增加。反之，总剩余便会随产量的增加而减少。因此，总剩余在均衡产量以下随产量的增加而增加，在均衡产量之上随产量增加而下降，故当产出为完全竞争均衡产量时，总剩余将实现最大化。

2. 长期均衡条件下，每个完全竞争厂商的利润为零。因此，价格一旦下降，则所有厂商均会退出该行业。

答：这句话不正确。完全竞争厂商达到长期均衡时，价格等于长期平均成本。此时如果价格下降，则完全竞争厂商得不到经济利润，会有部分厂商退出该行业。随着部分厂商的退出，供给曲线左移，价格上升，最终又会重新达到均衡，而不是所有的厂商退出该行业。

3. 对某种产品拥有垄断权的企业一定是盈利的。

答：这句话不正确。垄断条件下，厂商在边际成本等于边际收益的生产点实现利润最大化，但这并不意味着对某种产品拥有垄断权的企业一定是盈利的。若该厂商的生产不足以弥补其可变成本，则它将停止生产，即使在短期也是如此。

4. 市场的竞争程度越高，则经济效率越高；市场的垄断程度越高，则经济效率越低。

答：这句话正确。经济效率指利用经济资源的有效性。市场结构类型直接影响经济效率的高低，通过对不同市场结构下厂商的长期均衡状态的分析可以得出：完全竞争市场的经济效率是最高的，其次是垄断竞争，第三是寡头市场，垄断市场的经济效率最低。即市场的竞争程度越高，则经济效率越高，反之，市场的垄断程度越高，则经济效率越低。

5. 垄断厂商长期均衡时，垄断者的生产规模一定会使短期平均成本和长期平均成本达到最小。

答：这句话不正确。垄断厂商长期均衡的条件是：MR = LMC = SMC，也就是说，MR 曲线、LMC 曲线和 SMC 曲线这三条线必须相交于一点。正因为这样，这时，LAC 曲线必须等于 SAC 曲线，即 LAC 曲线和 SAC 曲线必须相切，其切点和上述三线交点在一条垂直线上，但这并不要求 LAC 曲线和 SAC 曲线必须相切在 LAC 曲线和 SAC 曲线的最低点上，而只要相切就可以了。此切点可以在 LAC 曲线最低点左边，也可以在 LAC 曲线最低点右边。

（五）简答题

1. 完全竞争在现实经济生活中存在吗？为什么西方经济学家首先需要研究完全竞争模型？

答：严格地讲，完全竞争在现实中并不存在，农产品市场也只是类似完全竞争市场而已。尽管完全竞争市场只是一种理想的状况，但对一般厂商而言，当他们对市场价格几乎没有什么影响和控制作用时，也可近似作为完全竞争厂商来看待，以便简化厂商均衡问题的分析。不仅如此，由于完全竞争市场理论是各种类型市场理论的基础，弄清完全竞争市场中产品价格和产量如何决定，分析其他市场类型产品价格和产量的决定也就不困难了。因此，经济学家分析厂商理论时首先总是分析完全竞争市场。

2. 完全竞争的条件是什么？怎么看待完全竞争的社会价值？

答：完全竞争市场必须满足以下四个基本条件：

第一，在这个市场上，一种商品的卖方和买方都足够多，以至于没有任何单独一个卖方或买方能够影响该商品的价格，价格由供给和需求的市场力量决定。单个厂商在决定生产和销售量时都将价格看做给定的，或者说他们是价格的接受者。消费者在决定商品的购买量时也将价格当做给定的。

第二，在这个市场上，每个厂商的产品是同质的，面对的是一条完全水平的需求曲线，厂商可以自由进入或退出行业。

第三，不存在卖方或买方的合谋。

第四，信息是完全的。

完全竞争代表了一种经济关系的社会标准，即帕累托所证明的在交换中自由竞争会使经济集合体中每个人的效用都最大化。根据在于，完全竞争是一种无利可图的生产，是在最小单位成本条件下运行的。因此，完全竞争的社会价值包括：

第一，完全竞争是一种无超额利润的生产。在帕累托的理论中，这个方面即超额利润的消除起着极其重要的作用。在竞争的状态下，边际收益与边际成本相等，不存在超额利润，厂商的边际成本也正是消费者愿意支付的最高价格。因此整个社会用于这种物品生产过程的边际投入正好等于其产出带来边际收益，资源被最有效率地利用了。

第二，完全竞争是在最小单位成本条件下运行的。在完全竞争的条件下，生产假定为在 U 型企业平均成本曲线的最低点上进行。

3. 为什么说垄断会增加社会成本？

答：传统的垄断理论是由三条主线构成的。首先是生产者在该产业中的独占性；其次是保障这种独占性免受新来的生产者侵犯的特权地位，换句话说，群体中只有一个生产者以及进入是封闭的；最后一个方面是从前述两个条件得出的：生产者拥有完全竞争市场上其他生产者所没有的某种权力。

一般认为，与完全竞争市场上的产量和价格相比，完全垄断市场提供的产量较低而价格较高。这就意味着垄断造成了一种社会成本，因为只有较少的需求者买到产品，而且买到产品的需求者要支付较高的价格。

（六）论述题

1. 竞争性选择模型与完全竞争模型相比有何不同？

答：竞争性选择模型修正了完全竞争模型与实证数据之间的矛盾。竞争性选择模型试图通过放宽完全竞争模型的某些假设，调解完全竞争模型同实证数据的矛盾。仍然保留的假设为：①厂商是价格的接受者；②产品的同质性；③价格信息是充分的。与完全竞争模型不同的假设为：①厂商进入需要支付沉没成本；②不是所有厂商都能得到相同的技术。

得出的结果为：获得一系列坏信号，高生产成本的厂商逐渐对自己的效率水平悲观失望，减少产量，最终可能决定退出该产业。相反，获得一系列好信号，

第二章 产业经济学的理论基础

生产成本低的厂商会继续活跃在该产业内,并逐渐增加产量。

这一竞争性选择模型似乎解决了完全竞争模型同实证数据间的不协调问题。首先,竞争性选择模型表明不同的企业有不同的收益率,即使从长期看也是如此。其次,这一模型说明在同一产业中厂商进入与退出是同时发生的。一方面,获得一系列不利信号的厂商将会对其效率产生不好的预期,认为继续留在该产业的预期价值为负,最终做出退出该产业的选择。另一方面,该产业新进入的厂商没有任何信息判断其效率的高低,由此其预期将会比在位企业的好,这实际上是说,没有信息总比得到坏信息好。第三,竞争性选择模型也解决了厂商规模的分布既不是确定在某一个数值上,也不是无法确定的问题。按这一模型,一个给定的效率水平的分布也就暗含着特定的厂商规模分布。

竞争性选择模型与完全竞争模型相比有所不同,前者有一个重要的特性,即效率。竞争性选择模型中,在每一时期,每一厂商有关产出水平的决定均是有效率的,价格等于预期边际成本时所决定的产出水平最有效率,即此时总剩余最大化。进一步,从社会的角度看,厂商的进入和退出决定均为最优的。

2. 在垄断竞争市场,即使厂商在短期可以获得超额利润,在长期却不能保持超额利润,为什么?

答:垄断竞争模型假设存在众多厂商,各个厂商对与其竞争对手的影响可以忽略不计。但由于产品存在差异,厂商是价格的制定者而非价格的接受者。同时,垄断竞争模型的主要特点在于放弃了产品同质性假设。在厂商数量给定时的短期均衡中,各厂商的价格大于平均成本,这是短期均衡的一个特征,这时外部厂商就想进入市场。实际上,由于所有的厂商都可以获得同样的技术,而且每家厂商规模都很小,一个厂商对其他厂商的影响可以忽略不计,这意味着潜在的进入者预期将得到与典型在位厂商一样的利润。但在长期均衡下:①厂商利润最大化,边际效益等于边际成本;②厂商的利润为零,价格等于边际成本,这时将没有在位的厂商想退出该产业,也没有外部厂商想进入该产业。同完全竞争模型中的长期均衡相比,相同之处在于,垄断竞争模型中的长期均衡也允许自由进入,所以长期利润为零;不同之处在于,在完全竞争模型中,零利润均衡意味着价格等于最低平均成本,而在垄断竞争模型中,价格高于最低平均成本。

在自由进入的条件下,价格高于最低平均成本和价格高于边际成本具有同样的含义,但却暗示了两种不同的资源配置失效。在价格高于最低平均成本时,通过厂商之间的再分配，能够减少产业总成本。具体说，在垄断竞争模型中各厂商的产量太少，如果由较少数目的厂商生产出较多的产品，总成本会有所降低。在价格高于边际成本时，通过增加产量，总剩余能够增加，因为从边际角度看，消费者愿意支付的价格高于厂商付出的边际成本。

第三章 厂商理论

一、内容提要

现代企业理论把企业看做是一系列契约的有机组合,并且这些契约是不完备的。现代企业理论从其所运用的方法上划分,可分为三大理论:一是交易成本理论;二是委托代理理论;三是产权理论。由于契约是不完备的,所以会产生交易费用,交易各方之间存在利益冲突,因而必须建立相应制度,如激励制度以减少交易费用和"敲竹杠"问题。这些相应的制度安排体现为厂商的内部结构,一般采取一种等级制科层组织。大规模经营的厂商其内部组织更加复杂化,M型组织是通常采用的组织结构。现代企业往往以股份公司的方式出现,业主制和合伙制企业虽然数量很大,但是其完成的销售额以及雇员的数量都是有限的。股份公司的典型特征是实现了公司所有权和控制权的分离,在所有权和控制权分离的前提下演化出许多不同的公司治理模式,形成不同的公司内部治理结构。

二、复习思考题

(一) 名词解释

1. 厂商
2. 交易费用
3. 股份公司
4. 所有权与经营权

5. 委托代理理论
6. "搭便车"

（二）单项选择题

1. 从（　　）的角度看，契约关系是企业的本质，企业完全是一种法律假设，是一组个人契约关系的连接。
   A. 古典的厂商理论　　　　　　B. 交易成本理论
   C. 产权理论　　　　　　　　　D. 委托代理理论
2. 交易成本理论是由（　　）首先提出的。
   A. 科斯　　　　　　　　　　　B. 德姆塞茨
   C. 威廉姆森　　　　　　　　　D. 张五常
3. 公司资本划分为等额股份，股东以其所持股份为限为公司承担责任的公司形式是（　　）。
   A. 有限责任公司　　　　　　　B. 股份有限公司
   C. 合伙制　　　　　　　　　　D. 单一业主制
4. 在股份公司中，股权的相对分散导致的结果是小股东在参与公司治理过程中的（　　）现象。
   A. 用手投票　　　　　　　　　B. 机会主义
   C. "搭便车"　　　　　　　　　D. "敲竹杠"
5. 下列哪一项不是 M 型组织结构的优点（　　）？
   A. 公司管理者可以准确地了解和控制各个业务单位的经营绩效
   B. 职能高度集中、职责清楚
   C. 不同业务单位之间进行效率的比较变得容易了
   D. 刺激那些经营绩效落后的业务单位努力寻找改善经营状态的途径

（三）多项选择题

1. 现代企业理论从其所运用的方法上划分，可分为的理论有（　　）。
   A. 委托代理理论　　　　　　　B. 古典理论
   C. 交易成本理论　　　　　　　D. 产权理论
2. 古典企业理论把企业看做一个将投入转化为产出的组织，它的缺陷在于（　　）。

A. 未能明确厂商利润最大化的目标
B. 没有涉及企业的内部组织
C. 完全忽略了企业内部的激励问题
D. 未能令人满意地确定企业的边界

3. 交易费用包括（　　）。
A. 交易双方事前的信息搜寻费用
B. 交易协议执行过程中的费用
C. 交易协议协商过程中发生的费用
D. 因协议的不完全性导致的事后修改发生的费用

4. 当通过市场交易所花费的成本上升，甚至可能超过企业自己从事生产所花费的成本时，解决问题的途径有（　　）。
A. 通过第三方协调机构协调交易各方的利益冲突
B. 建立长期契约以规避机会主义的产生
C. 用纵向一体化替代现货市场
D. 提高企业的经营管理效率

5. 股份公司可通过以下几种方式解决因规模扩张产生的融资问题（　　）。
A. 通过企业自身的利润积累实现
B. 放弃扩大规模的经营策略
C. 采用股份公司这种组织形式直接融资实现
D. 通过扩大负债规模实现

（四）辨析题

1. 传统的微观经济学已经分析了厂商的内在结构对厂商的功能所产生的影响。

2. 交易成本理论侧重于分析企业内部组织结构以及企业成员之间的代理关系。

3. 从委托代理理论的角度看，契约关系是企业的本质，企业完全是一种法律假设，是一组个人契约关系的连接。

4. 厂商的存在可以节约交易费用，因此一个大厂商的存在可以取代市场的存在。

5. 现代企业理论从其所运用的方法上划分，可分为三大理论：一是交易成本理论；二是委托代理理论；三是产权理论。

（五）简答题

1. 古典厂商理论界定的厂商的性质是什么？
2. 试评价"机会主义"概念在交易成本经济学中的地位。
3. 试比较科斯和德姆塞茨对企业出现问题所做出的不同解释。

（六）论述题

1. 实证表明很多大公司都采用 M 型组织结构，而很多小公司仍沿用 U 型组织机构或其他组织结构。多种组织形式的共存是否可以用经济效率观点来解释？试加以说明。
2. 公司治理规则的来源是什么？

三、复习思考题参考答案

（一）名词解释

1. 厂商：厂商是一个将投入转化为产出的组织，赚取它得到的收入与花在投入上的支出之间的差价，而这个差价构成了厂商利润的来源。
2. 交易费用：交易费用是指通过市场配置资源所产生的费用，包括交易双方事前的信息搜寻费用、交易协议协商过程中发生的费用、交易协议执行过程中的费用以及因协议的不完全性导致的事后修改协议发生的费用，此外还可能包括因不确定性导致的最终损失。
3. 股份公司：股份公司是将资本分成由个人所有的股份的公司，持有公司股份的人成为公司股东，他对公司承担以其占有的股份为限的有限责任，当公司破产时，股东不必用他们的个人资产清偿债务，股东损失的最大限额是他出资购买的股票数额。它可以被进一步区分为有限责任公司和股份有限公司。
4. 所有权与经营权：所有权是产权的一部分，表明财产的归属权利，即财产归谁所有。经营权是指经营管理、组织企业运行的权利。这两种权利可以归一人所有，也可以分开，所有权在企业中一般归委托人所有，经营权一般由委托人

第三章　厂商理论

赋予代理人所有。

5. 委托代理理论：委托代理理论是过去30多年里契约理论最重要的发展之一。它是20世纪60年代末70年代初一些经济学家深入研究企业内部信息不对称和激励问题发展起来的。在委托代理的关系当中，由于委托人与代理人的效用函数不一样导致了两者的利益冲突。它的中心任务是研究在利益相冲突和信息不对称的环境下，委托人如何设计最优契约以激励代理人。

6. "搭便车"：在一个人口众多的社会里，没有人能够做到对其他所有社会成员的偏好和经济状况完全了解，因而人们便有可能隐瞒其从公共产品消费中获得的真实收益，从而在不付出代价的情况下，享受既存的公共产品的效益，这就是搭便车（Free-Ride）。

（二）单项选择题

1. D　　　2. A　　　3. B　　　4. C　　　5. B

（三）多项选择题

1. ACD　　2. BCD　　3. ABCD　　4. ABC　　5. ACD

（四）辨析题

1. 传统的微观经济学已经分析了厂商的内在结构对厂商的功能所产生的影响。

答：这句话不正确。在传统的微观经济学理论中，厂商被假定为是能够自动实现利润最大化的行为主体，将厂商视为一个"黑箱"，只是强调厂商在经济体系中所表现出来的功能，而没有分析厂商的内在结构对功能所产生的影响。

2. 交易成本理论侧重于分析企业内部组织结构以及企业成员之间的代理关系。

答：这句话不正确。交易成本理论的重点限于研究企业与市场的关系，而委托代理理论才侧重于分析企业内部组织结构以及企业成员之间的代理关系。

3. 从委托代理理论的角度看，契约关系是企业的本质，企业完全是一种法律假设，是一组个人契约关系的连接。

答：这句话正确。因为对于该理论而言，关键的问题是在存在不确定性和不完全监督的条件下,如何构造委托人和代理人的契约关系,从而为代理人提供适当的激励,促使其选择使委托人福利最大化的行为,这种契约关系就使企业的本质是一系列个人契约关系的连接,企业的运转围绕这些契约关系展开。

4. 厂商的存在可以节约交易费用,因此一个大厂商的存在可以取代市场的存在。

答:这句话不正确。虽然厂商的存在可以节约交易费用,但是却不可能由一个大厂商的存在取代市场存在。因为在厂商内部仍然存在着成本,企业边界的扩张有可能使企业内部资源配置的成本高于市场配置资源发生的成本。

5. 现代企业理论从其所运用的方法上划分,可分为三大理论:一是交易成本理论;二是委托代理理论;三是产权理论。

答:这句话正确。交易成本理论的重点限于研究企业与市场的关系;委托代理理论则侧重于分析企业内部组织结构以及企业成员之间的代理关系;产权理论则强调在企业内部产权界定与权利的分配对效率的影响。这三个理论分支的共同点在于都强调企业的契约性及其不完备性以及由此导致的企业所有权的重要性。

(五) 简答题

1. 古典厂商理论界定的厂商的性质是什么?

答:古典的厂商理论主要是从技术的角度看待企业的,认为它是一个将各种投入转化为产出的组织。一个生产单一产品的企业可以由生产函数表示:它选择了各种投入要素分别为 X_1, X_2, $\cdots$, X_n,最终的产出为 Q。

假定企业对投入和产出水平的选择都是为了使利润最大化。企业在竞争市场上按照既定的价格 W_1, W_2, $\cdots$, W_n 购买 n 种投入,它的总成本是:

$$\sum_{i=1}^{n} W_i X_i$$

如果该企业的生产函数是:

$$Q = f(X_1, \cdots, X_n)$$

在目标产出水平给定的前提下,通过求解下列问题使成本最小化:

$$\text{Min} \sum_{i=1}^{n} W_i X_i$$

古典的厂商理论认为,厂商的平均成本线呈 U 形,这是由于从短期来看,厂商在生产过程中的成本投入可以分为两部分,一部分为固定成本,如工厂的机

第三章 厂商理论

器设备、建筑设施等；另一部分为变动成本。在达到特定产量水平之前，随着产量水平的不断提高，单位产品中分摊的固定成本有下降的趋势，由此导致平均成本的下降，在到达某一产量水平之后，如果产量继续增加，固定成本就必须增加，由于固定资本在投入过程中往往具有不可分割性，所以会出现平均成本上升的过程。从长期的角度考虑，有些投入也很难随着企业规模的改变而改变，其中最重要的就是企业的经营能力。随着产量的扩大，经营者最终会不堪重负，他的劳动生产率会下降，导致企业的平均成本又开始上升。

2. 试评价"机会主义"概念在交易成本经济学中的地位。

答：要评价"机会主义"，应先解释交易成本。厂商通过市场购买所需要的投入要素而不是自己生产，并不意味着市场交易过程不发生成本，交易费用包括交易双方事前的信息搜寻费用、交易协议协商过程中发生的费用、交易协议执行过程中的费用以及因协议的不完全性导致的事后修改协议发生的费用，此外可能还包括因不确定性导致的最终损失。

新制度经济学派学者威廉姆森从机会主义行为和交易成本的角度出发，强调资产专用性、不确定性和交易频率对企业的性质的影响。他认为专用性合约是一种机会主义，将机会主义定义为"是诡计以谋自利"（1985），如果投资被限制在某一特殊区域、物化为资本投资，则被称为专用性资产，那么机会主义的利己行为将驱使合约对方对其敲竹杠。由于完备的契约是不可能的，所以在专用性资产上，买卖双方在签约前的竞争将转化为签约后的垄断，买方可能采取机会主义行为（如大坝建成后找借口违约），预见到这种可能性，卖方也会采取机会主义态度，事先就减少投资或不投资，这样交易有可能不能完成。威廉姆森认为，正是合约不完全可能导致的敲诈，导致了企业的纵向兼并，并以组织化的治理取代市场治理。

3. 试比较科斯和德姆塞茨对企业出现问题所做出的不同解释。

答：科斯对古典企业理论的不满在于，如果企业仅仅是一个生产函数，那么企业就没有存在的理由，因为任何个体都可以作为一个生产单位来替代企业的功能。企业之所以存在，肯定存在某种特别的因素，这种因素是市场在协调个体生产单位时无法达到的。

按照科斯的观点，无论是在企业内部还是通过市场，资源的配置过程都是存在成本的，但是企业作为一种组织在其内部资源配置过程中有比较优势，科斯给出了这种比较优势产生的两个理由：第一，劳动作为一种特殊商品通过市场交易的成本很高；第二，企业作为一个组织在其内部允许某个权威来支配资源。由此我们看到，在市场上，资源的配置是由非人格化的价格来调节，而在企业内部，相同的工作是通过权威来完成的。二者之间的选择，依赖于市场定价的成本与企业内官僚组织的成本之间的平衡关系。企业之所以存在，是因为权威能大量减少需分散定价的交易数量，从而减少交易成本，因此企业的功能在于节省市场中直接定价成本或者说市场交易费用。

德姆塞茨在解释企业的存在时，区别了交易费用和管理成本这两个概念，交易费用是指通过市场配置资源所产生的费用，管理成本是在企业内部组织资源所要付出的成本。当市场交易成本超过了管理成本时，为了追求利润的最大化，就要求用企业来代替市场。至于企业要扩展到什么程度来代替市场，条件在于企业的管理成本和市场的交易成本二者的边际价值相等；超过这一点，资源由企业来经营，不及这一点，资源就应依靠市场价格导向得到配置。

（六）论述题

1. 实证表明很多大公司都采用 M 型组织结构，而很多小公司仍沿用 U 型组织机构或其他组织结构。多种组织形式的共存是否可以用经济效率观点来解释？试加以说明。

答：大规模生产的厂商可以采取不同方式的组织结构，其中最主要的是两种：职能化组织与多部门化组织（M 型组织结构）。

（1）职能化结构（U 型组织，Unitary Structure），也称为直线职能型结构，将厂商的科层组织看成简化的职能化组织结构，其基本特征在于，将企业按照职能的不同划分成若干个部门，而每个部门均由企业最高层领导直接进行管理。

优点：既保证了集中统一指挥，又能发挥各种专家业务管理的作用，职能高度集中、职责清楚、秩序井然、工作效率较高，整个组织有较高的稳定性。

缺点：下级部门的主动性和积极性的发挥受到限制；各部门自成体系，不重视信息的横向沟通，工作容易重复；当职能部门和直线部门之间目标不一致时，容易产生矛盾，致使上层主管的协调工作量增大；整个组织系统的适应性较差，缺乏弹性，对新情况不能及时作出反应。

（2）多部门化组织结构（M 型组织，Multidivisional Structure）也称为事业部型组织，M 型组织结构是一种分权式结构，即在总公司之下的各事业部或分公司都是具有相对独立的利润中心。

第三章 厂商理论

利润中心按成品或地区设立，每个利润中心内部通常都是按 U 型结构来组织的。M 型组织结构的特征：各事业部是具有相对独立性、独立核算、自负盈亏的利润中心，利润中心在生产、销售、采购、运输等各项经营活动中具有自主权。

公司总部的主要职责：监督、评价、控制和协调各事业部的活动；致力于制定战略性计划；研究制定公司各项重要政策。

M 型结构能够产生三种效应：①公司管理层能够准确了解和控制各个业务单位的经营绩效，并使控制问题变得简单化；②在不同业务单位之间进行效率的比较变得容易了，有助于提高资源在不同业务单位之间配置的效率；③刺激那些经营绩效落后的业务单位努力寻找改善经营状态的途径。

优点：最高管理层摆脱了具体的日常管理事务，有利于集中精力做好战略决策和长远规划；由于组织最高层与事业部的责、权、利划分比较明确，能较好地调动经营管理人员的积极性，提高管理的灵活性和适应性。

缺点：由于机构重复，造成管理人员的浪费；由于各事业部独立经营，各事业部之间相互协调、相互支援比较困难，甚至可能出现各事业部间相互竞争，发生内耗。

另外，厂商内部组织结构还有分权型组织结构、控股型组织结构、矩阵型组织结构和网络型组织结构等。每一种组织结构都有其自身优点和缺点，企业所处的内外环境的差异、企业规模的大小、技术发展水平等是影响企业组织结构的主要因素。

2. 公司治理规则的来源是什么？

答：公司治理的规则是各方利益得以协调的基本依据，它可能是利益各方自愿妥协达成的协议，表现为在公司章程中和具体经营实践中对各方利益的界定与维护，也可能是由外部力量强制实施的，表现为各种法律条文。在公司章程中确定的公司股东大会、董事会以及经理人员的权利、义务、议事规则等，都表现为利益各方的自主协调，而公司董事会内部成员结构的确定、公司财务信息的披露、股权交易的规则以及公司关联交易等方面的特殊规定，体现为外在法律强制对公司治理规则的强调。

公司治理规则的两个来源实际上反映了公司治理过程中，个体理性与社会整体效率追求的矛盾，个体企业追求短期利益与市场机制调整的滞后产生的后果，这种矛盾与后果的消解需要外部的管制与强制。但是，这种标准的理论模式，并不适合转型经济国家的公司治理过程，因为实行股权多元化的企业并没有从一开始经历风险资本市场的洗礼,从而走向公众化融资的阶段,其产生的过程完全是由于政府政策创造的结果,即使私有产权不是简单的在成人居民中间分配产生,由此形成分散的股权结构的过程也是短暂的,而且往往是在外在力量的干预下形成的。管理者并没有因此与所有者订立契约,或者存在一种经过长期服务建立起来的信用资本作抵押,管理者和所有者是由法律这一外在力量绑在了一起,从而在利益团体之间自主建立一种协调机制相对困难或者显得空洞和缺乏约束力。

四、案例分析

案例:

民主与交易费用

不少经济学者曾经在民主及投票的问题上下过工夫。明显的例子有熊彼特(J. Schumpeter)、奈特(F. H. Knight)、哈耶克(F. Hayek)、阿罗(K. Arrow)、道斯(A. Downs)及布坎南(J. Buchanan)等人,堪称高手如云,阵容鼎盛。但可惜在这些天才的盛年,产权及交易费用的理论远不及今日的成就。所以虽然产权及交易费用的理论与民主问题不可分离,但能将这几门学问合并研究的文章,佼佼者至今仍是屈指可数。

且让我从近十多年来兴起的政府经济学说起。这门新学问的主要研究内容是关于政府法例的形成,跟一向只限于分析法例对经济影响的研究相去甚远。雄心是前者大,但成就至今只能见于后者。政府是什么或什么活动政府可以比市场办事较有效率,经济学仍未有肯定的答案。

我个人所偏爱的政府理论,是从科斯(R. H. Coase)于1937年所发表的公司原理所推演出来的。这原理要到发表40年后才被学术界重视,可见科斯是确有超时代之能。跟其他妙用无穷的理论一样,科斯的公司原理说浅甚浅,说难极难。在这里我只能以最简化的解释作民主及独裁的经济推论。

科斯认为市场交易往往有颇高昂的费用,所以在某些情况下,市价是难以决定的。因为这个缘故,就算是在私有产权制度下,资源的运用往往

第三章 厂商理论

是不能靠市价的指引。定价的费用是交易费用中的一大项,包括了量度费用、讯息费用、讨价还价及保障承诺的各种费用。因为交易费用大而难定市价,公司便会代替市场。在公司机构里,经理或监督者指导资源的运用,免却了很多种市价的决定。公司的形成就是因为要节省交易费用的缘故。

我们不妨在这见解下推论民主。没有市价指引而转靠监督者作决策,民主问题必定较为容易产生,这是因为监督者可能独裁或滥用权力。市场永远都不会滥用权力,因此从来都没有人在市场上提出民主的问题。换言之,市场永远都是以民意为主的。

在科斯理论的范围内,公司与政府显然是大同小异,而有些公司的结构也往往与政府的结构相同。在这一点上,列宁与科斯的见解如出一辙——政府其实就是一间大公司。我们不妨举一个大家熟悉的私人机构为例,以其结构与政府难分,来推论因交易费用而产生的民主及独裁政制。

在香港,很多大厦在分层出售后,都有一个业主及租客共同组成的联会。这联会有法例,有被公选出来的委员及会长,跟政府一样。大厦联会的任务,就是要在清洁、保安及某些有关公众利益的活动上作决策。我所指的公众活动,就是那些难将各会员所受的影响分开而量度的活动。例如大厦的外墙扫灰水,是很难任由住户各自处理的。有的住户要扫,有的要不扫;而颜色的选择亦各有不同。若各自为之,大厦将会变成怪物,大家受害。

事实上各住户的喜好不同。若交易费用是不存在的话,大家可以以钞票投票的方法,决定是否扫灰水及用哪种颜色。时间的先后,住户单位方向的重要性,各人颜色的不同喜好,都可以定价,不满者大可将他应有的否定权出售。但很明显的,不仅是要在很多琐碎的事上讨价还价,费用不小,更重要的,就是在有连贯性的活动上的议价,很多人会希望能得到"免费午餐"而不肯真实透露自己所愿出的代价。因为议价的交易费用大,所以保养外墙的事便须使用民主投票的方式。这方式并不一定能带来理想的效果——甚至可能导致扫灰水的费用高于大厦的增值。但既然议价的交易费用大,由投票而引起的浪费就不算是浪费了。

民主投票也有其交易费用的。联会的组成、讯息的传达、票式的设计、印刷及某些会员对灰水的知识稍作研究,都有不可忽略的费用。我们不妨用需求定律再推出含义。假若以大厦所有的住户会员投票的交易费用,比起扫灰水这种较昂贵的"公众"活动是有较低的比率,那么"全民"(所有住户)有权投票的方式便会被采用。但价值比较低的决策,如电梯的保养次数，就往往授权给委员作决定。委员投票要比所有住户投票的交易费用为低，但也比较独裁；更琐碎的事，就不妨授权会长作独裁决策。

从以上的推论中，我们得到如下的结论。在私有产权的制度下，市场、民主投票及独裁决策，都可以因市民的自由选择而共存。民主投票是因交易费用而起，而独裁也是因交易费用而起的。单在作决策的问题上，因为市场要先定市价，所以它的交易费用是最高的。独裁作决策的交易费用最低，但独裁者可以滥用权力。市场不只是永远不会滥用权力，而且其反映民意的准确性，因为是基于市价的指引，是远较民主投票或独裁为高的。

当然，在大厦联会的例子里，会长的职位是由公选而来，若滥用权力，也可以被会员投票罢免。多数取决并不一定能在候选人中拣出最佳人选，且有才干的人不一定参加竞选。去理想甚远的结果比比皆是。但因为要市场作引导的交易费用高，不大理想的民主政制就有其功能。"理想"与"绝望"相同，以不够理想为由来反对政府或反对市场的论调都是浅见。

在很多私营公司里，民主投票及独裁取舍都是并存的。这些公司或以上提及的大厦联会，跟一般人所知的政府的主要分别，就是在私营的机构中，股东或职员可以用卖盘或辞职的方法来表示不满。换言之，转让或辞职权是约束滥用权力最有效的保障。退股愈易，独裁愈不可怕。反对独裁的行为多是在难以脱身的情况下发生的。

在大厦联会的例子中，我采用了一些有公众联系性的活动来表达市场交易费用的高昂，但这并不表示只限于同类的活动，"公司"或"民主"才能有较高的经济效能。另一方面，有些"公众"性的活动，市场显然比"公司"有效率。交易费用是一个因素，决策准确性的利益大小也是一个因素，二者是要衡量的。历来经济学者都希望找出一个规律，来断定哪一种经济活动由政府办理会比市场有较高的效率。虽然这规律我们目前仍未知道，但交易费用理论的发展已能令我们对这个问题有了较深入的了解。

资料来源：张五常著：《卖桔者言》，四川人民出版社1988年版。

第四章 产业组织理论的产生与发展

一、内容提要

产业组织理论是运用微观经济学理论分析厂商和市场及其相互关系的一门学科,是研究企业结构与行为、市场结构与组织以及市场与厂商相互作用和影响的一门新兴应用经济学分支。它的研究目的是探讨产业组织状况及其演变对产业内部资源配置效率的影响,从而为维持公平合理的市场竞争秩序和市场运行效率提供理论依据和政策建议。本章从产业组织的定义、产业、行业与市场等概念出发,系统介绍和分析了产业组织理论产生发展的脉络,阐述了产业组织理论在研究方法上的演化,特别评价了产业组织理论在发展演进过程中的主要流派,即主流学派(哈佛学派)的结构—行为—绩效(SCP)分析范式,然后介绍了非主流学派芝加哥学派、新奥地利学派、新制度学派等的代表性观点,最后叙述了产业组织理论在中国的应用及发展情况。

二、复习思考题

(一) 名词解释

1. 市场
2. 结构主义
3. 行为主义

4. 可竞争性理论
5. 进入壁垒
6. 反垄断

（二）单项选择题

1. 关于产业组织理论，下列说法错误的是（   ）。
   A. 产业组织理论是关于自由市场经济中垄断与竞争的理论
   B. 产业组织理论是运用宏观经济学理论分析厂商和市场及其相互关系的一门学科
   C. 具体分析研究厂商相互间竞争与垄断关系、厂商治理以及厂商内部组织问题的应用经济理论
   D. 产业组织理念中的"产业"是指生产同类有密切替代关系的产品的厂商在同一市场上的集合
2. 马歇尔冲突是指（   ）。
   A. 垄断与竞争的矛盾   B. 规模经济与竞争的矛盾
   C. 规模经济与垄断的矛盾   D. 寡头垄断企业之间的矛盾
3. 下列哪一项不是市场行为的评价指标（   ）？
   A. 广告和研究开发费用支出   B. 定价行为
   C. 资源配置效率   D. 产品质量
4. 提出结构—行为—绩效框架（SCP分析范式）的是（   ）的经济学家。
   A. 哈佛学派   B. 芝加哥学派
   C. 可竞争市场理论   D. 新制度学派
5. 可竞争市场理论强调的是（   ）。
   A. 潜在竞争对现有厂商行为的影响   B. SCP分析范式
   C. 市场结构   D. 政府管制

（三）多项选择题

1. 产业组织中的实证研究方法有（   ）。
   A. 产业案例研究   B. 产业实验室研究
   C. 博弈论   D. 产业间的比较研究
   E. 产业计量经济学研究

2. 市场结构的衡量指标有（   ）。
   A. 市场集中度指标   B. 产品差异程度
   C. 厂商一体化或多样化经营的程度   D. 厂商进入退出壁垒
   E. 规模经济
3. 在贝恩看来属于进入壁垒的因素有（   ）。
   A. 规模经济   B. 政府管制
   C. 最低资本需求量   D. 产品差异
   E. 所有权
4. 迈克·E·波特提出的驱动产业竞争的力量包括（   ）。
   A. 现有企业间的竞争   B. 新进入者的威胁
   C. 卖方侃价能力   D. 买方侃价能力
   E. 替代产品或服务的威胁
5. 新制度学派在产业组织理论上的主要贡献有（   ）。
   A. 首次提出了"抗衡力量"的概念
   B. 抗衡力量不仅使资本主义摆脱垄断的统治，而且能够消除过度竞争带来的破坏性后果
   C. 将产业组织的研究由同一产业内部企业之间的关系扩展到了市场与企业之间的中间性经济组织、企业之间的购并等
   D. 提出了价值链理论
   E. 认为市场竞争是一个动态的过程，不能用传统的静态的方法来分析研究

（四）辨析题

1. 产业组织理论主要分析同一产业内部企业之间的关系。
2. 一般情况下，用总量产品来定义市场比较合适，这些产品无论在供给者还是在需求者看来都是比较接近的替代品。
3. 芝加哥学派的基本理论主张是维护市场竞争机制、鼓励竞争、支持政府干预等。
4. 新奥地利学派、新制度学派及可竞争市场理论都一脉相承地属于行为主义，强调厂商行为的重要性。
5. 马歇尔、张伯伦及琼·罗宾逊的分析框架为产业组织理论的创立奠定了理论基础。

6. 新古典经济学常用的理论分析方法是各种模型和均衡分析（以局部均衡为主）方法，以完全竞争市场为研究重点。

（五）简答题

1. 简述 SCP 范式。
2. 新奥地利学派在产业组织理论上的主要贡献有哪些？

（六）论述题

1. 芝加哥学派的产业组织观点与哈佛学派相比有何不同？
2. 产业组织理论在中国的应用与发展主要有哪些？
3. 试利用 SCP 范式来分析某一具体产业。

三、复习思考题参考答案

（一）名词解释

1. 市场：对所谓"市场"的定义存在着不同的见解。在微观经济学的视野中，市场是一个单一的、完全同质的产品的抽象概念。尼达姆（1978）认为市场是指一组从事买卖或交易的供方和需方，这些供方和需方在同一地域范围内买卖效用可以互相替代的产品。谢泼德（1979）认为市场是一组买者和卖者对特定产品所进行的交易，这一特定产品与其他产品的交叉需求弹性很高。弗格森（1994）认为市场是一组厂商的集合，这一组厂商生产的产品在买者看来具有很高的替代弹性。
2. 结构主义：结构主义是一种十分重视产业结构和市场结构的分析方法，它认为系统的行为是由系统的结构所决定的，所以十分注重研究产业与产业之间的关系结构以及产业内各企业相互作用的关系结构，并由此结构出发研究整个产业的整体行为。代表为哈佛学派。
3. 行为主义：行为主义认为市场竞争过程是市场力量自由发挥作用的过程，是一个适者生存、优胜劣汰，即"生存检验"的过程，其基本理论主张是维护市场竞争机制、鼓励竞争、反对政府干预等,它非常强调和重视厂商行为分析。代表为芝加哥学派和新制度学派。

4. 可竞争性理论:为鲍莫尔等人(1982)所创立,也称为"进退无障碍理论"(Contestability Theory)。它克服了传统产业组织理论中市场结构与厂商行为那种单一的和既定的逻辑关系,更加强调潜在竞争对现有厂商行为的影响。

5. 进入壁垒:哈佛学派贝恩对"进入壁垒"的定义是,和潜在的进入者相比,现存厂商所享有的有利条件,这些条件是通过现存厂商可以持久地维持高于竞争水平的价格而没有导致新厂商的进入反映出来的(1956)。芝加哥学派的主要代表人物之一施蒂格勒认为,进入壁垒是指新厂商比老厂商多承担的成本,他认为问题不在于是否存在进入壁垒,而在于是否存在人为的进入壁垒。

6. 反垄断:过度竞争会降低资源配置的效率,竞争也会走向自身的反面从而产生垄断,而垄断的弊端则是人所皆知的,由此提出的反对和阻止这种导向的产业政策就是反垄断。

(二)单项选择题

1. B   2. C   3. C   4. A   5. A

(三)多项选择题

1. ABDE   2. ABCDE   3. ACD   4. ABCDE   5. ABC

(四)辨析题

1. 产业组织理论主要分析同一产业内部企业之间的关系。

答:这句话不正确。产业组织理论不但研究同一产业内部企业之间的关系,而且还研究企业组织变动、企业内部组织及企业治理问题,也就是已经涉及了企业内部这个"黑箱"。

2. 一般情况下,用总量产品来定义市场比较合适,这些产品无论在供给者还是在需求者看来都是比较接近的替代品。

答:这句话正确。在微观经济学的视野中,市场是一个单一的、完全同质的产品的抽象概念。依据该定义判断,几乎所有的厂商都不是垄断者。

3. 芝加哥学派的基本理论主张是维护市场竞争机制、鼓励竞争、支持政府

干预等。

答：前半句正确，后半句错误。芝加哥学派推崇和继承了经济自由主义思想和社会达尔文主义，信奉自由市场经济中竞争机制的作用，因此反对政府干预，强调和重视厂商行为分析。

4. 新奥地利学派、新制度学派及可竞争市场理论都一脉相承地属于行为主义，强调厂商行为的重要性。

答：这句话正确。新奥地利学派、新制度学派及可竞争市场理论共同的观点是认为：政府对经济运行的干预就会扭曲市场调整过程，最终损害经济绩效，因此主张最大的个人自由和最少的政府干预，并且强调和重视厂商行为的重要性，这是属于行为主义的举动。

5. 马歇尔、张伯伦及琼·罗宾逊的分析框架为产业组织理论的创立奠定了理论基础。

答：这句话正确。马歇尔在1890年出版的《经济学原理》一书中就在萨伊的劳动、资本和土地三种生产要素之外，提出了生产的第四要素"组织"。1933年张伯伦出版了《垄断竞争理论》一书，以现实的、具体的市场代替了理论上的抽象市场，以垄断因素的强弱为依据，对完全竞争到独家垄断的市场结构作了区分，打破了以往要么竞争、要么垄断的僵硬框框。同年琼·罗宾逊出版了《不完全竞争经济学》，对有关"马歇尔冲突"的论争进行了总结。他们二人内容如出一辙的垄断竞争理论，试图解释由于市场结构变动导致厂商行为的变异，并由此影响整个经济的运行效率，这为产业组织理论的创立奠定了理论基础。

6. 新古典经济学常用的理论分析方法是各种模型和均衡分析（以局部均衡为主）方法，以完全竞争市场为研究重点。

答：前半句正确，后半句错误。新古典经济学的研究重点是不完全竞争市场。例如，利用完全竞争、垄断和寡头垄断模型对市场结构、厂商行为和绩效的论证，贝恩等人提出了结构—行为—绩效的分析范式。

（五）简答题

1. 简述 SCP 范式。

答：正统产业组织理论的基本特征是 SCP 框架或 SCP 分析范式。结构—行为—绩效（Structure—Conduct—Performance，首字母缩写为 SCP）分析范式——完全是建立在新古典经济理论基础上的——长期以来一直是正统产业组织理论研

第四章 产业组织理论的产生与发展

究的核心。按照正统产业组织理论的逻辑，SCP 分析范式假定在市场结构、厂商行为和市场运行绩效之间存在着确定的因果关系，市场的结构—行为—绩效之间存在的是一种简单的、单向的、静态的因果关系，即市场结构决定厂商行为，从而市场结构通过厂商行为影响经济运行的绩效。

所谓结构是指厂商之间市场关系的表现和形式，包括买方之间、卖方之间、买卖双方之间以及市场内已有的买卖双方与正在进入或可能进入市场的买卖双方之间在交易、利益分配等方面存在的竞争关系。产业组织理论中的结构是用来描述在某一特定市场或产业中经营的厂商所面临的环境。这种环境可以通过买者和卖者的数量和规模分布（市场集中度指标）、产品差异程度、厂商进入退出的壁垒、厂商一体化或多样化经营的程度、规模经济等来描述。

所谓行为是指厂商在市场上为谋取更多利润和更高的市场份额而采取的战略性行为或行动，即厂商作出决策的行为和如何实施决策的行为。厂商的市场行为主要集中于定价行为（独立定价或是与其他厂商串谋定价、限制性定价、掠夺性定价、驱除竞争对手定价）、广告和研究开发费用支出、产品质量以及如何遏制竞争对手（包括潜在竞争对手）的策略上。

所谓绩效是指在一定的市场结构下，通过一定的厂商行为使某一产业在价格、产量、成本、利润、产品质量、品种以及技术进步等方面达到的状态，即厂商的经营是否增加了社会的经济福利，是否能够满足消费者的需求。换句话说，厂商是否避免了生产要素的浪费，获得了生产上的效率；厂商是否生产了社会需要的产品、是否生产了满足社会需要的数量、是否实现了资源配置效率。

2. 新奥地利学派在产业组织理论上的主要贡献有哪些？

答：新奥地利学派有关竞争的观点与新古典经济理论有着显著的不同。新古典经济理论把竞争解释为现实的和潜在的垄断竞争使价格趋向均衡点的边际成本，而新奥地利学派是以市场竞争为基本的分析前提，忽视了垄断问题，认为市场竞争是一个动态的过程，不能用传统的静态的方法来分析研究，同时坚决反对政府对市场竞争的任何管制与干预。

新奥地利学派从不完全信息出发，认为竞争性市场过程是分散的知识、信息的发现和利用过程，考察了个别人充分协调的作用，由此他们发现了被新古典经济学家所忽视的一个重要因素——企业家，并且认为企业家在寻求新的利润机会中起着十分关键的作用，强调在竞争的市场上企业家的行为是如何指导资源的流动以最好地满足消费者的需要。

由此新奥地利学派的政策主张就十分明确了。既然政府的知识和信息也是不完全的，政府对经济运行的干预就会扭曲市场调整过程，最终损害经济绩效，那么，政府所能做的最好的事情就是建立制度体系，而最恰当的体系就是最大的个人自由和最少的政府干预。

（六）论述题

1. 芝加哥学派的产业组织观点与哈佛学派相比有何不同？

答：1938 年哈佛大学以梅森教授为主成立了一个包括贝恩在内的研究小组，对不同行业的市场结构、企业行为进行实证分析，他们以案例研究作为突破口，重视市场结构对厂商行为和绩效的影响，对美国主要行业市场结构的研究取得了一系列成果，并为以后的计量分析铺平了道路。1959 年贝恩的《产业组织理论》一书的出版标志着产业组织理论的诞生。这本书是这一时期产业组织理论研究成果的集中体现，也被称为哈佛学派（Harvard School）或正统产业组织理论。正统产业组织理论的基本特征是 SCP 框架或 SCP 分析范式。结构—行为—绩效（Structure—Conduct—Performance）分析范式完全是建立在新古典经济理论基础上的，长期以来一直是正统产业组织理论研究的核心。

20 世纪 70 年代以前，按照正统产业组织理论的逻辑，SCP 分析范式假定在市场结构、厂商行为和市场运行绩效之间存在着确定的因果关系，市场的结构—行为—绩效之间存在的是一种简单的、单向的、静态的因果关系，即市场结构决定厂商行为，从而市场结构通过厂商行为影响经济运行的绩效。这种因果关系可以用来为政府制定竞争政策和产业政策提供理论基础，正因为如此，SCP 成为影响某一产业市场结构发展或阻止不利于公众利益的某种厂商行为和运行绩效的政策措施的理论基础。以此为基础制定的产业组织政策强调的是控制市场结构，坚决反对垄断，禁止可能导致垄断的市场结构和厂商行为，如横向购并等。自 20 世纪 70 年代以来，SCP 分析范式成为理论界和经济界批评讨论的热点。许多经济学家指出，市场结构、厂商行为和运行绩效之间的关系远不是如此简单和确定，而是非常错综复杂的。

产业组织理论中的芝加哥学派（Chicago School）是以芝加哥大学众多经济学家为阵营的美国乃至整个西方世界都很有影响的重要学派，它在经济理论体系上推崇和继承了经济自由主义思想和社会达尔文主义，信奉自由市场经济中竞争机制的作用，相信市场力量或"看不见的手"的自我调节力量，认为市场竞争过程是市场力量自由发挥作用的过程，是一个适者生存、优胜劣汰，即"生存

第四章 产业组织理论的产生与发展

检验"的过程,其基本理论主张是维护市场竞争机制、鼓励竞争、反对政府干预等。与哈佛学派强调市场结构的分析不同,产业组织理论中的芝加哥学派就其方法论而言属行为主义,即强调和重视厂商行为分析,如施蒂格勒、德姆塞茨等重视根据逻辑推理体系应用价格理论,认为产业组织及产业政策问题仍然应该从价格理论的角度来研究,运用局部均衡分析方法来判断市场势力(Market Power)与效率之间的权衡取舍,力图将竞争性产业作为解释相对价格的主导模型,并在许多概念上提出了与哈佛学派不同的观点,如进入壁垒、德姆塞茨的"所有权进入壁垒"等,再如芝加哥学派认为不是不同的市场结构产生不同的市场绩效,而是不同的企业效率从而市场绩效形成不同的市场结构。

2. 产业组织理论在中国的应用与发展主要有哪些?

答:从新中国成立以来,产业结构问题一直是经济实践和经济理论研究中的重大问题,伴随我国经济的改革开放和市场经济体制的建设,到20世纪80年代以后,中国经济发展中一个最为引人注目的变化就是经济发展不再单纯以量的增长为主而是转向以集约型增长和重视产业组织的效率为主,所以,在经济理论界出现了对产业政策和具有代表性的产业进行理论和实证研究的成果。

20世纪90年代后,产业经济研究重点转向了集中度、行业绩效以及自然垄断行业放松管制、产业组织专题和案例的研究等。20世纪90年代中后期,我国工业经济绩效进一步恶化,由此产业组织研究集中在对我国经济运行中存在的过度竞争和经济绩效恶化现象的研究。一种观点认为,由于我国进入壁垒低而退出壁垒高,结果引发了过度进入,进而是过度竞争,导致工业经济绩效普遍下降,解决问题的出路就是根据不同产业的特点重构我国的进入退出壁垒,政府政策的着眼点应该是有序竞争的秩序;另一种观点认为,经济绩效下降的原因是,低效率的体制使得企业行为扭曲,只能通过加快改革才能改变这种状况。

中国学者已基本上完成了学术规范的转换,系统地学习和应用西方经济学和产业组织理论的知识,使得研究背景进一步拓宽,经过多年的"引进、消化、吸收",产生了不少有学术价值和实际应用价值的成果。

但是,问题依然存在。首先,"引进"的产业组织理论是否完全适用于分析中国的产业组织问题?其次,在中国产业组织问题的研究领域,制度因素究竟起着什么作用?怎样起着作用?这个作用究竟有多大?最后,如何尽快形成符合中国国情的有效竞争秩序?

3. 试利用SCP范式来分析某一具体产业。

答:分析略。

四、案例分析

案例一：

美国电话电报公司垄断案

贝尔（1847～1922）是电话的发明人，因此世界上许多电信公司都取名为贝尔公司。贝尔本人创立的贝尔电话公司曾形成庞大的贝尔系统（Bell System），并垄断美国的电信事业达百年之久，贝尔系统以 AT&T 公司为母公司，下属众多子公司和研究所。但另一方面，设在美国、欧洲、亚洲等地区的另一些贝尔公司（如美国的贝尔通信研究所，Bellcore；比利时的贝尔电话设备制造公司，Bell Telephone Manufacturing Co.，BTM；上海贝尔电话设备制造公司）虽名为"贝尔"却并不属于贝尔系统。

贝尔于1876年取得电话专利权，第二年创办贝尔电话公司，1880年又成立美国贝尔电话公司，初步形成贝尔系统。为了发展长途电话，贝尔公司于1885年成立美国电话电报公司（AT&T），此后不断发展，1899年成为以 AT&T 为母体的贝尔系统，包含制造器材设备的西电公司、从事科研的贝尔研究所和运营电话业务的贝尔运营公司。贝尔的电话专利到期后，美国各地涌现出数以千计的独立电话公司。但由于贝尔系统拥有强大的科研和生产力量，拥有庞大的电信网，所以曾长期垄断80%的美国市内电话业务和90%的长话业务，并垄断了美国的电信器材设备市场。

1893年，贝尔公司（即后来的美国电话电报公司-AT&T）长达17年的专利权到期。在不到10年的时间内，全国出现了6 000多家电话公司。一方面，美国的电话用户增加了10倍，电话业获得了极大的发展；但另一方面这些公司抢走了 AT&T 将近一半的市场份额，使原来处于垄断地位的 AT&T 处于极大的困境。在这种情况下，AT&T 决定进行反击，夺回它所失去的电话业垄断地位。它的策略主要有两个：第一，AT&T 利用自己独家拥有的长途网络，禁止任何其他公司接入，使长途电话成为 AT&T 用户的特有权利（网间接续）。第二，在保持长话高额资费的同时，对市话业务低于

第四章 产业组织理论的产生与发展

成本销售,利用长话利润对其进行补贴(交叉补贴)。1907 年,当时的 AT&T 总裁维尔提出了公司的口号:"One Network(一个网络),One Policy(一个政策),Universal Service"。这是电信行业第一次出现"Universal Service"的提法,其中"Service"是业务或服务,而"Universal"是全球、宇宙、无所不包的意思。它一方面表明 AT&T 独占美国和世界电话市场的目标,另一方面针对当时的网间接续问题提出了 AT&T 的解决办法:只要 AT&T 独家垄断,所有的用户就都可以"全球通"。

在当时的技术经济条件下,AT&T 的策略取得了极大的成功。在短短的几年内,6 000 多家电话公司的绝大多数不是倒闭就是被 AT&T 兼并,只剩下的 1 500 家也已朝不保夕。最使美国举国震惊的是,1910 年 AT&T 一举兼并了当时居于电报业垄断地位的西联公司(Western Union),从而把全美国的电信行业基本置于它一家的垄断之下。

这时,美国政府不得不出来干预 AT&T 的无限扩张了。1913 年司法部在联邦法院对 AT&T 提出了第一次反垄断起诉,诉讼的结果以双方院外调停方式达成妥协:AT&T 接受了政府的条件(Kingsbury Commitment),而司法部撤销对 AT&T 的起诉。这些条件包括:AT&T 停止兼并其他电话公司;为其他电话公司提供网间接续;出让西联公司并保证永远不进入电报业;AT&T 在美国承担普及电话服务(Universal Service)的责任。由此,"Universal Service"才第一次带有"普遍服务"的含义。1934 年,美国通过电信法并成立以普遍服务为目标的联邦通信委员会。从此,"普遍服务"开始成为美国政府电信政策的一部分,而电信行业则开始建立了包括政府管制、垄断经营、普遍服务、交叉补贴、网间接续等项内容的经营体制,成为与市场经济中其他行业不同的一个特殊行业。

由于贝尔系统对美国电信事业的长期垄断,引起国内财团之间的矛盾,所以,1974 年,美国司法部第三次以违反"反托拉斯法"向法院起诉,法院于 1982 年判决,解散贝尔系统。1984 年 1 月 1 日贝尔系统正式宣告解体,解体后的 AT&T 公司不得使用"贝尔"为名称,不得使用原有的蓝色钮形标徽,贝尔系统所属的 22 家贝尔运营公司(BOC)与其母体 AT&T 公司分离,合并组成 7 个地区性控股公司(RHC),改组后的 AT&T 公司不得经营市内电话业务(但美国 1996 年电信法案已进一步开放电信市场,允许长话、CATV、电力等公司经营本地电信业务),继续保留长途电话业务(但与 MCI,Sprint 等其他长途公司平等进网,以进行公平的竞争)。1988 年和 1995 年,AT&T 公司再次改组,其所属的网络系统、技术系统(其中包括原西电公司）等公司脱离 AT&T，并与贝尔电话研究所相结合，组成朗讯科技公司。

贝尔系统解体后，重组的 RHCs 及所属的 BOCs 可继续使用 Bell 为公司的名称，有人称之为"小贝尔"（尽管其中有些公司的名称中并无 Bell）。

资料来源：维普咨询网和光明日报网。

案例二：

波音与麦道的合并案

波音和麦道公司分别是美国航空制造业的老大和老二，是世界航空制造业的第 1 位和第 3 位。1996 年底，波音公司用 166 亿美元兼并了麦道公司。在干线客机市场上，合并后的波音不仅成为全球最大的制造商，而且是美国市场唯一的供应商，占美国国内市场的份额几乎达百分之百。但是，美国政府不仅没有阻止波音兼并麦道，而且利用政府采购等措施促成了这一兼并活动。其主要原因是：首先，民用干线飞机制造业是全球性寡占垄断行业，虽然波音公司在美国国内市场保持垄断，但在全球市场上受到来自欧洲空中客车公司的越来越强劲的挑战。面对空中客车公司的激烈竞争，波音与麦道的合并有利于维护美国的航空工业大国地位；其次，尽管美国只有波音公司一家干线民用飞机制造企业，但由于存在来自势均力敌的欧洲空中客车的竞争，波音公司不可能在开放的美国和世界市场上形成绝对垄断地位。如果波音滥用市场地位提高价格，就相当于把市场拱手让给空中客车。

由此可见，美国政府在监管企业购并时，不仅仅根据国内市场占有率来判断是否垄断，还要考虑在整个市场范围内是否能够形成垄断。对全球寡占垄断行业，需要分析全球市场的条件，而不局限于本国市场范围。同时，还要考虑国家整体产业竞争力。因此，在执行反垄断法时，美国政府还是以国家利益为重，为了提高美国企业在全球的竞争力，支持大型企业的重组和并购。

资料来源：法律快车网；网址：http://anli.lawtime.cn/jjffldfal/2006110949912.html。

案例三：

AT&T 与柯达胶片冲印一体化案的比较

如何区别反竞争的一体化和竞争性一体化，AT&T 与柯达公司的案例是一个很好的说明。在 1982 年 AT&T 解体以前，AT&T 公司实行包括提供长途、市话服务，以及通讯设备制造和研究开发在内的一体化经营。AT&T 通过设计专门的技术标准，以排除其他制造企业。当司法部反垄断处受理此案时，AT&T 在申述中举出柯达公司的例子。柯达公司开发出一种新的胶卷，这种胶卷只能用柯达公司自己制造的设备才能冲印，而且柯达公司对冲印其照片使用的化学试剂进行保密，从而形成胶卷生产和冲洗上下游一体化。最终，司法部判 AT&T 的行为是反竞争的，并未判柯达的行为是反竞争。

AT&T 和柯达的一体化的主要区别：一是行业特点不同。1982 年以前，可以说 AT&T 是电讯设备的垄断买主；而胶卷行业的用户是分散的竞争性买主。二是柯达公司开发了一个新的产品，尽管柯达产品的开发导致其他厂商（主要是 Berkey）的成本增加，但是他们仍然可以生产新的产品。实际上，柯达的行为促进了其他胶片生产厂商的进一步研究开发和技术进步；而 AT&T 是按其设备标准设计公共网络的标准，如果其他制造商不采用 AT&T 的标准，其设备就无法与公共网络连接。

因此，可以说柯达公司是利用竞争优势，而 AT&T 公司是滥用市场力量，其一体化和保密是反竞争的。由此可见，一体化行为是否违反反垄断法，主要判据是一体化企业是否滥用市场力量，关键要分清滥用市场力量和发挥竞争优势的区别。

资料来源：法律快车网：http://anli.lawtime.cn/jjffldfal/2006110949912.html。

第五章 规模经济与范围经济

一、内容提要

规模经济是决定市场结构的重要因素之一。规模经济既是竞争的起点又是竞争的结果，它涉及是否应该允许和鼓励大规模的企业存在，或者说什么是最低经济规模，规模与效率之间以及最低经济规模与企业实际规模之间的关系如何。所以，规模经济是产业组织理论研究的核心问题之一，研究它的目的是在保护和发挥市场机制下的竞争活力的同时，充分利用规模经济，提高社会资源的配置效率，获得较高水平的社会福利。

本章从讨论集中度的含义和集中度的度量出发，分析了规模经济与范围经济的含义以及不同层次上的规模经济形成的原因，论述了最低经济规模确定的三种方法，并就三种方法的利弊和适应性进行了分析，阐释了企业规模与规模经济之间的密切联系，最后还探讨了规模、垄断、竞争与市场绩效之间的复杂关系。

二、复习思考题

（一）名词解释

1. 集中度
2. 基尼系数
3. 规模经济
4. 规模不经济

5. X 非效率
6. 范围经济
7. 最低经济规模（MES）

（二）单项选择题

1. 衡量市场集中度的相对法采用的指标是（   ）。
   A. 赫芬达尔—赫希曼指数（I_{HH}）　　B. E 指数
   C. 几家最大厂商的市场份额（CR_n）　　D. 基尼系数
2. 关于规模经济，下列说法错误的是（   ）。
   A. 在既定条件下，如果在某一区间生产 1 单位单一或复合产品的平均成本递减，就存在规模经济
   B. 只要在一个企业将两条或更多的生产线合并起来比各自分开生产更能节约成本的话，就存在规模经济
   C. 规模经济并不局限于生产领域，可扩展到诸如市场销售、资金筹集、人员培训等方面
   D. 规模经济既是竞争的起点又是竞争的结果
3. 关于范围经济，下列说法错误的是（   ）。
   A. 范围经济是由于企业的范围而不是规模而产生的成本节约
   B. 范围经济存在的原因在于生产经营活动存在着可共享的投入或一定的不可任意分割性
   C. 范围经济是由于产品生产规模的扩大而发生的单位产品生产成本的降低
   D. 范围经济不仅存在于企业内部，还存在于企业外部、行业内部及国家层次
4. 下列因素中对规模经济不会产生影响的是（   ）。
   A. 工厂内部技术水平
   B. 企业的地理位置
   C. 外部成本
   D. 学习曲线
5. 目前中国制造业集中状况是（   ）。
   A. 生产能力较强
   B. 产业组织结构高度集中

C. 许多行业都是寡头垄断型市场结构

D. 中国达到 MES 的企业生产集中度显著偏低

（三）多项选择题

1. 市场集中度的度量指标包括（　　）。
   A. 几家最大厂商的市场份额（CR_n）
   B. 赫芬达尔—赫希曼指数（I_{HH}）
   C. 洛伦茨曲线
   D. E 指数
   E. 基尼系数

2. 按生产要素在企业的集中程度和投入产出量的大小，可以把规模经济分为以下层次（　　）。
   A. 单一产品的规模经济
   B. 垄断企业的规模经济
   C. 工厂水平上的规模经济
   D. 竞争企业的规模经济
   E. 多工厂水平上的规模经济

3. 在现有技术水平和要素组合比例不变的条件下，只是扩大工厂生产规模就可以发生单位产品平均成本的下降，其原因在于（　　）。
   A. X 非效率的产生
   B. 专业化分工的利益
   C. 技术上的原因导致的建设费用节省
   D. 管理效率的提高
   E. 产生规模不经济

4. 对最低经济规模的估计方法主要有（　　）。
   A. 预期法　　　　　　　　　　B. 参数法
   C. 工程法　　　　　　　　　　D. 成本法
   E. 生存法

5. 厂商在市场经营实践中决定自己的规模主要考虑下列因素（　　）。
   A. 管理费用等各种间接费用的节约
   B. 产品生产线的经济性
   C. 研究与开发工作的效率、技术进步的速度

D. 大量采购产生的采购费用和采购成本的降低

E. 国际、国内市场的容量等

（四）辨析题

1. 衡量集中度的绝对法主要反映市场中前几家最大厂商的集中度，而未能考虑到参与整个市场的厂商数量和厂商规模的差异程度。
2. 规模经济的定义仅限于生产领域。
3. 最低经济规模（MES）是指一家企业的最小最优经济规模，也就是长期平均成本最小时的最小产出。
4. 各产业的最优工厂规模是恒定不变的。
5. 规模经济和范围经济存在的原因在于，生产经营活动存在着"可共享的投入"或一定的"不可任意分割性"。

（五）简答题

1. 简述规模经济与范围经济的联系与区别。
2. 最低经济规模的含义是什么，并简述最低经济规模的估计方法。
3. 简述市场集中度及其度量方法。

（六）论述题

1. 试用具体实例证实或否定"集中度—利润率假说"，并进行简要分析。
2. 规模、垄断、竞争与市场绩效的逻辑关系是什么？

三、复习思考题参考答案

（一）名词解释

1. 集中度：简单地说，集中度是衡量某一市场（或行业）内厂商之间市场份额分布的一个指标。市场集中度是指某一特定市场中少数几个最大厂商（通常是前四位、前五位或前八位）所占有的市场份额。因此，集中度是市场寡占程度的一个指示器，反映了这些厂商共同占有的市场份额的多寡。

2. 基尼系数：基尼系数是洛伦茨曲线反映出来的特定市场中厂商规模的差异值，这是一种常用的对不均等的度量指标。基尼系数计算的是洛伦茨曲线与绝对平均线（45°线）所包围的面积的比值，亦即 $GI = \frac{A}{A+B}$。基尼系数越大，厂商规模的差异越大；反之，基尼系数越小，厂商规模的差异则越小。理论上基尼系数的取值范围是 $0 \leqslant GI \leqslant 1$。基尼系数能够形象、直观、准确地反映厂商的规模差异，其主要缺点是受厂商数量的影响较大。

3. 规模经济：在既定的（不变的）条件下，如果在某一区间生产一单位单一或复合产品的平均成本递减（或递增），那么，就可以说存在规模经济（或规模不经济）。对规模经济的这种定义侧重于技术角度。规模经济并不局限于生产领域，也可以扩展到诸如市场销售、资金筹集、人员培训等方面。

从投入产业的角度，规模经济是指在投入增加的同时，产出增加的比例超过投入增加的比例，单位产品的平均成本随产量的增加而降低，即规模收益（或规模报酬）递增。投入的增加和产出规模的扩大是规模经济的前提，由于投入的增加和产出规模的扩大导致单位投入的产出水平提高，或者单位产出的平均成本降低，就产生了规模经济。

4. 规模不经济：产出增加的比例小于投入增加的比例，单位产品的平均成本随产量的增加而上升，即规模收益（或规模报酬）递减；规模收益递减时称做规模不经济。

5. X 非效率：平均成本曲线是不同产出规模上一系列可能的最低平均成本水平的连线（或点的运动轨迹）。平均成本曲线上方的任何一点对工厂而言显然都是可能的，但却不是最低成本水平，说明存在着一定程度的管理低效和浪费现象，即 X 非效率。X 非效率是衡量企业内部效率的一个概念，企业内部效率产生于出色的管理，由于企业规模庞大、管理事务繁杂以及管理者自身作为人所具有的弱点（有限理性）等，实际所达到的管理水准与理想的管理就产生了差距，亦即产生了 X 非效率。X 非效率在不同的企业会有不同的表现形式。简单地说，可采用实际成本与最低可能成本的差异来对 X 非效率的程度进行度量，用公式表述为 X 非效率 =（实际成本额－最低可能成本额）÷实际成本额。

6. 范围经济：规模经济的第二个层次（工厂水平上的规模经济）和第三个层次（多工厂或多产品水平上的规模经济）就是范围经济。

第五章 规模经济与范围经济

7. **最低经济规模（MES）**：单一产品的规模经济是指在单一产品的生产中，伴随着产品生产规模的扩大而发生的单位产品生产成本的降低，单位产品的平均成本在一定范围内递减直至达到单位产品平均成本的最低点，这时的产量规模称做最低经济规模（Minimum Efficient Scale，简称 MES）。

（二）单项选择题

1. D　　　2. B　　　3. C　　　4. B　　　5. D

（三）多项选择题

1. ABCDE　　2. ACE　　3. BCD　　4. CDE　　5. ABCDE

（四）辨析题

1. 衡量集中度的绝对法主要反映市场中前几家最大厂商的集中度，而未能考虑到参与整个市场的厂商数量和厂商规模的差异程度。

答：这句话正确。绝对法就是直接计算前几位厂商的市场份额，常用的绝对法计算指标有两个：前四位厂商的集中度系数和赫芬达尔—赫希曼指数。前四位厂商的集中度系数计算简单，能够形象地反映市场的集中状况，缺点是不能反映厂商规模分布对市场集中度的影响。赫芬达尔—赫希曼指数（Herfindahl-Hirschman Index）是厂商市场份额的凸函数，对厂商之间市场份额的非均等分布非常敏感，赫芬达尔—赫希曼指数的直观性较差，但却能够灵敏反映厂商规模分布对集中度的影响。

2. 规模经济的定义仅限于生产领域。

答：这句话不正确。规模经济并不局限于生产领域，可以扩展到诸如市场销售、资金筹集、人员培训等方面。

3. 最低经济规模（MES）是指一家企业的最小最优经济规模，也就是长期平均成本最小时的最小产出。

答：这句话正确。从理论上说，单一产品的规模经济是指在单一产品的生产中，伴随着产品生产规模的扩大而发生的单位产品生产成本的降低，单位产品的平均成本在一定范围内递减直至达到单位产品平均成本的最低点，这时的产量规模称做最低经济规模（Minimum Efficient Scale，简称 MES）。最低经济规模的产量水平依具体产品的技术特性可高可低，厂商的产量水平一般应该是保持在MES之上。

4. 各产业的最优工厂规模是恒定不变的。

答：这句话不正确。最优经济规模主要是考虑技术水平，基本目的是获得批量的优化选择，技术是日新月异的，最优工厂规模也就随着技术工艺和技术创新的进步而不断变化，另外还受到社会经济关系的影响。

5. 规模经济和范围经济存在的原因在于，生产经营活动存在着"可共享的投入"或一定的"不可任意分割性"。

答：这句话正确。在既定的（不变的）条件下，如果在某一区间生产1单位单一或复合产品的平均成本递减，那么，就可以说存在规模经济。规模经济的第二个层次（工厂水平上的规模经济）和第三个层次（多工厂或多产品水平上的规模经济）就是范围经济。这与钱德勒、潘扎尔和威利哥对范围经济的定义是一致的。由此可见，规模经济和范围经济存在的原因在于，生产经营活动存在着"可共享的投入"或一定的"不可任意分割性"。

（五）简答题

1. 简述规模经济与范围经济的联系与区别。

答：规模经济是在既定的（不变的）条件下，如果在某一区间生产1单位单一或复合产品的平均成本递减（或递增），那么，就可以说存在规模经济（或规模不经济）。这种对规模经济的定义侧重于技术角度。但是，规模经济并不局限于生产领域，也可以扩展到诸如市场销售、资金筹集、人员培训等方面。

随着社会分工和专业化协作的发展，规模经济的重要性逐渐显示出来，追求规模经济的行为日益渗透到各种经济活动中去。规模经济是指在投入增加的同时，产出增加的比例超过投入增加的比例，单位产品的平均成本随产量的增加而降低，即规模收益（或规模报酬）递增。投入的增加和产出规模的扩大是规模经济的前提，由于投入的增加和产出规模的扩大导致单位投入的产出水平提高，或者单位产出的平均成本降低，就产生了规模经济。

范围经济是由于企业的范围（而不是规模）而产生的成本节约。只要在一个企业中将两条或更多的生产线合并起来比各自分开生产更能节约成本的话，就存在范围经济。只要为两个或更多的生产线提供可共享投入（Shared Inputs）的

第五章 规模经济与范围经济

服务成本是次可加的(即少于单独为每一条生产线提供服务的成本之和),那么这种多产品的成本函数就表现出范围经济。

规模经济和范围经济存在的原因在于,生产经营活动存在着"可共享的投入"(Shared Inputs)或一定的"不可任意分割性"(次可加性)。

2. 最低经济规模的含义是什么,并简述最低经济规模的估计方法。

答: 最低经济规模(MES)是指一家企业的最小最优经济规模,也就是长期平均成本最小时的最小产出。对最低经济规模的估计方法主要有三种:工程法、成本法和生存法。

工程法是通过搜集"专家"(工程师和经理)关于单一产品或多工厂成本曲线的斜率和最优规模的意见,得出最低经济规模的估计值。

成本法是通过分析研究实际成本数据资料找到可能的成本曲线,成本数据既可是同一时间多个厂商的资料,也可是同一厂商不同时间序列的资料。

生存法不是依据某些专家的意见,而是在实际工厂规模变动趋势分析的基础上得出工厂最低经济规模的估计。

3. 简述市场集中度及其度量方法。

答: 市场集中度是指某一特定市场中少数几个最大厂商(通常是前四位、前五位或前八位)所占有的市场份额。集中度是衡量某一市场(或行业)内厂商之间市场份额分布的一个指标。当任一市场中的厂商数量大于1时,以下两个因素就会影响市场的集中度:一是该市场中的厂商数量多少,二是该市场中厂商市场份额的分布。所以,衡量集中度的指标必须灵敏地反映这两个因素。衡量市场集中度的两种方法:一是绝对法,二是相对法。绝对法就是直接计算前几位厂商的市场份额,常用的绝对法计算指标有两个:前四位厂商的集中度系数和赫芬达尔—赫希曼指数。前四位厂商的集中度系数(Concentration Ratio)是将前四位最大厂商的市场份额相加得出的,令 $s_1 \geq s_2 \geq s_3 \geq s_4$,则 $CR_4 = \sum_{i=1}^{4} s_i$,$i = 1, 2, 3, 4$,取值范围是 $\frac{4}{N} \leq CR_4 \leq 1$。赫芬达尔—赫希曼指数(Herfindahl-Hirschman Index)是厂商市场份额的凸函数,对厂商之间市场份额的非均等分布非常敏感,该指数的定义为 $I_{HH} = \sum_{i=1}^{n} (s_i)^2$,取值范围是 $0 \leq I_{HH} \leq 10\,000$。

衡量市场集中度的相对法主要采用两种指标:一是洛伦茨曲线(Lorenz Curve)和基尼系数(Gini Coefficient),二是厂商规模的对数方差。基尼系数就是洛伦兹曲线反映出来的特定市场中厂商规模的差异值，这是一种常用的对不均等的度量指标。基尼系数计算的就是洛伦兹曲线与绝对平均线（45°线）所包围的面积的比值，亦即 $GI = \frac{A}{A+B}$。基尼系数越大，厂商规模的差异越大；反之，基尼系数越小，厂商规模的差异则越小。理论上基尼系数的取值范围是 $0 \leq GI \leq 1$。厂商规模的对数方差为 $V = \frac{1}{N}\sum_{i=1}^{N}(\log s_i)^2 - \frac{1}{N^2}(\sum_{i=1}^{N}\log s_i)^2$，对数方差的最大特点是假定厂商规模分布愈均齐，厂商之间的竞争性就愈强。

比较绝对法和相对法可得出如下的判断：绝对法主要反映了市场中前几家最大厂商的集中度，而未能考虑到参与整个市场的厂商数量和厂商规模的差异程度；而相对法则主要考虑到了参与整个市场的厂商规模的差异，却未能考虑到前几位最大厂商对市场竞争、价格等的控制和影响。因此，两种方法各有利弊，单独一种方法都不能完全准确地反映市场中厂商之间的竞争程度，两种方法结合运用是比较全面的。

（六）论述题

1. 试用具体实例证实或否定"集中度—利润率假说"，并进行简要分析。

答：市场集中度与厂商的利润率之间肯定存在着某种关系，这种关系有可能非常松散，也有可能非常紧密。集中度系数反映了市场内部的厂商结构及其相互依存。集中度越高，大厂商对市场的支配力量就越强。集中度与利润率之间的关系可能是一条连续的曲线，也有可能呈阶梯状变化，当集中度提高时厂商之间就由"松散型"寡占变为"紧密型"寡占。或者说，寡占厂商间协调得比较好时，其利润率就有可能提高；反之，当寡占厂商之间竞争激烈时利润率就会降低，最糟糕的结果是各方俱伤。

西方许多经济学家对市场集中度和利润率之间的关系做过大量实证研究。尼达姆（1978）研究的结论是集中度与利润率间的关系可用下式来表述：$\frac{p-mc}{p} = \frac{1}{\varepsilon_d} = \frac{s_i}{(\varepsilon_d + \varepsilon_r)s_j}$，式中 p 为市场价格，mc 为边际成本，$\varepsilon_d$ 是商品需求的价格弹性，ε_r 是竞争对手在价格上的反应，s_i 为某厂商的市场份额，s_j 为竞争对手的市场份额。尼达姆公式的含义就是，厂商的利润率与自己的市场份额成正比，与商品需求的价格弹性和竞争对手的市场份额成反比。德姆塞茨（1973）研究的结

第五章 规模经济与范围经济

论是：不同规模企业的利润率差异是由成本差异造成的，企业规模差异和进入壁垒差异归根到底反映到企业成本水平上，从而造成企业利润率（$[p-mc]/p$）的差异。德姆塞茨根据企业的资产规模将企业加以划分，并计算了其集中度系数，得出的结论是：当大企业的集中度系数在60%以上时，其与利润率的相关性才非常显著。

举例略。

2. 规模、垄断、竞争与市场绩效的逻辑关系是什么？

答：竞争是市场经济的本质特征，是市场经济活力之源泉。从这一意义上说，扼杀竞争就是扼杀市场经济的生命之源。从各国经济发展的实践来看，适度的、符合专业化协作要求的重复建设和同业竞争，是市场竞争的需要，因为垄断的弊端人所共知。但是，过度的重复建设，"大而全"、"小而全"式的重复建设则制约着经济效益的提高和社会资源配置的效率。重复建设一旦超越了合理的"度"，就不符合市场经济竞争的本质和资源最优配置以及社会福利最优的要求了。

新古典经济理论研究证明，垄断会使产量减少从而导致福利损失，由此得出的政策结论是政府进行规制，尽量减少垄断带来的福利损失。与此相反，完全竞争市场的一个基本假定就是自由进入退出的结果能达到效率最优。

垄断最显著的直接效应是对价格和利润的影响，从而对效率也产生某种影响。一般而言，垄断程度与高价格、高盈利能力成正相关，但是，这种正相关关系也受到除市场势力之外的规模经济、创新、随机事件、不确定性和其他因素的影响。厂商的市场势力强大则在市场竞争中的处境就主动，就会占有较多的市场份额，就越有可能赚取较多的利润。虽然具有某种垄断势力的厂商获得的利润比竞争厂商高，但并不是说垄断厂商总是能获得超额利润。在短期，垄断厂商与竞争厂商一样也会亏损；在长期，垄断厂商却能获得正的超额利润，而竞争厂商只能获得零超额利润（即只获得正常利润）。在一定意义上可以说垄断或市场势力就是在边际成本之上定价的能力。虽然垄断会使社会福利遭受损失，但是，对未来垄断利润的预期能够激励厂商开发新产品、采用更有效率的生产技术。从这种意义上说，对垄断、竞争和效率的关系只能是具体问题具体分析了。

对于规模经济与市场绩效之间达到什么程度才是合意的，涉及价值判断，并且这种价值判断必须考虑的一个国家的某一产业在国际市场上的竞争处境。

四、案例分析

案例一：

美国钢铁公司垄断案

美国钢铁公司是美国钢铁工业最大的垄断组织，1901年由两个最大的钢铁公司——卡内基钢铁公司、联邦钢铁公司及其他8个钢铁公司、1个轮船公司和1个铁矿公司合并而成。此公司在鼎盛时期曾控制美国3/5的钢铁生产，可以决定近17万钢铁工人的命运。它拥有的资产达13.7亿美元，是美国历史上第一个拥有十亿美元以上资产的大工业垄断组织，是垄断的工业资本与垄断的银行资本互相融合的典型产物。

美国钢铁公司一成立就控制了全美钢产量的44%（约为1 060万吨）。它凭着自己雄厚的经济实力，垄断了美国的钢铁市场和原料来源。通过激烈竞争，该公司先后吞并了50多个钢铁企业及有关部门，使上下相连的企业组成了一个综合性的大钢铁垄断企业。美国钢铁公司的经营范围非常的广泛，包括铁、煤、白云石、石灰岩的开采，铁、钢的冶炼及钢板、钢管、钢轨的轧制，同时该公司还生产建筑材料、车辆、造船用钢铁制成品以及大量的副产品，如水泥和炼焦蒸馏产品等。此外，美国钢铁垄断组织还确立了以美国钢铁公司的产钢中心匹兹堡的出厂价为基点价，加上匹兹堡到消费地点的铁路运输费用，来确定全国钢材统一价格的方法。

1911年，美国政府对美国钢铁公司提起诉讼，认为该公司已控制钢铁产业大约44%的钢铁铸造能力和66%的产量的事实，已构成了非法的贸易限制和垄断实力，认为它违反了谢尔曼法第二条的规定，要求分解该公司。

这个谢尔曼法对于垄断这个问题虽措辞严厉，但其很多规定都是不明确的。按照在同时期对美孚石油公司的处理规则——"合理原则"，美国政府必须举证美国钢铁公司具有垄断地位，并且证明这种地位是通过"不适当地"或者"以不公平的方式"取得的。

然而，在1907~1911年间，美国钢铁公司的总裁贾吉·格瑞（Judge

第五章 规模经济与范围经济

Elbert Gary）曾与竞争对手公司的领导进行了一系列的宴会会面。设计出这些所谓的格瑞宴会是为了有助于稳定价格和在行业的领导间形成良好的愿望。显然，这种行动对美国钢铁公司来说产生了一定的好处。在案件审理中没有一个竞争对手对美国钢铁公司的行为有微词。不像在标准石油和美国烟草案中存在掠夺和滥用策略的指控，美国钢铁公司被它的竞争对手视为"好托拉斯"。它的价格领导地位所带来的后果之一是，美国钢铁公司逐渐失去市场份额，到1915年时，它的市场份额为52%。美国钢铁公司似乎为它的对手撑起一把价格"保护伞"，允许这些竞争对手以更低的价格提供产品来增加它们的市场份额。

经过十年的马拉松式的反垄断诉讼，最高法院最终在1920年做出判决。从1901～1911年间，虽然该公司的绝对产量提高了40%，但是相对的市场份额却平均降低了35%，而且与它竞争的厂家还有80余家。大部分法官认为：由于它的市场份额的衰退，使其自身已不具备控制价格的能力，从而不得不和竞争者一起控制价格。就美国钢铁公司而言，还不存在类似于标准石油公司那样的排他性行为。运用"理性规则"，法院的判决支持美国钢铁公司，"仅仅是规模大并不违法。"

美国钢铁公司反垄断案的胜诉与以前的案件相比更加反映出貌似严厉的谢尔曼法的有效性，其法律后果的不稳定性是阻止不了企业合并的。

案例二：

波音—麦道合并案

1996年12月14日，波音和麦道宣布其计划以换股形式进行合并，合并后麦道将成为波音的全资子公司。在合并前，美国波音公司和麦道公司分别是全球第一大和第三大飞机制造商，全球第二大的欧洲空中客车公司是其主要竞争对手。合并本身将在美国境内进行，对合并享有主要管辖权的美国联邦贸易委员会（FTC）于1997年7月1日无条件批准了该合并。当事方于1997年2月18日向欧盟委员会通知了合并计划。尽管合并双方与欧盟的联系均仅限于向欧盟消费者出售产品，委员会仍然行使了管辖权，因为当事方的营业收入达到了合并规则所规定的门槛：二者的全球营业收入之和超过了50亿欧元（波音为170亿欧元，麦道为110亿欧元），其各自在共同体内的营业收入也均超过了2.5亿欧元。

1996年12月15日，美国波音飞机公司宣布兼并美国麦道飞机公司。每一麦道股份折合成0.65波音股份，总价值133亿美元。兼并后，除了保留100座的MD-95麦道品牌，麦道的民用客机一律姓了"波音"。有76年飞机制造历史的麦道公司从此不复存在。波音现任总经理出任新波音的总经理，2/3以上的管理干部由波音派出。新波音拥有500亿美元资产，净负债额仅仅10亿美元，员工达20万人之多，成为世界上最大的民用和军用飞机制造企业。消息传来，政界业界甚为震惊！波音缘何"娶"了麦道？这是一桩"美满的婚姻"吗？

论实力，麦道是世界上第三大航空制造公司，1993年企业排名全球第83位。1990~1994年间，民用客机的市场份额，波音占60%，空中客车占20%，麦道占15%，其他企业占5%。然而，在与波音和空中客车的竞争中，麦道一路败北，世界市场的份额从22%下降到15%，继而又下降到10%。1996年，麦道只卖出40架民用客机，300座的MD-11无力与波音的400座747竞争。当年12月，麦道放弃了自己440座MD-11的计划，开始作为波音"分包商"，帮助波音生产550座"加长型"客机。麦道曾经是最大的军用飞机商，生产著名的F-15、FA-18和"猎兔狗"军用飞机。然而1996年11月，在美国新一代战机——"联合歼击机"的竞争中，麦道再度铩羽而归。11月16日，美国国防部宣布，新战机将从洛克希德—马丁和波音的样机中选择。对此，麦道总经理无奈宣布："麦道作为一家独立的公司，已经无法继续生存"。麦道开始考虑放弃"户口本"了。

在圈外人看来，麦道并无理由放弃"户口本"。1994年，麦道资产122亿美元，雇员65 760人，销售额132亿美元。1996年，麦道在与空中客车的竞争中收获甚丰。110架订货中，106架在欧洲。由于德国汉莎航空公司的订货，麦道最大的机型MD-11的订货大增。麦道70%的利润来自军用飞机，仅美国海军1 000架改进型FA-18战斗机的订货，就需今后20年才能完成。1996年1~9月，麦道民用客机的销售虽然从上年同期的30亿美元下降为19亿美元，但麦道公司不仅没有亏损，反而盈利9 000万美元，是上年同期的两倍多。这样一家历史悠久、实力强大的盈利公司，不能作为独立公司继续生存，愿意被波音兼并，岂不怪哉？

然而，麦道的决策者和飞机制造业的分析家们却另有一番考虑。他们

第五章 规模经济与范围经济

认为：就民用客机而言，今后，由一家公司提供从 100~550 座的完整客机系列，包括统一的电子操作系统，可以大大节约航空公司培训、维修和配件的成本。如今，波音用 50 亿美元开发出 550 座"加长型"747。空中客车用 80 亿~100 亿美元开发出 550 座 A330。麦道的大飞机只有 440 座，尽管眼下仍旧盈利，日后还是难以占领市场。

在军用飞机方面，麦道过去一直是龙头老大。1994 年，美国马丁·玛瑞塔与洛克希德合并，组成洛克希德—马丁公司，与麦道展开竞争。1996 年，洛克希德—马丁又用 91 亿美元吞并了劳若。这家"三合一"公司的年销售额达 300 亿美元，为麦道的两倍。新一代战机——"联合歼击机"，作为美国空军、海军和海军陆战队以及英国海军的主要装备，将有 3 000 架订货。麦道虽然全力以赴，志在必得，结果却被五角大楼淘汰出局。对麦道而言，这不仅是一次重大商业机会的丧失，而且意味着麦道将无力保持军用飞机在技术上的先进地位。

从总体上看，麦道的民用机、军用机的技术能力皆跟不上其他几个主要竞争对手，要想继续独立生存就十分困难了。于是，麦道选择了"上上策"——"嫁"给波音。

"嫁娶"本身是双方自愿的。若非波音愿意，麦道必然是"闺秀"难"嫁"。那么，波音为什么愿意娶个"半老徐娘"的麦道？

(1) 波音需要更多的技术员工和生产能力。

按波音总经理的说法，飞机制造工业在成长，波音需要更多的技术员工和生产能力。1996 年是波音和空中客车 6 年来订货最多的一年。1996 年，波音共得 645 架订货，价值 470 亿美元。波音订货历史最高年为 1989 年的 683 架。1996 年，空中客车得 309 架订货，几乎是 1995 年 106 架的 3 倍。空中客车订货历史最高年为 1990 年的 404 架。兼并麦道，明显有助于波音扩大生产和新机型的研制。

(2) 波音需要"强身"，以与空中客车竞争。

波音兼并麦道之后，空中客车成了波音唯一的竞争对手。早在 1970 年，英、法、德、西班牙 4 国政府用各自的航空制造企业跨国组成空中客车公司。当时，以波音为首的美国公司占领了世界市场的 90%，欧洲任何一国的航空制造企业都无法与之抗衡。要挽救欧洲的航空制造工业，跨国联合是唯一的出路。从那时起，不算种种秘密补贴、固定补贴和免税优惠，只开发机型一项，空中客车即直接得到政府 100~200 亿美元的补贴。经过 25 年努力，到 1995 年，7 个机型 1 300 架空中客车在天空翱翔，市场份额从零增长到30%。1994年,空中客车的订货首次超过波音,占市场份额的48%,俨然成为与波音旗鼓相当的竞争对手。

空中客车的打算是,2000年时占领世界市场的50%。目前,波音在400座以上的巨型客机方面处于垄断地位。这部分客机,按价值计算,相当于1/4的世界市场份额。波音从这些巨型客机上每架赚回3 500万美元利润。1995年,波音曾经花了整整一年的时间,劝说空中客车的几家公司一起开发800~1 000座的新一代超巨型客机。结果却导致了空中客车与波音在450~650座和客机的公开竞争。在已有747-400和777客机的基础上,波音"仅仅"投入50亿美元,就可以在2000年使第一架550座"加长型"747投入使用。由于起点低一大截,空中客车要用80亿~100亿美元,最早在2003年才能开发出550座A330。为了赢得这场550座客机的战斗,欧洲各国政府承诺再度补贴"启动资金"。1996年7月8日,空中客车决定在1999年前,将封闭的"四国联营"改成开放的股份有限公司,开放式地筹集更多的资金,兼并更多的企业。1996年7月11日,空中客车的两家公司以及意大利的阿联尼那公司,与中国和新加坡签订了合作开发AE-100客机项目。中国约1 000架客机、价值超过200亿美元的市场潜力,对空中客车具有毋庸置疑的战略意义。面对空中客车来势凶猛的进攻,波音"娶"了麦道,无疑有助于波音与空中客车一决雌雄。

波音是全球最大的飞机制造公司,1993年排名全球40大企业。波音、麦道联姻,对波音,对麦道,带来了哪些利益呢?

首先,波音掌握了更大的市场份额。联姻前,波音的军事订货相当于麦道的一半,是波音20%的收入来源。波音兼并麦道后,不仅使波音民用客机的市场份额一下子成了空中客车的两倍多,再次拉开了空中客车追赶25年、刚刚缩短了的距离;而且,波音再次军民合一,军用产品年销售额超过150亿美元,成为世界上最大的军用飞机公司。如今,波音和洛克希德—马丁任何一家公司的军品销售额,都是欧洲最大军工企业的两倍以上。

其次,波音兼并麦道之后,法律上的"麦道"不复存在了,但实力的"麦道"并未失去机会。显见的事实是,1996年11月16日,美国国防部正式宣布由波音或者洛克希德—马丁研制"联合歼击机"。然而,人们不会忘记,在过去的50年里,波音只有设计制造轰炸机的历史,但没有一架成功的战斗机的设计。而过去50年里,麦道有着设计和制造战斗机的悠久历史,其收入的70%来自军用飞机制造。显然,尽管波音拿到了"联合歼击机"项目,但还得靠被兼并的麦道去完成。

第五章　规模经济与范围经济

这能不说是"一桩还算美满的婚姻"吗?

资料来源：廖凡：《试论欧盟企业合并规则的域外适用及其应对》，载于中国法学网：网址：http://www.iolaw.org.cn/。

案例三：

范 围 经 济

范围经济产生通常是因为单纯一项生产活动不能完全利用一些固定资源的生产价值。因此，为了充分利用这些固定资源，企业就可以生产第二种、第三种能够共同利用该固定资源的产品。电话线杆可以同时架设好几条电线，分别用于输电、电话通话、电缆连接；铁路轨道既可以运载旅客列车也可以运载货物列车；大学可以将学校设施每年9个月用于其高等教育，然后在其余时间可以将其出租，用于举办夏季运动会、为拉拉队提供住宿，或者举办公司集会，甚至用做美国国家足球联盟（NFL）培训中心。

这种范围经济的例子在电子商务领域中俯拾皆是。比如，Amazon.com 就是从一家廉价网上新书销售商起家的，但是其网站硬件与软件以及其履约系统可以很轻松地处理其他交易，而不仅仅是书。因此，Amazon.com 很快把 CD、VHS 和 DVD 录像以及计算机游戏等产品加入到了其产品目录。最后，他们进一步扩大其销售范围，进而向消费者提供电子产品、摄影器材、工具、硬件、户外活动产品、拍卖，而且还为其他商家提供店面网站。他们甚至开始销售从二手书商那里买的旧书，而且还与美国玩具零售商（Toys "R" Us）签署了一项协议，负责该企业玩具的网络营销。一家网站提供所有这些产品能否获利，能否保证其长期生存下去，这仍不得而知。不过，一家网站增加那么多可售产品显然是范围经济的一个实例。

电子湾（eBay）最初自称为"世界上最大的旧货销售商"，它也是企业利用范围经济的另一个网络实例。如今登录电子湾网站，我们依然可以看到网站上的个人拍卖，但是该网站也拍卖旧车以及诸如会计、网页和制图设计或法律咨询等专业服务，另外该网站还通过其麾下网站 half.com（以明码标价售二手商品的电子商务网站）以固定价格销售产品。点击其产品销售网站 half.com，屏幕上就会显示出一大批产品，其中有许多与 Amazon 所提供的产品雷同。虽然个人拍卖对其依然举足轻重,但目前电子湾相当大一部分收入都是来自于拍卖厂商处理的剩余存货。例如,因为"科技灾难"资产的处理正开始兴起,在电子湾网站上拍卖的IT硬件的数量也越来越多。

资料来源:爱德华·J·迪克著,杨青、郑宪强译:《电子商务与网络经济学》,东北财经大学出版社2006年版,第80页。

案例四:

规模经济和学习曲线概念在电子商务中的应用

在电子商务领域中,特别是在 B2C 层次上,订单履约能力、网站知名度和品牌都是支持急剧扩张战略的规模因素。订单履约是指订单下达之后的选货、包装和配送的过程。从顾客服务/满意度的视角来看,尽快和尽可能准确地履约和配送是非常必要的。订单履约能力还包括处理诸如接收、搬运、再储存,以及消费者不满意退货等一些不可避免的问题。

对于纯粹的网络企业来说,为了使基础设施得到充分利用,大规模供给似乎显得很有必要,同时大规模供给也使得企业能够在每位顾客身上花费最小成本就可以达到理想的广告效果。当产品在虚拟店铺而不是在真实店铺销售时,那么唯一的销售途径就是网络。因此,为了使潜在购买者熟悉企业的网址和生产线,同时树立企业的品牌和质量形象,企业就有必要做大量的广告。Amazon.com、Webvan(专卖食品的网上杂货店)和 eToys(专卖玩具的网上商店)等电子商务企业都花费大量财力建立了庞大的区域分销中心,以提高订单履约能力,并支持其广告宣传活动。为了使这些分销中心能够最有效率地运营,企业就必须占有足够的市场份额,这样企业就可以将价格降得足够低,以吸引追求效率的顾客。如果企业规模和对企业产品的需求足够大,能够使企业获得全部潜在规模经济,产品价格高于可变生产成本,市场份额足够大,那么企业最终将会成功获利,同时也有可能阻止其他企业进入市场。

当然,小企业也并非一无是处。山姆爱德蒙斯啤酒就是百威的成功竞争者,尽管有来自通用汽车的竞争,Volvo 汽车公司依然茁壮成长了起来,

第五章 规模经济与范围经济

一家本地木场虽然距离最近的家得宝（是全球最大的建材家居零售企业）不足 5 英里，但其收入却可以让木场主过上富足的生活。这些企业以及成千上万的其他小企业是如何在竞争中取胜的呢？答案依然简单！它们之所以能够存在或进入市场，就是因为它们采取的是填隙策略（Niche Strategy）。这些进入者首先寻求到目前还没有被市场领导者满足的那部分市场，然后针对该部分市场的需求量体裁衣，制定适宜的产品、定价和促销策略，以吸引那些市场领导企业服务不到的消费者。没有哪家企业能够以更低的价格销售比 Wal-Mart 和 Home Depot 更多的产品，可是，低价格和规模经济并不是唯一的竞争法宝。服务、便利、高层次消费形象、质量、安全、区位、满足顾客订单的能力、友好程度等也都是竞争的其他方式。同时，消费者也不是均质的，相同的产品特质对他们的价值却不一定相同。只要能把那些长处物质组合起来，那么销售者就有可能与低成本企业并肩共存。况且，媒体也在频繁地通过广告讥讽许多大商场内部的明显的空洞、令人迷惑和费时。传统零售的那一套对网上零售仍然适用，填隙策略就是制胜策略。

资料来源：爱德华·J·迪克著，杨青、郑宪强译：《电子商务与网络经济学》，东北财经大学出版社 2006 年版，第 79~80 页。

第六章 进入退出壁垒

一、内容提要

本章从厂商的进入退出与进入退出壁垒的角度来探讨市场结构问题，进一步深入分析市场结构的决定。主要包括以下几方面内容：进入、进入壁垒及其影响；退出、退出壁垒及其影响；流动壁垒；进退无障碍理论与潜在竞争；沉淀成本及其对进入退出的影响。这一章回顾了内容广泛的有关市场上进入和策略竞争的文献。首先重点分析了进入壁垒，以及在位者行为在影响进入条件方面所起的作用。特别关注了在位者在长期保持超过竞争水平利润的能力，以及所调查的有关进入条件和进入后影响的实证研究。接着考察了进入条件和退出条件之间的关系，分析了动态限制定价理论。最后对许多进入和策略行为的实证模型做了综述。

二、复习思考题

（一）名词解释

1. 进入
2. 进入壁垒
3. 退出
4. 退出壁垒
5. 流动壁垒

6. 进退无障碍理论
7. 沉淀成本

（二）单项选择题

1. 关于进入壁垒，以下描述不正确的是（　　）。
   A. 进入壁垒是一个产业重要的结构性特征，影响到产业的竞争程度和绩效
   B. 进入壁垒是由法律、政府规制、技术或其他方面的原因造成的
   C. 不同时期、不同产业进入壁垒的程度是相同的
   D. 关税和进口配额对外国厂商构成进入壁垒
2. 策略性进入壁垒是指（　　）。
   A. 产生于在位厂商的行为，特别是在位者可以采取行动提高结构性壁垒，或扬言一旦进入就采取报复行为
   B. 产生于欲进入的产业本身的基本特性
   C. 进入某一特定产业时遇到的经济障碍以及克服这些障碍所导致的成本的提高
   D. 包括技术、成本、消费者偏好、规模经济和市场容量等方面的障碍
3. 关于进入壁垒，下列选项反映了行为主义的观点，除了（　　）。
   A. 新厂商进入一个市场所负担的，而这一市场中的在位厂商不负担的生产成本
   B. 产品差异
   C. 政府管制
   D. 对社会福利有害的进入限制
4. "退出"一词的含义不包括（　　）。
   A. 一个厂商从原来的业务领域中出来，即放弃生产或提供某一特定市场的产品或服务
   B. 可用退出的程度和退出的速度来衡量
   C. 分为全部退出、逐步退出与横向兼并三种方式
   D. 退出率与净退出率的计算方法完全相同
5. 对制度性进入退出壁垒理解错误的是（　　）。
   A. 制度性进入退出壁垒属于外生性壁垒
   B. 改革开放以来，我国制度性进入退出壁垒存在的产业范围是逐步缩

减的

C. 任何国家都有可能完全取消制度性进入壁垒
D. 制度性进入壁垒导致人为垄断产业的形成，而过度进入与制度性退出壁垒则造成了我国许多产业的过度竞争格局

（三）多项选择题

1. 从进入者采用技术的角度看，进入可以分为（   ）。
   A. 模仿进入   B. 全新进入
   C. 创新进入   D. 收购
   E. 内部发展

2. 进入过程一般包括以下阶段（   ）。
   A. 准备期   B. 成熟期
   C. 进入期   D. 持续期
   E. 后进入期

3. 在结构主义看来，进入壁垒包括（   ）。
   A. 在位厂商的绝对成本优势   B. 规模经济
   C. 特有资源   D. 政府管制
   E. 产品差异

4. "退出"粗略地说有三种方式（   ）。
   A. 退出的程度   B. 逐步退出
   C. 全部退出   D. 退出的速度
   E. 企业间的横向兼并

5. 进退无障碍理论从多方面探讨了进入退出问题，其前提条件要满足（   ）。
   A. 进入是完全自由的   B. 进入是可逆的
   C. 进入是存在沉淀成本的 D. 进入是绝对的
   E. 进入是要受到政府管制的

（四）辨析题

1. 进入壁垒是指当某一产业的在位厂商获得正常利润时，能够阻止新厂商进入的那些因素。

第六章 进入退出壁垒

2. 流动壁垒是指那些阻碍厂商进入或退出某一产业、从某一产业的某一细分市场转向另一细分市场的所有因素。

3. 沉淀成本是那些一旦投入，在短期不能收回，但在长期内可收回的成本。

4. 按照进退无障碍理论，政府的竞争政策是应该把对市场结构与市场行为的关注放到同等重要的地位。

5. 如果不存在进入壁垒就存在不完全竞争市场结构，正是进入壁垒才是不完全竞争市场结构存在的根本条件。

（五）简答题

1. 为什么在位企业赚取经济利润是衡量进入壁垒的前提条件？
2. 在位企业如何有效地阻止潜在进入者的进入？
3. 通过例子比较结构性进入壁垒和策略性进入壁垒，并说明两者之间的关系。

（六）论述题

1. 试比较结构主义与行为主义关于进入壁垒的学术观点。
2. 试分析中国国有企业改革中的制度性进入与退出壁垒。
3. 简述进退无障碍理论。
4. 分析为何"进入壁垒可能意味着福利改善"，有哪些突出的行业特点将使这一论点成立？
5. 在现实市场环境中有完全满足可竞争市场条件的产业领域吗？请举例说明。

三、复习思考题参考答案

（一）名词解释

1. 进入：所谓"进入"是指一个厂商进入新的业务领域，即开始生产或提供某一特定市场上原有产品或服务的充分替代品。

2. 进入壁垒：进入壁垒是指当某一产业的在位厂商赚取超额利润时，能够阻止新厂商进入的那些因素。

3. 退出：所谓"退出"指的是一个厂商从原来的业务领域中出来，即放弃生产或提供某一特定市场上的产品或服务。

4. 退出壁垒：退出壁垒是指当某一产业的在位厂商不能赚取正常利润（亏损）决定退出时所负担的成本，或者说是已经投资还未收回的那部分投资在退出时依然还不能收回，即沉淀成本。

5. 流动壁垒：流动壁垒是指那些阻碍厂商进入或退出某一产业、从某一产业的某一细分市场转向另一细分市场的所有因素。从这一意义上来说，流动壁垒是包括进入壁垒、退出壁垒和在同一产业内转移壁垒的总称。在狭义上更确切地说，流动壁垒是指同一产业中的厂商从某一细分市场转向另一细分市场时遇到的障碍。

6. 进退无障碍理论：所谓进退无障碍理论是指厂商可以自由地、无任何损失地进入或退出某一行业，这实际上是完全竞争概念的推广和具体化。鲍莫尔等人认为进退无障碍理论是分析资源有效配置的最好基础，是产业组织理论的新研究领域，对制定公共政策很有帮助。

7. 沉淀成本：沉淀成本是那些一旦投入、承诺了专用用途就不能收回的成本。沉淀成本产生的原因在于某些经济活动需要专用性资产，这部分专用资产几乎不能再作别的用途。

（二）单项选择题

1. C   2. A   3. B   4. D   5. C

（三）多项选择题

1. AC   2. ACDE   3. ABCE   4. BCE   5. ABD

（四）辨析题

1. 进入壁垒是指当某一产业的在位厂商获得正常利润时，能够阻止新厂商进入的那些因素。

答：这句话不正确。进入壁垒是指当某一产业的在位厂商赚取超额利润时，能够阻止新厂商进入的那些因素。

2. 流动壁垒是指那些阻碍厂商进入或退出某一产业、从某一产业的某一细分市场转向另一细分市场的所有因素。

答：这句话正确。根据经合组织欧洲转型经济合作中心的定义，流动壁垒是指那些阻碍厂商进入或退出某一产业、从某一产业的某一细分市场转向另一细分市场的所有因素。从这一意义上来说，流动壁垒是包括进入壁垒、退出壁垒和在同一产业内转移壁垒的总称。在狭义上更确切地说，流动壁垒是指同一产业中的厂商从某一细分市场转向另一细分市场时遇到的障碍。

3. 沉淀成本是那些一旦投入，在短期不能收回，但在长期内可收回的成本。

答：这句话不正确。沉淀成本是那些一旦投入、承诺了专用用途就不能收回的成本。沉淀成本产生的原因在于某些经济活动需要专用性资产，这部分资产几乎不能再作别的用途。

4. 按照进退无障碍理论，政府的竞争政策是应该把对市场结构与市场行为的关注放到同等重要的地位。

答：这句话不正确。按照进退无障碍理论，政府的竞争政策是不应该重视市场结构，应该重视是否存在充分的潜在竞争压力。

5. 如果不存在进入壁垒就存在不完全竞争市场结构，正是进入壁垒才是不完全竞争市场结构存在的根本条件。

答：这句话正确。进入壁垒在决定厂商数量和厂商规模分布中起着"中枢"作用，影响着在位厂商究竟能把价格定在高于、等于还是低于边际成本的能力。在进入壁垒较低的市场上，有大批的潜在进入者随时准备进入以替代那些效率低下、技术落后的在位者。反之，在进入壁垒较高的市场上，由于缺乏潜在进入的威胁，在位者能够赚取超额利润，但在效率和技术进步方面的状况可能不尽如人意。

（五）简答题

1. 为什么在位企业赚取经济利润是衡量进入壁垒的前提条件？

答：进入壁垒是指当某一产业的在位厂商赚取超额利润时，能够阻止新厂商进入的那些因素。进入壁垒是一个产业重要的结构性特征，影响到产业的竞争程度和绩效。任何可以降低厂商进入的可能性、进入的范围和进入的速度的因素或原因都属于进入壁垒的范围。进入壁垒在决定厂商数量和厂商规模分布中起着

"中枢"作用,影响着在位厂商究竟能把价格定在高于、等于还是低于边际成本的能力。在进入壁垒较低的市场上,有大批的潜在进入者随时准备进入以替代那些效率低下、技术落后的在位者。反之,在进入壁垒较高的市场上,由于缺乏潜在进入的威胁,在位者能够赚取超额利润,在效率和技术进步方面的状况可能会不尽如人意。总之,如果不存在进入壁垒就不存在不完全竞争市场结构,正是进入壁垒才是不完全竞争市场结构存在的根本条件。

2. 在位企业如何有效地阻止潜在进入者的进入?

答: 结构主义学者贝恩认为,进入壁垒就是"某一产业中的在位者相对于潜在进入者所具有的优势,这些优势反映在在位者能够把价格提高到竞争性价格水平之上,而又不会招致新厂商的进入"。在贝恩看来,进入壁垒是指使潜在进入者与在位厂商相比处于不利竞争地位并使在位厂商能长期获得超过正常利润的那些因素,换句话说,进入条件决定了在位厂商与潜在进入者之间的竞争关系,因而,从某种意义上可以说,进入条件决定了进入者的潜在竞争力。某一产业进入壁垒的高低既对在位厂商的行为和绩效产生强烈影响,也对该产业的卖者集中度和产品差异产生强烈的影响。

产品差异也是有效地阻止潜在进入者进入的障碍之一,由于消费者信息的不完全,倾向于购买已熟悉的产品品牌,对新进入者的产品品牌不熟悉就不购买。在位者的这种优势属"先动优势"(First Movers' Advantages)。要克服消费者偏好上的这种偏见,进入者就得花费大量资金宣传自己的产品,这样包括销售费用在内的总成本就会高于在位厂商的成本水平,假如高出许多,潜在进入厂商就会作出不进入的决定。

施蒂格利茨(1987)利用博弈论的方法分析了在生产无差异产品的市场上,即使在位厂商可以获得垄断利润,很低的沉淀成本的存在就可以成为阻碍潜在进入的壁垒。

进入对厂商的定价行为有两方面的影响:①只要市场上的价格高于完全竞争水平就会不断地有新厂商进入,后果可能是导致某种价格战。因为进入者试图降低价格以便渗透进市场,而在位者会奋起回应以保卫已占有的市场份额。②即使进入事实上并未发生,只要在位者预期潜在进入会迫使在位者的价格下降,在位者就会在进入发生之前主动降价以遏制进入。尤其是当固定成本不是沉淀成本(这时退出就是无成本的)、产品差异和绝对成本优势不存在时(因此进入是非常容易的),这种结果是最可能出现的。正是在这种意义上,存在严重潜在进入威胁、在位者不能赚取超额利润的市场通常被称为"可竞争性市场"。

第六章 进入退出壁垒

可竞争性市场理论在探讨进入退出问题时特别强调了潜在进入者对在位厂商的影响，但其结论只对完全自由的进入退出才成立，其前提条件要满足三点：①进入是完全自由的、没有任何限制，新进入厂商能很快地替代原有厂商。②进入是绝对的，在原有厂商作出反应之前进入就已完成。③进入是可逆的，即退出也是完全自由的、没有任何成本，也就是沉淀成本为零。这三个前提条件的假设要求很严，由此推导出的结论与现实情况相去甚远。依照他们的推论，在可竞争性市场上，由于存在潜在进入者的威胁，在位厂商必须努力降低成本、增加创新、扩大经营规模、提高效率，从而在改变市场结构的同时，也影响了经济运行的绩效。所以，市场结构、厂商行为和运行绩效之间形成了一条双向通道，这种重视厂商行为分析的倾向被称为行为主义。依此推理，如果在市场上新、老厂商面对的成本和需求条件相同，新厂商完全可以采取各种手段与老厂商争夺市场，或者实行打得赢就打、打不赢就走的"袭击"（Hit and Run）战略，即在经济规模上生产，只要价格比原厂商稍有降低，便可实现进入，在在位厂商通过降价作出反应之前已经完成退出。因此，问题的关键不在于经济规模的大小，而在于进退是否自由和方便，即沉淀成本的大小。正是这样，鲍莫尔等人提出应根据沉淀成本（Sunk Cost），而不应根据一般的固定成本来判断进入壁垒的高低。假如没有沉淀成本，即使某一行业只存在一家垄断厂商，由于存在潜在进入的较大压力，该行业仍然是可竞争性的行业。反之，没有自由的进入退出，不管市场结构如何，都会存在某种程度的垄断。

3. 通过例子比较结构性进入壁垒和策略性进入壁垒，并说明两者之间的关系。

答： 结构性的（或经济性的）壁垒产生于欲进入的产业本身的基本特性，即进入某一特定产业时遇到的经济障碍以及克服这些障碍所导致的成本的提高，包括技术、成本、消费者偏好、规模经济和市场容量等方面的障碍。技术障碍是指在位厂商对该行业生产经营关键技术的垄断，或者是潜在进入者在获取关键技术时遇到的各种困难。消费者偏好指由于产品本身品质或者由于广告宣传促销而造成的消费者对已有商品的偏好。新进入者要克服这一壁垒，要么一开始产品就具有较高的内在品质，要么花费更多的广告费用宣传自己的产品，要么使自己的产品价格更为吸引人。前两种做法都是成本的增加，后一种做法则是利润的减少。成本障碍是在位厂商与新进入者相比在成本方面的优势。新进入者与在位厂商的成本差额越大，进入的壁垒就越高。在存在规模经济的行业，厂商的最低经济规模越高，新进入者的初始规模如果太小就不能进入，而要达到最低经济规模则存在着资金筹集、设备和技术水平、人才招募等方面的较高障碍。同时，市场容量也影响进入壁垒的高低。市场容量大，在位厂商的竞争程度相对较低，对新进入者的排斥性就小，原因在于新进入者并不一定会夺走在位者的市场；市场容量小，在位厂商之间的竞争程度高，就担心进入者会夺走自己的市场份额，对进入比较敏感，有较强的抵制倾向。

策略性的（或行为性的）进入壁垒产生于在位厂商的行为，特别是在位者可以采取行动提高结构性壁垒，或者扬言一旦进入就采取报复行动。这种威胁必须具有可置信性，即一旦进入发生，在位者有积极性采取报复行动，如过剩生产能力的投资就是一种可置信的威胁。对策略性进入壁垒的研究具有非常重要的理论和现实意义，它直接影响到潜在进入者的进入决策和在位者的竞争战略。

举例略。

（六）论述题

1. 试比较结构主义与行为主义关于进入壁垒的学术观点。

答：（1）贝恩的结构主义分析。

贝恩于 1959 年出版的《产业组织》一书，被认为是早期产业组织理论研究成果的集中体现。他对产业的进入条件及市场集中两个方面的研究取得了重大成果。他重视对市场结构的分析，考察了厂商的结构、形成此种结构的原因以及结构对运行绩效的影响，并将影响市场结构的因素归结为三种：卖方的集中、产品差异的程度和进入市场的情况。正因为如此，后人称之为产业组织理论中的结构主义分析。

贝恩主要是从经济角度对进入壁垒展开分析的。其实，早在 1956 年出版的《排斥新竞争的壁垒》一书中，贝恩就第一次把"进入壁垒"当做内部市场势力的一个因素，从而把研究重点从内部市场结构转到"外部条件"上来，认为在一定意义上潜在竞争比现实竞争更具有威胁性。贝恩认为，进入壁垒就是"某一产业中的在位者相对于潜在进入者所具有的优势，这些优势反映在在位者能够把价格提高到竞争性价格水平之上，而又不会招致新厂商的进入"。在贝恩看来，市场结构是外生变量，由市场供给和需求方面的基本条件决定，而厂商行为仅由市场结构决定，属于内生变量。他认为，进入壁垒是指使潜在进入者与在位厂商相比处于不利竞争地位并使在位厂商能长期获得超过正常利润的那些因素。换句话说，进入条件决定了在位厂商与潜在进入者之间的竞争关系，因而，从某

第六章 进入退出壁垒

种意义上说,进入条件决定了进入者的潜在竞争力。某一产业进入壁垒的高低既对在位厂商的行为和绩效产生强烈影响,也对该产业的卖者集中度和产品差异产生强烈的影响。

贝恩强调的经济壁垒有四种:在位厂商的绝对成本优势、产品差异、规模经济和特有资源。

第一,在位厂商的绝对成本优势。起源于在位者较大规模和稳健经营产生的低成本的大量资金来源、通过边干边学和研究开发而来的优越的生产技术。这种进入的"规模壁垒"尤其会阻碍进入那些 MES 水平较高、资本密集型的产业,如石油冶炼和汽车制造业。受专利保护的工艺过程、获得某种原材料的特许权以及优越的地理位置等均会产生成本优势。正是在这个意义上,贝恩估计了建立 MES 工厂所需的投资额。面对在位厂商的绝对成本优势,创新进入者通常是对原有技术加以革新,在生产中使用新方法新工艺,不断开拓新的市场,以保证进入的成功。

第二,产品差异。产生于买者对某一产品的偏好和忠诚、在位者已占领的合适的市场位置和产品空间。广告和各种促销措施及策略会影响消费者的偏好,从而引起产品差异。大部分广告的目的是创造消费者对某个品牌的偏好,一旦偏好形成,在位厂商的优势就是显而易见的。贝恩列出了三种形成进入壁垒的产品差异。其一是由于消费者信息的不完全,倾向于购买已熟悉的产品品牌,对新进入者的产品品牌不熟悉就不购买。在位者的这种优势属"先动优势"(First Movers' Advantages)。要克服消费者偏好上的这种偏见,进入者就得花费大量资金宣传自己的产品,这样包括销售费用在内的总成本就会高于在位厂商的成本水平,假如高出许多,潜在进入厂商就会作出不进入的决定。其二是如果在销售中也存在规模收益,则广告推销费用会提高 MES 水平,此处 MES 被定义为生产与推销的最小平均成本。其三是进入者的促销活动能否成功是个未知数。既然如此,那么金融市场对新进入者的融资成本就会提高,因为金融机构对新客户的贷款利率和贷款费用会高于信用良好的老客户。

第三,规模经济。规模经济对进入者提出了两个方面的问题。一方面,规模经济使得大规模生产的成本降低,因此,筹集大笔资金建设经济规模工厂的必要性凸现;另一方面,规模经济的存在也使进入后生存下来的难度加大。在较大的市场容量水平上,规模经济可诱致新厂商进入,从而提高整个产业的生产能力和供给量,引起价格的下降,使新进入厂商的收益降低。另外,在位厂商为了阻止进入可能会威胁欲进入者,扬言采取报复行动。如果产业的规模经济很显著,在位厂商占有了较大的市场份额,这种威胁就是可置信的。贝恩论证了如果 MES

占行业需求的较大比例,则市场只能维持少量企业生存,这些企业能获得超额利润且不会引起进入。

第四,特有资源。主要指专利权、特许权、对关键性矿砂石等重要原材料的控制以及一切可阻止进入的其他因素。

贝恩还提出了面临进入威胁时在位厂商可能采取的三种策略:一是进入封锁,即在位厂商展开竞争,好像根本不存在进入一样,这时市场对进入者也就不具有足够的吸引力。二是进入遏制,即在位厂商不能对进入者实行封锁,但可以调整自己的行为成功地挫败进入。三是进入容纳,即在位厂商发现容许进入比建立代价高昂的进入壁垒要划算。

在贝恩之后,其他学者又提出了六种形成进入壁垒的原因:在位厂商的排他性定价(限制性定价)、研究与开发费用的累计支出、在位厂商的生产能力储备、经验的积累、经营多样化、垂直集中和销售网。这些进入壁垒可单独存在,可联合存在,也可只存在其中的几种。问题在于如果一个市场上存在上述进入壁垒中的二种、三种或四种,那么,这个市场究竟是有一个进入壁垒,还是有三个进入壁垒呢?某些原因是交互作用,还是单独起作用呢?

依据贝恩的分析,经济壁垒的高低可以用行业价格与平均成本的差额来衡量。行业价格与平均成本($P - AC_{min}$)的差额越大,该行业的进入壁垒越高。从长期看,价格之所以能高于平均成本,厂商能获得超额利润,是因为进入壁垒阻碍了新厂商的进入,从而价格不能像完全竞争市场上那样与长期成本的最低水平保持一致。一旦价格高得超过了进入壁垒和规模经济所能保护的水平,在位厂商的超额利润高得诱人,进入就会发生。进入的结果是供给增加,价格逐渐回落到接近完全竞争市场上的长期均衡价格,当 $P = MC = AC_{min}$ 时超额利润消失,进入就会停止。可见,建立进入壁垒只是竞争战略的一个方面,诱导竞争对手退出则是同一问题的另一方面。

(2)贝恩之后行为主义的分析。

与贝恩为代表的哈佛学派不同,以施蒂格勒为代表的芝加哥学派更加重视根据逻辑和理论体系来应用价格理论,认为产业组织理论是价格理论的逻辑扩展,因而,在许多问题上提出了与先前不同的观点。施蒂格勒(1968)提出了一个建立在在位者与进入者之间成本不对称基础上的进入壁垒概念,他认为进入壁垒是指那些"新厂商进入一个市场所负担的、而这一市场中的在位厂商不负担的生产成本"。在施蒂格勒看来,产品差别是在位厂商耗费资金通过广告等促销手段建立起来的商誉,规模经济是在位厂商率先进入这一市场的报酬,这些均是先进入者的在位优势,而不是进入壁垒。显然,施蒂格勒关于进入壁垒的定义比贝

第六章 进入退出壁垒

恩要窄得多。在施蒂格勒看来,贝恩认为是进入壁垒的规模经济、资本需要量、产品差异等都不构成进入壁垒,他特别强调的是政府管制(进入管制)这一人为的壁垒,据此施蒂格勒提出了一系列政府管制政策和产业政策建议。冯·维茨塞克的定义主要是从福利效果的角度考虑的,因此那些构成对社会福利有害的进入限制才是进入壁垒,实际上就是如何权衡进入壁垒的正外部效应和负外部效应的问题。迈克尔·波特(1980,1985)在论述企业战略决策时也同样强调政府在产业进入与退出中的作用,政府通过许可证和对空气、水、环境等的保护条例能够限制甚至封锁进入,反之,政府在某些领域提供的特惠政策或补贴则有助于进入。政府在产业退出战略上常常会表现出一些政治上、经济上、战略上以及情感上的反应,在某些情况下由于政府干预就业等问题,实现退出几乎是不可能的。施蒂格勒把规模经济排斥在进入壁垒之外的观点对鲍莫尔后来提出的"可竞争性市场"理论有很大影响。德姆塞茨(1980)则提出了"所有权进入壁垒"的概念,指出判断给予某一方何种保护的标准在于总效率的提高与否。

谢勒(1970)在《产业的市场结构与经济绩效》一书中强调市场行为的重要性,厂商的行为对市场结构有反作用,市场的运行绩效对厂商行为进而对市场结构也会产生反作用。鲍莫尔(1982)、贝利(1977)、潘扎尔(1982)和威利哥(1977)等人通过"可竞争性市场"(Contestable Market)这一概念引出的"进退无障碍理论"(Contestability Theory),克服了先前产业组织理论中市场结构与厂商行为的单向逻辑关系。所谓进退无障碍理论是指厂商可以自由地、无任何损失地进入或退出某一行业,这实际上是完全竞争概念的推广和具体化。鲍莫尔等四人认为进退无障碍理论是分析资源有效配置的最好基础,是产业组织理论的新研究领域,对制定公共政策很有帮助。

2. 试分析中国国有企业改革中的制度性进入与退出壁垒。

答:制度性进入退出壁垒(Institutional Barriers to Entry or Exit)属于外生性壁垒,其特征是在形成人为垄断的同时完全消除了潜在竞争的存在与威胁。在制度性进入退出壁垒存在时,人为垄断产业的垄断者将会采取垄断定价方式选择相应的价格—产量水平,从而造成社会福利的损失。

制度性进入退出壁垒下产业及厂商赚取高额利润的事实,有助于纠正人们对于产业及厂商效率的评判,将利润(或利润率)作为衡量产业及厂商经济效益好坏的主要指标并非完全客观和公正。如果产业的平均利润率等于或低于正常水平时,厂商获得了高于正常水平的利润,断言该厂商经营的经济效益或效率较高就是客观公正的；如果因制度性进入壁垒形成产业的高利润率，从而使厂商具有同样高的利润率水平时，就不能代表厂商的经济效益或效率较高了。对产业而言，长期高于正常水平的利润率意味着进入壁垒的存在，如果这种壁垒是制度性的，高利润率就意味着整个社会福利水平的降低。鉴于此，不能只依据利润率的高低来评判产业及厂商的效率高低。

改革开放以来，我国制度性进入壁垒存在的产业范围是逐步缩减的，这无疑极大地改善了社会资源的配置，促进了国民经济的发展。然而，这并不等于说制度性进入壁垒已经不复存在了。事实上，在电力、保险、金融、电信、交通、烟草、石化、航空等产业仍存在较高的制度性进入壁垒。我国加入WTO后，由于外力的推动和市场经济制度的逐渐完善，制度性进入壁垒逐渐被破除，原有的产业高利润率将会减少或完全消失，在位厂商的利润水平必将大幅下降，再考虑到具有更高效率的新厂商（内资与外资厂商以及进口）的进入，甚至是大部分的在位厂商（主要是国有企业）会出现亏损也就不难理解了。

当然，任何国家都不可能完全取消制度性进入壁垒。在某些场合，制度性进入壁垒的存在是非常必要的。如国防工业、航空航天工业一定要针对外国厂商设置进入壁垒。此外，对于某些特殊产品和服务的提供，也有必要限制厂商的进入。例如，烟、酒、盐、自来水、供热、煤气等市政建设项目等。

按照经济学的基本原理，如果沉淀成本为零，当平均成本高于价格时就会产生亏损，厂商自然就会退出。有时厂商亏损时还不立即退出，是因为厂商不能完全补偿已经支付了的沉淀成本。如果亏损持续下去，厂商肯定会选择退出而不是继续艰难挣扎。我国的现实却是另一番景象。迄今为止，国有企业尤其是大中型国有企业的破产仍属特例。早在1992年颁布实施的国有企业十四项自主权中，唯独没有退出权。国有企业的退出在实践中显得非常困难，最容易使人想到的是非经济性的原因，即国有企业退出将导致大量工人失业，不利于安定团结与社会稳定。我们暂且将考虑社会稳定作为国有企业退出的制约因素，那么，这种制约因素的根源又是什么呢？

从新中国诞生之日起，公有制和国有企业便作为一种体制的象征而存在，力图通过消除劳动与资本的对立体现社会主义计划经济体制的优越性。这样一来，国有企业既要尽可能多地获取利润维护资方（国家）的利益，又要让工人得到尽可能多的工资（包括实物及货币），显示其当家作主的主人翁地位。这样，原本由劳方与资方的非合作博弈谈判进行的利益分配，在国有企业中便转化成了双方利益之和最大化的合作博弈。现行经济实践和经济理论证明这一目标几乎是无法求解的。

第六章 进入退出壁垒

正是从劳资双方利益之和最大化的愿望出发，国有企业便不能像私有企业那样在退出时只考虑资方的利益或价格与成本的比较是否造成亏损。可以说，制度性退出壁垒的存在某种程度上是对国有企业职工的一种保护，保护其免受私有企业职工通常会遭遇到的被解雇风险。因此，在计划经济时代，成为国有企业的职工（甚至拥有城市户口，成为城里人）都是一种身份的象征，会带来诸多的"好处"。减少这种保护，提高国有企业职工的风险意识，增强他们投资于自身人力资本的激励，短期内有利于职工的再就业，从而有利于国有企业的退出和国有经济的布局调整，长期看则有利于国有企业现代企业制度的建立和完善，提升其市场竞争力。

从理论上说，如果没有退出壁垒的存在，任何企业都不可能出现持续性的亏损，因为一旦退出，亏损也就宣告结束了。由此可见，综合考虑制度性进入壁垒和退出壁垒时，才能全面正确地解释国有企业的大面积持续亏损现象和部分国有企业时而亏损时而盈利的现象。众所周知，某一产业利润率的高低与市场需求状况是密不可分的，所以，在总需求扩张较快的 20 世纪 80 年代，国有企业的亏损面及亏损额比较小，而到了 20 世纪 90 年代以后，由于总需求的扩张越来越难，国有企业的亏损面及亏损额也就越来越大。

综上所述，过度进入、总需求下降和退出壁垒共同构成了今天中国许多产业过度竞争的条件。我国 VCD 机、纺织品、彩电、电脑、空调、汽车等许多产业和产品均不同程度地存在着过度竞争。改革开放以来，由于金融预算软约束、政企不分和放权让利形成的扭曲的地方政府行为，使得过度进入频频发生，重复建设屡禁不止。

针对制度性壁垒和经济体制造成的过度进入，我国政府采取了一系列治理举措，如禁止新的国有企业进入某些加工工业，加强金融机构的资产负债管理，从而硬化企业的融资约束。政府针对已陷入过度竞争的行业采取了一些援助，如为转产提供资金与技术支持、帮助安置和培训职工，也有一些极端的措施，如纺织业的压锭。另有一些治理措施似有不妥，如公开支持在位厂商之间达成所谓的"自律价"或"价格联盟"等，这与公平竞争的要求相违。若要根本扭转过度竞争和国有企业的亏损态势，就必须加快制度性进入退出壁垒特别是退出壁垒的破除。1996 年以来，我国已有 5 000 户国有企业实现了兼并破产，核销了 2 000 亿元的银行呆账、坏账，还有 3 000 户长期扭亏无望的企业需要退出；到 2001 年国有企业员工已经退出了 500 万，还有 500 万需要退出，亟须疏通退出渠道。可见，国有企业的退出依然是任重而道远。

制度性进入壁垒导致人为垄断产业的形成，而过度进入与制度性退出壁垒则造成了我国许多产业的过度竞争格局，从而导致厂商（大多数是国有企业）的高产量和低价格及亏损。只有尽快从根本上破除上述制度性壁垒，才有可能真正使国有企业摆脱亏损的困境，国有企业才能具有自生能力，而其他由于缺乏自生能力诱发出来的金融预算软约束、政企不分、激励不足、效率低下等问题将迎刃而解。

3. 简述进退无障碍理论。

答：20 世纪 70 年代后，随着美国在世界经济中地位的相对削弱和美国某些产业国际竞争力的丧失，招致了许多对政府规制特别是进入规制导致的不公平以及规制制度本身的低效率的尖锐批评。同时，由于计算机、电子技术等技术革命的影响，使得原先政府对航空、通讯、运输等产业进行规制的依据逐渐淡化。因此，在美国、英国等国家出现了放松规制的倾向。这是进退无障碍理论产生的实践基础。

鲍莫尔（1982）、贝利（1977）、潘扎尔（1982）和威利哥（1977）等人（有时将这四人缩写为 BBPW）通过"可竞争性市场"（Contestable Market）这一概念引出的"进退无障碍理论"（又译作"可竞争市场理论"），是相对于传统的完全竞争概念提出的一种"理想化"的市场概念，是新古典经济学关于完全竞争特别是在自由进入条件下完全竞争在理论上的发展。进退无障碍理论克服了先前产业组织理论中市场结构与厂商行为的单向逻辑关系。所谓进退无障碍理论是指厂商可以自由地、无任何损失地进入或退出某一行业，这实际上是完全竞争概念的推广和具体化。鲍莫尔等四人认为进退无障碍理论是分析资源有效配置的最好基础，是产业组织理论的新研究领域，对制定公共政策很有帮助。

进退无障碍理论从多方面探讨了进入退出问题，但其结论只对完全自由的进入退出才成立，其前提条件要满足三点：①进入是完全自由的、没有任何限制的，新进入厂商能很快地替代原有厂商。②进入是绝对的，在原有厂商作出反应之前进入就已完成。③进入是可逆的，即退出也是完全自由的、没有任何成本的，也就是沉淀成本为零。这三个前提条件的假设要求很强，由此推导出的结论与现实情况相去甚远。依照他们的推论，在可竞争性市场上，由于存在潜在进入者的威胁，在位厂商必须努力降低成本、增加创新、扩大经营规模、提高效率，从而在改变市场结构的同时，也影响了经济运行的绩效。所以，市场结构、厂商行为和运行绩效之间形成了一条双向通道，这种重视厂商行为分析的倾向被称为厂商主义。依此推理，如果在市场上新、老厂商面对的成本和需求条件相同，新

第六章 进入退出壁垒

厂商完全可以采取各种手段与老厂商争夺市场，或者实行打得赢就打、打不赢就走的"袭击"(Hit and Run)战略，即在经济规模上生产，只要价格比原厂商稍有降低，便可实现进入，在在位厂商通过降价作出反应之前已经完成退出。因此，问题的关键不在于经济规模的大小，而在于进退是否自由和方便，即沉淀成本的大小。正是这样，鲍莫尔等人提出应根据沉淀成本（Sunk Cost），而不应根据一般的固定成本来判断进入壁垒的高低。假如没有沉淀成本，即使某一行业只存在一家垄断厂商，由于存在潜在进入的较大压力，该行业仍然是可竞争性的行业。反之，没有自由的进入退出，不管市场结构如何，都会存在某种程度的垄断。

根据以上的论述，良好的生产效率和技术效率等市场运行绩效的产生，在新古典的完全竞争的市场结构之外，不需要有许多的竞争者存在依然是可以实现的。这种市场结构可以是寡头垄断市场，甚至可以是独家垄断市场，条件是只要市场保持进入的自由，不存在进入退出市场的沉淀成本，潜在竞争的压力就足可以迫使在任何市场结构条件下的企业都不得不采取竞争性的行为，否则，就会招致进入者的袭击。可见，进退无障碍理论中理想的竞争是可以在任何市场结构中存在的，也就是说，无论何种市场结构中的在位厂商均必须遵循竞争性市场的价格—产量决策原则，否则，就会有效率更高的进入者替代之。正是由于潜在进入的威胁，而不是在位企业之间的竞争，使得在在位企业的价格和市场地位的可持续条件下达到了可竞争市场的均衡，由此产生有效率的市场结构进而产业组织就成为一种内生的结果。

按照进退无障碍理论，政府的竞争政策是不应该重视市场结构的，应该重视是否存在充分的潜在竞争压力，而确保潜在竞争压力的关键是尽可能地降低沉淀成本。为此，鲍莫尔等人认为，政府的公共政策的着眼点一方面应放在积极研究能够降低沉淀成本的新工艺、新技术，另一方面应放在排除一切不必要的人为的进入退出壁垒。

当然，进退无障碍理论是有局限性的，但是，它倡导的重视潜在竞争作用的观点对产业组织理论的发展及其对政府规制政策思路和措施的改进都起了很大的作用。

4. 分析为何"进入壁垒可能意味着福利改善"。有哪些突出的行业特点将使这一论点成立？

答： 在存在制度性进入退出壁垒条件下，产业及厂商赚取高额利润的事实，有助于纠正人们对于产业及厂商效率的评判，将利润（或利润率）作为衡量产业及厂商经济效益好坏的主要指标并非完全客观和公正。如果产业的平均利润率等于或低于正常水平时，厂商获得了高于正常水平的利润，断言该厂商经营的经济效益或效率较高就是客观公正的；如果因制度性进入壁垒形成产业的高利润率，从而使厂商具有同样高的利润率水平时，就不能代表厂商的经济效益或效率较高了。对产业而言，长期高于正常水平的利润率意味着进入壁垒的存在，如果这种壁垒是制度性的，高利润率就意味着整个社会福利水平的降低。鉴于此，不能只依据利润率的高低来评判产业及厂商的效率高低。

在古典经济学中，经济主体的偏好表现在产业组织理论中就是厂商必须就进入或退出做出决策，决策的原则就是为了追求利润的最大化。新竞争者的进入被看做是对于竞争和社会福利富有一系列益处的"好事"。在新古典经济学家的眼中，新竞争者的进入可以迫使价格下降、逐步"挤出"超额利润、减少 X 非效率以及鼓励创新和技术进步等。受到进入威胁和挑战的市场一般被看做是富有效率和流动性、可以按照消费者的福利最优来运行的市场。新古典经济理论关于竞争性市场的理论长期把进入——与之相对立的反面就是退出——看做市场竞争和效率的推动力量。

既然完全竞争市场能够同时实现资源的最优配置和消费者均衡即帕累托最优，那么，言外之意就是不完全竞争市场肯定会偏离这种最优和均衡。与完全竞争市场被认为是效率最优的市场相对应，完全垄断市场则一般被认为是效率较差的市场，原因在于垄断会阻碍创新和技术进步，造成社会福利的净损失，但是，垄断也不是一无是处，垄断性大企业可以实现大规模经营，从事耗资巨大的技术创新研究等。现实中常见的不完全竞争市场类型是垄断竞争和寡头垄断。依照经济学理论的分析，垄断竞争市场的效率低于完全竞争市场，但高于完全垄断市场；而寡头垄断市场是介于完全垄断和垄断竞争之间的一种市场，其价格的高低、产量的多少以及超额利润（经济利润）的多寡均取决于寡头垄断行业内厂商的多少、进入壁垒的高低以及寡头垄断厂商的行为方式。寡头垄断厂商的数量越多，进入越容易，厂商之间的欺诈行为越盛行，则其行为就越接近垄断竞争厂商；反之，就越接近垄断厂商的行为。

举例略。

5. 在现实市场环境中有完全满足可竞争市场条件的产业领域吗？请举例说明。

答：举例略。

第六章 进入退出壁垒

四、案例分析

案例：

没有攻不破的"马其诺防线"
——格兰仕对进入壁垒的超越

一、如日中天的格兰仕

广东格兰仕企业（集团）公司是一家以微波炉、空调为主导产业，以小家电为辅助产业的全球化家电生产企业。格兰仕集团以国际领先的技术开发能力和日臻完美的产品服务体系，为社会提供数以千万计的高科技、高品质、高附加值的产品。格兰仕拥有人才、品牌、技术、质量、服务、市场、营销、网络等诸多优势，这些优势为格兰仕创造了多个"全球第一"的产品，成为国际家电领域的"星级航母"。格兰仕企业（集团）公司现有员工11 000人，2000年销售收入达到57亿元。产品畅销全球80多个国家和地区，2002年出口创汇2亿美元，名列中国家电行业前列。格兰仕公司前身是一家生产羽绒制品的厂家，1993年试产微波炉1万台，在短短几年间，迅速成长为世界微波炉行业的龙头企业。从建立之初开始，随着市场的不断发展，格兰仕公司逐渐走上了规模化经营、集约化生产的道路，生产规模逐年递增：1993年年产1万台，1995年年产25万台，1997年格兰仕微波炉的产量达到200万台，生产能力达到360万台，2000年产销规模飞跃到1 500万台。在中国市场，格兰仕自1995年8月份第一次荣登销售榜首，至今已经连续6年保持不败。市场份额高居不下，从1995年全国的25.1%，到1996年全国的34.5%，到1997年的47.6%，到1999年5月的67.1%，再到2000年6月的74.1%，可以说，格兰仕已经占据了中国微波炉市场的大半壁江山，并有不断扩张的趋势。

从全国最大做到全球最大，格兰仕微波炉在国际市场上也是频频告捷。在获得ISO9001国际质量体系认证及美国、德国、挪威、南非、欧共体等多国质量认证后，格兰仕微波炉迅速覆盖到欧、美、亚、非、大洋洲等五大洲的 100 多个国家和地区，在全球范围内的声誉日高。目前，格兰仕微波炉已占欧洲市场的 40%，南美市场的 60%，非洲市场的 70%，东南亚市场的 60%，全球市场占有率已突破 35%。与国际市场占有率迅猛提升形成正比的是，格兰仕出口创汇连年攀升：1999 年，出口创汇突破 1.1 亿美金，成为中国家电出口两强之一；2000 年达到 1.5 亿美金；2001 年突破 2 亿美金。

除微波炉以外，格兰仕集团还拥有全球最具竞争力的空调产品。以其"站在巨人肩上"发展的国际领先的高、精、尖技术成为空调市场的核心品牌。一期工程投资 20 亿元人民币形成 800 万台空调的年生产能力，强势进军国际、国内市场。当格兰仕微波炉以近乎垄断的优势畅销全球市场，格兰仕空调也在 2000 年秋交会的第一次亮相中博得头彩。格兰仕在广交会上展示的几十款高科技含量的空调吸引了五洲四海的客商，格兰仕空调必将成为继微波炉之后格兰仕第二个冲击国际市场的拳头产品。

不仅如此，格兰仕集团还拥有全球最大的豪华电饭煲生产基地之一，具备 1 200 万只的豪华电饭煲年生产能力，市场占有率已经位列三甲。

通过自身努力，格兰仕创造了中国家电市场上的一块名牌。经国家权威机构评估，2000 年初格兰仕的无形资产已高达 101 亿元。2001 年格兰仕微波炉入选首批"中国名牌"。格兰仕在行业中的绝对领先地位使其逐渐垄断了整个微波炉市场，企业惊人的发展轨迹被经济专家称为"格兰仕现象"、"格兰仕模式"。

二、超越各种行业进入壁垒

企业多元化经营和专业化经营是企业面临市场竞争对所采取的不同应对策略。多元化经营的目的主要在于分散企业的经营风险，保障企业的盈利能力。但是，我们在看到多元化经营的好处的同时，也应该看到这种策略对企业自身能力的要求很高，在企业自身资源有限的情况下很难达到资源的最优配置。因此，当一个企业刚刚进入到一个新的产业，自身经济规模有限，市场环境尚未熟悉的情况下，采取专业化经营道路是更加明智的选择。

著名作家马克·吐温说："把所有的鸡蛋都装进一个篮子里，然后看好这个篮子。"借用到企业经营方面就是：选择一个有前景的行业，集中全部资源去发展，即专业化经营。格兰仕成功地从服装行业转移到微波炉行业，把所有的"鸡蛋"都装在微波炉里，市场占有率高达 50% 以上。但是格兰仕实施行业转移的动因如何？它在行业转移中有没有遇到行业进入壁垒？

第六章 进入退出壁垒

它如何规避行业进入壁垒,成功打入微波炉制造行业的呢?下面,就让我们以格兰仕进入微波炉制造行业的战略考虑为起点,逐步分析微波炉行业的结构性行业进入壁垒以及格兰仕相应的克服策略。

目前,关于进入壁垒的代表性定义有三个:一是贝恩的定义:"从长远来看,已有厂商能将价格提高到最小成本之上来销售而不至于引起潜在进入者进入的因素。"这个概念暗示,长期价格超过长期平均成本是检验是否具有进入壁垒的有效方式。二是弗根森定义为:"那些使新进入厂商无利可图,然而已有厂商却可以将价格定在高于边际成本并获取长期利润的因素。"这个概念将"价格超过边际成本"作为检验是否存在壁垒的基础。三是施蒂格勒的定义:"进入壁垒是一种成本,它是准备进入某一产业的新厂商必须承担,而已在该企业的厂商无须承担的成本"。

进入壁垒可分为结构性进入壁垒和行为性进入壁垒两大类。除此之外,还有政策法律及制度方面的壁垒。

结构性进入壁垒主要有规模经济壁垒、产品差别壁垒、绝对成本壁垒和必要资本壁垒。结构性进入壁垒是新企业进入必须逾越的主要障碍。

1. 规模经济壁垒。

规模经济(Scale Economy)是指随着生产能力的扩大,使单位成本(即长期平均成本)下降的趋势。企业要以最低的成本生产,获取最大的收益,就必须使自己的规模达到规模经济水平。而对于新进入的企业来说,一般受市场、筹资规模等方面的限制,自生产开始的时候就很难使自己的规模达到中期平均成本最低点,从而使新企业在与老企业的竞争中处于不利地位。

2. 绝对成本壁垒。

如果不论产量如何变化,原有企业都能以比新企业低的单位成本从事生产和经营销售,那么新企业则处于不利地位,或者说原有企业具有绝对成本优势。形成绝对成本差异的原因主要有:原有企业占有专利或控制先进技术;原有企业掌握重要资源或与供协商有长期合作关系;新企业要付出较高的资金成本。

3. 产品差别壁垒。

产品差别的存在使原有企业在市场上树立良好的形象和声誉,他们只要维持和发展即可,该厂商有"先动动力"。但是新企业要从头开始,付出较大代价使顾客相信自己的产品优于名企业,这势必增加新企业的生产和销售成本。这样现有厂商的存在提高了新厂商进入的成本。

4. 必要资本量壁垒。

企业进入某一市场必须要达到必要的资本量,以满足企业正常生产经营的需求,不同行业必要资本量不同,必要资本量越大,筹资困难,进入该行业就越困难。

1991年,格兰仕作为一个最初从事羽绒、服装生产,年产值不到50万元的小型乡镇企业,选择微波炉为转业发展的唯一方向,是基于慎重的战略考虑的。

从国内外的行业总体发展状况来看,早在20世纪60年代,微波炉行业就已在美国等发达国家兴起、至90年代进入普及期,产品生产技术已经达到成熟阶段;而在中国,微波炉制造行业却是曙光初现的行业、市场发育程度晚且成熟度很低。随着大家电的普及和市民生活水平的提高以及对便利生活的需求不断增长,中国的微波炉市场必将是一个基数小、增长速度快、潜力巨大的市场。因此,格兰仕从事微波炉制造将拥有广阔的市场前景。

从市场上既存的生产者的角度来看,1990年全国微波炉生产企业只有四家,且规模大多在10万台以下,市场竞争程度比其他家电产品要低得多。虽然以松下为代表的外国品牌的产品在当时的市场上居主导地位,但这些产品在其制造商的销售总额中所占的比重很小,微波炉并非这些制造商的战略性或主导性产品。因此,格兰仕从事微波炉制造的竞争压力尚可接受。

从格兰仕周边的介入环境来看,格兰仕所在地——广东顺德是中国著名的家电产品生产基地,元器件、零配件的供应及其他相关技术和服务较为稳定。因此,格兰仕从事微波炉制造可以得到货源充足的上游产品供应,可见,格兰仕进入微波炉生产行业的外部市场环境是很有利的,强大的竞争对手对微波炉产品有点不以为然,对新的进入者格兰仕实施进入阻止(如一时性降价)则可能性不大,行为性进入壁垒不高;作为新兴家电行业,政策、法规方面也几乎没有进入障碍,需要突破的主要是各种结构性的进入壁垒。

选择微波炉市场为未来发展方向的格兰仕将自己的竞争策略定位于:"做大、做强、做精、做透",即要做就做微波炉行业的龙头企业。但是从一个与小家电行业完全不相关的行业顺利进入以技术含量较高、资金投入较大、主要产品主要为松下、夏普等几大品牌垄断的小家电行业,其间必然会遇到各种类型的行业结构性进入壁垒。必须成功地逾越诸如必要资本

第六章 进入退出壁垒

量、绝对成本、产品差别以及规模经济等几个方面的结构性进入壁垒。

(1) 必要资本量壁垒及其克服战略。

小家电市场产品技术复杂性较高,换代更新较快,竞争激烈,对完善的市场营销系统依赖较强,因此,该行业是一个对初始资金投入量和后续资金投入量要求较大的行业,必要的资本量壁垒是所有进入该行业的新企业所面临的首要难关。格兰仕所选择的行业转移经营策略使其成功地绕过了必要资本量壁垒,在小家电行业获得了充分的发展。

自1978年9月28日广东顺德桂洲羽绒厂(格兰仕前身)成立之日到1992年9月中外合资的格兰仕电器有限公司开始试产,广东格兰仕企业(集团)公司经历了从羽绒、服装生产到小家电生产彻底的行业转变。在此14年期间,格兰仕及其前身的发展历程可以简化为表6-1所示:

表6-1　　　　　　格兰仕及其前身的发展历程

创立时间	企业名称	主要产品	产值或出口值
1979年	顺德桂洲羽绒厂	再处理的鹅鸭羽毛	产值46.81万元
1983年	华南毛纺厂	粗梳毛纺产品	出口400万美元
1984年	顺德桂洲羽绒厂(扩建后)	水洗羽绒产品	产值300多万元
1985年	桂洲畜产品工业公司		
1987年	华丽服装公司、华美实业公司	羽绒服、羽绒被	
1988年	桂洲畜产品企业(集团)公司		产值超过亿元
1989年	桂洲毛纺有限公司		
1991年	中外合资华诚染整厂有限公司	原白色兔毛纱出口、染色纱出口、纱线染色加工、羽绒被、服装等制品	产值超亿元
1992年	广东格兰仕企业(集团)公司	羽绒系列制品	年出口达2300万美元,总产值百亿元人民币

从以上的列表数字我们可以看出,格兰仕及其前身在不断进行生产创新的同时,企业资产规模不断扩大。但是,羽绒、服装制造产业的短期利润并没有羁绊格兰仕寻觅企业发展新出路的思索。在宏观状况有利于自身资本积累增强的条件下,格兰仕实施了一条战略转移之路,逐步进入与原行业毫无关联的微波炉行业。1991~1993年,格兰仕一方面逐步关闭收入可观的羽绒服生产线,从服装行业撤出;另一方面从日本、美国、意大利引进全套具有20世纪90年代先进水平的微波炉生产设备和技术,进入微

波炉行业。

为了贯彻企业"做大、做强、做精、做透"的竞争战略，绕过必要资本量壁垒，格兰仕集团不仅将轻纺行业10多年的经营积累以及撤出的收益全部投入到微波炉的生产与销售上，而且将微波炉产品本身的收益也全部投入，从而导致格兰仕集团的微波炉产销量以惊人的速度增长。1993年，格兰仕生产1万台微波炉正式投放市场，而到1997年格兰仕微波炉的生产能力达到近200万台。

(2) 绝对成本壁垒及其克服。

对于进入某一新行业的新企业而言，准备充分的必要资本量以购置必要的生产设备、组织产品生产，只意味着该企业获得了参与该行业产品市场竞争的资格，而企业能否面对原有企业的竞争优势，在竞争中稳住阵脚，关键还在于该企业能否不断降低自己的生产经营成本，逐步扩大自己的生产份额。在许多行业中，原有企业或者掌握某种产品的专利、控制产品生产的先进技术，或者掌握重要的生产资源，与原行供应商保持着长期合作关系，这些生产和营销优势使得它们可以以较低的单位成本从事生产，而新企业则会因为生产经营成本较高，不具有竞争优势，而被拒之于门外。

格兰仕选择进入中国的微波炉市场时，国内的微波炉市场刚开始发育，生产企业只有4家，其市场几乎被外国产品垄断。因此，原来从事羽绒制品生产的格兰仕在没有自己独立的技术开发力量和营销网络的情况下，毅然转行至微波炉生产，面临着很大的绝对成本壁垒。面对这种情况，格兰仕一方面集中力量形成自己的产品开发能力，另一方面积极开展国际合作。利用原有优势，创造成本优势，在短期内迅速降低了生产和经营成本，克服了绝对成本壁垒。

首先，格兰仕人以真诚感动了上海的全国著名的微波炉专家，从上海无线电18厂聘请了5名微波炉高级工程师。以上海专家为主，格兰仕很快形成了自己的技术人员队伍。其次，格兰仕利用在微波炉这种机械化生产行业劳动力成本上低于欧美企业和日本企业的比较优势，并让这种优势在进行国际合作中得到充分发挥。由于巨大的成本差距，一些国外企业放弃了在本国生产与格兰仕相同的产品，把生产线搬到格兰仕，由格兰仕为其提供成本低廉的产品。国外生产线的免费引进，不但降低了格兰仕的生产成本，还使格兰仕相对于国内同类企业形成了技术上的比较优势，通过技术合作逐步接近微波炉核心技术，从而使其由单一的劳动力成本比较优势变成产品生产成本这一综合比较优势。1992年9月，中外合资的格兰仕电

第六章 进入退出壁垒

器有限公司开始试产,第一台以"格兰仕"为品牌的微波炉正式诞生,微波炉产品技术垄断的格局被成功打破。

1994年,由于格兰仕人的共同努力,当年实现产销量10万台的目标,获得销售额、利润"双超历史"的业绩。同时,格兰仕集团推行股份制改革,集团骨干人员贷款购买公司股份成为公司的主要股东,并依照现代企业制度重组公司的治理结构,初步建立了一个遍布全国的销售网络,解决了产品销售渠道不畅的问题。

借助强大的产品开发能力和完善的产品销售网络,格兰仕克服了源自于技术和营销的劣势,极大地降低了生产和经营成本,克服了进入微波炉市场的绝对成本壁垒。

(3) 产品差别壁垒及其克服。

商场如战场,其中充满了机遇和挑战。1993年杀入微波炉行业的格兰仕,在拼搏了3年夺下中国第一的宝座之后,再接再厉,仅用2年时间又拿下了全球第一的桂冠。

众所周知,同类产品的产品差别是客观存在的,即使是质量及相关服务完全相同的产品也会因为顾客特定的心理偏好而销量不同。在某个特定的行业中,原有企业长期经营所树立的良好形象和声誉,使得该厂商很容易获得消费者对其产品的信赖和支持。而新企业必须付出较大代价才能使顾客相信自己的产品优于老企业。这势必增加新企业的生产和销售成本,提高新厂商进入的行业壁垒。具体到我国的微波炉行业,作为后起之秀的格兰仕是如何克服产品差别壁垒,将自己的产品与原有生产厂商的同类产品区别开来,赢得中国乃至世界消费者的青睐的呢?

在国内,格兰仕进入微波炉市场时,最大的竞争对手是蚬华。格兰仕在竞争初期能够取得成功一方面是因为蚬华轻敌,使格兰仕较为轻松地进入列微波炉市场并获得初步发展;另一方面,蚬华在1995年被惠尔普收购,导致该企业在很长时间内都忙于企业整合,对自己原有市场的有效保护不力,从而使格兰仕得以在对手被收购、进行调整的过程当中,一举抢下中国市场。

国际微波炉市场一直是日韩天下。最高峰时,韩国和日本出口微波炉分别达1 600万台和800万台。1997年的金融危机给韩日两国企业以沉重的打击,而紧接着,1998年欧洲国家联手对LG等韩国微波炉出口大户实施反倾销案令韩国产品市场占有率大跌。格兰仕趁此机会,见缝插针,在价格上走韩日产品的中间路线,同类型产品价位比日本产品低8%~9%,比韩国产品则贵6%~7%,既免去了高价的曲高和寡,又规避了低价倾销的政策风险,以质量一流的产品成功地抢占了海外市场,成为全球第一。1995~1998年我国微波炉行业市场份额如表6-2所示。

表6-2　　　　　1995~1998年我国微波炉行业市场份额

1995年		1996年		1997年		1998年	
品牌	占有率(%)	品牌	占有率(%)	品牌	占有率(%)	品牌	占有率(%)
格兰仕	25.1	格兰仕	34.5	格兰仕	47.6	格兰仕	61.7
蚬华	24.8	松下	13.4	天津LG	10.9	天津LG	12.0
松下	17.9	蚬华	10.7	松下	6.3	苏州三星	3.2
夏普	12.5	上海松下	8.6	惠宝	6.1	蚬华	3.1
上菱	7.2	富上宝	5.9	蚬华	5.5	上海松下	2.7
三洋	2.2	惠宝	5.0	上海松下	5.5	松下	2.7
飞跃	1.8	夏普	3.3	苏州三星	3.4	晶石	2.5
富士宝	1.6	天津	3.0	康宝	3.0	安宝路	1.9
新宝	1.4	苏州三星	2.8	安宝路	2.5	广东惠而普	1.6
惠而普	1.3	安宝路	2.6	广东惠而普	2.1	上海三菱	1.5

如果深究格兰仕逐鹿中原、无往不胜的原因,格兰仕所采取的基于质量保证之上的"无敌价格"的竞争策略是其赢得全球消费者一致信赖的缘由所在。在格兰仕进入微波炉行业的初期,微波炉还是小家电产品中的"贵族",普通消费者对其都是"望价兴叹",大多数生产厂商的经营理念也是"能卖一台就赚一台的钱"。但是,格兰仕却有一个相反的理念:把价格降下来,让普通的老百姓也能用得起微波炉。为了达到这个目的,他们不惜牺牲眼前的利润,压低自己的利润空间,还利于消费者。用让同行目瞪口呆的"无敌价格"引发了市场上一连串的连锁反应:低价格让媒体和消费者都不得不关注他们的产品;许多原来知道但用不起微波炉的家庭争相购买,格兰仕的销售数量急剧上升;因为销量的上升,可以有比原来低得多的采购成本和生产成本;而成本降低又给这个厂家更大的降价空间⋯⋯最终,在众多的质量相近的微波炉产品中,格兰仕持续的降价能力使得自己脱颖而出,克服了产品壁垒,自然而然地成为广大消费者的首选产品。

(4)规模经济壁垒及其克服。

相对其他家电市场而言,中国微波炉市场具有发育成熟较晚、市场规模不大的显著特征。如何在培育市场的同时,紧紧控制住已有市场,实现

第六章 进入退出壁垒

规模经济，成为格兰仕不断获得发展的核心动力。

微波炉制造行业产品品质技术差异不大，竞争主要体现在价格方面。为了在竞争中获得胜利，快速扩张企业规模，实现规模经济，格兰仕选择了专业化、集约化道路，即：集中企业所有资源发展微波炉产品，在专业化领域中做大、做强、做透，降低产品的生产经营成本，以成本优势推进企业规模扩张。在规模经济的基础上，相同的技术、管理资金投入可以保障单位产品技术投入量相对较小，从而降低成本上涨的幅度。规模每上一个台阶，价格就大幅下调。

为此，格兰仕在扩大生产规模的道路上，着重从以下两方面入手：

一方面，格兰仕充分发挥自己的"拿来主义"，将自己定位于"全球微波炉生产车间"，以低廉的生产成本吸引国际微波炉生产厂商，通过和全球200多家跨国公司的国际合作，直接将国外的微波炉生产线和技术管理系统搬入格兰仕的厂房，在不需要自己一分钱投入的情况下，大幅度扩大了自己的生产规模，降低了自己的生产成本。

另一方面，格兰仕注重扩大销售规模，以不断扩充的市场容量配合生产规模的扩张。在营销实践中，格兰仕总结出扩充市场容量的两个办法：

一是进行消费引导，不断开拓市场。1995年，格兰仕开始在全国展开消费引导，即我们所说的感化营销（知识营销）。由于当时中国的消费者对微波炉这一消费品的了解很少，市场还未得到有效开发。为了帮助市场发育，格兰仕在150多家报刊上特约刊登了这种普及推广微波炉知识的专栏，系统介绍了微波炉的选购、使用、保养方法，并组织国内一大批专家编写了一套微波炉系列丛书，使微波炉知识得以普及，并扩展了微波炉市场，从而为自己生产规模的扩张提供了良好的外部市场环境。

二是薄利多销的降价策略。降价使格兰仕微波炉产品的市场容量得到扩张，随之而来的是生产规模的扩张，成本随之下降；在此基础之上，格兰仕再度降价，再度扩张市场规模，扩大生产规模，降低成本。长此以往，格兰仕形成了一个价格—规模—成本的良性循环，最终达到规模经济。

三、格兰仕：迈"门槛"的经验

必要资本量、绝对成本、产品差别、规模经济等结构性行业进入壁垒对于任何一个新企业都是不可避免的进入考验。格兰仕的案例分析表明，新企业进入新行业的战略规划中应充分考虑到这些进入壁垒所带来的外部压力，积极做好企业内部的应对策略，选择恰当的切入时间，以求得外部有利条件和内部充分准备的有机结合，为企业克服结构性行业进入壁垒，顺利进入新行业并获得预期发展提供有力的保障。

具体而言，格兰仕克服结构性进入壁垒的成功经验主要包括：

（1）进入前资金积累以克服必要资本量壁垒。

（2）加强自身研发能力和引进国外先进技术相结合，积极完善营销体系，专业化经营以降低产品生产经营成本，克服绝对成本壁垒。

（3）基于质量保证基础之上的持续降价行为赢得消费者的青睐，克服产品差别壁垒。

（4）借助国际合作、积极培育市场以扩大生产规模，克服规模经济壁垒。

不同的新企业在进入不同的行业时所面临的是不同的企业内部微观环境和外部行业宏观环境，结构性行业进入壁垒的状况也必然随之发生变化。因此，格兰仕的案例只能作为特定时期、特定行业和企业的特定分析。在现实中，任何企业都不能生搬硬套某一企业的成功经验，而只能在借鉴利用的前提下，结合自身的实际情况，才能做出适合实际的策略选择，有效地克服结构性进入壁垒。

资料来源：谢地等编著：《大象与蝴蝶共舞》，长春出版社2003年版。

第七章 企业行为

一、内容提要

企业行为即企业市场行为,是指企业在市场上为实现其目标(如利润最大化、更高的市场占有率等)而采取的适应市场环境要求不断调整战略和策略的行动。企业目标是企业行为的目的和动力,市场环境主要指企业所在产业的市场结构,企业行为受到市场结构状态和特征的制约,反过来,企业行为也作用于市场结构,影响和改变市场结构的状态和特征。企业行为主要包括以下内容:以控制和影响价格为基本特征和直接目的的定价行为;以产权变动组织调整为主要特征的购并行为;以提高竞争力、拓展市场为目的促销行为等。

二、复习思考题

(一) 名词解释

1. 阻止进入定价
2. 掠夺性定价
3. 购并
4. 经营协同效应
5. 产品差别化
6. 多样化经营
7. 价格领导制

(二) 单项选择题

1. 一家企业为使新进入企业或市场上现有的企业退出市场而降低价格，待竞争对手退出市场后再行提价的价格策略是（   ）。
   A. 阻止进入定价　　　　　　　　B. 掠夺性定价
   C. 二级价格歧视　　　　　　　　D. 三级价格歧视

2. 关于经营协同效应，下列说法不正确的是（   ）。
   A. 1+1>2 的效应
   B. 主要是指企业购并后效率的提高
   C. 可通过扩大生产规模和充分利用生产能力来达到
   D. 经营协同效应只发生在生产领域

3. 广告内容应以提高产品的知名度为主，着重介绍产品性能和用途是（   ）的广告策略。
   A. 产品成长期　　　　　　　　　B. 产品衰退期
   C. 产品投入期　　　　　　　　　D. 产品成熟期

4. 按照鲁梅尔特分类法，专业比率（SR）是指（   ）。
   A. 反映企业经营多样化程度的指标，指该企业最大经营基础上的销售额占总销售额的比重
   B. 反映企业内各经营项目间相互关联程度的指标
   C. 与横向的多种经营相区别的垂直统一的多种经营比率
   D. 相互关联的所有经营项目共同利用经营资源

5. 企业购并的形式多种多样，下列哪一项不是按照企业购并中间媒介的不同划分的（   ）？
   A. 政府引导式购并　　　　　　　B. 市场拍卖式购并
   C. 银行介入式购并　　　　　　　D. 纵向购并

(三) 多项选择题

1. 企业要成功地实施价格歧视，必须具备的条件是（   ）。
   A. 企业必须是完全垄断市场结构中的垄断企业
   B. 企业必须知道或能够推断消费者对每一单位产品的支付意愿
   C. 消费者拥有不完全信息

第七章 企业行为

  D. 企业须拥有一定的市场力量

  E. 企业有能力阻止或限制支付低价的顾客将产品转卖给支付高价的顾客

2. 企业购并具有以下性质与特点（　　）。

  A. 生产要素在企业间的整体流动

  B. 全部产权（或基本、主要的产权部分）在企业间有偿转移

  C. 空间上的集聚

  D. 生产和技术上的专业化改组

  E. 购并双方重新组成一个新的有机体

3. 按照不同角度划分，购并人有不同的形式，从购并的出资方式角度划分，可分为（　　）。

  A. 购买式购并　　　　　　　　　B. 承担债务式购并

  C. 吸收股份式购并　　　　　　　D. 控股式购并

  E. 杠杆式购并

4. 广告的要素包括（　　）。

  A. 可以控制的形式　　　　　　　B. 非个体传播

  C. 推销产品、服务或观念　　　　D. 目标市场

  E. 确定的广告主

5. 经营多样化的核心问题是（　　）。

  A. 生产过程的协同效应　　　　　B. 产品差异化

  C. 分散风险　　　　　　　　　　D. 提高资源利用率

  E. 经营管理方面的协同效应

（四）辨析题

1. 企业行为即企业市场行为，是指企业在市场上为实现其目标（如利润最大化、更高的市场占有率等）而采取的适应市场环境要求不断调整战略和策略的行动。

2. 限制进入定价是指一家企业为使新进入企业或市场上现有企业退出市场而降低价格，待竞争对手退出市场后再行提价的行为。

3. 企业购并即使没有发生主要产权的转让，只是发生要素的整体流动就可称之为购并。

4. 产品差别化指在某个产业内产品对买方而言具有替代关系不完整的程度。产品差别性越大，竞争可能性就越小，垄断性就越强；产品差别越小，则竞争可

能性就越大,垄断性就越小。

5. 在现实的经济生活中,购并的动因是以各种不同的形式表现出来。即使同一购并事件,也可能并不仅仅由于某一原因,大多数企业购并是一个多因素的综合平稳过程。

(五) 简答题

1. 企业定价行为的含义是什么?并简述价格决定的理论模型。
2. 什么是阻止进入定价?
3. 什么是掠夺性定价?试分析成功实施掠夺性定价的条件。
4. 企业要成功地实施价格歧视,必须具备哪些条件?

(六) 论述题

1. 企业购并的动因是什么?
2. 企业为什么要实施多样化经营?
3. 主导企业如何在产业中对其他企业市场进入施加影响?
4. 试推导最优广告水平的多夫曼—斯坦纳法则。

三、复习思考题参考答案

(一) 名词解释

1. 阻止进入定价:阻止进入定价是指现有企业通过制定低于诱发进入的价格来防范进入,这一价格水平使潜在进入者认识到进入市场后,预期获得的回报将与克服进入障碍以及遭到报复所付出的代价正好相抵,从而放弃进入。

2. 掠夺性定价:掠夺性定价(Predatory Pricing)是指一家企业为使新进入企业或市场上现有企业退出市场而降低价格,待竞争对手退出市场后再行提价的行为。

3. 购并:企业购并是指在市场经济竞争中,由一家企业接办、并吞另一家企业而产生的资本集中的经济过程。这里讲的接办、并吞,大都以优势企业

第七章 企业行为

（购并企业）的存续、扩张和劣势企业（被购并企业）失去法人资格或归属主体变更为特征。

4. 经营协同效应：经营协同效应主要指的是购并给企业生产经营活动在效率方面带来的变化及效率的提高所产生的效益。

5. 产品差别化：产品差别化指在某个产业内产品对买方而言具有替代关系不完整的程度。产品差别性越大，竞争可能性就越小，垄断性就越强；产品差别越小，则竞争可能性就越大，垄断性就越小。

6. 多样化经营：企业经营多样化又称多样经营、多角经营，是为某一市场提供产品和劳务的企业，又进入其他市场。

7. 价格领导制：在寡头垄断产业中，定价有时由占支配地位的企业（即该产业中最大的企业）所控制。该企业制定和变动价格，其他企业或快或慢跟着定价和变价，即为价格领导制。

（二）单项选择题

1. B 2. D 3. C 4. A 5. D

（三）多项选择题

1. BDE 2. ABDE 3. ABCDE 4. ABCDE 5. CD

（四）辨析题

1. 企业行为即企业市场行为，是指企业在市场上为实现其目标（如利润最大化、更高的市场占有率等）而采取的适应市场环境要求不断调整战略和策略的行动。

答：这句话正确。

2. 限制进入定价是指一家企业为使新进入企业或市场上现有企业退出市场而降低价格，待竞争对手退出市场后再行提价的行为。

答：这句话不正确。限制进入定价是指现有企业通过制定低于诱发进入的价格来防范新企业进入，这一价格水平使潜在进入者认识到进入市场后，预期获得回报将与克服进入障碍以及遭到报复所付出的代价正好相抵，从而放弃进入。

3. 企业购并即使没有发生主要产权的转让，只是发生要素的整体流动就可称之为购并。

答：这句话不正确。企业购并的关键在于全部资产商品化，发生产权的实质性转移。如果没有发生主要产权的转让，即使是发生要素的整体流动，也只是在产权统属内部企业行政性合并或组织调整，并不构成购并。只有全部或基本部分的产权归属发生实质性变动，才构成优势企业的扩张和劣势企业法人资格的解体或归属主体的变更，也才构成企业购并。

4. 产品差别化指在某个产业内产品对买方而言具有替代关系不完整的程度。产品差别性越大，竞争可能性就越小，垄断性就越强；产品差别越小，则竞争可能性就越大，垄断性就越小。

答：这句话正确。

5. 在现实的经济生活中，购并的动因是以各种不同的形式表现出来。即使同一购并事件，也可能并不仅仅由于某一原因，大多数企业购并是一个多因素的综合平稳过程。

答：这句话正确。

（五）简答题

1. 企业定价行为的含义是什么，并简述价格决定的理论模型。

答：价格是企业最基本的竞争手段，其他竞争手段如质量、技术、广告等都是价格竞争的延伸或变异，且不能脱离价格而单独存在。价格的高低不仅直接影响企业产品的竞争力、市场占有率、产量及销售量，而且决定着企业收入与利润。企业定价行为首先要符合企业经营目标，还需要考虑其他诸多因素。受市场和环境的影响，企业定价所考虑的因素是多重的，主要包括：成本、需求、市场形态（完全竞争、完全垄断、垄断竞争、寡头竞争）、竞争者的价格及产品质量、消费者对产品价值的感受等。

完全垄断通常称为垄断（Monopoly），在这种市场组织中，一种产品市场只有一个卖主。对于垄断者所出售的产品，市场上不存在相近的替代品。但由于在完全垄断条件下，产业中存在唯一企业，所以超额利润能长期存在。

完全竞争（Perfect Competition）又称为纯粹竞争。在完全竞争条件下，市场供给和市场需求的相互作用决定价格。完全竞争市场的企业是价格的接受者，即必须根据市场价格变动作出自己的经营决策。面对既定的市场均衡价格，企业左右市场能力微弱,只能通过调整自己的产量,从而使边际成本等于边际收益(价格),以求利润最大化。

垄断竞争(Monopoly Competition)是指那些出售相近但非同质,而是具有差别商品的企业所构成的市场组织。在现实中,完全垄断和完全竞争市场都是很少见的,大量存在的是垄断竞争市场。

2. 什么是阻止进入定价?

答:阻止进入定价(Limiting Pricing)是指现有企业通过制定低于诱发进入的价格来防范进入,这一价格水平使潜在进入者认识到进入市场后,预期获得回报将与克服进入障碍以及遭到报复所付出的代价正好相抵,从而放弃进入。如图 7 – 1 所示:

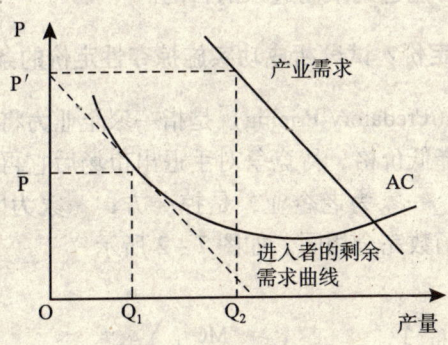

图 7 – 1 阻止进入定价

假定老企业和潜在的新企业的平均成本函数相同。若老企业生产 Q_2 个单位(并且在新企业进入后仍将维持这个产量),那么,新企业面对的是企业需求曲线减去 Q_2 所得到的需求曲线。如果新企业相信老企业将保持 Q_2 产量不变,它也就会相信它的剩余需求曲线等于产业总需求曲线减去 Q_2 单位。如果新企业决定不进入,那么老企业将以价格 P' 销售 Q_2 单位产品;如果新企业进入该企业,并且产量为 Q_1 单位,那么产业的总产量则为 $Q_1 + Q_2$,价格水平则会是 $\bar{P}$。因为老企业将其产量定在 Q_2,新企业生产 Q_1 单位时,价格 $\bar{P}$ 恰好等于它的平均成本。如此,新企业进不进入该产业结果都一样(这里假设新企业由于进不进入都一样,决定不进入)。

如果老企业将产量定在 Q_2 以致新企业面临的剩余需求曲线恰好低于或等于它的平均成本曲线,那么新企业就无从生产出能使它盈利的数量。老企业能够在

价格 P' 上销售 Q_2 数量产品，P' 高于其平均生产成本但又能消除新企业进入的诱因。换句话说，潜在的阻止进入价格 $\bar{P}$ 阻止了新企业进入。

以上是对限制进入定价的早期解释。这种解释存在的主要问题是没有考虑企业战略的相互依存性。尽管当前的低价向潜在进入者发出行业不能盈利的信号，但价格本身仅具有短期承诺价值，很难使竞争对手相信市场价格长期保持在低水平，从而在位厂商也就难以通过这种低价真正阻止进入者的进入。现代博弈论已经证明，当在位企业处于高成本状态时，潜在进入者一旦真的进入，在位企业并不会采取低价进入阻挠或进行低价竞争。在这种情况下，在位厂商第一阶段采取垄断定价，第二阶段潜在进入者进入，第三阶段在位厂商采取双头垄断定价将构成该博弈的子博弈精炼纳什均衡。而如果在位厂商事先采取一定的策略性行动，如投资形成过剩生产能力等，就将大大增强其采取限制性定价行为并持续保持低价的可信性，从而就可能达到限制进入的目的。

3. 什么是掠夺性定价？试分析成功实施掠夺性定价的条件。

答：掠夺性定价（Predatory Pricing）是指一家企业为将新进入企业或市场上现有企业退出市场而降低价格，待竞争对手退出市场后它再行提价的行为。假定某产业只有两家企业，一家为老企业，是掠夺方；一家为刚进入该产业的新企业，两家企业的成本函数完全相同。如图 7-2 所示：

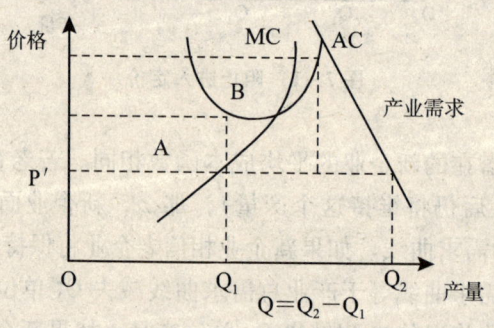

图 7-2 掠夺性定价

为了让新企业遭受损失，逼它退出，老企业就将市场价格压低至 P'。在 P' 价格水平上，市场需求曲线显示企业须生产 Q_2 单位的产品来满足需求。如果新企业不退出该行业而生产 Q_1 单位产品（在 Q_1 产量上，新企业的边际成本等于 P'），如图 7-2 所示，新企业的损失为 A。为保持 P' 这个价格水平，老企业必须

第七章 企业行为

生产 $Q = Q_2 - Q_1$ 单位的产品，以将产业总产出维持在 Q_2。因此，老企业的边际成本和平均成本都较新企业为高，它的损失将是区域 A 和区域 B 的总和。结果，老企业比新企业多损失区域 B。

在掠夺性定价中出现的价格下降，一般是暂时性的，如果价格降低到成本水平以下，发起企业就要承担亏损，但驱逐竞争对手后，发起企业往往会再度把价格提升到可获经济利润的水平上。在掠夺性定价中企业发动暂时性降价，实质目的是要缩减供给量，而不是扩大需求量。与阻止进入定价不同的是，掠夺性定价并不直接针对那些尚未进入市场的企业，而主要是为了驱除或消灭现有的竞争对手，并对潜在进入者产生一种恫吓效应，使其不敢轻易进入该市场，从而垄断市场。同时，还由于掠夺性定价中价格水平的降低并非来自于效率的提高和成本的节约，而仅是一种策略性行为，因而降价企业不可避免地要在短期承受一定的损失，而一旦将对手逐出市场，它再行提高价格，以弥补前期降价造成的亏损。

如果两个企业是对称的，即它们具有完全相同的成本曲线，则其中实施掠夺性定价的一方将比对手付出更大的代价。为维持较低的掠夺性价格，掠夺方必须满足在此价格基础上的所有需求，而它的竞争对手这时可自由地减产，以减少损失。在这种情况下，掠夺性定价很难达到目的。同时，若两家企业成本结构完全相同，在掠夺企业威胁对手时，对手企业还可能实施反威胁策略，这同样会导致掠夺性定价策略失效。另外，针对掠夺性企业的降价，竞争对手也可通过事前签订长期合约，稳定客户和价格，以及在掠夺期内采取适当减产或转产的策略，都可降低掠夺方成功的可能性。还有一种情况，如果市场具有较强的可竞争性，企业退出市场无需太大成本，新企业就可以实施"打了就跑"（Hit and Run）策略，多次进出市场，这也会导致掠夺性定价策略不能成功。

因此，掠夺性定价策略的成功，依赖于掠夺方企业必须具备比竞争对手更明显的竞争优势，如规模优势、成本优势、技术优势和品牌优势等。

4. 企业要成功地实施价格歧视，必须具备哪些条件？

答：企业要成功地实施价格歧视，必须具备以下条件：①企业须拥有一定的市场力量（将价格定于边际成本之上以求获利的能力），不然，企业就难以向任何顾客索取高于竞争性价格的价格。②企业必须知道或能够推断出消费者对每一单位产品的支付意愿，而这个支付意愿必须因消费者或销量而异。也就是说，企业必须掌握对同一产品不同类别或同一消费者具有不同的支付意愿，不同数量需求以及不同的需求价格弹性等信息，以便确定它可以向哪一类顾客索取高价。③企业有能力阻止或限制支付低价的顾客将产品转卖给支付高价的顾客。否则，价格歧视将不能产生应有效果。

（六）论述题

1. 企业购并的动因是什么？

答：在现实的经济生活中，购并的动因是以各种不同的形式表现出来。即使同一购并事件，也可能并不仅仅由于某一原因，大多数企业购并是一个多因素的综合平衡过程。

（1）经营协同效应。

所谓协同效应就是 1+1>2 的效应，即购并后，两企业的总体效益大于两个独立企业效益的算术和。经营协同效应主要指的是购并给企业生产经营活动在效率方面带来的变化及效率的提高所产生的效益。购并能产生协同效应，即能促进企业的经济效率，这在公众眼里是最正当的动因。

经营协同效应主要有生产经济化和非生产经济化两种。前者可通过扩大生产规模和充分利用生产能力来达到。企业购并联合形成大规模企业和大批量生产，加之生产经验累积得到延续，购并企业利用被购并企业更多的生产设施或闲置资源等，能使大公司获得低成本相对优势和较大的市场份额从而获得经济协同效益。非生产经济化涉及一般管理费、广告费、流通成本等的降低。企业购并后，管理机构可实行一体化改组，在改组过程中可裁并职能重复的部门，减少律师、会计、销售、管理和服务人员，以降低工资成本和办公费用，企业购并后生产规模扩大，但宣传费、广告费等促销费额并不随着销售额同比例地扩大，单位产品销售费用会下降。

（2）突破进入壁垒。

企业进入壁垒是指新企业进入市场所遇到的已有企业在各方面已获成功所建立起的优势障碍。形成企业进入壁垒的原因主要有：一是由规模经济造成的进入壁垒。已有的企业在市场中已形成大批量生产规模，这样的产业只允许少数企业存在，新企业的出现是十分困难的。二是资本需求所造成的壁垒。新企业进入市场要花费比老企业更多的费用，如开业费用、广告费用、推销费用、技术专利购买费用等。这些也将限制新企业的进入。三是法律制度造成的壁垒。在某些行业，企业开业需领取执照，产品经营许可制度及有关税制等，都有可能形成企业市场进入的壁垒。当企业试图进入新的生产领域，它可以通过投资新建方式创办新的工厂或企业实现，但这将遇到上述进入壁垒的限制，这可以通过购并的方式

第七章 企业行为

来实现。在一个供求平衡的产品市场上，如果新建企业，将迅速增加产品供给，打破原来的产品平衡从而引发价格战。如果采取企业购并方式，并没有迅速给产业增加新的生产能力，短期内产业内部的竞争结构保持不变，引起价格战或报复的可能性大大减少。另外，一个企业如果跨行业投资建厂，可能遇到政府经营许可证限制，如一家经营保健饮料的企业想到医药行业投资，就难以获得"医药产品生产经营许可证"。如果投资购并一家制药企业，就可绕过这一壁垒，实现跨行业经营目的。

（3）战略性动机。

随着社会生产和消费水平与结构的不断变化，一般社会产品都有一定的寿命周期。所谓产品的寿命周期，就是指一种产品从投产开始到淘汰停止为止所能持续的时间，这一般包括产品投入期、成长期、饱和期、衰退期四个阶段。如果企业的业务已成为或快成为市场上某产品最大的生产者，就是说产品已处于饱和期，则应将此成熟业务所赚取的巨大利润适时地投资于新兴产品的市场上。一般来说，在产品饱和点上企业继续投资于原来的业务，已不可能有力地吸收此业务所产生的过剩利润。为此，企业从战略考虑，可购并一家或数家经营产品处在成长期的企业，以避免企业处于产品进入衰退期的被动局面。

（4）扩大市场势力。

企业对市场势力的追求也是企业购并的一个重要动因。市场势力指的是企业对市场的控制能力。不断扩大的企业市场势力可以使企业获得某种形式的垄断，这种垄断既能带来垄断利润，又能保持一定的竞争优势。所以这种购并动机又可称为垄断性动机。企业购并能够减少竞争者的数量，改变产业内市场结构。当产业内竞争者数量较多而且处于势均力敌的情况下，产业内所有企业由于激烈的竞争，只能保持最低的利润水平。通过购并，使产业相对集中，产业由一家或几家控制时，能有效地降低竞争的激烈程度，使产业内所有的企业保持较高利润率。当然，企业购并所形成的垄断能为购并企业带来垄断收益，也会使产业发展产生效率损失。所以，政府对这种购并规模是有所限制的。

（5）不确定性与交易费用的节约。

企业外部经营环境总是在不断变动，企业与企业之间的交易关系——交易对象、渠道、时间、数量、方式及责任承负也处于不断变化之中。这种外部交易条件的不确定性一方面为企业交易提供了新的机遇，另一方面也增大了交易风险，即加大了交易费用。不确定性越强，企业交易条件变化的频率越高，风险也就越大，交易费用也就越高。交易费用是指除生产费用以外的在流通领域所发生的各项费用，包括企业投入产出品采购、推销、包装、调运、保管、储存等费用，也包括与此相关的信息收集和传播、客户的搜寻与联系、洽谈业务、签订与履行合同等活动费用。企业购并虽然不能完全消除不确定性和经营风险,但却可以通过外部交易条件的调整,部分地变不确定性为确定性,从而降低不确定性所带来的成本代价。譬如,企业购并后,购并企业与被购并企业原来的市场交易关系转变为内部交易关系;大批量的采购和销售合约有利于同交易伙伴达成比较稳定的合同协议,也有利于提高企业与协作对方履约的及时性与安全性。

(6) 经营者功利驱动。

在相当多的企业购并项目中,许多企业经营者不仅仅考虑其企业的发展和利润增加,更重要的是出于个人功利主义的目的。购并将会增大企业的规模。如果管理者的薪水或其他利益与经营规模有内在联系的话,那么无论是自然增长还是购并增长,都是该组织管理者所期望的。在这种情况下,可以预料管理者会采取购并策略,企业的增长被普遍视作企业健康、业务兴旺的标志。通过购并扩张企业,经营者可以向社会夸耀自己的经营业绩和管理能力,获得更高的职业声望。正因为购并是企业规模扩张最迅速、最有效的手段,这也成为经理们及大企业家乃至工商巨头的一条最稳妥、最富有诱惑力的个人升迁途径。

2. 企业为什么要实施多样化经营?

答:企业经营多样化出于多种因素的影响,这主要表现在以下六个方面。

(1) 需求的增长率停止。

无论何种产品,在被市场接受之后,都受产品寿命周期规律的支配。由于消费者偏好的变化、收入水平的提高,以及因技术进步不断出现产品的替代品,产品进入衰退期将使企业产品的需求增长率停止。因此,企业必须考虑进入可预测需求急速增长的新产品市场领域。产品的多样化经营将使企业多种产品处于不同的寿命周期阶段,即使某一产品处于滞销时期,也不至于导致企业出现大的增长波动。

(2) 主导产品的市场集中度。

企业经营的主导产品在市场中已形成了较高的集中程度,或者说,该产品已被市场中少数厂家控制,这将使企业内部的主导产品在市场中难以产生增长优势。在一般情况下,企业在集中程度高的产业中要想达到比产业增长率还要高的增长率,就必须蚕食竞争对手的市场占有份额。蚕食的方法一般是降低价格、扩大供应能力、支付高广告费和研究开发费,形成产品差异等。但在集中程度高的产业内,由于企业间相互依赖关系密切,这些方法容易立即受到竞争对手以同样方法进行报复,一时得到的优越地位,因竞争对手报复而抵消。因此,在集中程度较高的产业中,企业想要追求较高的增长率和收益率,经营多样化是一个较好的策略。

(3) 需求的不确定性。

只生产和销售单一产品的企业,其增长率和收益为该产品所左右。如果该产品的市场需求动向有很大的不确定性因素,企业经营的风险将增大。为达到分散风险的目的,企业积极进入产品需求不确定性小的领域是一个较好的选择。采用这一策略,避免"把全部鸡蛋放在一个篮子里",使企业在扩大业务范围、增强竞争能力的同时,避免或降低市场风险。但是,通常因为风险、增长率和收益率之间存在着交换移位的关系,企业必须考虑这种关系并进一步增加后备经营资源,然后再决定进出领域。如果其他条件不变,原有产品需求的风险越大,企业就更要考虑从事多种经营。

(4) 商标的通用性与产品的可靠性。

商标的可靠性(质量、安全、耐用等)总是与商品联系在一起的,尤其是当人们对企业生产的其他产品的可靠性不能作出判断更是如此。商标可以起到减少搜寻和评价成本而扩大产品销售的作用。如果某一企业的商标已经在市场上建立了较高的信誉,该企业所开发多样化的新产品采用统一的商标,将会大幅度减少新产品争取消费者的广告宣传和促销费用,该企业将比其他开发同类新产品的企业增加开发的成功率。这是因为用户或消费者对原来产品的可靠性有了全面的认识,他(她)们就会把这种可靠性推移到多样化经营的新产品上。这就是说,已建立良好商誉的企业采取多样化经营策略可以收到在短期内以"搭便车"方式迅速推广新产品的效应。

(5) 挖掘内部资源潜力。

企业通过多种经营产生新的未利用资源,可促使企业有可能超过原有产品的寿命不断向前发展。这里所说的未利用资源是指如下的资源:一是生产资金。企业投入生产资金是为了使原有经营项目的地位更加巩固或者进一步发展,如果原有产品生产规模已达规模经济上限时,继续追加生产资金导致边际成本上升,这时,企业就需要将部分资金投入新的产品项目。二是研究开发费用。研究开发费用较多的企业,在原有经营项目领域内,不仅对竞争对手企业保持技术优势,通过研究开发活动还积累一些有关新产品的技术知识。这也需要企业开发新的产品领域充分利用这些技术。三是自然资源的伴生物或原有产品生产的废弃资源。在开发资源过程中许多伴生资源原生产过程难以利用,或者原产品生产过程所产生的废料、废气、废渣仍有开发利用价值,也促使企业开展多样化经营。四是人力资源。如果原生产过程无法吸纳过剩的技术人员和工人,只有开发新的生产领域才能利用过剩人力资源，经营多样化是较好的选择。

（6）目标差距。

企业制订有关增长率、收益率和安全率目标，并根据这些目标的实际完成情况，决定下一阶段的行动方针。假如实际完成与原订目标有差距即为目标差距。由于企业在经济活动中有很大的未完成目标的差距，即实际完成情况大大低于原订目标而不满足，乃不得不期望从多种经营这一革新战略上得到满足，从而为从事多种经营提供十分有利的条件。一般来说，企业只要未感知完成与原订目标有差距，就不会采取新的行动，实际完成情况离原订目标差距越大，从事多种经营的可能性就越大。

上述分析可以看出，企业经营多样化的动因既有外部因素（如前四项），也有内部因素（如后两项），其核心问题还是为了分散风险和提高资源利用率。如果企业经营多样化战略制定有误，不仅会浪费资源，降低经济效益，而且还有可能将企业拖至困境。

3. 主导企业如何在产业中对其他企业市场进入施加影响？

答：主导企业对产业中其他企业市场进入施加的影响有以下几个方面。

（1）价格领导制。

在寡头垄断产业中，定价有时由占支配地位的企业（即该产业中最大的企业）所控制。该企业制定的变动价格，其他企业或快或慢跟着定价和变价，即为价格领导制。

价格领导制的存在隐含着以下假定：①最大的生产者实际上完全控制了市场价格；②所有其他企业像完全竞争者那样行动，认为它们自己的需求函数在占支配地位企业制定的价格是有完全弹性的；③占支配地位企业能够预测市场需求曲线；④占支配地位企业只考虑它可能对市场产量的影响；⑤占支配地位企业能够预测在每一种价格上其他卖主的供给；⑥占支配地位企业由于规定了价格，并允许其他企业按该价格销售它们愿意销售的全部产品，所以它们的行为是被动的。

价格领导企业是根据其地位和实力确定价格政策的。如果企业市场地位稳固，经济实力强，该企业将按照自己的利润最大化（MR = MC）确定价格，否则，就会寻求一个所有企业都能够接受的价格。价格领导制通常有低成本企业的价格领导制和有支配力企业的价格领导制。

（2）自由、即时进入模型。

如果不受限制的进入是可能的，主导企业就不能像在进入受限制或被阻止的

第七章 企业行为

时候那样确定高价。如果总是相同的从属企业进行生产,市场价格最终不会高于一家从属企业的最小平均成本,所以从属企业总是不赚不赔。如果它们能够获得正利润,更多的企业就会涌入该产业,从而把价格拉低到每家企业都只获得零经济利润的水平。由于主导企业的成本比从属企业低,它能获得正利润,但也要比没有进入发生时低。即使进入不受限制,如果主导企业具有某种成本或其他优势,它仍能盈利并无限期地掌握一个大的市场份额。随着越来越多企业的进入,竞争性从属部分的供给曲线变得越来越平坦(它是一家典型企业的供给曲线或者说 MC 的 n 倍)。如图7-3(a)所示,随着企业数目的增多,从属部分的供给曲线基本上成了水平的。就是说,只要价格至少为 $\bar{p}$,竞争性从属部分就能够并且愿意供给市场需求的任何数量。

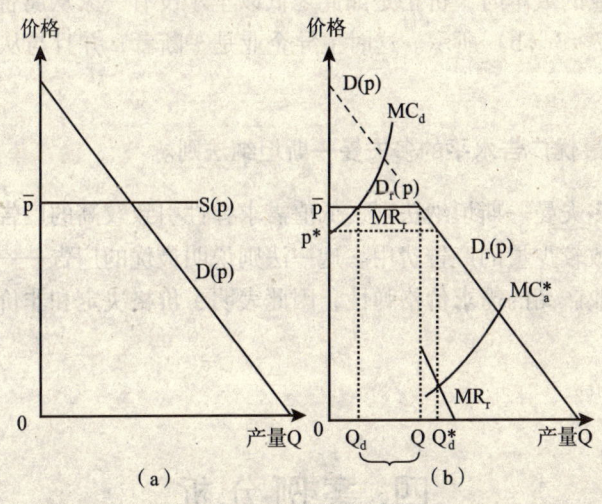

图7-3 主导企业和自由、即时进入的从属企业

如图7-3(b)所示,在 $\bar{p}$ 处,主导企业面对的剩余需求曲线是水平的,所以对应的边际收益曲线也是平坦的。低于 $\bar{p}$ 时,剩余需求曲线就是市场需求,并且向下倾斜,所以对应的边际收益曲线也向下倾斜。在剩余需求曲线发生拗折的数量水平上,对应于剩余需求曲线的边际收益曲线再次出现跳跃。

这里存在两个可能的均衡点。第一,如果主导企业的边际成本相对较高[图7-3(b)中的 MC_d],所以它与 MR_r 曲线的水平部分相交,价格是 $\bar{p}$,竞争性从属部分满足市场需求的一部分。在这一价格下,每家从属企业都获得零经济利润,并且停留在产业中还是离开该产业对它们都是无所谓的。竞争性从属部分生产多少取决于决定主导企业的产量 Q_d 的主导企业的成本结构（即 MC_d 与水平的边际收益曲线相交处）。总的来说，从属企业生产的产量水平 $Q_f = Q - Q_d$，如图 7-3（b）所示。即使从属部分的存在把价格限制为等于 $\bar{p}$，$Q_f = 0$ 也是可能的。

从而，如果只要能获得正利润就会有从属企业涌入市场，主导企业就不能索要高于一家从属企业的最小平均成本的价格。虽然主导企业能够获得正利润，竞争性从属企业却只能保持不赚不赔。如果没有进入时主导企业的定价必定高于 $\bar{p}$，那么在进入是可能的情况下，对消费者更为有利，因为这会导致较低的价格。

第二，如果主导企业的边际成本较低 [图 7-3（b）中的 MC_d^*]，从而它与边际收益曲线的下倾部分相交，那么第二种均衡就会出现。这里，当主导企业成本低于从属企业的成本时，价格是如此之低以至于没有一家从属企业会留在该产业中了。如图 7-3（b）所示。这时主导企业是垄断者，并且与从属企业的潜在供给无关。

4. 试推导最优广告水平的多夫曼—斯坦纳法则。

答：根据多夫曼—斯坦纳法则，低值需求弹性引致较高的广告费用，高值需求价格弹性引致较少量的广告费用。这一法则说明最优的广告——销售比率取决于广告量和企业产品的需求价格弹性，因此表明了价格决定和非价格之间的相互依赖关系。

推导过程略。

四、案例分析

案例一：

彩 电 峰 会

2005 年，TCL、长虹、康佳、创维、海信、海尔、上广电、厦华、熊猫九大彩电企业，在中国电子视像行业协会主持下，召开 2000 年以来第一次彩电行业峰会。

第七章 企业行为

1. 背景。

全球彩电产业两大发展趋势日益明显。一个是模拟技术向数字技术的跨越，一个是平板电视时代快速到来。就数字电视而言，目前走在最前面的国家是美国、欧盟、日本，中国是后起之秀。平板电视情况也差不多，日本、韩国最发达，中国进入得比较晚，但是走得很快。总的看来，在这两大趋势面前，中国彩电企业的形势都是比较严峻的。这种严峻性表现在两个大的方面，首先是我们基本上没有什么技术话语权，这是很要命的事情。据悉，数字技术专利70%以上掌握在日本、美国、韩国手里，中国的技术寥寥无几。平板技术也是类似。在产业链条的建构上，中国企业基本上固守在末端，很少涉足上游面板和核心模块领域，致使我们对别人的依赖性比较强。

中国彩电企业谋求国际化的道路也是坎坷不平。近年来，中国彩电国际化取得辉煌成绩，但是，应该看到中国企业走出去并不顺利，不断遭遇反倾销，现在又遇上欧盟的环保壁垒。从品牌影响力的角度看，目前中国彩电的国际影响力是远远不够的，如何变价格优势为品牌优势？如何实现健康的国际化？所有这些问题都需要面对和思考。

国内市场环境不容乐观。近年来，价格战由阴极射线管（CRT）电视转移到了平板电视，大型渠道商与厂家始终不能建立和谐、双赢的商业关系，对彩电企业的压榨已经到了忍无可忍的程度。

2. 进步。

首先，本次峰会比2000年成熟很多，那个时候直接提出彩电不能低于多少钱销售，这很容易授人以口实，觉得在搞价格垄断，搞不正当竞争。这一次它极力避免社会形成"价格联盟"的印象，反复讲不是价格联盟，这是进步。

其次，它不再仅仅是达成某种口头的协议，还要把共识以组织保障的形式落实下来，比如成立四个协调委员会等，具体执行共识。

再次，本次峰会的议题也不再那么简单地针对价格做文章，而是考虑到行业发展的根本问题，比如，它成立的四个协调委员会，都是围绕技术和市场这两个根本问题来做事的，而我们认为这是抓住了栽跟头的彩电行业的根本问题。

2000年的彩电峰会，我们称之为"价格联盟"其实是一种误解。当时，中国彩电企业连年的价格战，让企业疲惫不堪，利润大量流失，这个时候，价格的竞争已经成为行业发展的恶性肿瘤，不予以摘除将后患无穷，这个时候，大家认为有必要坐下来就价格的问题好好协商协商了，于是召开了彩电发展史上第一次峰会。但是，很快这个会议就被解读成了"价格垄断"、"价格联盟"，把它说成是哄抬物价，结果被迫中途流产。现在想起来，如果当初大家都自觉规范市场，还会有这些年来中国彩电企业大面积的亏损吗？还会有后来这些年的价格竞争吗？

资料来源：改编自：人民网：《产业观察家刘步尘谈彩电峰会》。

案例二：

DVD 专利权风波

中国是 DVD 设备最大的生产国和出口国，目前国内共有 150 家企业生产 DVD，每年产量多达 1 500 多万台，在国际市场上占据着重要的份额。正在我国 DVD 产业发展壮大的时候，一起突发事件扰乱了 DVD 业内的平静，同时也引起业外大众的广泛关注。

事发于 2002 年 3 月 8 日，由东芝、松下、日本胜利、三菱电气、日立和时代华纳 6 家 DVD 核心企业（国际通称为 6C）组成的联盟向中国 DVD 企业发出了最后通牒。6C 在过去的两年间努力与中国电子音像协会（GAIA）进行了多达 9 次的谈判未果，所以现在中国 DVD 企业务必在 3 月 31 日之前与 6C 达成 DVD 专利费缴纳协议，否则他们将提起诉讼。6C 表示：DVD 放像机以日本企业为中心，大约有 200 项专利，每家公司都在中国申请了专利技术保护，获得认可的不过六七项。但中国企业在知识产权未经处理的情况下，2001 年出口量已达到约 1 000 万台，仅北美市场就达 800 万台，依此推算，2000 年日本企业应获得的专利使用费约 2.2 亿美元。

虽然事发突然，但是 DVD 专利权之争是由来已久了。我国光盘系统生产从 1985 年开始起步，现成为影碟机的生产大国。但 VCD、超级 VCD、DVD 的核心技术始终掌握在国外手中，我国没有自主知识产权。1999 年 6 月，6C 宣布"DVD 专利联合许可"声明。2000 年 11 月，6C 又出台"DVD 专利许可激励计划"。2002 年 1 月 9 日，深圳普迪实业发展有限公司

第七章 企业行为

运往英国 Felixtowe 港口的 3 864 台 DVD，被飞利浦通过当地海关扣押。惠州德赛视听科技有限公司于 2002 年 1 月 18 日及 22 日出口到德国的 5 850 台 DVD 播放机于 2 月 21 日也被当地海关扣关 3 900 台，另外的 1 950 台可能尚未报关。

为什么中国 DVD 产业会受到如此待遇？首先，中国 DVD 企业迅速膨胀的市场占有率是专利费纠纷升级的直接原因。数字显示，2001 年 DVD 消费全球需求为 3 000 万台左右，而中国已经成为全球最大的 DVD 市场之一。面对如此巨大的市场，在等待多年以后，6C、3C 等联盟认为中国 DVD 市场的巨大表明现在是收钱的时候了，其突然发难自然不难理解。其次，2002 年 2 月 19 日，索尼、松下等 9 家 DVD 厂商联合开发出"蓝光"光盘，6C 此时提出向中国 DVD 厂商征收专利费的目的是为即将推向市场的蓝光 DVD 扫清市场障碍（蓝光的主攻方向将是欧美市场，而目前占据该市场五成份额的中国 DVD 自然成为蓝光的眼中钉）。最后，借助中国加入世贸组织、专利法进一步落实和保护知识产权成为越来越多中国人的共识之机，施压收取专利费。

6C 向中国 DVD 生产商开出的专利使用费是按产品单价的 20% 收取每台 20 美元。目前，国内 DVD 平均市场售价才卖 90 美元，扣除经销利润、零售税收及流通费税，生产商的实际所得不会超过 80 美元。这样一来，一向以价格低廉取胜的国内 DVD 生产商只好喝西北风去。

国内 DVD 生产企业已普遍认为 6C 应该收取专利费，但开出的价格过高。

由于中国是 DVD 生产大国，也是为国外厂家提供 DVD 配件的生产基地，如果全面封杀中国 DVD，就意味着国外厂家需要重新寻找生产基地，这对他们来说是没有利益的；另一方面，中国 DVD 虽然在国内的销量很大，但国内厂家的年生产量在国内是消化不完的，中国企业不可能因为专利收费的问题放弃海外市场，通过谈判双方一定能找到共赢的方法。在 2002 年 4 月 29 日，代表 90% 以上国产 DVD 厂家的 CAIA，与 6C 经过艰苦谈判达成框架协议：海外巨头将向我国的 DVD 生产企业收取每台最低 4 美元的专利使用费。

DVD 专利费用之争对中国的 DVD 企业究竟有什么影响呢？可以说 DVD 企业走的还是中国家电业的低成本竞争的老路，但是，中国 DVD 产品如果单纯地依靠低价竞销本身就是不健康的，因为低成本中有很大一部分是不计算专利费。业内人士认为：由于 DVD 产品的生产和销售涉及多项国外知识产权的许可和授权,随着我国近年来大量销售、出口DVD产品,支付知识产权费已成为不可回避的问题。

第一,中国不掌握核心技术,这就意味着人为刀俎我为鱼肉,无法硬起来,争斗意在为自己寻找到相对宽松的发展空间。第二,从VCD到DVD,升级很快,中国企业既没有相关的科研实力,也没有相应的经济实力来投资长远的风险很大的研究项目。第三,中国国内DVD销售空间很大,目前占世界1/4,出口企业只占生产DVD企业的少数。

在国外一方,也由三个因素决定。第一,中国DVD的产量和营销方式影响到了掌握核心技术的世界DVD大企业的利益。第二,VCD和DVD的情形一样,中国只是处在这个产业链加工环节,既是外国大公司核心技术产品的销售地,又是成品的加工地,如果真的对中国彻底硬起来,必然也影响到自身的利益。第三,中国市场庞大,世界DVD生产企业绝不是仅仅生产DVD,因此,在DVD上过于争斗,影响到其他方面,也是得不偿失的。

中外DVD企业专利费之争的发展态势虽然目前还不明朗,但可以肯定的是,不掌握核心技术就往往受制于人,一味地打价格战将会毁了自己。自主研发DVD核心技术,拥有自己的知识产权才是从根本上解决问题的办法。

这里就涉及对于企业长期发展来讲,引进国外先进技术还是发展并拥有自主知识产权技术,哪一个更有利?引进国外先进技术和自主开发并不是矛盾的,要具体分析所处的行业和产品。模仿、引进、消化、吸收,是企业生存、发展的一个重要途径,也是一种必不可少的生存形态。但是,这种形态有两个取向,一个是单纯地获得利润,并为了利润不断重复这一模式;另一个是在模仿、引进、消化、吸收过程中积累知识,实现自己的独创性,同时获得利润。

没有自己的核心技术就会在竞争中陷于被动,一流企业是做标准的,二流企业是做品牌的,三流企业是做产品的。目前,我国企业在掌握核心技术方面与发达国家相比虽然居于劣势,但企业应当积极参与,主动成为制定标准的一分子。

资料来源:谢地等编著:《大象与蝴蝶共舞》,长春出版社2003年版。

第七章 企业行为

案例三：

南存辉质疑施耐德、德力西合资案

"政府一定要看清楚，跨国公司跑到这个乡下地方来干什么？它的目的就是垄断，在低压电器领域高、中、低端通吃！"中国低压电器老大正泰集团董事长南存辉，素以沉稳著称，但是日前全世界的老大施耐德和中国低压电器老二德力西的合资方案一公布，他一反平日的低调，主动约见《第一财经日报》。

"这不是合资，这就是并购！"有业内人士评价。2006年12月17日，施耐德和德力西签署合资框架协议，根据这个协议，双方按照1:1的比例等额出资设立"德力西电气有限公司"，董事长位置将由中方担任。另外，新公司使用"德力西"品牌。

这个被温州当地政府引为招商引资重要成绩的方案，在南存辉看来，只是"表面现象"。他说要公布正泰和施耐德十年谈判的细节，让公众看清施耐德对中国低压电器市场志在必得的野心，"看清施耐德的本质"。

南存辉称，1994年，施耐德提出以现金方式收购正泰80%的股权，谈判失败后的1995年1月，施耐德就在杭州起诉正泰产品侵权；1998年，施耐德又提出要控股正泰51%，谈判失败后，1999年1月份，施耐德又在北京提起诉讼；2004年，施耐德与正泰第三次走到谈判桌前，这次的方案是以50:50的方式合资。

正泰当时建议将双方在中国的所有资产合在一起，施耐德同意保留正泰品牌，但是出口渠道必须由施耐德掌握，另外，三年后，施耐德再收购正泰持有的另外50%股份。最终，双方在品牌、董事会发言权等事项上没有达成一致。2005年，施耐德再次在意大利、英国、法国等国家发起对正泰的知识产权诉讼，并给多家正泰的国际客户发出销售警告，以及印有蒙娜丽莎和猴子图样的暗示性歧视竞争对手宣传画。

"跨国公司惯于用标准、专利、收购、诱惑、威胁、污蔑等一切手段来达到目的。"南存辉愤怒地说。据他透露，2005年，施耐德同时也将德力西告上法庭，要求对方为知识产权侵权的行为赔偿巨额资金，后来双方达成和解。

德力西引进外资巨头后不久,"中国低压电器之都"浙江省乐清市柳市镇传出了施耐德"要一年亏一亿元,以强大的资金实力将同行淘汰出局"的传闻。而由于多年价格战,低压电器民营企业中,亏损企业的数目已经越来越多。

原中国国家机械部常务副部长陆燕荪强调,施耐德高层陈钢曾向他辟谣,称施耐德不会采取低价竞争的策略。在主张合资是开放市场行为的同时,陆燕荪也较为担忧地说,在机械装备行业,像西北轴承厂那样,中外合资企业最终被外资完全掌控的案例不在少数。"外资进入的策略很明确,就是掌握主动权。"

据悉,在与德力西合资以前,施耐德在国内有15起成功的收购案,包括不久前刚刚收购的奇胜电器、天津万高和陕西宝光。

一位原上海人民电器厂的工程师告诉记者,施耐德与国内的合资公司,基本都是"先合、后亏、再控制"的路数。当年,该厂60%的股权被施耐德收购后,由于按协定不能生产新产品,中方不得不无偿出让20%的股权换来新产品生产权,才换得了生存权。

近日,正泰已经拟好给有关部门"上书"的文稿,具体说明施耐德将对原本以民营企业为主的低端市场造成猛烈冲击,并希望政府在税收方面对外资和民企一视同仁。

同时,南存辉宣布退出正泰电器股份有限公司总裁的职务,由原正泰集团副总裁程南征担任。正泰电器股份有限公司正是正泰旗下最主要的生产低压电器子公司。另外,正泰有意重启搁置多年的上市计划,并在企业战略部门充实力量。

南存辉宣称,正泰要正式启动,全面出击,"一定要打遍全世界,将红旗插遍全世界",这位补鞋出身的民营企业董事长立下军令状:"自主创新、自创品牌是一条不归路。真不行,我就回去修皮鞋,一样可以活。"

资料来源:改编自《第一财经日报》,2007年1月8日。

案例四：

酿酒业的企业行为分析

1. 酿酒企业稳定成长的一种解释：产品差别化。

"价格战"是市场上一个最时髦的名词，彩电、冰箱、VCD、电脑等产品的价格战曾经烽火连天，连身为民族优势品牌的长虹都未能逃脱过价格战的命运。在如此激烈的价格战中，酿酒产品的价格和市场需求保持了相对的稳定，尽管酿酒产品的价格也出现过潮起潮落，但那主要源于经济环境和市场特征的变化。与家电产品（如彩电）相比，酿酒产品的价格保持相对稳定，可能源于酿酒产品具有更高的差别化程度。

(1) 酿酒产品的消费差别性较大。

由于人们的消费心理、消费习惯和消费文化不同，使得人们对酿酒产品具有不同的消费偏好，如有人喜欢喝白酒，有人喜欢喝啤酒，因而不同酿酒产品替代性较小。

(2) 酿酒产品的生产差别性。

由于存在着消费的差别性，适应这种偏好不同的需要，酿酒企业通过生产和销售手段，制造出了许多具差别性的产品。

(3) 酿酒产品的地区差别性。

由于不同地区具有不同的历史文化和传统，使得不同地区的人们具有不同的消费习惯和偏好，因而酿酒产品存在较大的地区差别性。

以上特性导致了酿酒产品的需求价格弹性较小，需求曲线较为陡峭，酿酒企业不必通过价格战来获得利益，而是通过形成产品的差别化，如通过质量、品种、广告和品牌效应来制造产品差别化，以形成一定的垄断势力。五粮液在激烈的市场竞争中独占鳌头，重要原因在于成功地抢先实施了品牌战略，形成了诸如五粮液、五粮春、五粮神、五粮醇等50多个具差异性的品种以符合人们的消费习惯和心理。

但是，在目前酿酒行业竞争日趋激烈、市场较为成熟的情况下，酿酒企业仍然依靠产品差别化战略，可能难以保持酿酒企业的快速成长，原因在于：①现有市场的产品差别化格局基本上已经形成，企业很难在原有产品基础上改变品牌格局，除非重大的技术革新；②现有的差别化基本上是靠广告、品牌、质量等战略形成，酿酒企业一般已经做了大量投资，在当前市场容量限制下，若想通过加大广告、品牌、质量等方面的投入来获得消费者偏好的细微改变，必然是投入的边际收益递减。

因而，酿酒企业的差别化战略似乎走到了尽头，在保持或略微增强现有品牌意识下，必须寻求其他成长路径。

2. 酿酒企业的产业成本：横向联合还是纵向一体化。

横向联合是企业产生规模经济效应、获得市场势力的良好途径，尤其在我国酿酒企业的规模尚未达到"平均成本曲线较低点"时，规模经济尤为必要。企业的横向扩张可分为地区内的横向扩张和地区间的横向扩张。最近的华润收购蓝剑，哈啤收购粤海下属的啤酒企业，就是地区内的横向扩张；而近几年青啤在全国范围内的收购，燕啤在山东的兼并，便是地区之间的扩张。就啤酒市场而言，通过横向扩张，21世纪初，国内基本上形成了四寡头的市场结构：燕啤、青啤、华润和哈啤。它们的年产量均超过100万吨，占据了全国市场60%以上的份额。而白酒市场形成了垄断竞争的市场结构，由全行业1%的企业占据了50%以上的销售份额。

但是，横向扩张并不是一条阳光大道：首先，横向扩张的一条重要理由是获得市场势力，但有证据表明，能否通过横向扩张获得市场势力与企业扩张后的规模大小有关。根据美国《横向购并指南》，企业购并后行业内的HHI指数低于1 000，则横向购并不会对市场竞争程度造成太大的影响。因而，酿酒企业在实行横向扩张时，应考虑扩张后的规模势力，否则就会得不偿失。其次，产业组织理论中的主从厂商模型认为，主导厂商没有必要不惜代价地排斥其从属厂商，否则其成本大于收益。因而，大的酿酒企业是否存在通过横向扩张排斥竞争对手的必要尚难以定论。对于许多中小型酿酒企业来说，由于本身的规模实力和资源实力的限制，横向扩张之路更为遥远。对于这类企业来说，做好做强目前拥有的市场份额，适度实行多元化发展，不失为一条稳妥之路。

3. 酿酒企业的多元化辨析。

从理论上说，多元化具有通过投资组合分散风险、寻找投资机会获得新的增长点等功能，但实践中的证据并不明显。多元化是一个笼统的概念，本身具有多种存在形式，如同心多元化、相关多元化和非相关多元化等。前两者投资的风险相对较低，但难以达到投资组合、获得新的投资机会等目的；后者可以找到新的增长点，但风险较高。对于酿酒行业来说，略具规模的企业基本上采取了同心多元化的战略，如五粮液集团；非常多的企

第七章 企业行为

业采取了相关多元化战略，进入了生物工程、医药等产业，仅上市公司就有宁城老窖、全兴、沱牌、山西汾酒等；还有诸多企业尝试着朝非相关多元化方向发展。

虽然对多元化的成败难以定论，但酿酒企业的多元化存在着一些共同的原则：①进入多大风险的行业应以不危及现有的经营为前提；②是否多元化，怎样多元化，取决于各自企业本身拥有的资源和能力，包括物质资本、人力资本、资源优势、规模实力和现有的经营管理能力等；③如何多元化还应有利于维持企业生态系统的平衡、演化和持续发展。一言以蔽之，酿酒企业是否多元化和如何多元化，取决于自身企业的发展状态，而不可盲目仿效其他企业的做法。多元化存在着一定的难度和风险，而就目前大多数酿酒企业来说，不采取多元化战略似乎又没有出路。这给企业的成长提出了一个问题：在现有企业能力状况下，如何减少多元化的风险来推行多元化战略？

4. 酿酒企业成长的困境。

由此看来，对于市场较为完备情况下的传统企业来说，横向扩张、纵向扩张的成长路径似乎都难以使其摆脱衰退的命运，因而很多企业只有寻求多元化这样一种战略方式。对于酿酒企业来说，其多元化的成长方向有许多，但其面临的困境是：采取什么样的企业成长路径才能较为适合企业内各业务间的协调发展呢？采取什么样的战略较易保证企业产业扩张的成功呢？

柯林·布鲁尔酒业公司（Kirin Brewery Company. Ltd）原本是一家日本啤酒公司，该公司在形成一定规模后一直致力于寻求产业的扩张与创新，以避免由于酿酒行业的激烈竞争而处于衰退的境地，它选择了医药领域作为自己的扩张方向，因而长期以来该公司不仅致力于扩展已投入市场的产品的适用性，而且致力于研究药物替代品的性能。该公司向医药业的扩张取得了骄人的业绩，并使其企业处于协调成长的良性经营状态。在企业成长的战略选择时，该公司较多地选择了外部扩张如收购兼并、战略联盟等方式而不是内部扩张方式向医药领域进军。

上述分析表明：企业选择哪一产业才能与现有的产业协调成长，可能存在一定的规律性；在选定了合适的产业进行扩张时，选择适合企业自身特点的扩张战略，也是企业扩张成功与否的关键问题。

资料来源：刘志彪、马健：《酿酒企业的产业成长路径》，载于《酿酒》2002年第2期。

案例五：

乳业有变

1. 牵手蒙牛。

号称全球最大酸奶制品集团的达能与蒙牛乳业正式宣布共同组建合资公司，致力于酸奶产品的生产与研发。

这个合资公司是蒙牛集团控股51%，达能公司持股49%。达能、蒙牛新合资公司的代表、蒙牛液态奶低温奶事业部总经理丁圣说。他表示，将来合资公司的运营主要是发挥蒙牛在生产能力和营销网络方面的优势资源，以及达能在研发与加工技术方面的优势资源。

据了解，在合资公司生产的产品中，蒙牛和达能的两个品牌都会继续存在，两家旗下的子品牌也会继续生产。

据达能集团亚太地区乳制品总经理顾德和透露，中国现在是达能除了法国之外的第二大市场，并且是达能产品销售增长最快的地区。他表示，与蒙牛合作就是要增加中国人均奶制品的消费量，特别是酸奶的消耗量和低温奶制品的消耗量。

据业内人士透露，中国市场的酸奶产量正在逐年增加，并且呈直线上升之势。有数据显示，近两年其产销量增长速度更高达40%以上，大大超过液态奶30%左右的增长率。不仅如此，酸奶的行业毛利率高达35%甚至40%左右，远高于普通液态奶的利润水平。

近年来，蒙牛不仅与（武汉）友芝友建立合资公司，投入2.9亿元发展酸奶业务，而且投资2亿元建立亚洲最大规模的酸奶生产基地。据AC尼尔森的数据显示，迄今为止，蒙牛酸奶已连续15个月市场份额第一。

2. 意在收购蒙牛。

耐人寻味的是，达能已将旗下酸奶业务交付光明打理，却又新开局面牵手蒙牛。

据了解，早在2002年，光明分别与达能亚洲有限公司、日尔维达能公司签订股权转让协议，取得了达能旗下上海达能保鲜乳制品有限公司和上海达能酸乳酪有限公司75%的股权。不仅如此，达能还将部分达能商标与外观设计交给光明无偿使用至2011年9月。2005年，达能更将其第一个子

第七章 企业行为

品牌碧悠交给了光明乳业。据了解,这是继 1987 年法国达能进入中国乳品市场后首次在华推出的子品牌。

此前,甚至有传闻称达能还与光明达成约定:达能在中国不再做乳品业务。因此,在独家经销达能品牌酸奶多年后,达能与蒙牛的合作,是否令光明地位有所变化?

对此,光明在发给记者的书面答复中称:跨国公司在中国这样巨大的市场上与多方合作的例子屡见不鲜。达能与第三方的合作并不影响与光明乳业的合作。

值得注意的是,达能选择与蒙牛在酸奶领域的合作方式也与当年与光明的合作模式不谋而合。

广东乳业协会理事长王丁棉认为,达能此举很大可能是为了给收购蒙牛准备条件。

早在 1994 年,达能与光明先后合资建立了上海酸奶合资公司及保鲜乳两个项目,其中,达能占股 45.2%。从此揭开达能、光明合作的序幕。2001 年,达能亚洲有限公司正式参股光明,比例为 5%。经多次增持,到 2006 年 4 月,达能增持光明股份已至 20.01%。

然而,伴随着新光明食品集团的正式挂牌,作为外资方的达能在光明乳业中的地位开始变得微妙起来。

光明食品集团的建立是一次国有股的重组,目的在于国有资本的做大做强,因此会对达能增持光明乳业造成很多障碍。业内人士认为,在此次光明的重组之后,达能继续增持光明乳业的希望不大,而控股光明也是不可能了。

王丁棉认为,在短时间内无法控股光明的情况下,惯于资本运作的达能会选择其他目标。

达能近年在中国市场频频出手。达能不仅控股娃哈哈、拿下乐百氏,今年还成功参股汇源果汁。有分析师认为,达能集团如此迅猛地收购中国食品企业,其目的就是将中国市场打造成整个亚洲市场的基地。

法国达能集团高层也曾表示,未来 3~5 年,达能集团打算每年拿出 5 亿~10 亿欧元,收购国外企业。而中国已被达能确定为优先收购的目标国家之一。

资料来源:《21 世纪经济报道》,2006 年 12 月 20 日。

第八章 寡头垄断企业的竞争行为

一、内容提要

在寡头垄断市场上,寡头垄断企业之间在产量和价格的制定上相互影响、相互制约,企业竞争行为和战略的选择,不仅考虑自身的影响因素,也要考虑对竞争对手的影响以及可能引起的反应。寡头垄断市场的这种特点决定了博弈论在研究寡头垄断企业竞争行为中的重要的应用价值。本章主要运用博弈论的思想和表达方式,按照静态竞争、动态竞争的顺序,对寡头垄断企业的主要竞争模型进行介绍和分析,并揭示其经济学含义。其中,静态竞争模型主要包括古诺产量竞争模型、伯特兰德价格竞争模型和豪泰林产品决策模型;动态竞争模型主要包括斯坦克尔伯格产量竞争模型、价格领导模型、重复竞争的古诺产量模型等。最后,对寡头垄断市场上的企业合谋与卡特尔行为的产生动因和影响因素进行分析。

二、复习思考题

(一)名词解释

1. 静态博弈与动态博弈
2. 纳什均衡
3. 反应函数
4. 伯特兰德悖论

第八章 寡头垄断企业的竞争行为

5. 相机选择问题
6. 价格领导模型
7. 卡特尔
8. 合谋

(二) 单项选择题

1. 在双寡头产量竞争均衡中，古诺竞争产量（　　）。
   A. 小于垄断产量　　　　　　　　　　B. 大于垄断产量
   C. 等于垄断产量　　　　　　　　　　D. 等于竞争性均衡产量

2. 按照古诺模型，下列哪一种说法不正确？（　　）
   A. 双头垄断者没有认识到他们的相互依赖性
   B. 每个双头垄断商都假定对方保持产量不变
   C. 每个双头垄断商都假定对方价格保持不变
   D. 均衡的结果是稳定的

3. 完全垄断厂商的总收益与价格同时下降的前提是（　　）。
   A. $E_d > 1$　　　　　　　　　　　　B. $E_d = 1$
   C. $E_d = 0$　　　　　　　　　　　　D. $E_d < 1$

4. 下列说法中正确的是（　　）。
   A. 当达到古诺均衡时，市场供求不一定相等
   B. 伯特兰德均衡时，价格等于边际成本，所以在现实的寡头市场中不应该看到超额利润
   C. 无论在竞争市场、垄断市场还是垄断竞争市场，厂商选择的原则都是边际收益等于边际成本
   D. 因为垄断竞争产量低于完全竞争产量，所以在长期厂商仍可获得超额利润

5. 垄断竞争市场上，厂商的短期均衡发生于（　　）。
   A. 边际成本等于 D 需求曲线中产生的边际收益时
   B. 平均成本下降时
   C. d 需求曲线与平均成本相切时
   D. D 需求曲线与 d 需求曲线相交，并且边际成本等于 d 需求曲线中的边际收益时

(三) 多项选择题

1. 下列属于静态竞争模型的有（　　）。
   A. 古诺产量竞争模型　　　　　　B. 伯特兰德价格竞争模型
   C. 豪泰林产品决策模型　　　　　D. 斯坦克尔伯格产量竞争模型
   E. 价格领导模型
2. 下列属于动态竞争模型的有（　　）。
   A. 重复竞争的古诺产量竞争模型　B. 伯特兰德价格竞争模型
   C. 豪泰林产品决策模型　　　　　D. 斯坦克尔伯格产量竞争模型
   E. 价格领导模型
3. 古诺模型的假设条件有（　　）。
   A. 两个寡头厂商生产的产品是同质或无差别的
   B. 每个厂商都根据对手的策略采取行动，并假定对手会继续这样做，据此来做出自己的决策
   C. 每个厂商的边际成本为常数，并假设每个厂商的需求函数是线形的
   D. 两个厂商都通过调整产量来实现各自利润的最大化
   E. 两个厂商不存在任何正式的或非正式的串谋行为
4. 关于在位企业与潜在进入企业之间竞争的模型有（　　）。
   A. 古诺产量竞争模型　　　　　　B. 伯特兰德价格竞争模型
   C. 豪泰林产品决策模型　　　　　D. 斯坦克尔伯格产量竞争模型
   E. 米尔格罗姆—罗伯兹垄断限价模型
5. 影响企业合谋的因素有（　　）。
   A. 市场结构特征　　　　　　　　B. 合谋企业之间的对称性
   C. 产业成长阶段　　　　　　　　D. 厂商供给的成本特征
   E. 协议的预防和惩罚机制的有效性

(四) 辨析题

1. 古诺模型是基于价格的竞争模型，伯特兰德模型是基于产量的竞争模型。
2. 古诺模型和斯坦克尔伯格模型都是基于产量的模型。
3. 米尔格罗姆—罗伯兹垄断限价模型说明的是在位厂商之间竞争的模型。
4. 对于寡头垄断厂商来说，即使博弈双方进行的是无限次重复博弈，在触

发机制的作用下,博弈双方也不会兼顾长期和短期利益的均衡,而是采取不合作战略。

5. 斯坦克尔伯格模型中产量领导者所获得的利润的下限是古诺均衡下它得到的利润。

6. "由于两个罪犯只打算合伙一次,所以被捕后才出现了不合作的问题即囚徒困境,所以如果他们打算重复合作多次,比如说 20 次那么就可以预测他们将采取彼此合作的态度,即谁都不招供。"

(五)简答题

1. 简述解释伯特兰德悖论的理论。
2. 简述多家企业的古诺竞争模型。
3. 对比其他市场结构,简要说明不能建立一般的寡头模型的原因。
4. 简述寡头垄断企业采取合谋行为的动机。

(六)论述题

1. 请比较分析古诺模型与伯特兰德模型。
2. 试论述影响企业合谋的主要因素。

(七)计算题

1. 两个寡头垄断厂商的行为遵循古诺模型,他们都生产一同质产品,其市场需求函数为 $Q = 900 - 9P$,试求:

(1)若两厂商的生产成本为零,均衡时的产量和价格为多少?

(2)若两个厂商的生产成本都不为零,成本函数分别为 $TC_1 = 0.1Q_1^2 + 30Q_1$,$TC_2 = 0.2Q_2^2 + 30Q_2$,则均衡时厂商的产量和价格又为多少?

2. 由一个主导厂商(用 i 表示)和十二个次要厂商(用 j 表示)构成一个行业。主导厂商的总成本函数为:

$C_i = 0.333q_i^3 - 2q_i^2 + 50q_i$

市场需求曲线为:$Q = 250 - p$

其中每个厂商的成本函数为:$C_j = 2q_j^2 + 10q_j$

主导厂商决定领导市场价格,即由自己决定价格,并管理自己的产出量,使整个市场供给既不短缺，也无剩余。正确的预期次要厂商将接受它决定的价格。主导厂商的定价是为了使自己的利润最大。则：

（1）主导厂商的定价为多高？
（2）主导厂商的产量为多少？
（3）主导厂商的利润为多少？
（4）每个小企业的产量是多少？
（5）每个小企业的利润是多少？

三、复习思考题参考答案

（一）名词解释

1. 静态博弈与动态博弈：静态博弈是指在博弈中，参与人同时选择行动，或虽非同时但后行动者并不知道前行动者采取了什么具体行动。动态博弈指的是参与人的行动有先后顺序，而且后行动者能够观察到先行动者所选择的行动。

2. 纳什均衡：指这样一种策略集，在这一策略集中，每一个博弈者都确信，在给定竞争对手策略决定的情况下，他选择了最好的策略。是由所有参与人的最优战略所组成的一个战略组合，也就是说，给定其他人的战略，任何个人都没有积极性去选择其他战略，从而这个均衡没有人有积极性去打破。

3. 反应函数：其表示的是每个企业的最优战略（产量）是另一个企业产量的函数。

4. 伯特兰德悖论：伯特兰德均衡说明，只要市场上有两个或两个以上生产同样产品的企业，则没有一个企业可以控制市场价格，获取垄断利润。根据伯特兰德模型可知，超过边际成本的价格不是均衡价格。在该价格水平上，至少有一家企业存在以低于对手的价格出售其产品，从而获得所有市场需求的动机。而在现实市场上，企业间的价格竞争往往并没有使均衡价格降低到等于边际成本的水平上，而是高于边际成本。对于大多数产业而言，即使只有两个竞争者，它们也能获得超额利润。这与伯特兰德模型的得出的结论是不一致的，这被称为"伯特兰德悖论"。

5. 相机选择问题：在动态博弈中，参与人的一个完整策略包括其在各个行动点上针对前面阶段的各种情况所作的相应选择和行为的完整计划。这些策略本身并没有强制力，只要符合自己的利益，博弈方完全可以在博弈过程中改变计划,这就是动态博弈中的"相机选择"(Contingent Play)问题。

6. 价格领导模型:价格领导模型是用来说明寡头垄断市场上价格确定的模型,其确定的价格,不是寡头垄断企业竞相压价的结果,而是某个寡头企业充当价格领导者首先变动价格,其他寡头企业充当价格追随者,按照领导企业宣布的价格制定自己的价格。这显然也是一个动态博弈模型。而且在这一模型中作为领导型的寡头企业在宣布自己的价格水平以前,一定会充分考虑跟随企业对其确定的价格所会作出的反应。

7. 卡特尔:指独立的寡头厂商之间的公开勾结形式,用协议的方式,共同确定价格、产量、市场等,并且通过这些协议使寡头厂商协调行动,以获取共同的最大利润。由于整个卡特尔可以像一个完全垄断厂商那样行事,所以,有的国家宣布卡特尔协议是非法的。卡特尔形成后,面对市场需求曲线,运用 MR = MC 原则可以确定卡特尔的均衡产量和均衡价格,即统一价格。整个卡特尔的产量和价格确定后,就要对各成员厂商分配产量限额。分配方法有:①以卡特尔总成本最小为原则。每个厂商都在他的 MC 等于卡特尔的 MC = MR 时确定其产销量。这是一种理想的分配方式,但在现实中难以实现。②配给定额。配给的决定主要根据厂商的地位和谈判能力、厂商以前的销售量和生产能力及地理区划。③均分市场。卡特尔具有不稳定性。因为任一厂商如果通过秘密降价来突破自己的份额,整个卡特尔就会瓦解。

8. 合谋:寡头厂商以某种方式勾结在一起,使其共同利润最大化。合谋的目的是使共同利润最大化。为了实现这一目标,合谋者即寡头厂商通过就价格、产量、市场等内容达成协议,以便协调行动,共同对付消费者。在现实经济中,制定一个复杂的价格体系(如歧视价格等)通常是寡头合谋的目标。合谋的形式是公开的,也可以是非公开的。公开的如卡特尔,非公开的如价格领导。合谋的首要条件是市场上的厂商不能太多,并且产品差别不能太大。合谋一般不具有稳定性。当其中某一厂商采用削价方法来扩大销售时,就破坏了合谋的协议(协议可以是书面的,也可以是口头的,即所谓"君子协定"),合谋就此完结。

(二)单项选择题

1. B   2. C   3. D   4. C   5. D

(三)多项选择题

1. ABC   2. ADE   3. ABCDE   4. E   5. ABCDE

（四）辨析题

1. 古诺模型是基于价格的竞争模型，伯特兰德模型是基于产量的竞争模型。

答：这句话不正确。古诺模型是基于产量的竞争模型，伯特兰德模型是基于价格的竞争模型。

2. 古诺模型和斯坦克尔伯格模型都是基于产量的模型。

答：这句话正确。

3. 米尔格罗姆—罗伯兹垄断限价模型说明的是在位厂商之间竞争的模型。

答：这句话不正确。米尔格罗姆—罗伯兹垄断限价模型说明的是在位厂商和潜在进入厂商之间竞争的模型。

4. 对于寡头垄断厂商来说，即使博弈双方进行的是无限次重复博弈，在触发机制的作用下，博弈双方也不会兼顾长期和短期利益的均衡，而是采取不合作战略。

答：这句话不正确。对于寡头垄断厂商来说，如果博弈双方进行的是无限次重复博弈，在触发机制的作用下，博弈双方会在兼顾长期和短期利益的条件下采取合作战略。

5. 斯坦克尔伯格模型中产量领导者所获得的利润的下限是古诺均衡下它得到的利润。

答：这句话正确。

6. "由于两个罪犯只打算合伙一次，所以被捕后才出现了不合作的问题即囚徒困境，所以如果他们打算重复合作多次，比如说20次那么就可以预测他们将采取彼此合作的态度，即谁都不招供。"

答：这句话不正确。只要两囚犯只打算合作有限次，其最优策略均为招供。比如最后一次合谋，两小偷被抓住了，因为将来没有合作的机会了，最优策略均为招供。回退到倒数第二次，既然已经知道下次不会合作，这次为什么要合作呢。依此类推，对于有限次内的任何一次，两小偷均不可能合作。

（五）简答题

1. 简述解释伯特兰德悖论的理论。

答：伯特兰德均衡说明，只要市场上有两个或两个以上生产同样产品的企

第八章 寡头垄断企业的竞争行为

业,则没有一个企业可以控制市场价格,获取垄断利润。根据该模型的推导可知,超过边际成本的价格不是均衡价格。在该价格水平上,至少有一家企业存在以低于对手的价格出售其产品,从而获得所有市场需求的动机。而在现实市场上,企业间的价格竞争往往并没有使均衡价格降低到等于边际成本的水平上,而是高于边际成本。对于大多数产业而言,即使只有两个竞争者,它们也能获得超额利润。这与伯特兰德模型的得出的结论是不一致的,这被称为"伯特兰德悖论"。对"伯特兰德悖论"的解释,主要有三种理论:

(1) 产品差别理论。

该模型假定两个生产者生产并销售同质产品,是完全可以相互替代的,这会引发企业间的价格战,使价格趋于边际成本。但现实中,企业生产的产品是存在差异的,这种差异可以是多个方面。在双寡头垄断价格竞争中,如果企业销售的产品不同,那么,就没有必要像在该模型中所得到的那样把价格降到边际成本的水平,并且在这时,以低于竞争对手的价格出售产品并不能保证能够获得整个市场的需求。

(2) 动态竞争理论。

在该模型中假定企业只是在一个时期展开竞争,即只制定一次价格。实际上,削价往往会引起价格战。这样,当一家企业看到自己降价后会引起另一家企业更低定价的报复,这家企业未必还敢降价。即使真的降价,也并不能保证它能够获得整个市场需求,也许在短期内可能。由于该模型是静态的,故没有考虑企业价格战所造成的对企业定价的影响。一旦考虑了动态竞争因素,即使在企业制定相同价格和产品同质的情况下,仍存在高于边际成本的均衡价格。

(3) 生产能力约束理论。

这一解释最早是由埃奇沃斯提出来的。他在 1897 年发表的论文《关于垄断的纯粹理论》中指出,由于现实中企业的生产能力是有限的,所以只要一个企业的全部生产能力可供量不能全部满足社会需求,则另一个企业对于尚未满足的那部分社会需求就可以收取超过边际成本的价格。而伯特兰德模型的一个重要假定是企业没有生产能力约束。因此,模型的结论与现实存在一定的差异也就是自然的了。

2. 简述多家企业的古诺竞争模型。

答:法国经济学家奥古斯丁·古诺于 1838 年首次提出了双寡头进行产量竞争的静态博弈模型。这一模型是用博弈论研究产业组织理论的重要基础,其后这一模型被扩展到对多个寡占厂商行为的研究。设古诺模型中有 n 家厂商,q_i 为厂商 i 的产量，$Q = \sum_{i=1}^{n} q_i$ 为市场总产量，p 为市场出清价格，且已知 $P(Q) = a - Q$。假设厂商 i 生产 q_i 产量的总成本为 $C_i(q_i) = cq_i$，也就是说没有固定成本，且各厂商的边际成本都相同（$c < a$）。设各厂商同时选择产量，则

$$\pi_i = pq_i - cq_i = (a - q_i - \sum_{j \neq i}^{n} q_j)q_i - cq_i \quad (1)$$

其中，$i = 1, 2, \cdots, n$

将利润函数对 q_i 求导，并令导数为 0，得

$$\frac{\partial \pi}{\partial q_i} = a - 2q_i - \sum_{j \neq i}^{n} q_j - c = 0$$

解得各厂商对其他厂商产量的反应函数为：

$$q_i = (a - \sum_{j \neq i}^{n} q_j - c)/2 \quad (2)$$

根据 n 个企业之间的对称性，可知 $q_1^* = q_2^* = \cdots = q_n^*$ 成立，

代入（2）式，得

$$q_1^* = q_2^* = \cdots = q_n^* = \frac{a-c}{n+1} \quad (3)$$

行业总产量为：

$$\sum_{j=1}^{n} q_j^* = \frac{n(a-c)}{n+1} \quad (4)$$

市场价格为：

$$p = a - \frac{n(a-c)}{n+1} = \frac{a+nc}{n+1} \quad (5)$$

每个企业的利润：

$$\pi_j = (p-c)q_j^* = \left[a - \frac{n(a-c)}{n+1} - c\right] \cdot \frac{a-c}{n+1} = \frac{(a-c)^2}{(n+1)^2} \quad (6)$$

需注意的是，在古诺均衡时，价格高出边际成本的幅度为：

$$p - c = a - \frac{n(a-c)}{n+1} - c = \frac{a-c}{n+1} > 0 \quad (7)$$

显然，
$$\lim_{n \to \infty}(p-c) = 0 \quad (8)$$

这说明，当企业个数无穷多时，产出和价格均趋于完全竞争条件下的均衡水平，市场结构会趋于完全竞争市场；当 n = 1 时，该市场即为完全垄断市场，厂商所提供的产量只是完全竞争市场的 1/2，而价格则比完全竞争价格高出（a-c）/2，这意味着完全垄断厂商将比竞争厂商获取更高的利润；而当 n = 2 时，即为古诺

第八章 寡头垄断企业的竞争行为

揭示的双边寡头垄断模型,两个寡头厂商所提供的市场产量只是完全竞争市场的 2/3,价格比完全竞争价格高出 $(a-c)/3$,但比完全垄断要低 $(a-c)/6$。

通过以上分析可知,在一个产业中,如果新企业不断进入,市场产量将会不断增加,而价格将会下降,从而有助于增加消费者的福利。当新进入企业数量增加到一定程度,市场结构将趋近完全竞争状态。这说明,通过降低产业进入壁垒或放松进入管制,使潜在进入企业能够顺利进入行业,并对产业中原有企业的市场地位形成一种威胁,就能够降低产业市场价格,增加产量,提高资源配置效率。

3. 对比其他市场结构,简要说明不能建立一般的寡头模型的原因。

答:寡头垄断市场是每个厂商的产量都占全行业总产量很大的比重,每个厂商的价格和产量的变化都会对其他对手产生重大的影响。这同其他条件下的情况不同,在完全竞争市场上,任何一厂商的决策都不会对其他厂商或整个市场造成影响;在垄断竞争市场条件下,厂商的数目也较多,以至于每个厂商都认为自己的影响很小,不会引起竞争对手的注意;而对于完全垄断市场来说,就更不存在竞争对手的问题。因此,厂商在作出产量和价格变动决策前,首先要弄清楚竞争对手的反应。而对手的反应是多种多样的,不同的反应方式假定将带来不同的模型,得到多个不同的结果。因此,在寡头垄断市场上难以建立一般的寡头模型。

4. 简述寡头垄断企业采取合谋行为的动机。

答:追求利润的最大化是寡头垄断企业采取合谋行为最本质的动机。在竞争性市场上,企业利润的增加是通过降价促销或扩张市场份额实现的,这将给其他企业带来负的外部效应,行业集中度越高,每个企业所遭受到的负外部性影响就越大,并由此引发竞争对手的报复性行动。长期竞争的结果是行业的产量水平得以提高,各个厂商均获得竞争性价格。在寡头垄断市场上,如果寡头垄断厂商采取合作方式,总体上像垄断者那样行事,改变产业的供给格局,就可以从总体上提高整个行业的利润水平,再通过协商来分享提高后的利润,由此各个企业的利润水平就会比竞争性市场状况下有所增加。但在那里都是假定厂商只进行一次性竞争,企业对未来的利益不考虑。虽然企业合谋对双方都有利,但这种结果并不是稳定的均衡状态,博弈的每一方都有动机偏离这一状态,从而使这种合作难以实现。根据重复博弈的原理,即使企业进行的是有限次重复竞争,那么该博弈的子博弈精炼纳什均衡结果仍是博弈各方的每一次博弈都采取原博弈的纳什均衡策略,也就是博弈各方在竞争过程中不会采取合作策略。但如果博弈双方进行的是无限次重复博弈,那么在触发机制的作用下,博弈双方就会在兼顾长期利益和短期利益的条件下,采取合作策略。根据以上原理,在寡头垄断市场上,当各个企业为争夺相同的消费群而进行有限次竞争时,彼此都会从个体理性出发,选择短期的竞争行为,以图战胜对方,在市场上占据垄断地位。但如果是各个厂商意识到自己将与竞争对手在同一个市场上长期竞争,长期并存,不可能在短期内分出输赢时,企业之间就可能会采取合谋行为。尤其是,寡头垄断企业彼此之间的实力相当,势均力敌,一旦展开竞争,往往会造成两败俱伤,大量的专用性资产将化为沉淀成本,从而造成双方巨大的损失。由此,处于同一市场的寡头垄断企业之间就内在的具有一种进行多种形式的合谋,以协调彼此之间利益矛盾,避免由残酷竞争造成巨大损失的动机。

(六) 论述题

1. 请比较分析古诺模型与伯特兰德模型。

答:这两个模型的共同点是都具有非合作寡占的性质,但它们对于厂商是进行产量竞争还是价格竞争,以及是同时选择产量还是有顺序地选择产量,具有不同的假定,由此导致对于均衡的产出、价格、利润等都作出了不同的预测。如果只有一家企业,两个模型都预测是垄断行为。行业中厂商数目越多,古诺均衡越接近于社会最优或竞争均衡。但同质产品的伯特兰德均衡不受行业中厂商数目的影响,只要该行业中至少包括两家生产能力不受限制的厂商,伯特兰德寡占均衡与社会最优相同。但如果存在产品差别化,伯特兰德均衡将有别于竞争均衡,行业中厂商的数目将影响价格。

(1) 假设。

双寡头古诺模型的基本假设是:产品是同质的,厂商的决策变量是产量,厂商之间只进行一次竞争,并且他们同时进行生产决策,没有其他厂商进入。简单的伯特兰德模型的假设条件是:两家企业的产品对消费者来说是无差异的,企业之间只进行一次竞争,并且同时进行定价决策,没有其他企业进入市场。稍微复杂的古诺模型的基本假设只是在竞争厂商数量上有所改变。伯特兰德模型分为同质产品和异质产品等多种类型。

(2) 均衡。

双寡头古诺均衡时每个厂商的产量水平为 $(a-c)/3$,利润水平为 $(a-c)^2/9$。而同质产品的伯特兰德均衡时的产量水平和利润水平与竞争均衡相同,分别为

$(a-c)/2$ 和 0。多家厂商的古诺均衡时单个厂商概念的产量为 $(a-c)/(n+1)$，利润水平为 $(a-c)^2/(n+1)^2$。伯特兰德均衡结果具有两个显著的特征，一是两家企业就足以消除市场力量；二是企业间的竞争导致了垄断利润的消失。但是当产品存在差异时，伯特兰德竞争也能获得垄断利润。

（3）社会福利水平。

对于生产相同产品、无生产能力约束的两家企业，古诺模型认为双寡头垄断价格低于完全垄断价格，但是高于完全竞争价格，企业具有市场力量，并且认为这种市场力量随着竞争者数量的增多和需求弹性的增加而减少。但是在伯特兰德模型中，均衡价格等于边际生产成本，企业并不具有市场力量，即两个企业的竞争就足以使价格降到完全竞争的水平。

古诺模型和伯特兰德模型的关键区别在于两点，一是决策变量的不同；二是每种决策的时间段不同。如果想对于价格决策而言，生产能力和产量决策是长期决策，即调整产量和生产能力要比调整价格困难，那么企业就应该先决定生产能力和产量，再决定价格。此时古诺模型比较符合实际。相反，如果相对于价格而言，产量是短期决策，即调整产量比调整价格容易，那么企业应该先决定价格，再决定产量。这时候，伯特兰德模型较为合适。

2. 试论述影响企业合谋的主要因素。

答：现实中影响企业合谋的因素，概括起来主要有：

（1）市场结构特征。

企业数量和市场分布会影响合谋行为。一般认为，在高集中度的行业中更容易形成合谋，这是因为，竞争者越少越容易确立合谋协议。参与者越多，谈判的交易成本就越大，从而也就越难以达成协议。另外，在市场上竞争者少的情况下更容易维持合谋协议。如果竞争者的数量较多，每个企业的利润将会减少，但削减价格的企业从削价中得到的收益都不变。这样竞争者越多，削减价格的诱惑相对就越大，合谋也就越难以维持。

（2）合谋企业之间的对称性。

一般情况下，在相似或对称的企业间比在不对称企业间更易于形成和维持合谋。在对合谋利润的分配上，如果企业是对称的，合谋企业共分利润就十分容易，只要平均分配利润即可。但如果企业不对称，合谋企业在如何分配利润方面意见就不一致，从而易引起争执，导致合谋破裂。总之，合谋行为通常会在少数相类似或对称的企业间容易达到，并得到维持；反之，企业在成本、市场力量之间差别较大，就不易形成企业间的合谋，即使形成也较难维持。

(3) 产业成长阶段。

企业合谋与市场需求有关，而市场需求又与产业生命周期或成长阶段紧密相连。一个产业在其生命周期中一般会依次经历新兴、繁荣、成熟和衰退四个阶段。在新兴和繁荣阶段，市场需求呈现明显的上升甚至是高涨态势，这时产业的技术创新比较活跃，厂商的市场地位尚未最终确立。在这种情况下，谁能提供优质低价的产品，谁就可以迅速扩张规模，增加市场占有份额，甚至在市场上占据主导地位。因而，企业出于抢占市场、提高市场份额的目的，一般不会自觉遵守固定价格的协议。当产业步入成熟期，产品技术创新的速度开始减缓，市场需求也相应进入较为稳定的阶段。这时，各企业投入的成本和产品的售价渐趋稳定和透明，产业内各厂商的利益格局也已基本形成。任何一个企业擅自违背合谋协议的行为都会被及时察觉，并会遭到其他卡特尔成员严厉的报复。这时企业间的合谋协议能够得到较为成功的执行。一旦到了产业的衰退阶段，产业经济变得不景气，企业库存大量增加，需求量锐减。在这种情况下，企业会竭力想让自己过剩的生产能力销售出去。并且，这时企业很清楚与竞争对手的合谋博弈已到了最后阶段，相互之间的合作已不再可望得到更多的回报，企业自觉遵守合谋协议的动机将大大减弱，并最终导致合谋协议的终止。

(4) 厂商供给的成本特征。

合谋厂商是否有动机违背卡特尔协议，选择竞争性的产出和定价，与其成本状况存在密切关系。倘若协议分配的产量水平接近于厂商的充分生产能力，则厂商扩大产出就将面临近乎垂直的边际成本曲线，过高的新增成本使得厂商违背协议的收益微乎其微，从而各个卡特尔成员企业会自觉地维持协议；相反，如果厂商拥有相当可观的闲置生产能力，边际成本曲线趋于平缓，这时大幅度增加产出的成本较低，企业采取机会主义行为，违背协议，擅自增加产量的动机就会大大增强。

(5) 厂商的销售条件与特征。

厂商如果拥有自己独立的分销网络或代理商，就可以通过隐藏信息或采取多种营销方式的组合，暗中降价促销，欺骗其他卡特尔成员，而不易被察觉。这时，为防止厂商的欺骗行为，卡特尔组织往往会建立统一的销售网络，选择单一的代理商，或者要求成员企业在同一地点销售各自的产品，以增加信息的透明度，便于厂商之间相互监督。这将大大增加厂商进行欺骗的难度，保证串谋协议的执行。卡特尔的维持与厂商的订货频率和数额也存在一定关系。如果厂商处于买卖活动较频繁的行业，面对的是大量订量较小的分散客户，订单数量有限，薄利而不能多销，那么卡特尔厂商就没有太大的意愿将价格降低到协议定价以下；

第八章 寡头垄断企业的竞争行为

相反，如果客户发出的是大批量订单，并且这样的大客户并不是厂商经常可以碰到的，这时厂商就有动机实行价格折扣，以留住该客户，由于这种非经常性订单并不影响厂商在市场上的公开定价，故而卡特尔组织就很难察觉和制止这种欺骗活动。这就是为什么在商品零售和小额批发领域卡特尔协议相对容易维持，而在项目投标领域卡特尔组织却经常解体的原因。

（6）新厂商的竞争实力。

短期内卡特尔组织可以控制所在行业的产出水平，维持固定价格，攫取高额合谋利润。而在长期动态竞争中，该行业高额的投资回报率必然会吸引众多新的厂商竭力想进入该行业，分享其垄断利润。从长期来看，存在有利于新厂商进入的状况，如新产地的重大发现、新材料的研制成功、替代品的开发推广和新市场的进一步拓展等，这时卡特尔组织所设置的市场壁垒将大大降低，新厂商逐步具备了与卡特尔在位厂商讨价还价的能力。对于新厂商的进入，卡特尔组织可以采取合作的方式，容纳这些企业使其成为卡特尔成员企业，由此导致原有协议所达成的利益格局必须作出重新调整。当然，卡特尔组织也可能选择与新进入企业进行竞争，以维护自己的既得利益。当新进入企业拥有较强的竞争实力时，卡特尔成员对价格的操纵能力便会削弱，市场份额将会遭到蚕食，原有的卡特尔协议也就难以继续执行。

（7）协议的预防和惩罚机制的有效性。

面对不确定的市场交易状况和成员企业的机会主义动因，卡特尔组织如果能形成相对完备的协议，并建立一套能够对成员企业的欺骗行为进行有效预防、监督和惩罚的机制，则串谋协议就可能得到有效维持；反之，如果在以上方面做得不够，特别是各厂商在缔结协议时没有对各种可能出现的情况作出通盘考虑，达成的协议过于简单，就有可能由于外部环境的变化等原因而导致卡特尔的解体。因此，协议条款的完备性和惩罚机制的健全程度是影响合谋成功与否的重要变量。

（8）政府反垄断政策或法律。

在一般市场经济国家，明确的卡特尔协议都是不合法的。在某些反托拉斯法中，即使是默契性的合谋协议也是不允许的。另外，在一些国家，许多与行业有关的公共政策（如反托拉斯法、竞争政策等）的制定都是为了阻止销售者合谋制定出某些不利于消费者的行为。通过反垄断法限制企业合谋，美国执行得较严格。美国最高法院对有关价格操纵和产量协议的观点是：只要一个协议的目的是排除竞争并提高价格使其高于竞争水平，那么它就是非法的。要作出该协议违反法律的结论并不需要对所制定价格的合理性进行调查。当确定某种行为的合法性的时候,如果不需要另外进行调查以分析事实情况,那么这种行为就被认为本身是非法的。所以,价格操纵和产量操纵的协议本身经常被认为违反了反托拉斯法。在德国和日本,这方面的规定相对宽松些,如果政府相信卡特尔的形成有助于提高效率,就允许创建卡特尔,并允许卡特尔厂商在生产过剩的时期削减产量。但如果发现企业通过市场合谋行为妨碍竞争,损害消费者利益,那么就将受到追究,从而导致卡特尔解体。

(七) 计算题

1. 两个寡头垄断厂商的行为遵循古诺模型,他们都生产一同质产品,其市场需求函数为 $Q = 900 - 9P$,试求:

(1) 若两厂商的生产成本为零,均衡时的产量和价格为多少?

(2) 若两个厂商的生产成本都不为零,成本函数分别为 $TC_1 = 0.1Q_1^2 + 30Q_1$,$TC_2 = 0.2Q_2^2 + 30Q_2$,则均衡时厂商的产量和价格又为多少?

答:(1) 根据假设条件,从产品需求函数中,可以得知,当 $P = 0$ 时,$Q = 900$。根据古诺模型,当两个厂商利润极大时的产量 $Q = Q_1 + Q_2 = 300 + 300 = 600$,将 Q 带入需求函数,得到价格 $P = 30$。

(2) 若厂商成本不为零,可根据厂商追求利润最大化的原则求厂商的均衡产量和价格。从 $Q = 900 - 10P$,可得 $P = 90 - 0.1Q$,而 $Q = Q_1 + Q_2$,所以 $P = 90 - 0.1Q_1 - 0.1Q_2$。

对于厂商 1 来说,

$$TR_1 = PQ_1 = (90 - 0.1Q_1 - 0.1Q_2)Q_1 = 90Q_1 - 0.1Q_1^2 - 0.1Q_1Q_2$$

对于厂商 2 来说,

$$TR_2 = PQ_2 = (90 - 0.1Q_1 - 0.1Q_2)Q_2 = 90Q_2 - 0.1Q_2^2 - 0.1Q_1Q_2$$

两个厂商的利润函数分别为:

$$P_1 = TR_1 - TC_1 = 90Q_1 - 0.1Q_1^2 - 0.1Q_1Q_2 - 0.1Q_1^2 - 30Q_1$$
$$P_2 = TR_2 - TC_2 = 90Q_2 - 0.1Q_2^2 - 0.1Q_1Q_2 - 0.2Q_2^2 - 30Q_2$$

为了使利润极大化,则:

$$\frac{\partial P_1}{\partial Q_1} = 60 - 0.4Q_1 - 0.1Q_2 = 0$$

$$\frac{\partial P_2}{\partial Q_2} = 60 - 0.1Q_1 - 0.6Q_2 = 0$$

解得,

第八章 寡头垄断企业的竞争行为

$$Q_1 = 130.4$$
$$Q_2 = 78.2$$
$$Q = Q_1 + Q_2 = 208.6$$

2. 由一个主导厂商（用 i 表示）和十二个次要厂商（用 j 表示）构成一个行业。主导厂商的总成本函数为：

$$C_i = 0.333q_i^3 - 2q_i^2 + 50q_i$$

市场需求曲线为：$Q = 250 - p$

其中每个厂商的成本函数为：$C_j = 2q_j^2 + 10q_j$

主导厂商决定领导市场价格，即由自己决定价格，并管理自己的产出量，使整个市场供给既不短缺，也无剩余。正确的预期次要厂商将接受它决定的价格。主导厂商的定价是为了使自己的利润最大。则：

（1）主导厂商的定价为多高？
（2）主导厂商的产量为多少？
（3）主导厂商的利润为多少？
（4）每个小企业的产量是多少？
（5）每个小企业的利润是多少？

答：计算小厂商的供给曲线为：$C_j = 2q_j^2 + 10q_j$

$MC = 4q_j + 10$ 因为小厂商接受主导厂商定的价格，即在既定价格下生产，所以 $MR = P$，其利润最大化条件 $MC = MR$，即 $MC = P$，所以 $q_j = 0.25p - 2.5$

$Q_j = 12q_j$ 所以 $Q_j = 3p - 30$

把小厂商的供给曲线从市场需求曲线中减去，则：$Q = 250 - P$

$$Q_j = 3p - 30$$

$Q_i = Q - Q_j = 280 - 4p$ 是大厂商的需求曲线。

得 $p = 70 - 0.25q_i$

所以 $MR = 70 - 0.5q_i$

大厂商的 $MC = 0.1q_i^2 - 4q_i + 50$ 由厂商的利润最大化条件 $MC = MR$ 得

$q_i^2 - 35q_i - 200 = 0$ 所以 $q_i = 40$

（1）由 $Q_i = 280 - 4P$ 得 $40 = 280 - 4P$ 所以 $P = 60$
（2）$q_i = 40$
（3）$TR_i = pq_i = 2400$，$TC_i = 933.33$ 所以主导厂商的利润为 1 466.67
（4）$q_j = 0.25p - 2.5 = 12.5$
（5）$TR_j = pq_j = 75$ $TC_j = 437.5$ 每个小企业的利润为 312.5

四、案例分析

案例一：

华联超市集体停业调查

2007年元旦，北京正值严冬。对于上海华联超市股份有限公司（下称华联超市）北京的员工而言，正在经历另一场职业的寒冬——北京门店集体停业。而华联超市北京的六铺炕、和平里等门店已经清空。

虽然华联超市极力回避"集体停业"这一说法，但由于北京门店亏损严重的现实，大规模收缩已经是不得不面临的现实。五年前，杀入京城豪言"要开100家连锁店"的华联超市何以在仅开满"30家"的时候就挥泪退出？

2001年2月，上海华联超市与北京西单、超市发合作，进入北京市场，组建西单上海华联超市（北京）有限责任公司。这一合作在当时一度被业内所看好。事实上，在组建新连锁公司之前，华联超市在京就已开出数家门店，因为业绩良好，合资由此顺利成行。

2003年，已经是羽翼渐丰的华联超市北京子公司，实现了与北京商界多方位进一步合作，以标准超市、便利店、大卖场三种业态规模开拓北京市场。

两年之后，华联超市在北京已有标准超市30家、便利店20多家的业态规模。

但物美超市在北京有32家综合超市、10家大卖场、29家便利店，而家乐福、易初莲花等外资超市也正逐渐扩大在京市场，因此，要在北京市场分得一杯羹也并非易事。

2005年，华联超市面临越来越残酷的竞争格局。亏损陡然来临。这是中国零售业全面开放的第一个年头，外资零售业大举扩张，国内超市的生存环境恶化。这一年，华联超市在北京遭遇了第一次亏损：-1 707.68万元，净利润同比下降51.49%。这也占据了华联超市全部亏损额度的1/4。

第八章 寡头垄断企业的竞争行为

按照华联超市方面的理解，连锁超市行业主要依靠规模盈利，但其在北京的便利店店面较小，网点数量不多，资产总量偏低，因此盈利能力十分有限。严重而持续的亏损导致了华联超市发展战略的变化。

从2005年春节开始，华联超市相继关闭北京的一些便利店。上半年，关闭了近20家，占华联在京开设店面总数的1/3。当时业界传言，华联将退出京城。

2006年11月，华联超市方面证实，北京共有30家超市将面临全面停业整顿。上海华联超市北京分公司经理李松全公开表示："上海华联超市要做调整，要退出这个市场，然后怎么退是一个调整的过程，但是这只是一个战略调整。"

也许，合并将成为华联超市转型的最直接有效的方式。在华联超市撤离北京的同时，关于华联与联华的合并也再度进入人们的视野。百联集团自2003年成立以来，同时隶属于其旗下的两家连锁企业一直就被业内所关注。但因涉及上市公司信息披露，因此相关各方都对此三缄其口。

2005年6月，百联集团原董事长张新生首次公开表示，联华和华联将进行整合。上海华联超市股份有限公司董事长汤琪日前就北京门店关闭接受记者采访时提到，关门是因为"公司正在制定下一步的方案"。虽然他表示，"因为方案由百联集团制定，而且牵涉到上市公司联华超市，所以现在还没有消息。"但从现有的状况来看，整合的条件已经基本具备。一个最重要的背景是，华联超市在2006年8月已经正式退市。新华传媒成功借壳华联超市上市，华联超市的超商资产剥离出上市公司。如果百联集团希望继续以华联超市为基础继续扩张，则没有必要将其上市资格拱手让人。

同时，在去年百联集团的人事大调整中，"联华系"高管已经主掌了百联超商事业部的各个要职。而此前联华超市副总张国宏、谢定钧已经到华联超市担任总经理和副总经理职务。而联华旗下的品牌总体呈扩张之势。

联华董事总经理良威在不久前接受记者专访时说，2006年下半年，联华还将新开出300家门店，其中超市90家，世纪联华大卖场13~14家，便利店200家。从资金安排上，70%资金将投入在以世纪联华为品牌的大卖场。为了配合合并，联华超市还从2005年开始，先期投入1.2亿元建设世纪联华供应链信息系统。据悉，这一系统合同为期6年，将针对联华和华联提供一个全新的供应链信息平台。因此，整合被认为在情理之中。有猜测认为：在华联超市北京各门店超市关闭整顿之机，以地区为单位开始进行整合将不失为一个良好的时机，以借被动为主动。

一个公开的说法是合并具体将分两个步骤：上海市内，将两家超市因早年竞争需要布置的网点调整为一致对外的网点布局；上海以外的市场，则以效益为原则关闭部分亏损门店。同时，也不停止拓展新店的步伐。

附录：

超市业之困

上海超市连锁企业的统计数据表明，2006年大型综合超市的收入增幅也在大幅下滑，在门店数量与2005年相差不大的情况下，在三季度保持了30%的增长。

中信证券分析师陈宸指出，其中大部分的收入增长来自于家乐福等外资大型综合超市，外资大卖场的门店数量低于内资企业，但市场份额超过了内资企业，可以说已经主导了上海的大卖场。由于这些企业的全国扩张策略，大量一级城市已经接近这样的竞争状态。

其实，中国的超市零售完全是照搬国外的经验模式发展起来的，因此一开始该业态在很多方面都面临水土不服的问题，但随着业态开始细分、零售商逐渐适应本土消费需求而慢慢拥有自己的行业特色。中国超市业态按经营面积和功能差异，分为大卖场、标准超市、便利店和折扣店。

现在，联华被认为在标准超市业态转型方面寻找到了新的突破口。高档生活馆、生鲜超市和社区超市成为其转型的三大方向，门店改造后收入增长超过100%。

资料来源：《工人日报》2007年1月6日，网址：http://finance.jrj.com.cn/news/2007-01-06/000001901231.html。

案例二：

雅虎称自觉搜索技术已超百度：一家独大是灾难

经历一年多的技术攻关，阿里巴巴和雅虎中国CTO吴炯则表示，雅虎中国在搜索技术上已经超过百度，并称搜索引擎市场一家独大对消费者、用户来说是一个"灾难性"的情况，因为必然产生搜索结果公正性难以保

第八章 寡头垄断企业的竞争行为

障的问题。

"2007年将是一个分水岭，这一年在中国搜索市场上将会爆发一场前所未有的搜索大战。"香港摩根士丹利的分析师RichardJi曾如是说。而这个观点正开始得到越来越多的认同。

岁末年初，搜索市场显现出特别的躁动与不安：一直认定"更懂中文"的百度，以"也很懂日文"的姿态宣布进入日本市场；搜索巨人Google似乎对传统搜索市场心灰意冷，投入巨资进军非网络市场——推出无线电台广告业务；经历一年多的技术攻关，阿里巴巴和雅虎中国CTO吴炯则表示，雅虎中国在搜索技术上已经超过百度，比起雅虎中国的百亿级抓取容量，百度的十亿级容量的技术架构还比较落后，宣称"将证明比百度更懂中文"。

随着Google、雅虎在中文搜索市场的不断发力，搜狐"搜狗"、新浪"爱问"形成了鲜明的经营特色，MSN、网易有道进入搜索，2007年的搜索市场将面临怎样的竞争态势？

"未来中国搜索引擎市场的角力，将主要发生在百度、Google和雅虎之间。"互联网分析师吕伯望认为。中国科学院管理学院副院长吕本富也表示："在通用搜索市场上，应该会存在三家公司，三家容易形成比较稳定的市场格局，在IT市场中有很多这样的先例。"可以想象，今年，百度、雅虎、Google之间的市场竞争将更为激烈。

"与英文搜索引擎相比，中文搜索技术和体验还远远不够完善"，吴炯这样告诉记者，"百度只是在技术不成熟、体验不完善、竞争不充分的市场取得了暂时的领先。在中文搜索领域，市场竞争才刚刚开始。"

艾瑞咨询分析师侯涛则表示，那些能够提供更为差异化、个性化服务的搜索引擎厂商将获得并留住更多的用户，并由此改变搜索领域现有的格局。

吴炯还特别指出："搜索引擎市场一家独大对消费者、用户来说是一个'灾难性'的情况，因为必然产生搜索结果公正性难以保障的问题。"从技术、用户、市场三个角度来看，2007年将是市场竞争的关键一年。

资料来源：《北京晨报》2007年1月8日，网址：http://news.newhua.com/html/Net news/2007-1/8/07180942051979225.html。

案例三：

渠道王：羚羊的生命逻辑

羚羊的数目和发展主导了整个草原的食物链：没有羚羊则狼群无法生存，而草原的生长也失去了肥料的滋养；羚羊生长过度则草原尽毁，狼群也会饿死。近年来中国的部分产业链话语权发生转移，其中最明显的就是终端的崛起。苏宁本来只是一个家电零售企业，但是连锁的迅速膨胀使他开始了对产业链上下游的整合。在家电生产企业、零售企业和消费者构成的这条食物链上，苏宁无疑占据了主动。

20世纪80年代末，当苏宁和国美相继开出第一家门店时，意义可能只限于确定了家电专业连锁卖场的名义诞生日。

2000年之前的10年，相比传统销售渠道，家电连锁卖场在价格、品类和服务等方面逐步建立起了竞争优势。作为结果，在家电连锁卖场买电器性价比高的消费定式形成。

之后是开疆拓土的5年。其时，前5位的家电连锁卖场（国美、苏宁、永乐、五星、三联），销售额从2000年的136亿元增长到了2005年的1 391亿元，市场份额从4.57%增长至24.99%。

此间，5家公司创造了高达59.28%销售复合增长率，远高于家电业13.4%的增长速度。龙头企业自身的扩张和对传统渠道份额的瓜分，是其爆发式增长的基础。

2006年，在5年的粗放式扩张之后，家电连锁业经历了一场重新洗牌。旧格局已被打破，新秩序尚未形成。

在国美鲸吞永乐一家独大之后，在家电连锁样板公司百思买强势进入之时，苏宁们必须做出自己的抉择。

1. 扩张有度。

对于对手的规模扩充，我并不眼红。苏宁总裁孙为民说，如果它真赚到钱了，真得到好处了，我可能会比较在乎，采取跟进的策略。但现在我并没有看到。从它的报表来看，随着规模的扩大，它的净利润水平在逐渐下降。

孙为民表示，早在2005年，苏宁就做出了这样的一个判断：随着网络

第八章　寡头垄断企业的竞争行为

深入的区域和市场结构的变化，家电渠道应该进入一个后台发展的阶段了。因为，在经过了五年的跨越式快速发展之后，企业面临着规模不经济的风险。

前期，大家都在占领一级市场，往后，随着二三级市场门店的增加，网络结构就会发生变化，规模不经济效益就会出来了——门店数量在增长，但净利润率在下降。国美的财务数据的表现就特别明显。

对于规模不经济的成因，孙为民指出三点：门店分散，管理成本加大，单店产出的标准比较低，而成本不可能同比下降，以及存货增加，周转慢。不过，孙为民承认，门店物理网络的建设还是家电连锁发展的一个主导的方向。如果大家占领更多区域市场的话，还是很重要的。

对于未来网络拓展的目标，孙为民透露，以我们的能力来讲，一年增加150家门店，是没有问题的。但能不能达到规模经济效益，这是我们关心的，否则，出现规模不经济以后，这种规模就成为一种负担了。

而解决之道在于，前台后台要同步协调。你必须有控制成本、提高效率的能力，必须做到信息的整合和后台的共享。

2. 后台整合。

2005年中至2006年初，在竞争对手大举扩张的同时，苏宁先后投入8 000多万元升级了自己的信息系统。

这是一个长期利益与短期利益的问题。对于这个似乎不合时宜的举措，孙为民解释道，我们更希望看到企业长远的发展，希望把握长远的机会。这是一个非常重要的决策的依据。

而要把握长远的机会，就是把可能的规模不经济变成规模经济。而苏宁找到了两个突破点。

首先是信息系统的整合。我们要实现跨地区、跨公司的管理，采购、人事、财务，全国统一管理。这样的话，企业的节约性、标准的刚性就会更强。但苏宁之前的系统在进行跨公司财务整合时，非常麻烦，我们必须要突破这个东西。

在整合信息系统的基础之上，苏宁希望为不同的子公司提供一个共享的物流平台。所以，我们先进行信息系统的整合，然后，进行物流基地的建设。让不同地区的公司都共享一个后台，这是我们战略上的一个构想。孙为民说，而目的就在于把我们规模经济的模式、一级城市的模式，移植到二三级城市。

共享的后台系统也让采购中心与厂商的对接更加容易，工厂只要跟我未来的35个物流基地对接就可以了。

而在孙为民的设想当中，他要建的物流中心，不是一个仓库的概念，而是一个生产车间。工厂的生产车间，是把零部件变成成品，而物流中心是把大宗进来的商品进行拆零，然后再根据各个门店的销售情况，把产品进行组合。物流中心生产的就是产品组合。

今天，苏宁的物流中心，一个已经启用，两个在建。苏宁计划以每年3~5个物流中心的速度建立物流平台，而每一个平台的投入都将上亿元。物流中心要做的是两个事情，一个是为门店提供产品组合，一个是向顾客家里配送。

3. 增值有道。

除了把物流中心改造成生产车间之外，苏宁自建服务团队也是重要的个性化的举措。这是一个由自发到自觉的过程。

那是苏宁在起步阶段就已经形成的传统。孙为民说，我们是做空调起家的，这东西就是一个半成品，必须要有服务这个环节。早期，我们服务后台要大于前台，因为，前台一个人一天可以卖几十台空调，两个工人一天最多装8台。这是传统久而久之就延续下来了，服务随着品类的拓展，也不断在把新的服务品类延伸。后来，这种被动的发展变成了主动和自觉的。家电产品毕竟是大件耐用消费品，总会有一些必不可少的服务。更重要的是，作为流通企业来讲，产品是别人的，也只有服务是我们自己的。

更何况，从回报上来说，我的服务是有利润的。2006年第3季度，苏宁的服务维修服务收入超过7 000万元，而毛利率在60%左右。

自建服务是苏宁重要的差异化策略之一。服务体系，不是靠钱、靠投入就能做到的。它靠人、靠技术吃饭，只有形成体系之后，不断的传帮带，不断的扩大，才能形成这样的一个能力。今天，苏宁自有的后台人员与前台人员规模大概持平。

而投入巨资建设的信息系统也给苏宁带来了额外的价值。

苏宁手上握有的大量销售信息，对厂商而言无疑是极具价值的。我们具备了提供信息服务的能力。但服务是相互的，在对厂商提供这些服务时，必须得对我有价值。

而与摩托罗拉的合作无疑是让人愉快的。有些工厂，我就给它无偿提供信息，因为对我有价值，比如，我们跟摩托罗拉就是这么合作的。

而作为回报，摩托罗拉根据苏宁的销售数据，给苏宁做采购方案。它的订单节奏越快，我投入的资金就少了。而在此之前，订单都下得很早，

第八章 寡头垄断企业的竞争行为

而且不准确,还要大量预付款。周转率快了,占用资金少了,这就是价值。

资料来源:《21 世纪经济报道》,2006 年 12 月 18 日,网址:http:www.nanfangdaily.com.cn/JJ/2006/222/sxygl/20061218010/.asp。

第九章 市场绩效

一、内容提要

本章介绍了市场绩效评价的主要内容、一般准则及其度量指标，并对研究开发与技术创新及其与市场结构的关系问题等进行了重点分析。市场绩效是指在一定的市场结构下，通过一定的市场行为使某一产业价格、产量、费用、利润、质量和品种以及技术进步等方面所达到的现实的状态。市场绩效评价的主要内容包括产业资源配置效率、产业技术进步、规模经济水平和企业的 X 非效率程度等。市场绩效的主要度量指标有利润率、勒纳指数、贝恩指数、托宾 q 值和技术进步率等。研究开发与技术创新存在密切的关系。R&D 的直接结果是不断产生新的知识和在经济中产生新的不稳定性，并可能带来技术创新过程中的飞跃性突破。企业进行技术创新的动因，可以被归结为利润动机、需求拉力、市场结构变动等方面，除此以外，政府科技政策的功效也是不可忽视的。可以说，技术创新是具体的、复杂的社会实践过程，是由社会科技、经济、政治等多个因素制约的。

二、复习思考题

（一）名词解释

1. 市场绩效
2. X 非效率
3. 勒纳指数

第九章 市场绩效

4. 贝恩指数
5. 托宾 q 值
6. 技术创新

（二）单项选择题

1. 市场绩效的评价主要是以（　　）为主要依据。
   A. 资源配置效率　　　　　　　　B. 社会福利水平的提高与否
   C. 产业技术进步状况　　　　　　D. 企业内部组织管理效率
2. 导致 X 非效率的具体原因不包括（　　）。
   A. 代理成本的增加　　　　　　　B. 管理成本的增加
   C. 生产成本的增加　　　　　　　D. 激励成本的增加
3. 在熊彼特的创新理论中，（　　）处于中心地位。
   A. 企业组织　　　　　　　　　　B. 企业家
   C. 政府　　　　　　　　　　　　D. 消费者
4. 下列哪一项不是大企业进行技术创新的优势（　　）。
   A. 具有较强的进行技术创新的经济实力
   B. 研究与开发活动易于实现规模经济
   C. 组织结构相对简单，制定和执行 R&D 决策过程比较迅速
   D. 有条件减少和分散技术创新活动的风险
5. 认为大企业更有利于技术创新的是（　　）的观点。
   A. 熊彼特　　　　　　　　　　　B. 盖尔曼
   C. 阿罗　　　　　　　　　　　　D. 谢勒尔

（三）多项选择题

1. 市场绩效的评价准则包括（　　）。
   A. 价格对生产要素流动的导向作用
   B. 产业内企业生产耗费和利润率的高低
   C. 产业内企业的生产量是否达到规模经济的要求
   D. 产业的技术进步是否在不断加快
   E. 产品的质量和品种规格是否能够满足消费者的需求
2. 市场绩效的主要度量指标有（　　）。

A. 利润率 B. 贝恩指数
C. 勒纳指数 D. 技术进步率
E. 托宾 q 值

3. 熊彼特所说的"创新"和"新组合"中，属于技术创新的是（   ）。
   A. 实行一种新的企业组织形式
   B. 采用一种新的生产方法
   C. 开辟一个新市场
   D. 引入一种新产品或提供一种产品的新质量
   E. 获得一种原料或半成品的新的来源

4. 中小企业在技术创新方面的劣势，主要表现在（   ）。
   A. 人力障碍 B. 规模障碍
   C. 专利障碍 D. 信息障碍
   E. 资金障碍

5. 中国产业技术创新的制约因素有（   ）。
   A. 技术创新信息缺乏
   B. 企业 R&D 与技术创新投入不足
   C. 创新管理能力缺乏
   D. 科技创新人才缺乏
   E. 技术扩散机制不完善

（四）辨析题

1. 企业经营绩效是产业经济绩效的微观基础，二者从本质上说都取决于企业的投入量（包括资金投入、劳动投入和自然资源投入等）以及各种投入的效率。

2. X 非效率是美国哈佛大学莱本斯坦提出的一个概念，是指在竞争企业的组织内部存在着资源配置的高效率状态。

3. 勒纳指数越小，越趋于零，则市场竞争程度越低，垄断性越强，市场绩效越差。

4. 目前在集中度与技术创新的关系方面已形成一致的观点：即集中度高，垄断程度强，企业更有条件实现技术创新带来的超额利润，从而具有更强的技术创新动力。

5. 现阶段中国产业技术进步存在的主要问题是：与国外企业技术创新相比，

中国企业的技术创新经费投入不足、科技创新人员的数量相对较少，技术扩散机制不健全等。

（五）简答题

1. 市场绩效的评价准则及其内容有哪些？
2. 中国产业技术创新的目标模式与对策是什么？
3. 导致 X 非效率的具体原因有哪些？
4. 简述影响技术创新的市场结构因素。

（六）论述题

1. 试论述进入壁垒与企业技术创新的关系。
2. 简述技术创新的动因研究。
3. 市场绩效的主要度量指标有哪些？

三、复习思考题参考答案

（一）名词解释

1. 市场绩效：市场绩效是指在一定的市场结构下，通过一定的市场行为使某一产业价格、产量、费用、利润、质量和品种以及技术进步等方面所达到的现实状态。市场绩效评价的主要内容包括产业资源配置效率、产业技术进步、规模经济水平和企业的 X 非效率程度等。市场绩效的主要度量指标有利润率、勒纳指数、贝恩指数、托宾 q 值和技术进步率等。

2. X 非效率：X 非效率是由美国哈佛大学莱本斯坦提出的一个概念，是指在垄断企业的组织内部存在着资源配置的非效率状态。莱本斯坦 X 非效率理论主要涉及三个变量之间的关系：市场环境（ME）、企业组织（EO）和经济效率（EE），其中经济效率是市场环境和企业组织的函数，即：EE = f(ME，EO）。在变量 ME 给定（即没有市场竞争压力）的条件下，变量 EE（即 X 非效率的程度）就取决于给定 EO（即垄断企业）适应环境的情况。在没有压力的市场环境

(ME)中，EE 的值就不可能是 X 效率，而只能是 X 非效率。

3. 勒纳指数：勒纳指数（Lener Index）度量市场绩效是通过价格与边际成本的偏离率的计算进行的。其计算公式为：$L = (P - MC)/P$。其中：L 为勒纳指数；P 是价格；MC 为边际成本。

勒纳指数的数值在 0 和 1 之间变动。在完全竞争市场中，价格等于边际成本，勒纳指数为 0；在完全垄断市场中，勒纳指数会大一些，但不会超过 1。可以看出，勒纳指数越小，趋于 0，则市场竞争程度越高，垄断程度越低，市场绩效越显著；勒纳指数越大，趋于 1，则市场竞争程度越低，垄断性越强，市场绩效越差。勒纳指数本身反映的是当市场存在支配能力时，价格与边际成本的偏离程度，但是却难以反映企业为了谋取巩固垄断地位而采取的限制性定价和掠夺性定价行为所产生的结果。

4. 贝恩指数：贝恩指数公式为：$B = \pi_\beta / v$。其中：π_β 为经济利润；v 是投资总额。贝恩指数的理论依据是：市场中如果持续存在超额利润（或者说经济利润），那么一般情况下就表明该市场上存在垄断势力，且超额利润越高，垄断力量越强。可见，贝恩指数代表的是产业的超额利润率，与勒纳指数相比，所要求的基础数据相对比较容易取得，产生系统偏差的可能性就减少了。

5. 托宾 q 值：托宾 q 值是衡量市场资源配置的一个指标，指一家企业资产的市场价值（通过其已公开发行并售出的股票和债券来衡量）与这家企业资产的重置成本的比率。其计算公式为：

$$q = \frac{R_1 + R_2}{Q}$$

式中：q 为托宾指数；R_1 是股票的市值；R_2 是债券的市值；Q 是企业资产的重置成本。若 q>1，即企业的市场价值大于其重置成本，意味着该企业在市场中能获得超额利润。显然，q 值越大，该企业造成的社会福利损失越大，市场绩效越低。

6. 技术创新：技术创新理论是在熊彼特创新理论的基础上发展起来的。熊彼特认为，创新是对循环流转的均衡的突破，是企业家实行对"生产要素的新的结合"，建立一种"新的生产函数"，也就是说，把一种从来没有过的关于生产要素和生产条件的"新组合"引入生产体系。企业进行技术创新的动因，可以被归结为利润动机、需求拉力、市场结构变动等方面，除此以外，政府科技政策的功效也是不可忽视的。可以说，技术创新是具体的、复杂的社会实践过程，是由社会科技、经济、政治等多个因素制约的。

第九章 市场绩效

(二) 单项选择题

1. B 2. C 3. B 4. C 5. A

(三) 多项选择题

1. ABCDE 2. ABCDE 3. BD 4. ABCDE 5. ABCDE

(四) 辨析题

1. 企业经营绩效是产业经济绩效的微观基础，二者从本质上说都取决于企业的投入量（包括资金投入、劳动投入和自然资源投入等）以及各种投入的效率。

答：这句话正确。企业经营绩效是在企业层面上讲求效率的增进，产业是大量企业的总量表现，产业经济绩效体现在微观上就是企业经营绩效。

2. X 非效率是美国哈佛大学莱本斯坦提出的一个概念，是指在竞争企业的组织内部存在着资源配置的高效率状态。

答：这句话不正确。X 非效率是美国哈佛大学莱本斯坦提出的一个概念，是指在垄断企业的组织内部存在着资源配置的非效率状态。

3. 勒纳指数越小，越趋于零，则市场竞争程度越低，垄断性越强，市场绩效越差。

答：这句话不正确。勒纳指数度量市场绩效是通过价格与边际成本的偏离率的计算进行的。勒纳指数越小，趋于零，则竞争程度越高，垄断程度越低，市场绩效越显著；勒纳指数越大，趋于1，则市场竞争程度越低，垄断性越强，市场绩效越差。

4. 目前在集中度与技术创新的关系方面已形成一致的观点：即集中度高，垄断程度强，企业更有条件实现技术创新带来的超额利润，从而具有更强的技术创新动力。

答：这句话不正确。目前在集中度与技术创新的关系方面并没有形成一致的观点。一些经济学者支持上述观点，认为市场集中度与技术创新成正比；但也有的学者提出与此相反的观点，即生产集中度并不是 R&D 活动的解释变量，相反，可能是 R&D 活动的成功导致市场份额的扩大，从而引起生产集中。

5. 现阶段中国产业技术进步存在的主要问题是：与国外企业技术创新相比，中国企业的技术创新经费投入不足、科技创新人员的数量相对较少，技术扩散机制不健全等。

答：这句话正确。明确了中国在产业技术进步中存在的这些问题，同时也就找到了改进的方向，即：增加技术创新经费投入、加大科技创新人才培养以及健全技术扩散机制等。

（五）简答题

1. 市场绩效的评价准则及其内容有哪些？

答：各经济主体从事经济活动的目标多种多样，由此决定了对经济绩效评价的标准也应是多元的和多层次的。产业经济学对市场绩效的评价主要是从中观和宏观层次上，以经济活动目标为基准，对特定的市场结构和市场行为条件下市场运行的实际效果进行评价。市场绩效的评价主要是以社会福利水平的提高与否为主要依据。从一般意义上说，社会福利目标包括了经济活动的效率、公平、稳定和进步等多层次和多方面的内容，而市场绩效评价主要考察产业的资源配置效率、产业技术进步状况、与生产规模大小和生产能力过剩相关的生产的相对效率（或简单说规模经济效益），以及企业内部组织管理效率（或X—非效率程度）等几个方面的内容。

（1）产业资源配置效率。

产业资源配置效率是用来评价市场绩效的最基本的指标。微观经济学认为，完全竞争的市场机制能够保证资源的最优配置，这表现为社会总剩余或社会福利（生产者剩余与消费者剩余之和）的最大化。消费者剩余是指消费者愿意支付的价格与实际支付的价格之间的差额，它表示消费者从商品购买中所获得的边际效用减去为此牺牲的货币边际效用之后的余额。生产者剩余是指销售收入和生产费用的差额。在一般情况下，市场竞争越充分，资源配置的效率就越高。相反，市场垄断程度越高，资源配置效率越低。垄断价格越高，社会福利的净损失越大。同时还可发现，垄断行为在减少社会福利、降低资源配置效率的同时，却使垄断者获得了垄断利润，使生产者剩余得到增加。

（2）产业技术进步。

技术是人类认识自然和改造自然的劳动手段、知识、经验和方法，其本质是人类利用自然和改造自然的有目的的动态实践过程。技术不仅仅包括劳动工具这样的物化要素，还包括工艺规程、制造技艺、生产组织管理方法等知识形态的形式，二者共同构成一个整体的技术系统，并以最优配合、最大效率、最佳效益实现生产的发展。

技术进步是企业和产业经营绩效的源泉。企业经营绩效是产业经济绩效的微观基础，二者从本质上说取决于企业的投入量（包括资金投入、劳动投入和自然资源投入等）以及各种投入的效率。在当今社会，各种投入效率的高低主要取决于技术进步水平及其应用。就资金投入而言，假定其他因素不变，企业产出量与资金投入量成正比。但产出量的增加并非一定要增加资金投入，提高投资效率同样可达到提高产量的目的。投资效率主要以投资系数来表示，即每增加一单位产出量所需的资金投入额。投资系数大，表明投资效率低；投资系数小，表明投资效率高。假定其他因素不变，企业投资效率与产出量成正比。

（3）X 非效率。

这是由美国哈佛大学莱本斯坦提出的一个概念，是指在垄断企业的组织内部存在着资源配置的非效率状态。莱本斯坦 X 非效率理论主要涉及三个变量之间的关系：市场环境（ME）、企业组织（EO）和经济效率（EE），其中经济效率是市场环境和企业组织的函数，即：

$$EE = f(ME, EO)$$

在变量 ME 给定（即没有市场竞争压力）的条件下，变量 EE（即 X 非效率的程度）就取决于给定 EO（即垄断企业）适应环境的情况。在没有压力的市场环境（ME）中，EE 的值就不可能是 X 效率，而只能是 X 非效率。

2. 中国产业技术创新的目标模式与对策是什么？

答： 长期以来，我国企业技术创新主要是由政府推动的，企业的一切创新活动都必须纳入到政府的计划之中。实践证明，这种技术创新方式并没有达到预期的效果。由于政府的创新决策程序过长，难以及时捕捉到创新机会，而企业则缺乏创新能力，又加上科技与生产的脱节，导致我国的技术创新水平长期处于低下的局面。根据技术创新本身的属性以及发达国家技术创新发展的历程看，从我国目前所处的技术创新阶段出发，我国产业技术创新的目标模式应使企业成为真正的研究开发与技术创新主体。我国技术创新企业主体确立的逻辑关系应该是：注重培育创新体制和创新文化，增强企业创新能力，现以图 9 - 1 说明我国创新企业主体确立的逻辑发展轨迹。

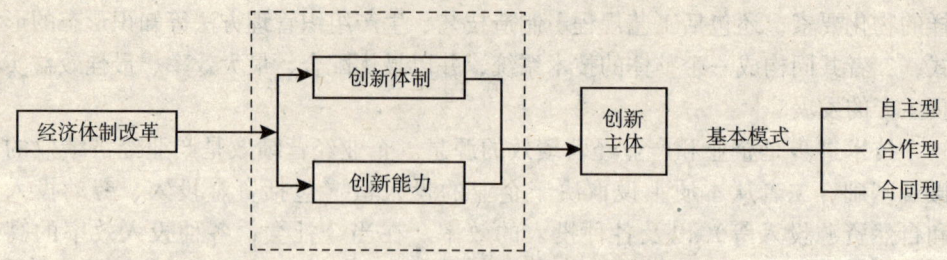

图 9-1 我国创新企业主体确立的逻辑发展轨迹

为实现我国产业技术创新的目标,现阶段,应主要做好以下几方面的工作:

(1) 技术人才方面。

技术人才短缺是导致我国企业技术创新失败的重要因素。解决这一问题,主要通过以下途径:首先,在企业现有技术能力基础上,有条件地以各种形式吸收 R&D 机构进入企业,增强企业 R&D 力量。其次,注重产学研的结合,在我国现有技术条件下,合理配置科技力量。再次,注重员工素质的提高,加强 R&D 管理。最后,我国处在一个技术引进再创新的初级阶段,在技术引进的同时,依靠现有的 R&D 力量,通过技术学习,提高技术创新能力。

(2) 资金方面。

我国资金缺乏确实阻碍了技术创新的发展。改变这种状况,需从两方面着手:一方面,必须强化现有企业自身的融资功能,逐步建立起以企业为主体,多渠道、全方位的资金支持和保障体系。这不仅要求企业家具有创新意识,运用有限资金加大创新投入,而且还要培养一批高水平的财务分析人员,采用灵活的融资方式,广泛吸纳社会资金。另一方面,优化技术创新的投资结构。目前来看,我国生产性投资偏高,而设计和工程化投资比例偏低,这延缓了我国现有 R&D 成果的商品化过程。运用合理的投资结构,使有限的资金创造的效用最大,也是提高技术创新能力所必需的。

(3) 信息方面。

企业增强自身科技力量的基本前提之一是收集、整理和研究与本企业有关的最新科技情报。实践证明,企业做好信息工作不仅直接有助于提高企业 R&D 的水平,也是节省资金、提高效率的一个明智安排。因此,一方面,需要国家进一步加强信息中介机构建设;另一方面,企业也应设立专职的情报部门,做好情报收集、分析、建档和研究工作。

(4) 创新管理方面。

提高我国企业的创新管理能力需从三个方面考虑:首先,制定出适宜的创新

第九章 市场绩效

战略。即在分析技术发展趋势、竞争对手战略、自身技术能力等情况下制定长期性创新计划。其次，建立起高效的创新机制。这种高效的创新机制应是人尽其才、沟通顺畅、合作有效。再次，提高创新速度。创新速度的不断加快是一种历史性趋势。因为企业创新速度提高能给企业带来显著的经济效益。现实情况已经证明，企业创新速度是企业创新管理水平的一种综合体现。

3. 导致 X 非效率的具体原因有哪些？

答： X 非效率是由美国哈佛大学莱本斯坦提出的一个概念，是指在垄断企业的组织内部存在着资源配置的非效率状态。导致 X 非效率的具体原因有：

（1）代理成本增加。

大企业多采用股份制组织形式，企业股权一般较为分散，作为所有者的股东，依靠有限的所有权不能控制企业，更难以面对复杂的和专业性极强的经营管理工作，由此导致一批具有专业管理知识和才能的职业经理人员受企业所有者委托，实际掌控了企业日常经营的控制权。但大企业的所有者和职业经理追求的目标往往不一致，所有者主要关心公司利润和股本收益最大化，而职业经理未必追求这一目标。从实现自身利益最大化动机出发，他可能更关心企业规模的扩张、市场份额的增大以及员工福利水平的提高等目标，由此决定了经理们可能过分追求企业规模的扩大，并追求市场垄断地位，从而导致企业内部效率的低下。除了所有者与经营者之间，大企业内部在各个层级之间也存在多种委托代理关系，从而产生较高的代理成本，这进一步加重了企业的 X 非效率。

（2）激励成本的增加。

在市场交易中，优胜劣汰的竞争法则对交易双方具有较强的激励，并可能产生较高的效率。而在企业内部，生产经营过程是以团队方式组织的，各成员的边际贡献难以确定和测量。随着企业规模的扩大，对成员业绩的考核、激励和监督的成本将进一步上升，激励强度相应下降。企业规模越大，企业经营绩效与每一个员工的实际经营行为关系越难以确定。企业管理者为掌握和控制员工的劳动报酬和提高劳动生产率所需花费的激励成本越高。

（3）管理成本的增加。

企业规模过大，就会因管理层次的增加和管理幅度的拉大而使信息在纵向和横向传递过程中发生失真、扭曲等，从而导致决策失误。法国管理专家 V. A. 格兰丘纳斯认为，随着企业领导的下属人数和单位的增加，企业内部交互关系数量会更快增长，这意味着企业内部管理成本的不断增大。除此之外，当企业规模扩张到一定程度，中层经理人员用在非生产性活动上的时间和精力进一步增加，从而导致企业管理效率的下降，并且还将大量人力和物质资本耗费在非生产性活动上。

4. 简述影响技术创新的市场结构因素。

答：关于什么样的市场结构更有利于实现技术创新的分析，最早可追溯到熊彼特晚期的著作和制度学派代表人物加尔布雷斯的著作。熊彼特认为，创新活动难以预知结果，具有极大的风险，但创新活动能够获得垄断利润，正是对创新活动的期望，激励了企业的创新活动。大企业具有承担创新风险的能力，而且具有雄厚的科研开发资本，所以，大企业更有利于技术创新。熊彼特还具体指出垄断在创新方面的优势：可以采取一系列手段（如专利、版权和商标）来阻止竞争者在某种创新方面的领先；可以利用 R&D 上的声誉吸引人才；可利用其资金优势等。由此他总结到，垄断是企业家愿意投资于创新活动的前提，没有垄断利润就不会有创新动力。加尔布雷斯追随熊彼特，认为由少数大企业所组成的现代工业最有利于激励技术创新。因为大型垄断公司所得的利润将是研究与开发经费的主要来源，而这一点将导致这些公司在创新上的卓越地位。

1962 年，阿罗对熊彼特和布尔加雷斯的观点提出挑战。他认为，一个完全竞争性的市场结构更有利于鼓励企业投资于 R&D，比垄断市场结构下的企业有更多的创新活动。他的逻辑是：处于垄断地位的企业已经有很高的超额利润率，因而不会有很大的兴趣去承担高风险的创新活动；完全竞争的中小企业则不同，由于它们组织构架的灵活性和市场的单一，因而更适合于创新。谢佩德也提出，对于垄断企业而言，由于已经控制了市场，任何新的技术或产品将替代旧的技术或产品，都会减少其现有资产的价值。为了保持其现有资产的价值，垄断者通常会以低于社会最优的水平和速度来引入新的产品和工艺，从而限制了技术创新的迅速实现。谢勒尔则认为，垄断大公司和支配性大企业因控制了市场并缺乏竞争对手，可以缓慢地进行技术创新并攫取创新所产生的大部分利润；而许多较小的竞争性企业并存则产生了较强的竞争压力，使每个企业力图在技术创新上走在竞争对手前面，从而推动了整个部门技术进步的步伐。总之，按照这种观点，垄断市场结构不利于技术创新。

阿罗以后，又有许多经济学家对市场结构与技术创新之间的相关性进行分析。进入 20 世纪 80 年代以后，对企业规模和技术创新关系的研究有了新的进展。有些学者不仅研究了工业化早期和中期特定规模的研究开发活动，而且研究了工业化后期或产业成长进入生命周期的成熟阶段以后，企业规模对技术创新的影响。综合近二十多年来对这一问题的研究，可以发现，阿罗模型得出的竞争性市场更有利于技术创新的结论所获得的证据，远不如支持熊彼特观点的一方所得到的证据多。要揭示市场结构与技术创新之间存在的内在联系，仅仅依赖于大量的经验资料和案例考察是不够的，还应具体分析决定市场结构的不同要素对技术创新的影响。

（六）论述题

1. 试论述进入壁垒与企业技术创新的关系。

答：进入壁垒是影响企业技术创新的重要因素。格罗斯基在研究 1976～1979 年英国 79 个行业组成的样本时发现，在这个时期全要素生产率提高的过程中，进入因素大约起到 30% 的作用。对进入壁垒与技术创新关系的分析，一般是从进入壁垒与市场结构的竞争性关系角度进行的。一般认为，竞争性市场有利于促进企业技术创新，提高经营管理效率，降低生产成本，并最终提高市场运作绩效。竞争性市场形成的一个必要条件是市场进入壁垒较低。从而，低进入壁垒有利于促进企业技术创新。关于进入壁垒与企业技术创新的关系，还应注意以下几点：

第一，进入壁垒对企业技术创新的影响具有两面性。一方面，降低进入壁垒有利于强化企业技术创新动机；另一方面，一定的进入壁垒还可成为促进企业进行技术创新的条件。因为技术创新是一种具有风险性的市场行为，需要付出一定的代价，创新者的目的是为了获得一定的市场回报，在补偿了创新成本后还能得到额外的收益。如果不能获得这种收益，创新者就缺乏应有的创新激励。对创新者创新利益的保护可以通过专利法。通过专利法，企业可形成一定的市场进入壁垒，限制其他企业的进入，以享有自己技术创新的收益。这种行业进入壁垒有利于促进企业技术创新。

第二，进入壁垒对技术创新的影响与新技术的模仿难度有关。在低进入壁垒的产业，规模经济水平、产品差别化程度和技术的复杂系数都比较低，因而新技术容易被窃取或模仿。与此同时，在低进入壁垒的产业，存在大量规模较小的企业，它们实力较弱，在专利权益的维护方面承担不起过大的交易成本，从而导致对专利维护的激励不足。另外，由于产业的进入壁垒过低，一旦价格大于平均成本，存在超额利润，将引致大量新的进入者进入，使市场供给增加，价格下降。在这种情况下，企业很难积累起足够的资金投入到日益昂贵的科研开发活动中去。

第三，进入壁垒对企业技术创新的影响还与产品生产周期有关。一般说来，进入在新产品生命周期的早期阶段会在激励创新方面发挥重要作用。戈特和克莱波观察到：新产品的一般演化过程可以利用净进入（即进入数－退出数）来进行阶段划分。随着新产品的引进，市场中新企业的数目增加，而且常常是以较快的速度增加，这时的净进入为正值。经过一段时间后，新企业的增加速度趋于平缓，随之而来的是效率低下的企业被淘汰，这时净进入为负值，在净进入又一次为零的新的均衡建立之前，产业中企业数量往往以40%～50%的速度下降。戈特和克莱波利用净进入值的这种变化来定义产业的生命周期，发现引入到市场中的主要创新的数量在扩散时期达到高峰，而较不重要的创新在收缩阶段开始前达到高峰。他们还进一步发现，在产业的演进过程中，绝大多数创新都是由外部企业引入的。这就说明了，在技术创新的初期，进入是推进新的产品创新的工具。但随着市场继续发展和趋于成熟，外部企业对全部创新活动的相对贡献趋于下降。

第四，进入壁垒对企业技术创新的影响还与进入壁垒类型有关。只要产业存在高额利润的诱惑，或市场正处于成长率较高的阶段，潜在进入者仍有可能进入这一产业，并且往往以创新为手段打入市场。与此同时，由于存在着潜在进入者的竞争压力，在位企业也必须通过技术创新维持成本优势，在可能的情况下还可以降低价格，以阻止新企业的进入。现实中，作为高集中度的知识密集型产业，如计算机和芯片产业，尽管存在较高的技术进入壁垒，但其产品价格却一直在下降。但如果进入壁垒是由制度因素（如许可证制度、政府管制）等造成的，潜在进入者将难以进入市场。在这种进入壁垒保护下的企业就可能缺乏技术创新的动力，有的甚至将新开发的技术或产品封存起来，延缓更新换代的周期，以使前期投入获得尽可能大的收益。

2. 简述技术创新的动因研究。

答：对技术创新动因或创新起源的研究，国内外学者提出许多不同的观点。

（1）利润动机说。

熊彼特认为，经济增长的目的就是"创新者"进行"创新"活动的目的，也就是为了谋取利润。企业家之所以愿意投资于某个新的技术领域，正是因为他们看到了其他人没有看到的，或者虽然看到而不敢投资于其中的盈利机会。因此，没有盈利机会，也就不可能有"创新"。新的技术发明及其应用，不管它来自企业内部还是外部，谋求高额利润都是企业家进行技术创新的基本推动力。可以说，"利润动机"是熊彼特创新起源思想的一个重要假设。

第九章 市场绩效

(2) 需求拉力说。

技术创新来源于需求的思想最早是由施穆克勒提出来的。他在1966年出版的《发明与经济增长》一书中,通过研究发现投资和专利的时间序列表现出高度的同步效应,并且投资序列趋向于领先专利序列。施穆克勒认为,需求是解释投资波动的一个重要因素,发明活动的高涨也响应了需求的高涨。英国伯明翰大学的罗纳德·阿曼和朱利安·库珀也认为,需求拉力对技术创新的激励具有普遍性,对某种特殊产品或生产工艺过程的需求,是创新的最基本动因。他们二人在考察了英国和其他西方工业化国家近代重大技术创新成果后得出结论:全部创新的2/3到3/4是需求拉动的结果。需求拉动说在很大程度上被一些实证研究所证实。如对西欧的一项研究表明,企业主要是从用户那里得到需求信息反馈,作为产品创新的基本依据。全新和首创新的思路,100%来自用户;重大革新思路,58%来自用户,30%来自企业生产需求,12%来源于其他。关于英国的一项研究表明,来自技术推动的创新仅为27%,源于市场需求的为48%,来自企业生产需求的为25%,后两项(需求拉动)合计为73%。这些研究都表明,对于那些开发应用时间短、见效快的技术创新项目,往往也存在着先有发明、生产,后有创造需求的状况,这种技术创新创造需求的现象在一些高新技术产品生产方面表现得尤为明显。

(3) 市场结构说。

熊彼特曾指出,完全竞争条件下的企业,在技术进步方面的成就不如垄断企业,其经济效率也可能不如垄断企业,但熊彼特生前并未对技术创新与市场结构的关系展开论述。莫尔顿·卡曼和南赛·施瓦茨从垄断竞争的角度对技术创新动因进行了研究。卡曼和施瓦茨认为,竞争程度、企业规模和垄断力量这三个变量决定着技术创新。因为"技术创新"能使"创新者"在与对手们的竞争中获取较多的利润。企业规模影响一种技术上"创新"所开辟的市场前景的大小。企业的生产规模越大,它在技术上的创新"所开辟的市场就越大"。垄断力量影响着"技术创新"的持久性,也就是说,企业的垄断程度越高,对市场的控制能力就越强,它所进行的"创新"也越能耐久。卡曼和施瓦茨从市场结构角度分析企业技术创新动因,无疑拓宽了技术创新起源的范围。但是,他们二人认为竞争程度高低和垄断力量大小都与企业创新动机成正比,即竞争性越强和垄断程度越高,企业技术创新动机就越强。不难看出,这二者因素在促进技术创新的过程中存在矛盾性。实际上,竞争因素决定着技术创新的广泛性,而垄断因素决定着技术创新的持久性。

纵观技术新动力机制研究的历史和现状可以看出,无论是利润动力说、需求拉力说还是市场结构说，在现实中都有大量的实际证据。但除此之外，也应重视政府科技政策的功效。可以说，技术创新作为一个具体的、复杂的社会实践过程，是由社会科技、经济、政治等多种因素综合作用的结果。企业技术创新动因的多元系统如图9-2所示。

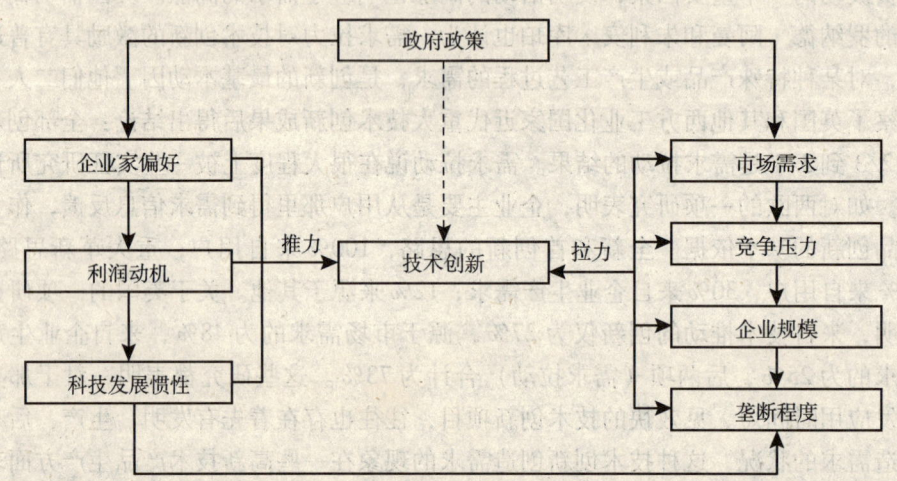

图9-2　企业技术创新动因的多元系统

企业技术创新直接来自于企业家的偏好，企业家的行为动因是对利润的追求。同时科技进步的内在惯性机制推动着技术研究、技术开发和技术应用。这些因素共同推动着企业技术创新。而市场需求及市场结构（竞争、企业规模与垄断）引导着技术创新的方向，拉动技术创新的进展。政府的科技政策和其他宏观经济政策如社会、科技、产业、区域发展规划，以及财政、信贷、外贸等杠杆手段都成为启动企业技术创新的有效动力。可以认为，企业追求自身发展的驱动力是技术创新的基本因素，而企业创新的方向、水平及持久性决定于企业目标与市场环境和政府政策耦合的连接程度。

3. 市场绩效的主要度量指标有哪些？

答：（1）利润率。

根据微观经济学原理，在完全竞争市场上，各种资源在产业间、企业间的自由流动，各产业的利润率趋于平均化，所有的企业都只能获得正常利润，不存在垄断利润。因此，产业间是否形成了平均利润率是衡量产业内市场结构效率是否达到最优的基本依据。利润率的一般计算公式是：

第九章　市场绩效

$$R = \frac{(\pi - T)}{E} \qquad ①$$

式①中：R 为税后资本收益率；π 是税前利润；T 是税收额；E 是自有资本（包括股本或所有者权益）。

利用利润率指标评价市场绩效应区别经济利润和会计利润。经济利润等于收入减去机会成本，而会计利润则是根据规定的会计原则所计算的利润。具体说经济利润等于收入减劳动、物资耗费和资本成本。严格来说，评价市场绩效的高低应采用经济利润而非式①中的会计利润。

（2）勒纳指数（Lener Index）。

勒纳指数度量市场绩效是通过价格与边际成本的偏离率的计算进行的。其计算公式为：

$$L = (P - MC)/P \qquad ②$$

式②中：L 为勒纳指数；P 是价格；MC 为边际成本。

勒纳指数的数值在 0 和 1 之间变动。在完全竞争市场中，价格等于边际成本，勒纳指数为 0；在完全垄断市场中，勒纳指数会大一些，但不会超过 1。可以看出，勒纳指数越小，趋于 0，则竞争程度高，垄断程度低，市场绩效显著；勒纳指数越大，趋于 1，则市场竞争程度越低，垄断性越强，市场绩效越差。勒纳指数本身反映的是当市场存在支配能力时，价格与边际成本的偏高程度，但是却难以反映企业为了谋取巩固垄断地位而采取的限制性定价和掠夺性定价行为所产生的结果。

（3）贝恩指数（Bain Index）。

贝恩把利润分为会计利润和经济利润两种，这样就克服了简单利润率计算所存在的弊端。会计利润计算公式为：

$$\pi_\alpha = R - C - D \qquad ③$$

式③中：π_α 为会计利润；R 是总收益；C 是即期总成本；D 是折旧。

经济利润计算公式为：

$$\pi_\beta = \pi_\alpha - iv \qquad ④$$

式④中：π_β 为经济利润；i 是正常投资收益率；v 是投资总额。

于是贝恩指数公式为：

$$B = \pi_\beta / v \qquad ⑤$$

贝恩指数的理论依据是：市场中如果持续存在超额利润（或者说经济利润），那么一般情况下就表明该市场上存在垄断势力，且超额利润越高，垄断力量越强。可见，贝恩指数代表的是产业的超额利润率，与勒纳指数相比，所要求的基础数据相对比较容易取得,产生系统偏差的可能性就减少了。

需要指出的是,在现实经济生活中,某个产业的利润率高于社会平均利润率水平,并不一定是由垄断因素引起的,还可能是由以下因素所导致:一是作为风险性实业投资报酬的风险利润;二是由于不可预期的需求和费用条件的变化形成的预期外利润;三是技术开发与创新所带来的创新利润。这三种超额利润都是短期的,不可能长期存在,因此,传统产业组织理论认为,倘若某一产业的利润率长期高于社会一般利润率水平,就说明该产业存在着一定的垄断力量。

(4) 托宾 q 值。

托宾 q 值是衡量市场资源配置的一个指标,指一家企业资产的市场价值(通过其已公开发行并售出的股票和债券来衡量)与这家企业资产的重置成本的比率。其计算公式为:

$$q = \frac{R_1 + R_2}{Q} \qquad ⑥$$

式⑥中:q 为托宾指数;R_1 是股票的市值;R_2 是债券的市值;Q 是企业资产的重置成本。

若 q>1,即企业的市场价值大于其重置成本,意味着该企业在市场中能获得超额利润;显然,q 值越大,该企业造成的社会福利损失越大,市场绩效越低。

使用托宾 q 值的优点是避免了估计收益率或边际成本的困难。另一方面,为了使 q 具有意义,企业资产的市场价值和企业资产的重置成本都需要精确的衡量,前者数据容易获得(加总已发行的股票和债券市值即可),后者取值就困难得多。因此,这一指数不如其他方法常用。

(5) 技术进步率。

技术进步率是衡量市场绩效的重要指标,其测度公式可借助于赋予时间变量的生产函数导出。为简便起见,通常只考虑资金(K)和劳动(L)这两种最主要的生产要素,并将生产函数写成下列形式:

$$Y = A_t F(K, L) \qquad ⑦$$

式⑦中,Y 为总产出;At 为随时间 t 变化的技术进步率;K 为资金投入量;L 为劳动投入量。对式⑦求导可得出基本公式:

$$Y = a + \alpha K + \beta L \qquad ⑧$$

式中,a 为技术进步率;Y 为产出增长速度,通常可用企业产值或销售收入的增长速度表示;K 为资金增长速度;L 为劳动增长速度;α 为资金产出弹性,即资金(K)每增长 1% 时,产出(Y)增长 α%;β 为劳动产出弹性,即劳动

(L）每增长1%时，产出（Y）增长β。（α+β=1。α和β一般用经验法确定，α在0.2~0.4之间，β在0.6~0.8之间取值)。将式⑧变形即得技术进步率计算公式：

$$a = Y - \alpha K - \beta L \qquad ⑨$$

利用式⑨，可进一步求出技术进步对产业产值（净产值）的贡献率（EA）和劳动资金产值率（G）：

$$E_A = \frac{a}{Y} \times 100\% \qquad ⑩$$

$$G = \frac{Y}{L} \times \frac{Y}{K} \qquad ⑪$$

其中，$\frac{Y}{L}$为劳动生产率；$\frac{Y}{K}$为资金产值率。技术进步贡献率是直接反映技术进步对经济增长作用的综合指标，它可反映出技术进步的地位和作用。劳动—资金产值率是把劳动生产率和资金产值率加以组合，用来反映技术水平高低的一项综合指标。

四、案例分析

案例一：

警惕大企业病——松下的体验

素有日本"家电王国"之称的松下电器产业株式会社是日本工业制造业中一家颇具代表性的企业集团。在80多年的企业发展历程中，松下电器从一个设在街道里的小电器作坊发展成为年销售额数百亿美元的家电生产王国。家族式经营、事业部制的经营管理方式，终身雇佣制的企业人事制度，其成功被认为是日本式企业经营成功的典范。曾几何时，松下内部患上了大企业病，潜伏了足以毁灭这家庞大的企业集团的经营危机，这个危机终于在世纪之交爆发了。

1. 在向高科技产业战略转移上失之过迟。

松下的经营危机集中表现为向以高科技通讯设备、情报（信息）设备、电子计算机行业的战略转换上的迟缓。回顾20世纪90年代松下集团的发展，不能说自身没有危机意识，没有进行改革。从人事制度上、企业组织结构、经营管理体制上、经营战略包括会计财务制度上，都进行了一次又一次的改革，有的改革也不能说不彻底。比如，2000年6月新上任的社长中村邦夫，断然宣布废除事业部制、终身雇佣制，从根本上否定了原松下集团的经营方式，这应当说是革命性的。尽管如此，松下的改革失之过迟，中村社长叹息，90年代是松下集团"失去了的10年"。这同90年代美日两国经济发展的状况十分相似。当美国90年代热火朝天地开展高技术革命的时候，特别是美国喋喋不休地向日本推销IT革命时，日本人几乎是不屑一顾。而当1998年、1999年日本也爆发了IT革命之时，尽管日本的IT产业也出现爆炸式增长，但日本失去了90年代整整10年，日本奇迹终于变成了日本危机。索尼集团是战后成立的以生产彩电、半导体收音机和影视音响器材为主的综合性电器集团，在白色家电生产、销售方面，长期以来对松下形成挑战。索尼是技术先行，特别在IT革命中领先，终于在2000年时，在销售额、企业经济效益等主要方面赶上并超过了松下。松下在危机中改革，索尼依靠高技术进步，二者形成鲜明对照。

2. 不重视新技术、新产品的科研开发。

20世纪60年代起，日本经济进入高速增长时期，只用了十几年时间，日本就进入发达国家行列，并成为仅次于美国的世界第二经济大国。日本制造的商品流向全世界，日本被称为"世界的工厂"。日式企业的经营管理方式、日本人的敬业精神创造了日本经济奇迹，但是，松下的危机也正是日式企业的危机。松下危机来自于松下电器企业制度本身，日式企业的危机也都是日式企业自身的原因。

松下危机的最大的也是最根本的原因是生产第一，不重视新技术、新产品的科研开发。日本素有"技术的索尼"、"经营的松下"之类的社会定评，是说索尼在家用电器新技术的科研开发方向见长，而松下总是生产出大量新的电器产品来赚钱。如彩电显像管的基础技术是欧洲研究成功的，但索尼公司研究开发三枪彩色显像管，松下企业等则应用这些技术大量生产。松下由于不重视新技术的科研开发，虽然可以应用数字式技术生产产品，但名牌拳头产品一项也没有。在IT革命中，松下也被远远地抛在后面，IT企业的名牌企业中几乎听不到松下的名字，松下危机终于爆发了。举一个具体的事例，1997年前后，正是松下对索尼战争最激烈的时候，两大集团在家电市场占有率方面的争夺到了白热化程度，索尼步步紧逼，直

第九章 市场绩效

线上升,松下只有招架之功,无还手之力,但总体松下仍占上风。当时市场上销得最火的是索尼平面电视,松下电视机市场形势异常严峻。在森下社长和中村现社长的主持下,松下彩电事业部1998年5月开始生产销售平面直角电视机,到2001年3月,终于收复失地。一步落后,再拼命往前赶,整整花了三年时间。

3. 传统的事业部制使生产销售脱节。

事业部制的企业经营管理体制,是松下幸之助本人早在20世纪30年代创立的,是一种非常有特色的企业经营管理体制。一个事业部对本部所负责的产品,从研究开发、计划、生产直到产品出库的全过程,独立自主,全权负责,在集团公司之内,几乎等同于一个独立的实体。在同一个事业部内,经济效益的好坏与每个员工的工资奖金挂钩、生死荣辱息息相关。使每一个员工都为事业部拼命,极大地调动了每个员工的积极性。企业的这种体制,在一国经济高速增长时期,大批量生产、大众消费的时代,可以说是龙游大海,波澜壮阔。但事业部制从根本上说是一种大批量高生产率的生产体制,高新技术的研究开发,亦即新产品的开发则成为劣势,生产与销售脱节,事业部的局限性十分明显。IT革命时代,事业部的劣势碰到了高新技术的壁垒,终于走进了死胡同。事业部制对松下电器的发展壮大功不可没,对日本多数企业在很长一段时期内起到了示范作用,但对于事业部制的劣势必须加以正视,必须进行改革。松下电器现任社长中村断然废止事业部制,正基于此。

4. 营业部门成本太高,销售网点过多过杂。

松下的营业部门十分发达。到20世纪80年代,松下电器仅在日本国内拥有的代理店、专卖店、销售店就多达20 000多家,形成遍及日本都道府县市町村的庞大的销售网。事业部加上强大的销售网,成为松下列车高速行驶的两个轮子,也是松下幸之助驾驭企业的两人秘诀。但是,经营危机同样也在松下流通王国中悄悄地产生。

一是流通管理费用越来越高,形成了比其他企业都高的高销售成本流通体系。从20世纪90年代起,松下的贩卖流通管理费在总销售额中所占比率是日本家电行业最高的,2001年3月,这个比率高达26%,达到总销售额的1/4以上,比行业平均水平高出6个百分点,流通阶段的成本占制品价格的比例,索尼为10%、松下为20%,高出整整1倍。

二是销售购点过多过杂,成为集团经营管理的一大包袱。据流通专家分析,松下电器集团的2万多家贩卖店大部分经营不善,地方小城镇的许多店大多靠松下集团来养活，经济效益很差。据分析，2万多家贩卖店根本用不了，只需大约6 000~7 000家就足够了。松下集团的流通体系也出现了"护送船队方式"，即不管盈利还是亏损都一律保护；据专家分析，在事业部制和松下流通两大"圣域"里，30多年内几乎没有进行什么重大改革，有的进行过也是半途而废或虎头蛇尾。

资料来源：谢地等编著：《大象与蝴蝶共舞》，长春出版社2003年版。

案例二：

燃料电池技术创新体系的发展

燃料电池技术诞生于19世纪，以其无污染、高效率而闻名，是一种新型可持续发展的能源，也是美国能源技术创新项目的重点。

燃料电池自诞生日起受资金、技术等因素制约，商业化进程异常缓慢，单依靠市场力量不足以推动燃料电池技术进入商业市场领域。作为燃料电池研发的先头兵，美国的国家创新体系通过提供研发资金和开展与企业合作，在推动燃料电池的发展上，尤其是民用商业化方面起到了不可忽视的作用。

1. 资金来源及合作方式

自1978年，美国能源部就一直是燃料电池研发的重要资金来源。同时，美国总统布什也热衷于资助氢能和燃料电池技术。在布什政府2005年的财政预算中，投入氢能和燃料电池技术研发的预算比2004年增长了23%，是2003年的两倍。美国国防部也从事各种军事目的燃料电池的开发。2004财政年度，美国国防部获得7 000万美元用于燃料电池研发的财政拨款。目前，美国大学机构对燃料电池研发投资的具体的数目还不清楚，但应该为数不多。

私营企业对氢能和燃料电池技术投资额也是个未知数。然而据估计，世界三大汽车生产商在近10~20年中对燃料电池的研发投入远远超出了政府的资金。自20世纪90年代中期，燃料电池领域中的专利激增，其中大部分属于私营机构而非政府或学术组织。然而，私营企业并没有取得氢与

第九章 市场绩效

燃料电池技术在商业上的成功，因而政府在推动新能源商业化过程中将发挥关键作用。

私营企业在燃料电池民用研发应用过程中与美国政府公共机构的合作包括两种形式，一种是与美国能源部的合作；另一种是与美国国家标准与技术研究院高新科技项目组的合作。美国能源部是美国开发燃料电池技术的最大赞助商。在与能源部的合作项目中，私营企业或者学术机构均可承担研发工作，然而研究成果必须在能源部的严格限定范围内。而与美国高新技术项目组的合作却不同，私营公司可以自由提出各项高风险的研发方案，只要项目可以商业化，能为美国经济带来广泛的经济利益就可以获得高新技术项目组的支持。

在燃料电池产业中，私营企业之间的合作非常有意义。尽管目前燃料电池商业化的成功案例不多，然而燃料电池产业已具备全球化特性。例如，美国的一家小型企业 Plug Power 公司就与日本现代汽车公司合作，共同开发家用氢能，作为汽车燃料，并为家庭用户供电供热。同时，美国 Plug-Power 公司还与两家德国公司共同开展合作项目，积极推进燃料电池的商业化应用。

许多大型的汽车公司和能源企业并不直接收购小型的燃料电池制造商，而倾向于此类独立的燃料电池制造商以合资的方式展开合作，同时继续投资公司内部的研发项目。

2. 三大商业化瓶颈亟待突破。

燃料电池市场商机巨大，各大公司对它的兴趣倍增。但是，燃料电池目前在商用化方面仍然存在许多阻碍，与目前传统的能源技术相比还有很大的距离。首先，燃料电池的价格昂贵。以质子交换膜（PEM）固定燃料电池为例，PEM 燃料电池几乎可以满足私人居户和小型企业的所有热电需求。然而，这种燃料的电池的资本费用远远高于电和燃气管道的费用，要推动这种燃料电池进入千家万户，必须大幅减少安装费。

其次，燃料电池的市场规模。在短期内，燃料电池的商业应用还局限于固定式发电和便携式电子产品，燃料电池公司急需开发为那些更广阔、利润更丰厚的市场开发产品。考虑到研发资金的数量和目前燃料电池公司的规模，燃料电池产业很可能出现产业整合。

最后，安全和标准问题也是燃料电池商业化进程中要解决的问题。目前，美国国家标准与技术研究院已制定出一些家用燃料电池的行业标准；美国能源部也不断增加对燃料电池安全检测的投入，同时致力于安全教育的普及。

资料来源：《北京青年报》，2006年1月11日，网址：http：www.cnfctar.com/news/2006/20060111/20061112025.shtml。

案例三：

海尔技术创新的典型案例

技术创新是海尔彩电持续稳步增长的关键。几年来，海尔彩电采取了全方位、立体化、多层面、多形式的方式构建国际化高科技的软硬件支撑，建立了2个生产基地、7个工业园、12个技术联盟、18个国际一流实验室，用高科技撑起"撑杆跳"，大大增强了国际竞争力，3年的时间走过了同行十几年走过的路。

1. 一级撑杆：2个海尔彩电生产基地同时拥有世界先进的视听产品的生产能力。

青岛海尔信息产业园建起了亚洲最先进的彩电生产基地曾引起业界一片喝彩，有着同样"硬件"的合肥海尔工业园以惊人的海尔速度仅用5个月时间便完成从开工到投产时更是引来一片惊叹。海尔彩电两个生产基地同时拥有了世界先进的视听产品的生产能力。

2. 二级撑杆：7个工业园成为海尔彩电实施国际化战略的根据地。

目前，海尔在全球相继建立了7个工业园：青岛海尔工业园、青岛海尔信息园、合肥海尔工业园、开发区海尔工业园、开发区海尔国际工业园、胶州海尔国际工业园及美国海尔园。从原材料的加工、采购，到零部件的生产、配套，以及产品的生产、制造，这7个工业园已经成为了海尔彩电实施国际化战略的根据地。

3. 三级撑杆：12个技术联盟，使海尔彩电的产品技术保持与世界先进水平同步。

为了在产品技术方面保持与世界先进的水平同步，海尔彩电先后与荷兰飞利浦、德国迈兹、日本东芝等12家国际大公司组成技术联盟，共同进行某一领域的技术开发。正是建立了这种优势互补，海尔才可以推出中国第一台全媒体全数字彩电,才可以推出中国第一台网络e体化的"美高美"彩电,并在100Hz、大屏幕、网络化、高清晰等超前技术上遥遥领先。

4. 四级撑杆:18个国际一流的实验室为海尔彩电提供了强大的技术支持。

产品开发与技术创新离不开市场信息。为此,海尔彩电在科技信息较多而且较活跃的东京、洛杉矶、香港、蒙特利尔、里昂、首尔、悉尼、阿姆斯特丹等地建立了信息站。通过这些信息站及时传回用户需求、科技信息和情报,在海尔中央研究院、青岛海尔信息园等18个国际一流的实验室进行试验论证,转化成产品,为海尔彩电提供了强大的试验支持。这些实验室还可以同时开展UL、FCC、FDA、SAA、GS、CE等国际认证检测,以及电磁兼容、电磁干扰、噪音测试等各种性能试验,既可保证产品设计当地化,又可大大缩短产品开发周期。

正是有了高科技作为支撑,海尔不断地推出技术创新产品,再加上海尔彩电"心"经济下推行的软服务,海尔彩电才会赢得通往新经济高速路的"通行证",并取得了斐然的成绩,越跳越高。

资料来源:改编自人力资源社区2007年8月23日,网址: http: //www. manage224. com/manage/renliziyuan_20919. shtml。

案例四:

三星集团 R&D 案例

三星在短短20年间实现了从后发企业向领先企业的转变,一跃成为涉及电子、金融、机械、化学等众多领域的世界级跨国集团,总资产高达1 070亿美元,旗下近20种产品的全球市场占有率居世界之首,2005年品牌价值首超索尼,连续5年被评为"成长最快的五个品牌"之一。作为后发企业,三星独特的技术成长模式和管理经验在哪儿?

1. 引进准备阶段(1969年~20世纪70年代末)。

三星在早期就树立远大战略目标,通过与世界级企业合作尽早接触顶尖技术,同时构建内部技术分工协作体系,完善各种配套制度,为技术引进、消化吸收做准备。

2. 复制模仿阶段（1974年~1985年7月）。

这一阶段的产品开发以64K和128K动态随机存取储存器（DRAM）为主。三星采取了别具一格的"中间进入"战略，即并没有从基础技术的研发着手，而是在已经发展到一定阶段（往往是较成熟技术已出现）的技术的基础上进行改进、创新，直接缩短研发周期，以达到技术赶超目的。三星的"中间进入"战略分为三步走。

第一步，率先收购专利技术和生产核心部件的关键技术，目的是尽早缩短与发达国家先进企业在技术上的差距。三星瞄准的是那些有财务危机甚至濒临倒闭的困难企业，这些企业必须手中握有技术专利（虽不算顶尖但仍属一流），三星选择合适的时机进行收购，使技术转让成功的可能性大大增强，同时可以大大节省成本。第二步，高薪聘请有工作经验的美国最好的科学家，在现有一流技术的基础上，进行分解研究，目标是尽快推出新技术，尽早追上日美企业。第三步，在掌握组装技术的基础上，开始商业化应用，抢先推向市场。这样做的好处是，既可以抢占市场份额，又可以通过市场反馈，改进产品组装工艺。

3. 创新模仿阶段（1985年9月~1994年）。

这一阶段的产品开发以1M到256M动态随机存取储存器为主。与上一阶段的区别在于，三星采用栈式存储器结构，大胆自行投资建立大批量生产系统通过快速商品化逐步形成大规模生产体系。此时三星的研发战略意图相当明显：以市场为导向，通过抢占市场份额，巩固市场地位，壮大实力。三星通过"研中学"，对1M动态随机存取储存器及之后产品的研发成功地消化和吸收了芯片设计和制造技术，而非简单的组装工艺，从而掌握了其复杂的隐性知识。同时，雄厚的技术力量加上巩固的市场地位吸引了更多世界级的战略联盟对象。有必要指明的是，第二三阶段有两点共性：①产品开发本质上仍属于对先进企业的既有成熟技术的模仿，在动态随机存取储存器电路设计、元件加工工艺、生产仪器、进程结构和测试等关键技术的开发上并无实质性突破；②在具体的合作研究方式上，三星在这两个阶段均采取在海外和国内分立工作团队的方式，通过两支团队的频繁接触，合作交流促进关于产品（显在的和隐性的）知识的流动。第二三阶段的区别在于，前者由于缺乏资金和组织渠道，不能进行引进国外产品的谈判和贷款，只能利用模仿手段，掌握的是组装工艺，可进行小批量生产；而后者由于获得产品隐性知识，积累了学习能力，可进行简单的创新，通

第九章 市场绩效

过研发面向市场和快速的商品化体系实现规模化生产。

4. 创新超越阶段（20世纪90年代中期至今）。

三星的研发战略此时全面转型，转向服务于品牌战略，而这一战略的最终目标是在多个市场同时维持市场领先地位。新产品开发上强调功能与时尚，比如数字集成技术、经典时尚的外观设计等，同时更加注重响应市场需求，细分客户群体，在产品工艺设计上体现人性化关怀。

这样，三星在内部价值链上下游三个方面实现了联动：应用技术为重点的研发、业已成熟的流程化生产体系、全球化营销，并出色地支撑了其整体品牌战略，吸引了更多一流企业寻求战略联盟，合作开发新应用技术。此时，三星的研发重点全面转向强调工业设计和人性化诉求的应用技术的开发，更多体现的是市场营销需求，并在其整体品牌战略的指导下成功地实现了战略转型。

资料来源：何健：《韩国家电企业国际营销战略模式研究》，载于《现代管理科学》2007年第4期，第36~38页。

第十章 中间性组织

一、内容提要

　　中间性组织是在信息技术的支持下，企业之间基于核心能力，建立在信用基础之上，以合作为目的，依靠价格机制和权威机制配置资源，具有网络特性的相对稳定且普遍存在的一种契约安排。它兼具了科层权威机制的计划性与市场价格机制的竞争性、效率性双重优势，一方面，它在一定程度上弥补了市场失灵，有利于降低交易费用；另一方面，它又部分弥补了一体化组织失灵，有利于降低组织费用，从而降低了交易费用、组织费用，提高了效率。中间性组织的理论基础是：分工专业化理论、交易成本理论、资源依赖与团队生产理论等。中间性组织不是市场与科层的某种简单折衷，它在结构与运行上具有自己的特征，其结构特征是：它是多个企业基于各自核心能力结成的动态联盟，是一种网络结构，具有开放性；其运行特征是：以信任为基础，进行合作式竞争。网络型结构可以看做是横向型结构的一种形式，代表了一种全新的组织设计方式。中间性组织是一种以任务为导向的合作运行模式，即网络内的企业依据市场机遇（任务目标）确立临时性的合作。中间性组织的竞争优势表现为速度优势、研发优势、协同优势和规模经济优势等。其竞争优势的维护依赖于信息技术的支持和信任的保障等。

二、复习思考题

（一）名词解释

1. 中间性组织

第十章 中间性组织

2. 合作式竞争
3. 中间性组织的结构
4. 核心企业
5. 中间性组织的有效规模

(二) 单项选择题

1. ( ) 组织是依靠价格机制配置资源的产品所有权交易契约。
   A. 纯科层　　　　　　　　　B. 纯市场
   C. 中间性组织　　　　　　　D. 企业内部
2. 中间性组织建立的基础是( )。
   A. 信任　　　　　　　　　　B. 合作
   C. 竞争　　　　　　　　　　D. 信息技术
3. 在中间性组织规模扩张的过程中，无论是由网络原有成员企业通过业务剥离产生的新企业，还是由网络外部进入的新企业，都必须具备( )的核心能力，否则就不被网络所接纳。
   A. 与网络高度互补　　　　　B. 与网络高度差异化
   C. 与网络高度互补又高度差异化　D. 联合
4. 中间性组织是一个集合概念，它的现实组织形态表现为( )。
   A. 企业集群　　　　　　　　B. 企业集团
   C. 虚拟企业　　　　　　　　D. 以上三者都是
5. 中间性组织企业成员间的竞争式合作以及知识技术在网络中的共享，是中间性组织的( )。
   A. 速度优势　　　　　　　　B. 规模经济优势
   C. 协同优势　　　　　　　　D. 研发优势

(三) 多项选择题

1. 中间性组织的运行特征有( )。
   A. 是多个企业基于各自核心能力结成的动态联盟
   B. 合作式竞争
   C. 是一种网络结构
   D. 以信任为基础的合作

E. 以先进信息技术为手段
2. 中间性组织是指（　　）。
   A. 在协调特定交易方面，比纯市场组织和纯科层组织具有更高的效率
   B. 建立在信用的基础之上，以合作为目的
   C. 依靠价格机制和权威机制配置资源
   D. 具有网络特性的、相对稳定且普遍存在的一种契约安排
   E. 其组织结构就是网络的结构模式
3. 中间性组织的结构可划分为（　　）。
   A. 无核心企业的网络结构
   B. 直线制
   C. 职能制
   D. 有核心企业的网络结构
   E. 事业部制
4. 衡量分工水平高低的标志是（　　）。
   A. 企业规模的大小
   B. 生产链条的长短
   C. 专业化水平的高低
   D. 网络规模的大小
   E. 市场大小
5. 制约中间性组织有效规模的因素有（　　）。
   A. 成员企业之间能力互补程度
   B. 分工水平的高低
   C. 网络产生的协同效应
   D. 网络中各成员企业的信用基础
   E. 市场规模的大小

（四）辨析题

1. 中间性组织成员企业间的竞争是在合作的过程中产生的，联盟最终强化了而不是抑制了竞争。

2. 中间性组织的组织结构就是研究网络内成员企业为参与合作、实现合作而组成的松散的结构模式。

3. 分工水平的高低与市场规模大小是制约中间性组织有效规模的关键因素。除此之外，成员企业之间能力互补程度、网络产生的协同效应以及网络中各成员企业的信用基础，都是制约中间性组织有效规模的因素。

4. 中间性组织以任务为导向的运行方式，在其生命周期的各个阶段表现出相同的特点。

5. 规模经济存在的前提是专业化经济和广大的市场，因此专业化经济可等同于规模经济。

（五）简答题

1. 什么是中间性组织？
2. 中间性组织的运行特征是什么？

（六）论述题

1. 试述中间性组织研究的理论基础。
2. 中间性组织的一般运行模式是什么？
3. 与其他组织相比，中间性组织的优势何在？

三、复习思考题参考答案

（一）名词解释

1. 中间性组织：中间性组织是在信息技术的支持下，企业之间基于核心能力，建立在信用基础之上，以合作为目的，依靠价格机制和权威机制配置资源，具有网络特性的相对稳定且普遍存在的一种契约安排。它兼具了科层权威机制的计划性与市场价格机制的竞争性、效率性双重优势，一方面，它在一定程度上弥补了市场失灵，有利于降低交易费用；另一方面，它又部分弥补了一体化组织失灵，有利于降低组织费用，从而降低了交易费用、组织费用，提高了效率。

2. 合作式竞争：中间性组织成员企业间的竞争是在合作的过程中产生的，联盟最终强化了而不是抑制了竞争。联盟的目的是为了获得互补的能力，每个企业分工从事自己最擅长的领域，每个企业的核心能力作为一种企业独有的、难以模仿的中间产品，其市场交易效率极低必须通过企业来组织，而那些不体现核心能力的部分可以部分或全部交由市场进行组织。如此通过合作参与竞争要比单个企业参与竞争更有效率，他们之间是以合作式竞争的方式来组织的。

3. 中间性组织的结构：中间性组织是由于分工在企业间进行而结成的网络，

因而中间性组织的组织结构就是网络的结构模式。依据网络中成员企业的地位是否对等，即是否存在核心企业，可以将中间性组织的组织结构划分为两类，即无核心企业的网络结构和有核心企业的网络结构。在网络中存在核心企业的条件下，又可根据核心企业数目的多少，将网络结构划分为单核心企业结构和多核心企业结构。

4. 核心企业：核心企业是指中间性组织中起主导作用的企业。在存在核心企业的中间性组织的网络结构中，成员企业之间合作关系非常紧密，核心企业与其他成员企业在名义上是处于平等地位的独立个体，但事实上，核心企业却对网络中的其他成员企业具有较强的控制能力。这类网络结构以企业集团为典型代表。核心企业的控制能力来源于核心企业对资源及信息的掌握程度与非核心企业的不对称性，这种不对称性越强，核心企业的地位越重要，它对非核心企业的控制能力也就越强，即资源及信息的不对称性越高，个别企业在网络中居于战略性位置的程度越深。

5. 中间性组织的有效规模：虽然从长期来看，中间性组织的规模随分工的发展和市场的变化而发生改变，但在短期内中间性组织的规模则存在最优值。这个静态的边界由中间产品的交易效率决定。中间性组织的静态边界意味着，网络内的成员企业满足于现存的网络关系及收益水平，不存在退出的动机，即现存的收益是帕累托最优的，即使退出中间性组织也不会带来帕累托改进。同理，网络外部的企业也不存在进入的动机，因为即使进入也不会带来收益的增加。这个时候的中间组织达到有效规模。

（二）单项选择题

1. B   2. A   3. C   4. D   5. D

（三）多项选择题

1. BDE   2. ABCDE   3. AD   4. BC   5. ABCDE

（四）辨析题

1. 中间性组织成员企业间的竞争是在合作的过程中产生的，联盟最终强化了而不是抑制了竞争。

答：这句话正确。中间性组织企业间是一种合作式竞争关系，各个企业进行

第十章 中间性组织

合作协调，但是联盟内部企业间的竞争没有因企业间的协调机制而消除，企业间的竞争更加激烈。

2. 中间性组织的组织结构就是研究网络内成员企业为参与合作、实现合作而组成的松散的结构模式。

答：这句话不正确。中间性组织是由于分工在企业间进行而结成的网络，因而中间性组织的组织结构就是网络的结构模式。中间性组织的组织结构就是研究网络内成员企业为参与合作、实现合作而组成的稳定的结构模式。

3. 分工水平的高低与市场规模大小是制约中间性组织有效规模的关键因素。除此之外，成员企业之间能力互补程度、网络产生的协同效应以及网络中各成员企业的信用基础，都是制约中间性组织有效规模的因素。

答：这句话正确。中间性组织的有效规模既受到产业类别的影响也会受到企业内部组织效率的影响。

4. 中间性组织以任务为导向的运行方式，在其生命周期的各个阶段表现出相同的特点。

答：这句话不正确。中间性组织以任务为导向的运行方式，在其生命周期的各个阶段表现出不同的特点。

5. 规模经济存在的前提是专业化经济和广大的市场，因此专业化经济可等同于规模经济。

答：这句话不正确。专业化经济不同于规模经济，专业化经济与每个经济主体生产活动范围的大小有关，而不是企业规模扩大的经济效果。专业化经济是分工的结果，当分工发生在企业内部时，企业内部专业化经济就会引起单一产品和工厂水平的规模经济。

（五）简答题

1. 什么是中间性组织？

答：与中间性组织相关的两个概念是纯市场与纯科层。它们均属于协调经济活动或交易的制度形式，并且这些制度形式本质上表现为某种契约安排，换言之，制度形式的选择必定是一种契约选择。不同制度形式协调经济活动或交易的协调机制各不相同。协调机制分为价格机制与权威机制，在纯市场制度形式下发挥作用的协调机制是价格机制，权威机制则是纯科层的协调机制，而在中间性组织中价格机制与权威机制同时存在。纯市场是依靠价格机制配置资源的产品所有权交易契约。纯科层是依靠权威机制配置资源的要素使用权的转让契约。中间性组织是在信息技术的支持下，企业之间基于核心能力，建立在信用基础之上，以合作为目的，依靠价格机制和权威机制配置资源，具有网络特性的相对稳定且普遍存在的一种契约安排。

2. 中间性组织的运行特征是什么？

答：第一，它是以信任为基础的合作。中间性组织本质上是一种契约关系，由于人的有限理性和交易环境的不确定性，任何契约关系都是不完全的，不完全契约就会引起机会主义行为，而通过法律程序解决或惩罚机会主义行为所花费的交易成本大大高于成员企业通过共同协商解决的交易成本。因此，中间性组织中的企业彼此间建立的相互信任机制有利于形成长期合作。第二，合作式竞争（Collective Competition）。中间性组织成员企业间的竞争是在合作的过程中产生的，联盟最终强化了而不是抑制了竞争。联盟的目的是为了获得互补的能力，每个企业分工从事自己最擅长的领域，正如杨小凯指出的，每个企业的核心能力作为一种企业独有的、难以模仿的中间产品，其市场交易效率极低，必须通过企业来组织，而那些不体现核心能力的部分可以部分或全部交由市场进行组织。如此通过合作参与竞争要比单个企业参与竞争要有效率。但是联盟内部企业间的竞争没有因企业间的协调机制而消除，因为企业间存在着一旦其他企业掌握了需要由外部（本企业）配合的能力或外部环境的变化使得其他企业不再需要由外部（本企业）提供的能力时就会对本企业造成威胁，所以企业间的竞争将更为激烈。第三，以先进信息技术为支持手段。特别是 Internet 网络技术的广泛应用，大大降低了交易成本，提高了信息传播的有效性，为中间性组织的高效运作提供了可能。

（六）论述题

1. 试述中间性组织研究的理论基础。

答：（1）分工与专业化理论。

亚当·斯密的劳动分工理论被认为是分工理论的起源。斯密认为劳动分工是提高生产率，增加国民财富的源泉。斯密认为分工会带来专业化，专业化会改进劳动者的技巧，大大节省劳动时间，同时也有利于机器的发明与采用。斯密的逻辑是：交通状况决定市场广狭，市场广狭限制交换能力，交换能力又限制劳动分

第十章 中间性组织

工的程度，劳动分工的程度决定了一国的劳动生产力，一国的劳动生产力又是国民财富多寡的主要决定因素。阿林·杨格称"劳动分工受到市场广狭的限制"为斯密定理。杨格认为，劳动分工的主要经济性表现为劳动的迂回生产经济性，劳动分工依赖于市场广狭，同时市场广狭又依赖于劳动分工。

分工和专业化同时也是企业产生的必要条件，杨小凯和黄有光在他们的合著中指出：如果中间产品市场的交易效率低于用来生产中间产品的劳动的交易效率，则企业制度将因分工的内生演进而产生。否则，企业制度将不会产生。斯密将分工分为三种：①企业内分工；②企业间分工，即企业间劳动和生产的专业化；③产业分工或社会分工。第二种分工形式实质上就是中间性组织的理论依据所在。正是因为这种分工，中间性组织才会具有无论是单个企业还是整个市场都无法具备的效率优势。中间性组织保证了分工与专业化的效率机制，同时能将这种分工与专业化深化下去，使得分工与合作的关系得以在更大范围内扩大和加深，反过来又促进了中间性组织的深度发展。

（2）交易成本理论。

交易成本的概念最早是由科斯提出的，交易成本是指寻找市场的成本、谈判成本、拟订合同和监督合同执行的成本等。通过引入交易成本，科斯将企业的边界定在外部交易成本与内部管理成本相等的地方，而企业的扩张与缩小则完全取决于交易成本的节约。威廉姆森等人在科斯交易成本理论的基础上，依据交易成本经济学的分析框架，引入交易的维度来解释制度安排与交易类型的关系。威廉姆森认为，不同制度安排的选择，其目的是使生产成本和交易成本最小化。根据交易成本经济学的理论，中间性组织的形成就是为了获得一种成本最低的制度安排。由于交易费用的存在，企业有一种不断将相关企业一体化的倾向，以通过规模经济来降低交易成本。但当一体化达到一定程度后又会产生规模不经济，企业为维持其组织的完整性，即企业与市场的界线保持稳定，需要支出昂贵的组织成本。因此，企业开始尝试通过资金、技术或是人员等纽带与某些企业保持较为紧密的联系，而不是一体化。这样就逐渐演变成为中间性组织。中间性组织各成员在节约交易费用的同时，仍在一定程度上享有一体化组织的规模、范围和分散风险的经济性。

（3）资源依赖与团队生产理论。

在开放的系统中，企业为了获得和保有资源必须与环境交互作用，企业必须依靠其他组织才能获得所需要的资源。换句话说，企业对外部资源具有依赖性。因而，企业不得不通过组织间的合作，形成一种稳定的资源流动方式。各具优势的企业联合起来，相互支持、互为补充，不仅可以使每个企业获得开展生产经营活动所需的资源,而且在生产经营活动中强化了自身的优势。中间性组织各个成员企业间达成的协议或合同,保证了资源的外部获取,使得资源流动呈现持续性和可靠性。

1972年阿尔钦和德姆塞茨在《生产、信息成本和经济组织》一文中提出的"团队生产"理论认为,在一定技术条件下,"团队生产"通过投入资源的联合使用所创造的产出大于每种资源分别生产所创造的产出之和,即产品不是每种资源的可分离的产出之和。在团队生产中,由于进行合作的团队成员的边际产品不能直接的和分别的被观察出来,这就使每个成员都会有偷懒的动机,减少偷懒的一种方法是设专职监督者来检查团队成员的投入行为,再通过对剩余索取权的分配来激励监督者做一个不偷懒的监督者,从而实现对监督者的监督。阿尔钦和德姆塞茨认为,产权安排是导致企业产生的根源,企业的实质不是雇主与雇员的长期合约,而是团队生产,企业是由合约、协议和内部各成员间的默契构成的一系列关系的总和。只有当团队的各成员受到激励与监控时,团队的效率才能得到最大的发挥。虽然团队生产理论主要讨论的是企业内部的成员合作关系,但其分析方法同样适用于中间性组织各成员企业间合作关系的分析。一个中间性组织就是一个团队,每个参加中间性组织的成员企业就是团队成员。各个成员企业同样是在一定的激励机制和监控机制的管理下相互合作,最终实现整个团队效率的大幅提高及各企业利益的最大化。

2. 中间性组织的一般运行模式是什么?

答:概括地讲,中间性组织是一种以任务为导向的合作运行模式,即网络内的企业依据市场机遇(任务目标)确立临时性的合作。这种运转方式包含了两层意思:首先,在任务明确的前提下,网络内的成员企业将依据每项任务具体的资源和能力要求,选择具有适当能力和资源的企业组成一个类似任务小组的团队来参与任务的完成,而不是网络内全部企业都参与此项任务的完成。每个企业只对与自己能力、资源相关的任务做出贡献。其次,任务小组成员间的合作以任务的完成为终结,临时性的合作关系解除之后,参与此任务完成的企业重新回到网络中。这些企业与网络的相互关联并不会发生改变,依然是建立在信用基础上的、以合作为目的的契约关系。这种模式可用图10-1直观地表示出来。

第十章 中间性组织

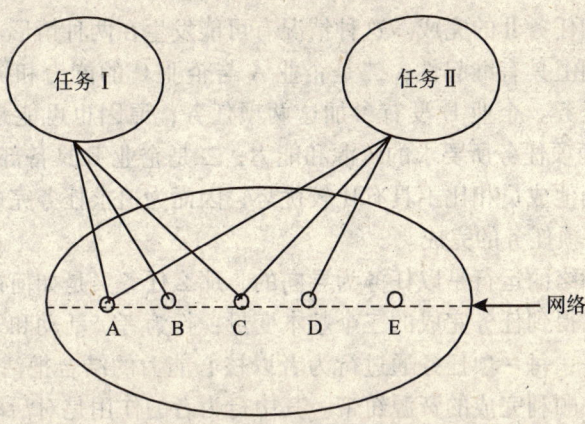

图 10-1 中间性组织的运转方式

中间性组织以任务为导向的运行方式，在其生命周期的各个阶段表现出不同的特点。产生初期中间性组织网络内成员企业数目较少，在单核心企业的网络中，核心企业与非核心企业联系紧密，核心企业对资源和信息的占有具有绝对优势，因而任务的发起人多为核心企业，由于非核心企业对核心企业的依赖程度较高，所以尽管可供选择的合作伙伴数量很少，核心企业仍能在选择合作伙伴时处于主动地位。但在无核心企业的网络中，任务发起人不固定的表现为某个企业，同时，因为成员企业数目较少，企业间合作重复率较高，企业间信任程度较高。而当中间性组织进化到成长或成熟期时，网络内成员企业数目俱增，网络结构呈现多样化，成员企业间同时存在直接联系和间接联系，因而不论是否存在核心企业，整个网络与产生初期相比松散得多，任务发起人不再固定地表现为某个企业，任何成员企业都有可能成为某一任务的发起人，即任务发起人具有不确定性。同时由于可供选择的合作伙伴数量的增加，被选择企业的主动性将大大提升，换言之，即使存在核心企业，成员企业间依赖程度明显降低。在中间性组织进入到衰退期后，大量成员企业退出网络，网络规模缩减，不论网络结构是单核心的还是无核心的，网络内成员企业间彼此联系紧密。此时，单核心结构的中间性组织其运行模式类似于产生初期，不同的是任务发起人具有不确定性，而无核心结构的中间性组织其运行模式与成长期或成熟期相似，只是可供任务发起人选择的合作伙伴数目较少，成员企业间彼此联系更紧密些。

图 10-1 中结点 A、B、C、D、E 代表网络中的企业，每一项任务都要寻找最适合的企业参与合作。任务 I 由企业 A、企业 B 及企业 C 共同合作完成，任务 II 由企业 A、企业 C 及企业 D 合作完成。对企业 A 和企业 C 来讲，它们共同

参与了任务Ⅰ和任务Ⅱ的完成。这种情况有可能发生在两种情形下：一是任务Ⅰ与任务Ⅱ在时间上具有继起性；二是企业A与企业C的能力和资源有剩余可以同时满足两项任务。企业E没有参加这两项任务，原因也可能是两种：一是企业E不具备这两项任务所要求的资源和能力；二是企业E具备部分资源与能力，但与网络中的其他成员相比不具有比较优势，因而为追求任务完成的效率，企业E不参与任何一项任务的完成。

既然整个网络的运行是以任务为导向的，那么任务又是如何被完成的呢？把任务分解，可以得到任务完成的三个基本变量：行为者、活动和资源。这三个变量的构成关系是：每一项任务通过行为者以核心能力的结合把活动连接在一起，并形成保证任务顺利完成的资源纽带。其中行为者的作用是对活动及资源进行安排，活动是价值创造链条上的各个环节，资源纽带则是任务得以顺利进行和完成的物质及信息保证。如图10-2所示。

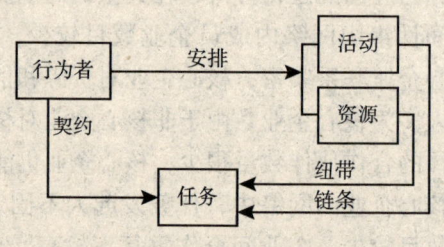

图10-2 任务完成关系图

3. 与其他组织相比，中间性组织的优势何在？

答：（1）速度优势。

现今世界，消费者需求偏好转换加快，产品生命周期缩短，企业间竞争日趋白热化，一旦出现市场机会，谁能以最快的速度最准确地满足市场需求，谁就会在竞争中立于不败之地。中间性组织的速度优势就是指其能够迅速、准确地满足快速变化的市场需求。迅速是指中间性组织对市场和竞争的变化具有动态适应性，能够在第一时间反映市场需求的变化。准确则是指中间性组织能够有效地满足变化的市场需求。

首先，中间性组织的特殊运行模式决定了其对市场变化能迅速反映。中间性组织的运行是以任务为导向的，只要市场有新的需求产生，中间性组织就会针对这一新的需求，组织最有效率的成员企业进行合作，在价格机制与权威机制协同

第十章 中间性组织

作用下,高效配置资源,实现对需求的满足。其次,在先进信息技术支持下,信息在中间性组织中的高效传播决定了其满足需求的准确性。

(2) 研究开发(R&D)优势。

中间性组织成员企业间的竞争式合作以及知识、技术在网络中的共享,使研发成为中间性组织的内在要求。知识不同于信息,爱因斯坦说"知识的核心是经验,其余的只不过是信息而已"。知识的核心是认知者的行为经验,而信息是作为可编码的知识存在的。网络中知识的溢出是知识能够共享的前提,而知识的溢出或流动的难易是由知识的特性决定的。简单地讲,知识具有专用性及默会性。专用性是指知识是具体的或局域的,只适用于某个具体情境下的具体认知实践。按照专用性程度的不同,知识可以分为通用知识和专用知识。知识的默会性是指知识的不能完全表达性,即很难用编码化的信息表达出知识的全部内容,难以交流或分享。按照默会性程度的不同,知识可以分为显性知识和隐性知识。专用性、默会性越弱的知识越容易溢出,相反,越是只适用于特定环境,只可意会不可言传的知识越不易溢出。

中间性组织存在两种形式的合作关系,为知识的溢出创造了有利条件。一种是正式的合作关系,企业与其他企业、研发机构结成长期稳定的研发合作关系。通用性可交流的知识在这种合作关系中实现扩散与溢出。另一种则是非正式的合作关系,即基于共同的社会文化背景基础上建立的人与人之间的社会关系。专用性、默会性强的知识通过人与人之间有效的非正式的交流与接触实现传递和扩散。

在企业专业化进程中,由于存在知识溢出,部分知识因为能被轻易模仿而快速传播被多数人掌握,而另一部分知识则因难以模仿和溢出性差而被保留在企业内部,这部分知识就是企业的核心能力。对企业来讲,拥有关键性的有价值的隐含经验类知识越多则企业越有竞争力。因此,成员企业间竞争的关键就是阻止自己的核心能力被模仿。从动态的角度看,企业组织拥有的以实现其市场价值的隐含经验类知识最终也将被其他企业所模仿,随着科技的进步,其可交流程度将逐步提高,因而企业内部研发成为企业避免核心能力丧失的唯一途径。另外,中间性组织成员企业间的研发合作协议将保障企业间合作研究的顺利进行。

众所周知,公共物品由私人提供会导致投资不足,换句话说,如果企业增加公共物品投资,社会将会获益,引起搭便车现象。成员企业间共性技术的共享可以看做共性技术研发企业流向其他企业的收益损失,所以共性技术研发企业的研发积极性将会降低,通过在成员企业间建立研发协议将有助于缓解搭便车现象。成员企业之所以愿意参与合作研发,原因在于如果没有合作机制,单个企业可能会由于研发实力不足而导致共性技术落后,而共性技术是成员企业后续研发的基础,共性技术研发的缺乏最终会导致企业竞争力的丧失。因而从长期看,合作研发是不可或缺的。再者,成员企业间协作的关键是优势互补,每个企业都旨在增强自己的优势而不是内部化别人的优势,那么竞争就是"双赢"而不是"零和"(即获得的收益不是竞争企业的损失,而且别人收益的增加会给自己的收益带来更大程度的增加),换言之,成员企业在合作研发条件下得到的收益大于不参与合作时得到的最大收益。从而成员企业出于自身利益考虑有选择合作研发的积极性。

参与合作研发的成员企业可以处于价值链的任一环节,研发贯穿于价值链的全过程。合作研发的模式打破了传统的从科学发现到产品研发再到产品商业化的线性模式,从而使研发能更合理更快捷地反映需求变化(如图10-3)。

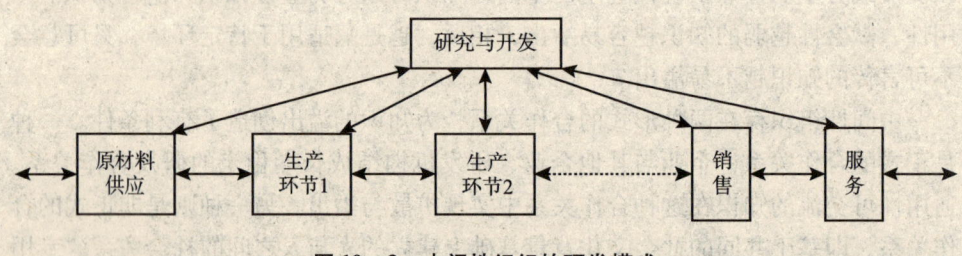

图10-3 中间性组织的研发模式

(3) 协同优势。

既然网络内各成员企业相互依存、优势互补,那么,通过资源整合,合作者将会比独立行动获得更多的效益。企业间能力的联合所产生的价值大于企业各自独立利用这些能力所产生的价值之和就是协同效应。

成员企业选择合作或不合作是对合作效益与不合作效益的理性选择,当且仅当合作效益大于不合作效益时,选择合作才是合理的。合作效益等于合作收益与合作成本之差,同理,不合作效益是不合作收益减去不合作成本之差。由于成员企业间能力与资源的互补,合作将大大提高成员企业的效益。虽然每个成员企业都不会从提高网络整体效益的角度选择自己的行为,但是在经济理性条件下,他们会"利己"地选择能够带来更高效益的合作行为,又因为网络中成员企业的行为不是彼此孤立的,后行动者在自己行动之前能观测到先行动者的行为,因而只要有一个成员企业选择了合作,其他成员企业也会因"利己"目的而选择合作。最终不但提高了每个成员企业的效益,同时也导致了整个网络总效益的提高(网络总效益等于各成员企业效益之和)。无疑这种合作是双赢的,与任一成员

第十章　中间性组织

企业合作都将提高其绝对效益。相反，如果合作降低了任一合作方的绝对效益，那么合作将无法继续，这是成员企业"利己"选择的必然结果。而合作能否顺利实现要归根于成员企业的信用情况，建立在良好的信任基础上的合作才是协同效应产生的根源。

网络内的信任机制使企业间能够相互理解，可以缓解企业间的冲突，形成一种和谐的气氛，协同优势就是在这样的氛围中发挥出来的。正是由于成员企业的相互合作，放大了集体生产率，就会使某一特定区域内成员企业的信誉提高，从而吸引更多的消费者，这样在该区域就会产生区位品牌优势。由于人力资源和物质资源在网络内的自由流动必然会降低搜寻和交易资源的交易成本，因而企业从网络内获取资源远比从网络外获取经济得多。再加上企业与客户之间通过网络直接连接减少了中间环节，节约了流动成本。所以，企业在合作中追求协同优势的同时必然带来成本的节约，从而使中间性组织比一体化企业更具有成本优势。

$1+1>2$ 的协同效应使网络具有外部性。网络外部性的基本含义是一个结点连接到网络的价值取决于已经连接到该网络的结点的数量，换句话说就是网络的参与者越多，这个网络的价值就越高。由此不难理解，在极端的情况下，网络正外部性可以导致"赢家通吃"的市场。假设一个新成员加入一个已经有 n 个结点的网络，那么现在有 $n+1$ 个结点。这时除原有的 n 个结点的交易对这个新成员开放外，新成员也是原来 n 个成员的交易接受者，只要这个网络有容纳额外交易的足够能力，网络的价值对原有成员就是增加的。因为他们没有增加成本就可以接受新成员的交易，并向新成员发出交易，新成员的加入不仅提高了新成员自己的效用水平，同时也提高了原有成员的效用水平。所以网络外部效应会促使中间性组织自增强。自增强的方式可以是外来者的进入，也可以是新企业的内生。这种网络的动态发展表明，即使有单个企业因为破产而退出网络也不会影响整个网络的正常运行，中间性组织就是在不断的吐故纳新中完成了自增强。

(4) 规模经济优势。

规模经济体现在三个层次，第一层是单一产品的规模经济；第二层是工厂水平的规模经济；第三层是多工厂的规模经济。可以用形式化的语言来描述规模经济。假定某企业生产产量 q 的总成本为 $C(q)$，如果对任何 n 个产出 q_1, q_2, $\cdots$, q_n，有 $\sum_{i=1}^{n} C(q_i) > C(\sum_{i=1}^{n} q_i)$。这一成本函数可以解释三个层次上的规模经济。当多工厂生产的产品各不相同时，这一函数可以解释为，同时生产各种不同产品比分别生产它们所花费的成本更低，也就是范围经济。对于类似的但不完全相同的产品和服务，规模经济与范围经济这两个概念也可以互换使用。

规模经济存在的前提是专业化经济和广大的市场。专业化经济不同于规模经济,专业化经济与每个经济主体生产活动范围的大小有关,而不是企业规模扩大的经济效果。专业化经济是分工的结果,分工的发展导致经济主体从事越来越专业化的活动,专业化减少了经济主体的学习时间使其较快地达到熟练水平,从而提高效率,带来专业化经济。当分工发生在企业内部时,企业内部专业化经济就会引起单一产品和工厂水平的规模经济。如果一种商品的生产效率会因为运用中间产品而提高的话,那么分工将发生在企业之间,由于每个企业从事专业化活动而产生的专业化经济将导致多工厂水平的规模经济。换言之,由于整个中间性组织网络内的专业化协作,将会导致网络内部单位产品的长期平均成本大幅度降低,实现了规模基础上的收益递增,如图10-4,长期成本曲线由 LAC 降到 LAC′。同时由于网络内专业化的企业合作生产多样化的产品,就形成了网络的范围经济。

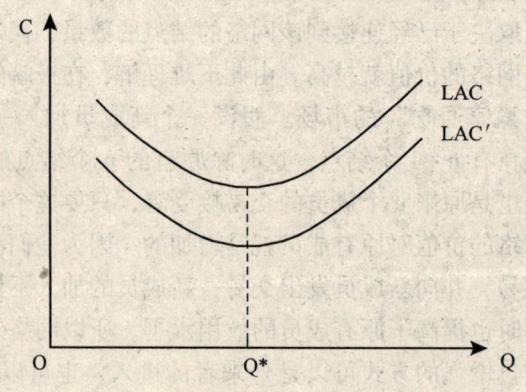

图10-4 网络内部长期平均成本曲线图

专业化基础上形成的中间性组织更容易获得分工经济。所有经济主体的专业化经济合起来就是分工经济,它同经济主体之间依赖程度加大后生产力改进的潜力有关,所以分工经济是另一种社会网络效果,而不是规模经济那种纯技术概念。分工经济的产生并不需要每个中间产品都有专业化经济,只要一种活动中专业化经济十分显著,就可以有分工经济,因为通过投入产出的联系以及分工的网络,一种活动的专业化经济可以转移到另一种活动上。因此,即使看门的工作没有什么专业化经济,看门人照样可以同其他诸如汽车制造业等专业化经济很强的部门的专家一样,分享分工经济的好处。

四、案例分析

案例一：

台湾的"硅谷"——新竹科学工业园

一、园区发展由来 20世纪80年代以前，台湾经济经过30年发展，完成了由农业到工业、由轻工业到重化工业、由劳动密集型到资金密集型产业结构调整的"三部曲"，特别是通过进口替代工业和出口导向工业的发展阶段，经济获得高速发展，使中国台湾在国际经济上争得一席之地，与新加坡、韩国、中国香港并誉为"亚洲四小龙"。但进入20世纪80年代后，经济发展条件发生了一系列变化：世界发生能源危机、台湾资源短缺。岛内市场基本饱和、劳动力工资不断上涨、外贸结构发生变化等，尤其是主要外贸对象美国宣布取消对台优惠政策，限制台湾产品进入美国市场，使台湾经济一时陷入困境。在此背景下，台湾开始着手加速产业由劳动密集型、资金密集型向技术密集型、知识密集型的转换，经过多方因素权衡，以美国加州斯坦福科学工业园区为蓝本，把新竹列为"台湾硅谷"，集中发展电子、资讯等高科技产业，借此推动台湾产业结构的升级换代，并于1980年12月15日正式创建新竹科学工业园。

二、世界一流园区 新竹科学工业园，位于新竹市区东侧，东北距离台北市约70千米处，纵贯台湾南北的高速公路和铁路从旁穿过，北可上台北、基隆，南可下台中、台南和高雄，至桃园国际机场乘车也只须40分钟路程，交通十分便利。园区西侧与台湾著名学府交通大学、清华大学邻近，附近还有全台重要的应用研究和科技开发中心—工业技术研究院和精密仪器发展中心、天然气研究所，以及中华理工学院等数十所大专院校和中等学校，其数量之多，仅次于台北、台中，是台湾主要的科研、教育中心，科技教育整体实力十分雄厚，具有明显的人才优势。此外，台湾留学海外的高科技人才，有不少出自新竹的交大、清华，海外学子归来后大多愿在新竹发展事业。所有这些因素都为新竹科学工业园的创建提供了有利条件。

新竹科学工业园区原为一片植被稀疏、满目荒凉的红壤台地，经过历时20年的开发建设，现已建成占地面积约600公顷、厂房楼群林立的花园式"科技城"。纵横交错的道路系统，通达园区各个角落，整个园区环境清新、幽雅、美观。新竹科学工业园区是台湾高科技产业的摇篮。

目前，已成为台湾新经济的"发动机"，这里集中了台湾几乎所有的重要高科技产业包括集成电路、电脑及周边设备、通讯、光电、精密机械与生物技术等，台湾高科技企业也大多集中在这里。到1998年，园区厂商为287家，其中开业企业272家，就业人数为7.3万人，营业额（产值）达152亿美元，1999年营业额约为200亿美元，其高科技产品出口额占台湾出口总额的10%。新竹科学工业园区是世界上颇具实力的电子信息产品的重要生产基地，有十多项计算机硬件及半导体硅晶片的市场占有份额名列世界前茅，而且电子信息工业产值已跃居世界第三位，成为20世纪90年代台湾的支柱产业。台湾电子信息工业主要包括信息工业、半导体工业与通信工业，其企业占园区企业总数的86%，就业人数占园区总人口的98%，营业额占99%。而有"信息产业的食粮"之称的集成电路制造业是园区的主导产业，产品包括线路设计、硅晶片制造与封装与测试、光罩制造、硅晶棒制造、硅晶片再生与集成电路制造等，其产值目前位居美国、日本、韩国之后，居世界第四位。电脑及周边产业是园区另一主导产业，其产品在台湾占有极大比重，终端机、桌上电脑、影像扫描器、可携式电脑及网络卡等均占40%~50%以上。此外，光电与通讯等产业也以极快速度发展，预计不久将成为台湾高科技产业的主力产业。

三、园区成功的因素。新竹科学工业园区何以如此成功？原因是多方面的：首先，台湾当局大力扶持。在园区建设初期，台湾当局给予较多关注和"干预"，积极参与园区建设，先后投入180亿元新台币，用于园区软件、硬件和研究基地建设，为园区启动和发展创建了良好的投资环境。其次，采取了一系列优惠政策。为推动园区建设，台湾当局对在园区投资、生产的厂商提供了许多优惠条件：如可连续5年免征其营利事业所得税；免征4年厂商增资扩展部分的营利事业所得税；免征进口自用的机器设备、原料、燃料及半成品进口税及货物税；外销产品免征货物税、营业税；免征厂房、建筑物的契税等，这对海外学人回岛创业及鼓励民间投资转向高科技产业都有很大的吸引力。第三，重视研究开发，提高产品的附加值。新竹科学工业园不仅是一个单纯的高科技产品生产基地，同时也是一个高科技研究开发基地。园区大部分企业的科研开发骨干，经常参与工业技术

第十章 中间性组织

研究院、交通大学的研究、教学活动，而研究单位与高校研究课题的80%~90%均来自园区企业；学校与企业紧密结合，"产—学—研"紧紧联系在一起。研究单位、高校有什么优势专业，园区就有什么优势产业，如交通大学以电子专业最为突出，其微电子技术已达国际先进水平，园区微电子也成为最大产业，形成一种"前店后厂"良性循环的互动局面，大大缩短了科技成果商品化转换的周期。到20世纪90年代初，园区厂商研发投入占产出总值的比率高达5.4%，远远高出台湾整体约2%的研发比例，从而提高了产品的附加值。目前，园区内每个从业人员年创值达8万美元，产品附加值率高达55%~60%。

四、大力吸引高科技人才及加强人才培训。园区一方面为创业者及其家属提供优越的生活条件，解除后顾之忧；另一方面，为吸引并留住人才，各企业纷纷实行高薪或增加员工持股。目前，海外学人在园区创办的企业就超过100家，占企业总数的40%左右。此外，为配合园区对技术人才的持续需求，提高从业人员素质，园区管理局与高校、科研机构合作，对园区从业人员进行在职培训。据1997年初统计，园区员工中大专以上学历占一半以上，其中获博士学位的达600多人，硕士学位的高达6 000多人，占员工总数的1/6左右，这是台湾其他产业区无法比拟的人才优势，是园区创业发展的一支重要的开拓与支撑力量。第五，以美国硅谷为依托，带动园区发展。为追求最大的商业利润与竞争优势，美国硅谷的一些知名公司，纷纷在世界各地寻求理想的投资场所。在这种背景下，模仿硅谷建成的新竹科学工业园区，凭借其雄厚的资金、廉价的劳动力以及在亚洲地区潜在的巨大市场，吸引了一大批世界高科技公司到这里"安家落户"，美国不少厂商甚至采取"以硅谷进行基本研究及市场拓展，在园区从事产业发展、产品工程设计与生产"的经营模式，其中在新竹园区加工生产的部分产品还返销到欧美等发达国家。这也是新竹科学工业园成为西方跨国公司电子信息产品加工基地的原因之一。在台湾高科技产业的成功发展中，新竹科学工业园区扮演着重要角色，它不仅是亚洲高科技园区的先驱，更是台湾高科技产业，尤其是电子信息产业的摇篮，如今已成为世界十大发展最快的科学园区之一。为继续发展台湾的高科技产业，并实现地区的均衡发展创造了不朽的业绩。

来源：雅虎知识堂；网址：http://ks.cn.yahoo.com/question/1306102916601.html。

案例二：

一汽大众合资战略联盟

1991年9月，中国第一汽车集团（简称一汽）与德国大众汽车公司正式合资组建了我国第一个按经济规模起步的现代化轿车工业基地——一汽大众汽车有限公司，总投资11 113亿元人民币，生产捷达和奥迪系列轿车。

一汽与德国大众采取合作是双方特定的战略目标使然。一方面，德国大众是为了借助合作绕开中国汽车进口的贸易壁垒进入中国汽车市场，并获取中国廉价的劳动力资源。一汽集团是中国政府明确重点支持的三大汽车集团之一，也是中国最大的汽车生产企业。虽然德国大众早年曾与上汽集团建立了合作关系，在中国取得了不俗的业绩，但随着通用、本田等跨国汽车巨头大举进入中国市场，德国大众的地位也显得岌岌可危。德国大众要想继续领跑中国汽车市场，选择与一汽开展合作显得十分必要。因此，可以说德国大众对于一汽拥有很高的交易依赖程度（资产专用性），换句话说，一汽拥有德国大众稀缺的某项资源。另一方面，一汽则是为了取得德国大众的资金和技术支持，学习对方先进的生产和组织管理经验，实现发展壮大。从一汽而言，它可通过市场交易形式从国际上可供选择的诸多汽车技术供应商中获得所需要的资源，但需承担高昂的交易成本，诸如在国际市场上搜索零部件供应商和技术供应商信息的成本、讨价还价的成本等等，这些都使得一汽不得不寻求一种新的交易组织形式，德国大众是其可供选择的理想的合作伙伴之一。

就一汽和大众的合作形式而言，可以实施并购也可以结成战略联盟。两家公司为何会采取合资企业（合资战略联盟）而不是并购，除了政府政策影响等方面的原因外，从交易成本理论的观点来看，还有两点很重要的原因：其一，从企业实力与规模对比上来看，两家企业都属于超大型企业，虽然德国大众更胜一筹，抛开政治上的原因，它对一汽实行并购也存在一定难度，更何况对德国大众交易依赖程度相对较低的一汽本身也并不愿意被并购；其二，由于中德两国之间较大的政治体制与文化差异，两家企业管理组织模式和企业文化不同，即使德国大众和一汽之间的并购可以出现，并购以后各方面的冲突以及并购造成企业规模过大等问题所带来的很高的

第十章 中间性组织

内部组织协调成本,必将影响并购后企业的运营效率。

由于以上原因,采取合资战略联盟的形式是比较现实的选择。合资战略联盟的建立,使一汽大众不仅有效节约了交易成本,还通过引进德国大众的先进技术,利用德国大众在欧洲的战略地位,向海外零部件供应商施压,有效地降低了生产成本;同时,一汽大众还通过向其母公司——德国大众学习先进的管理知识,引进科学合理的组织结构与制度,实施组织变革,有效地降低了合资企业的组织协调与管理成本,提高了生产效率与产品质量。交易成本、生产成本与内部组织成本的降低使得一汽大众在国内具备了成本竞争力,低成本驱动低价格,低价格高质量形成竞争优势,从而造就了一汽大众今天的成就。

资料来源:王国顺、罗逊雄:《效率视角的企业战略联盟形成机理分析》,载于《软科学》2006年第1期,第113~116页。

第十一章 网络经济条件下的产业组织

一、内容提要

网络经济是指基于信息和网络技术而发展起来的，以计算机互联网络在经济领域得到普遍运用为主要特征，以信息产业和信息服务业为主导产业的一种新型经济形态。与传统经济相比，它主要有以下特征：无时限经济；全球化经济；虚拟化经济；速度型经济；创新型经济；竞合型经济。网络外部性是指由于用户数量的增加，原来的用户免费得到了产品中所蕴含的新增价值而无需为这一部分价值提供相应的补偿。网络经济呈现出许多与工业经济不同的运行规律，主要有：网络外部性；边际收益递增；正反馈与需求方规模经济；联结体经济等。在网络经济中，标准是"选择一种对每个人都适用的特定技术"，它是由网络外部性和产品兼容性引发的。标准的作用就是使不同的技术或产品能够协调起来发挥作用。标准对竞争性质的影响是：扩大了网络外部性；减少消费者的不确定性；减少了消费者锁定；导致争夺市场的竞争和市场内的竞争；使竞争从功能之争转向价格之争；导致独家扩展功能的竞争；导致竞争的场所从系统转到组件等。标准还对市场参与者，包括消费者、产品互补者和技术创新者等产生一定的影响。

二、复习思考题

（一）名词解释

1. 网络经济

2. 网络外部性
3. 边际收益递增
4. 赢者通吃
5. 临界规模
6. 兼容性
7. 标准化
8. 渗透定价
9. 需求方的规模经济
10. 预期管理

（二）单项选择题

1. 网络经济时代最重要和最核心的资源是（　　）。
   A. 物质　　　　　　　　　　B. 能源
   C. 信息　　　　　　　　　　D. 网络
2. 网络经济条件下的联结经济性主要来自于（　　）。
   A. 信息产品的共享性　　　　B. 资产专用性
   C. 资产的不可分割性　　　　D. 需求方的规模经济
3. 由于存在网络外部性，每个消费者的效用取决于（　　）。
   A. 产品质量　　　　　　　　B. 产品价格
   C. 网络的稳定性　　　　　　D. 网络使用者的规模
4. 由于网络外部性存在着多种均衡，一个产业迟早会被锁定在某一种技术上，究竟锁定在哪一种技术上在很大程度上取决于（　　）。
   A. 消费者最偏好的技术　　　B. 早期使用者的行为
   C. 最好的技术　　　　　　　D. 转换成本的大小
5. 梅特卡夫法则是用来描述（　　）的。
   A. 标准化　　　　　　　　　B. 网络外部性
   C. 临界规模　　　　　　　　D. 产品兼容性

（三）多项选择题

1. 与传统经济相比，网络经济主要有以下特征（　　）。
   A. 无时限经济　　　　　　　　　　　　B. 全球化经济

C. 创新型经济 D. 竞合型经济
E. 虚拟化经济

2. 关于网络经济，下列说法正确的是（   ）。
   A. 以信息产业和信息服务业为主导产业的一种新型经济形态
   B. 以信息网络为基础或平台、信息技术与信息资源的应用为特征的，信息与知识起重大作用的经济活动
   C. 就是新兴的网络企业、网络市场，包括居民的网络投资、网络消费等微观经济活动
   D. 使得信息成为同物质、能源相并列甚至更为重要的资源
   E. 改变了传统经济条件下企业竞争的方式，使竞争合作成为企业间新的主导性关系形式

3. 信息或网络产品的成本主要由（   ）构成。
   A. 网络建设成本 B. 信息传递成本
   C. 产品生产成本 D. 信息收集、处理成本
   E. 信息制作成本

4. 对一个企业来说，成功地进行标准竞争的能力取决于对以下关键资产的掌握（   ）。
   A. 对用户安装基础的控制 B. 知识产权与创新能力
   C. 先发优势与生产能力 D. 互补产品的力量
   E. 品牌和声誉

5. 标准化竞争可能导致的几个结果是（   ）。
   A. 相关网络中消费者数量的增加
   B. 价格的大幅度降低和技术的进步
   C. 产品的多样化收益
   D. 政府公共政策面临选择的时机问题
   E. 社会福利的降低

（四）辨析题

1. 直接网络外部性是随着某一产品使用者数量的增加，该产品的互补品数量增多，价格下降而带来的价值。
2. 正反馈的含义是强者变弱，弱者变强。
3. 在网络经济条件下，生产上的规模经济表现得比需求方的规模经济更为

突出。

4. 在网络经济时代，正反馈处于支配地位。
5. 标准导致争夺市场的竞争。

（五）简答题

1. 何谓网络外部性？
2. 简述产品兼容性的效应。
3. 何谓网络经济？

（六）论述题

1. 试述标准竞争中企业常见的竞争策略。
2. 标准对市场参与者有哪些影响？
3. 网络经济中，标准对竞争性质有哪些影响？

三、复习思考题参考答案

（一）名词解释

1. 网络经济：网络经济是指基于信息和网络技术而发展起来的，以计算机互联网络在经济领域得到普遍运用为主要特征，以信息产业和信息服务业为主导产业的一种新型经济形态。对网络经济可以从狭义和广义两个角度理解。狭义的网络经济是指基于因特网（即网际网）的经济活动，如网络企业、电子商务，以及网络投资、网络消费等其他网上经济活动。广义的网络经济是指以信息网络（主要是因特网，但不限于因特网，如内联网、外联网等）为基础或平台的、信息技术与信息资源的应用为特征的、信息与知识起重大作用的经济活动。

2. 网络外部性：所谓网络外部性是指，当一产品对一用户的价值随着采用相同产品或可兼容产品的用户增加而增加时，就出现网络外部性，也就是说，由于用户数量的增加，原来的用户免费得到了产品中所蕴含的新增价值而无需为这一部分价值提供相应的补偿。效用的增加是因为用户数目的增加而导致更多的互补产品供给而实现的。可以把网络外部性理解为网络规模扩大过程中的一种规模经济,不过这种规模经济与产生于供给方面的传统规模经济是不同的,它产生于市场的需求方面,因而也被称为需求方规模经济。

3. 边际收益递增:边际收益递减是工业经济条件下物质产品生产过程的普遍现象,但在网络经济条件下,这一规律不再适用,而表现为边际收益递增,主要原因是:第一,网络经济条件下的边际成本随着网络规模的扩大而呈递减趋势;第二,信息或网络产品具有较高的固定成本和极低的边际成本;第三,网络经济中存在较强的学习效应;第四,网络经济中的消费行为具有显著的连带外部正效应,即网络效应,从而导致边际收益递增。

4. 赢者通吃:在网络经济时代,正反馈处于支配地位。当两家或更多家的公司争夺正反馈效应很强的市场时,只有一家会成为赢家,即"赢者通吃"。经济学家一般称这种市场是冒尖儿的,意思是只有一家公司可以出头,不太可能所有的公司都能生存下来。在极端情况下,正反馈可以导致赢家通吃的市场。

5. 临界规模:临界规模就是网络中成员所付出的网络维护成本与其从该网络中所获得的收益相等时,该网络的规模。在竞争市场中,定价时将主要考虑成本因素,技术进步促使成本不断降低。这时,我们预期初始均衡为高价格和小规模网络,或根本不存在网络,即零使用者均衡。随着时间的推移,成本和价格都在下降,一旦达到临界规模,需求便趋于大规模网络均衡。

6. 兼容性:产品的兼容性是一个"系统"中两种组件结合起来工作的能力。当两种产品结合起来共同提供服务没有成本时,它们是兼容的。"系统"产品互补件之间的兼容性程度直接影响网络规模(用户基础)的大小,从而影响用户对该网络产品采用的速度,进而对这一市场的竞争与市场绩效产生重要影响。(Farrell and Saloner 1987)区分了三种兼容性:物理兼容性(Physical Compatibility)、通信兼容性和习惯兼容性(Compatibility by Convention)。

7. 标准化:标准化是某种标准得到确认、推广并受到市场承认的过程。它意味着相关网络中消费者数量的增加,又意味着消费者获益的增加。标准化方式是事先通过设计使产品遵守某种共同的标准或协议,实现产品之间的兼容或"互操作",它是一种事前的兼容。适配器是使组件连接起来"工作"的产品或软件程序。一些开始不兼容的技术可以使用适配器获得兼容性,它是一种事后的兼容。

8. 渗透定价:渗透定价是指低于成本的定价。渗透定价的效应很明显,这样做主要是着眼于未来,希望在短期内把网络做大,以后通过网络外部性带来的收益补偿开始的损失。这是标准竞争中企业常见的竞争策略。

第十一章 网络经济条件下的产业组织

9. 需求方的规模经济：需求方的规模经济是一种根本不同于工业经济时代的、由于产量增加导致成本降低而形成的规模经济，它产生于网络技术的外部经济性，即在其他条件不变时，连接到一个较大的网络要优于连接到一个较小的网络，是一种需求方的规模经济。

10. 预期管理：预期管理是指宣传自己产品的增长、承诺将推出更优质的产品，或"贬低"对手的产品，使消费者对对手的产品失去信心和兴趣，从而达到击败对手的目的。预期的管理有两方面的效果：一方面是积极效应，即承诺推出新一代产品，让消费者等待，使他们在这段时间内不购买对手的产品，这对自己是有利的；另一方面可能也会产生消极效应。如果这种承诺是不可信的，将会使自己的声誉受到影响。

（二）单项选择题

1. C   2. A   3. D   4. B   5. B

（三）多项选择题

1. ABCDE   2. ABCDE   3. ABDE   4. ABCDE   5. ABCD

（四）辨析题

1. 直接网络外部性是随着某一产品使用者数量的增加，该产品的互补品数量增多，价格下降而带来的价值。

答：这句话不正确。直接网络外部性是通过消费相同产品的市场主体的数量增加所导致的直接物理效果；间接网络外部性才是随着某一产品使用者数量的增加，该产品的互补品数量增多，价格下降而带来的价值。

2. 正反馈的含义是强者变弱，弱者变强。

答：这句话不正确。正反馈的含义是使强者更强，弱者更弱，从而引起极端的结果，在市场上表现为一家公司或一种技术支配或主宰市场。

3. 在网络经济条件下，生产上的规模经济表现得比需求方的规模经济更为突出。

答：这句话不正确。在网络经济条件下，生产上的规模经济不再明显，但需求方的规模经济明显表现出来了。这种规模经济是一种根本不同于工业经济时代的由于产量增加导致成本降低而形成的规模经济，它产生于网络技术的外部经济性，即在其他条件不变时，连接到一个较大的网络要优于连接到一个较小的网络，是一种需求方的规模经济。

4. 在网络经济时代，正反馈处于支配地位。

答：这句话正确。网络经济时代，需求方的正反馈处于支配地位，这种正反馈来自于需求方的规模经济。

5. 标准导致争夺市场的竞争。

答：这句话不正确。标准不仅导致争夺市场的竞争，还导致了市场内的竞争。正是因为标准减少了锁定，它们把竞争的中心从争夺市场统治地位转移到争夺市场份额。公司的竞争目标不再是市场，而是以共同的标准在同一个市场中竞争。

（五）简答题

1. 何谓网络外部性？

答：所谓网络外部性是指，当一产品对一用户的价值随着采用相同产品或可兼容产品的用户增加而增加时，就出现网络外部性，也就是说，由于用户数量的增加，原来的用户免费得到了产品中所蕴含的新增价值而无需为这一部分价值提供相应的补偿。效用的增加是因为用户数目的增加而导致更多的互补产品供给而实现的。可以把网络外部性理解为网络规模扩大过程中的一种规模经济，不过这种规模经济与产生于供给方面的传统规模经济是不同的，它产生于市场的需求方面，因而也被称为需求方规模经济。

对网络外部性可以用梅特卡夫法则加以描述。该法则认为，网络价值是以用户数量的平方的速度增长的。如果一个网络中有 n 个人，那么网络对每个人的价值与网络中其他人的数量成正比，这样网络对所有人的总价值与 $n(n-1) = n^2 - n$ 成正比。如果一个网络对网络中每个人的价值为 1 美元，那么规模为 10 倍的网络的总价值大约就等于 100 美元。相比之下，规模为 100 倍的网络的总价值大约就是 10 000 美元，也就是说网络规模扩大 10 倍，其总价值就增长 100 倍。

卡茨和夏皮罗（Katzt and shapiro）早在 1985 年就对网络外部性进行了分类。他们将网络外部性分为两类：一类是"直接的网络外部性"，即"通过消费相同产品的市场主体的数量增加所导致的直接物理效果"，典型例子是通讯网络，如电话、E-mail、传真等；另一种是"间接的网络外部性"，即"随着某一产品使用者数量的增加，该产品的互补品数量增多，价格下降而带来的价值"。典型的例子是计算机软件—硬件模式。当某种特定类型的计算机用户数量提高时，就会有更多的厂商生产该种计算机所使用的软件，这将导致这种计算机的用户得到的相关软件数量增加，质量提高，价格下降，因而获得了额外的利益。此时，某种商品带给消费者的效用和使用这种商品的人数没有直接的关联。但随着使用该商品的消费者增多（网络增大），由此可以派生出该产品的互补产品或服务，从而提高该商品的效用。间接网络外部性的关键在于产品之间的强烈互补性。一般情况下，直接网络外部性和间接网络外部性是同时并存的，如互联网的发展、网站的发展和网站的建设。连接到互联网的用户越多，互联网的价值越大，老用户得到的额外价值也越高，这是直接网络外部性；同时，连接到互联网上的用户增多时，由于互联网价值的增大，会有更多的人到网上建设新的网站，提高网站的质量，降低使用的价格。这样，互联网用户在这一过程中实际上也得到了新的价值。这就是间接的网络外部性，在这里互联网和网站就成为互补品。

2. 简述产品兼容性的效应。

答：产品的兼容性是一个"系统"中两种组件结合起来工作的能力。当两种产品结合起来共同提供服务没有成本时，它们是兼容的。"系统"产品互补件之间的兼容性程度直接影响网络规模（用户基础）的大小，从而影响用户对该网络产品采用的速度，进而对这一市场的竞争与市场绩效产生重要影响。

产品兼容性的效应至少表现在以下三个方面：

第一，实现更大的网络效应。产品之间的兼容性程度直接影响到该产品的网络效应的实现程度和范围。当所有用户在一个网络中时，网络规模最大化，实现的网络收益也最大。

第二，减少或消除停滞效应（Stranding Effects）的影响。若产品是兼容的，一个消费者在选择某种产品时，不必担心其选择的产品将来会被其他消费者"抛弃"而从市场上消失。

第三，产品兼容性对产品多样性会产生一定的影响。对单个组件的品种，可以说兼容性降低了产品之间的差异，减少了产品品种的多样性，而对完全系统的品种来说，兼容性则通过允许消费者从不同系统中对不同的组件进行混合配对，增加了产品多样性。这样，一方面，产品兼容增加了消费者能够选择的、利用不同组件组成的系统数量；另一方面，兼容性要求组件在其他方面更加相似，从而减少了组件品种的数量。

兼容性也具有一定的成本。兼容性的潜在成本取决于实现兼容的机制。通过标准化实现的兼容性，其主要成本是组件产品多样性的损失：消费者可以挑选的差别化产品更少。利用适配器的主要成本是适配器本身，以及适配器导致的产品性能下降。因为通过适配器很难实现组件的完全兼容而不损害产品的性能。

3. 何谓网络经济？

答：对于网络经济这一概念，目前尚无统一的定义。本章所指的网络经济是基于信息和网络技术而发展起来的，以计算机互联网络在经济领域得到普遍运用为主要特征，以信息产业和信息服务业为主导产业的一种新型经济形态。对网络经济的理解可以从狭义和广义两个角度。狭义的网络经济是指基于因特网（即网际网）的经济活动，如网络企业、电子商务，以及网络投资、网络消费等其他网上经济活动。广义的网络经济是指以信息网络（主要是因特网，但不限于因特网，如内联网、外联网等）为基础或平台的、信息技术与信息资源的应用为特征的、信息与知识起重大作用的经济活动。

对网络经济还可以从经济形式的不同层次来理解。从宏观层次看，它是不同于游牧经济、农业经济和工业经济的一种新的经济形态，与以往经济形态不同，它正在或将以智能化信息网络作为最重要的生产工具，并使信息成为同物质、能量相并列甚至更为重要的资源。从中观层次看，网络经济是指发展到互联网阶段的信息产业，也就是网络产业。它又分基础设施层、应用基础层、中间服务层和商务应用层四个层次。从微观层次看，网络经济就是新兴的网络企业、网络市场，包括居民的网络投资、网络消费等微观经济活动。

（六）论述题

1. 试述标准竞争中企业常见的竞争策略。

答：在标准之争中，企业经常采取的几种基本策略：

第一，先发制人，建立一个早期的领导地位。一旦一种技术在安装基础上拥有绝对的领导地位，那么即使是一个更高级和更便宜的技术，要想对原技术构成威胁也是很困难的。所以能够迅速地建立一个巨大的安装基础将是很重要的，并且要使用户也认识到这一点。通过这种认识，使用户对安装基础的规模形成预期，从而导致正反馈效应的出现。一旦形成正反馈趋势，落后者要想再追上来就十分困难了。

一种常用的先发制人的方法就是首先进入市场。产品开发和设计技能可能对

第十一章 网络经济条件下的产业组织

获取先发优势非常重要。但是也要注意，早期的介入可能会造成质量上的妥协和更多的故障。快速进入市场会使自己获胜、领导市场的可能性增大，但是这种速度应该来自于研究开发，而不是将一种劣势系统推向市场。除了将产品早些推向市场以外，还需要在早期积极地建立顾客安装基础。要找到那些最渴望尝试新技术的人，迅速占领这个市场。采取低于成本的定价——即渗透定价，是建立安装基础的一个常用策略，并以折扣吸引大的、引人注目的或具有影响力的顾客。在微软的 IE 和网景的 Navigator 浏览器竞争初期，微软曾先发制人地通过 ISP 渠道分销自己的浏览器。它和美国在线、CompuServe、Prodigy、AT&T、Netcom 等签订合同，使 IE 成为这些 ISP 的"首选浏览器"。由于消费者在选购浏览器的时候倾向于听从他们的 ISP 的建议，因此这些捆绑销售对市场份额产生了实在的影响。

渗透定价的效应更是明显，微软和网景都在互联网上免费派发各自的浏览器，它们这样做都是着眼于未来，希望在短期内把自己的网络做大，以后通过网络外部性带来的收益补偿开始的损失。

第二，吸引互补产品的供应。厂商总是希望自己产品的互补品能够在市场上广泛地流通，而其竞争对手的产品则是越少越好。当然，厂商可以自己生产主产品的互补产品，但是如果这种生产成本是很大时，厂商更多的是希望去影响互补品生产商的决策。尤其是这些互补品生产商往往想在未来有一个广阔的市场，它们的决策在很大程度上是受它们关于主产品未来的市场规模、网络大小决定的。因此，影响互补品生产商的决策，既是建立一个新的网络技术的需要，又是击败已有技术的有力工具。像早期 IBM 和微软都曾鼓励其他开发人员在他们各自的系统（OS/2 和 Windows）基础上开发软件和设计程序，并各自宣称有大批人员为他们的系统开发软件，都是想以此争取消费者，以打败竞争对手。

第三，加强预期管理。在网络产品销售中，预期是使顾客决定是否购买的关键因素。宣传自己产品的增长、承诺将推出更优质的产品，或"贬低"对手的产品，使消费者对对手的产品失去信心和兴趣，从而达到击败对手的目的。这种预期的管理有两方面的效果：一方面是积极效应，即承诺推出新一代产品，让消费者等待，使他们在这段时间内不购买对手的产品，这对自己是有利的；另一方面可能也会产生消极效应。如果这种承诺是不可信的，将会使自己的声誉受到影响。一般情况下，往往是对硬件的承诺可信度大于对软件的承诺——因为对软件来说，升级相对容易些，即使产品有所变化，消费者也能很快地升级到新的版本。网景就曾声称计划将其浏览器安装在 1 亿个桌面上，还宣布有 100 家业内伙伴将把 Navigator 与其产品捆绑。而微软同时也宣称 IE 将是未来的浏览器，并说明他们计划将 IE 与 Windows 操作系统进一步整合。他们这样做的目的都是为了影响消费者的预期,使消费者在摇摆不定的抉择中选择自己的机会更多。

第四,价格承诺。通过公开承诺长期内低价出售产品使消费者相信自己将从中受益,从而诱使消费者购买自己的产品。这种策略有时确实可以收到这种效果,但也存在一定的问题,这就是对未来新一代产品成本及质量的不确定使得这种产品的成本会发生很大的变化,从而对厂商策略制定也造成了一定的难度。当然,如果这种不确定性造成的成本,在生产上能够把它限制在自己能够控制的范围内,那么采用这种策略还是很有成效的。

2. 标准对市场参与者有哪些影响?

答: 首先,对消费者的影响。消费者一般都喜欢标准,因为有了标准,他们就可以避免本想选择胜利者、却最终选择了失败者的风险。在单一的网络或联结致密的网络中,他们可以享受最大的网络效应带来的利益。他们可以将组件混合使用,重新组装来满足自己的偏好。同时他们被单个销售者锁定的危险大大降低,除非一个很强大的领导者保持着对技术的控制,或通过独家功能扩展及知识产权夺取了对技术的未来的控制。

但是,标准化对消费者也有一些不利影响,最主要的就是多样性的丧失:标准也许不能满足一些消费者的需求,或本来就是一种较差的技术。标准化也会剥夺消费者享受标准之争中的渗透定价的好处。最可能受到这种损失的是那些大的或重要的用户,他们本来可以在标准战争中扮演非常重要的角色,就像微软和网景浏览器大战中的 ISP 一样。但是,对用户整体来说这种渗透定价在很大程度上是对将来锁定的补偿,因此这还不算是主要因素。

其次,对产品互补者的影响。像消费者一样,互补产品的销售者欢迎标准——只要他们的产品是符合标准的。美国在线销售互联网接入服务,这是调制解调器的互补产品。标准化高速调制解调器的广泛应用对美国在线有利,因为这样一来它就不必为不同的格式准备不同的调制解调器。因此,标准化使调制解调器的销量上升,从而刺激了对在线服务的需求。实际上,与有影响的消费者一样,有影响的互补者可以影响标准的选择,例如,像广播电台这样的内容提供者可以影响每一代消费电器设备的发展。

第三,对市场占有者的影响。新的产品技术标准可能对现有的市场占有者造成严重的威胁。不管怎么样,如果标准引发了正反馈,并且帮助一种新技术起飞,它们会很容易地侵占旧技术的销售。RCA 是 20 世纪 40 年代黑白电视机的领先制造商,它当然不愿看见一种新的彩色电视机标准威胁自己的地位。对此,

第十一章 网络经济条件下的产业组织

市场占有者有三种选择：首先，它可以不允许潜在进入者向后兼容，以完全封锁进入者，从而延长它自己的技术的寿命；其次，市场占有者可以加快步伐推出自己的新一代设备来赢得标准战争，这种设备也许具有独家的向后兼容性；第三，市场占有者可以和新技术联手，以获益于其知名品牌和广阔的市场，也许还能得到一些版税和技术授权收益。对于那些无法从新一代技术中获得利益的市场占有者来说，阻碍一种新标准应用的动机可能更大一些。

最后，对技术创新者的影响。那些开放新技术的公司，总体来说更欢迎标准，因为标准通常会扩大市场规模，甚至对市场能否出现也非常关键。当一群创新者总体上可以从一个标准中获益时，他们总有办法制订一个协议来支持这种标准。正是由于这种原因，我们几乎每年都会看见数百种标准被推出。

当一群创新者整体上可以从标准的建立中获益、但标准对它们的影响方式有所不同时，它们就会进行复杂的谈判。由于拥有的资产不同，标准对不同的供应者有不同的影响。拥有最大的安装基础的公司损失最大，而控制更优越的技术的公司获益最丰。规模也是非常重要的，小的市场参与者会特别欢迎标准，因为标准通常会缩小大小供应商之间的差距。

3. 网络经济中，标准对竞争性质有哪些影响？

答：第一，标准扩大了网络外部性。标准增进了兼容性或互联性，通过扩大网络为用户产生更大的价值。考虑信息媒体的格式标准，如录像的 VHS 标准，以两种方式促进了良性的网络效应：一是使更大的网络中的成员得以分享信息，而不需要进行格式上的转换；二是间接的影响，共享数据的能力吸引更多的消费者使用这种格式，进一步扩大了已有的网络外部性。这种分析对有形的通讯网络和无形的虚拟网络都是适用的，两种情况对用户都是有利的。

第二，减少消费者的不确定性。标准减少了消费者面临的技术风险，这将有利于促进新技术的普及。特别是那些拥有许多支持者的标准更是如此，标准能够提高这种技术的可信度，形成一种良性循环。相反，对于不兼容的产品来说，消费者会产生疑惑或恐惧心理，因为害怕被锁定在一个不兼容的、没有前途的产品中，这将延缓这种产品的采用。调频立体声收音机就曾被消费者的这种疑惑所扼杀。还有 56k 调制解调器，直到制造商达成一个通用的标准之前，该产品的市场一直成长缓慢。

第三，标准减少了消费者锁定。如果标准是真正开放的，则消费者对锁定就不必过于担心，他们可以指望将来的竞争。1997 年 6 月，网景在其网页上推出了"开放标准保证"，大力宣传其产品组合的开放性，以使用户相信他们不会被锁定。即使强大的微软也曾公开某些产品的标准，如 XML，以使其顾客相信他们可以与其他用户交换数据。

第四，标准导致争夺市场的竞争和市场内的竞争。正是因为标准减少了锁定，他们把竞争的中心从争夺市场统治地位转移到争夺市场份额。公司的竞争目标不再是市场，而是以共同的标准在同一个市场中竞争。在共同标准存在的情况下，不太可能出现大胆的渗透定价，但是却很可能出现锁定。对消费者来说，最不利的结果之一就是：接收了一个被广泛预期为开放的标准，而到头来却发现全部被锁定了。摩托罗拉在推出公共安全广播设备和调制解调器的时候就受到过这种指责。

第五，标准使竞争从功能之争转向价格之争。由于许多品牌都具有共同的功能，而这共同的功能的数量取决于标准具体到什么程度：标准越具体，每位生产者就越难在遵守标准的同时将自己的产品差别化。因此，尽管标准有利于减少兼容性的问题，导致更强的网络效应，但它也会降低每个供应商将产品差别化的能力，从而加剧价格竞争。出于同样的原因，与供应者相比，消费者一般倾向于更广泛的标准。这样一来，竞争的制造商如果能够忍受一些不兼容以及小一点儿的市场，以减少价格竞争，将竞争更多地集中于产品功能，对各方都会更有利。

第六，标准导致独家扩展功能的竞争。随着时间的推移，供应者会产生很强的动机，在保持一定程度向后兼容的同时，通过开发独家扩展功能使自己与众不同。这就是为什么即使在相对标准化的 PC 平台上也会出现硬件和软件不兼容的原因之一。扩展标准的竞争肯定可以为消费者带来好处，在激烈的竞争中，新功能不断被设计出来，为消费者提供了种种改进。但这样做也会造成产品的不兼容，给消费者带来一定的麻烦。对于那些具有独家权利的拥有者来说，可以利用这些权利来控制技术的发展，从而限制竞争者对技术标准进行扩展的能力。那些发起或建立了一种产业标准的企业应尽可能控制其发展。成功者可以将系统的一些组成部分商品化，同时保证网络效应不会由于不兼容而逐渐丧失。

第七，标准导致竞争的场所从系统转到组件。在一些系统中，如视频和音频设备，不同的组件是兼容的。一家公司可以通过出售最好或最便宜的电视机取得很好的业绩——即使它不出售录像机。同样，另一家公司可以通过出售立体声话筒盈利——即使它不销售接收器或激光唱机。对 PC 也是一样：惠普公司的打印机业务利润非常高，虽然它的电脑销售非常少。索尼的显示器销售业绩非常可观，但是它几乎没有 PC 业务。以此类推，可以得出这样的结论：在具有普遍接受的接口标准的市场中，技术的专业化是有利的；在缺乏兼容的市场中，技术的多样化更易获得成功。

四、案例分析

案例一：

正反馈（需求方的规模经济）

在信息经济中，正反馈以一种新的、更强烈的形式出现，它基于市场需求方，而不仅仅是供应方。考虑一下微软公司。在 1998 年 5 月，微软的市值达 2100 亿美元。这种巨大的价值并不是基于开发软件的规模经济。市场上已有好几种性能与 Windows 95 和 Windows NT 相似（甚至更好）的操作系统，并且开发竞争的操作系统的成本与微软的市值相比简直微不足道。微软的关键应用软件也是一样。微软的统治是基于它的需求方的规模经济。微软的顾客认为它的操作系统有价值是因为它们被广泛应用，是事实上的产业标准。竞争的操作系统达不到能对微软构成威胁的临界容量。与供应方规模经济不同，需求方规模经济在市场足够大的时候不会分散：如果别人全部使用 Microsoft Word，你就更有理由使用它了。

任天堂也是一个很好地利用正反馈创造巨大价值的例子。任天堂 1985 年进入美国家用电视游戏机市场时，这个市场被认为是饱和的；上一代产品的统治公司 Atari 没有什么兴趣重新激活市场。但是在 1986 年的圣诞节，任天堂娱乐系统（NES）成为市场上最热门的玩具。NES 的流行引发了更大的需求，促使更多的游戏开发商为任天堂系统编写游戏，使得这个系统越发具有吸引力。任天堂成功地完成了高科技公司最难以掌握的技巧：在跳进正反馈循环的同时保持对技术的牢固控制。每个独立游戏开发商需向任天堂支付版税。他们甚至承诺在他们的游戏发行两年之内不让竞争的系统使用这些游戏！

资料来源：卡尔·夏皮罗、哈尔·瓦里安著：《信息规则——网络经济的指导》，中国人民大学出版社 2000 年版。

案例二：

锁定的例子
——贝尔大西洋

在 20 世纪 80 年代的中期和晚期，贝尔大西洋公司投资 30 亿美元购买 AT&T 的 5ESS 数字转换器，以运行它的电话网络。这些大型的复杂设备每台售价好几百万美元——它们本质上是与传输系统和其他设备联系在一起的大型计算机。实际上，贝尔大西洋是选择了 AT&T 来把它的电话系统带入数字时代，淘汰了北方电讯（Northern Telecom）和西门子（Siemens）。毫无疑问，在那个时候 AT&T 的转换器看上去非常棒，但是贝尔大西洋是不是预见到了 90 年代中期的事情并且采取步骤来保护自己不被继续锁定呢？

出了什么问题呢？5ESS 转换器采用了一种被 AT&T 控制的封闭的操作系统。因此，每当贝尔大西洋想要增加一项新功能或把这些转换器和新的周边设备相连接时，它就发现自己不得不依靠 AT&T 来提供必要的操作系统升级和开发所需界面。由于对贝尔大西洋来说，更换 AT&T 设备是异常昂贵的，因此，贝尔大西洋就被锁定在 AT&T 转换器中了。

这使 AT&T 处于支配地位。AT&T 手握大权，对它的转换器的广泛升级改良有着垄断的控制。比如，如果贝尔大西洋想让它的系统具有自动辨认以"888"开头的免费电话的功能时，它就必须和 AT&T 进行协商，因为 AT&T 没有向它提供独立开发这种功能所需的计算机编码。由于在谈判中处于有利地位，AT&T 为这种识别 888 号码的软件向贝尔大西洋要价 800 万美元。同样，当贝尔大西洋想要提供"声音拨号"服务，使顾客只需说出名字而不需拨电话号码时，它不得不再次求助于 AT&T，这次它被敲了一千万美元才得到必要的软件。在这两次不幸遭遇中，贝尔大西洋都相信它本来可以以更公道的条件得到软件，可惜它已经没有办法货比三家、寻找必要的改进了。

从 AT&T 的角度看，它的 5ESS 安装基础是一项价值连城的资产，预期将产生很大一笔收入流。根据贝尔大西洋的估计，AT&T 的今后软件升级占它与转换器有关的收入的 30%～40%。贝尔大西洋一家（只是几家大买主

第十一章　网络经济条件下的产业组织

之一）的操作系统升级每年就能为它带来 1 亿美元的进账。此外，AT&T 一直在向贝尔大西洋出售周边设备，大发横财。AT&T 有很强的动机为转换器提供改进和升级，并且对此索取高价。AT&T 通过对封闭式界面的控制，防止别人提供可能与自己竞争的兼容设备，至少在短期内是稳赚不赔的。

贝尔大西洋对 AT&T 在 5ESS 转换器的售后升级和接口上的有利地位是非常不满的。1995 年贝尔大西洋忍无可忍，以垄断的罪名起诉了 AT&T。

为什么贝尔大西洋最后只能忍气吞声了呢？因为如果它试图把 AT&T 的转换器更换成别的供应商的产品的话，就会承担巨大的成本。这些交换器可以用大约 15 年，卸下它们重新安装是非常费钱的。另外，贝尔大西洋花钱买来的用过的转换器价值已经大大降低了，部分原因是因为任何买主都不得不和 AT&T 打交道以获得改进和升级。

这是一个锁定的例子。一旦大西洋贝尔公司购买并且安装了 AT&T 的转换器，它就被 AT&T 锁定了——这就是说，它要想有效地使用转换器，就必须依靠 AT&T。换句话说，贝尔大西洋如果要把 AT&T 的设备换成另一种品牌的设备，就得承受巨大的转移成本。

资料来源：卡尔·夏皮罗、哈尔·瓦里安著：《信息规则——网络经济的指导》，中国人民大学出版社 2000 年版。

案例三：

信息时代的标准战争
——调频立体声

一些战争没有胜利者，调频立体声之争就是一个很好的例子。调频立体声未能在 20 世纪 80 年代推广就是一个很好的没有赢家的战争的例子。早在 1959 年，就有人向电讯委员会发出请求要采用调频立体声标准。到 70 年代末期，几种不兼容的系统在竞争通讯委员会的认可，它们分别由 Magnavox、摩托罗拉、Harris、Blelar 和 Kahn 支持。通讯委员会在 1980 年为了应付各方面的抗议，挑选了 Magnavox 系统。通讯委员会吸取了在彩电上惨败的教训，在 1982 年收回了其决定，以 6 比 1 的投票决定"让市场来选择"。这五种标准中的四种开始在市场上竞争,试图吸引到广播电台和收音机制造商的支持。

由于广播业本身就分割得很厉害,市场中最关键的参与者是通用汽车的子公司 Delco Electronics,它是占统治地位的收音机制造商。Eelco 选择了摩托罗拉系统。当时估计调频立体声将使一个汽车收音机的零售价格增加 20~40 美元。但是广播电台看不到什么理由投资于这种设备,尤其是这种技术能否普及还是一个未知数。大约有 30% 的广播电台以"市场混乱"为由不播出立体声节目。被提到次数第二多的理由是"听众不足",两个理由实际上是一回事。

我们从这个案例中得到了几个教训。第一,这提醒我们,不兼容的竞争方式可能会扼杀或延迟技术的成长。第二,一种新技术要想获得起飞的动力,一定要为市场增加足够多的价值。第三,调频立体声的经历显示,当一种技术的采用需要多个群体的购买者(汽车公司/司机和广播电台)协调时,这个过程就会变得非常困难。第四,这个例子显示,最好的策略是摩托罗拉的方法,即集中于关键的买家——汽车制造商,尤其是 Delco。第五,我们非常遗憾地指出,相邻的广播电台甚至无法在自己的地域选择同一种技术,这部分是由于国家广播公司协会警告其成员这种类型的协作可能会触犯反垄断法。

资料来源:卡尔·夏皮罗、哈尔·瓦里安著:《信息规则——网络经济的指导》,中国人民大学出版社 2000 年版。

案例四:

微软垄断案

微软公司是全世界知名公司。只要是提到 IT,人人都会第一个想起微软。全世界各地的个人电脑中有 90% 运行微软的视窗操作系统;几乎所有的办公软件都是微软生产的。但是即使是这样一个对美国新经济增长有举足轻重作用的功臣也难逃反垄断的宿命。

微软垄断案曾经轰动一时,但要追溯其起因却由来已久。1980 年 IBM

第十一章　网络经济条件下的产业组织

选择微软公司为其第一台个人电脑开发操作系统——MS-DOS。这是微软发家的第一步。1990 年美联邦贸易委员会对微软和 IBM 之间可能的"合作"进行调查，但不久就陷入僵局，最后只能停止调查。1994 年 7 月 15 日，美国司法部与微软达成一项协议：反对微软在发放视窗许可证方面的某些做法，并且进行了限制，微软也同意改变与个人电脑制造商签订的合同，并取消对其软件生产商的限制。

1994 年 4 月，网景公司（Netscape）使全球用户都可以通过其航行者（Navigator）浏览器接入互联网。微软公司要求将其纳入 Windows 系统遭到拒绝。为打击对手，微软公司开发了名为探索者（Explorer）的互联网浏览器并供消费者免费使用，同时要求个人电脑制造商如要安装 95 视窗操作系统，必须在该系统上安装 explorer 浏览器。这一举动大大打击了网景公司，使其市场份额下降到不足 2/3。从此微软的视窗操作系统都直接包含了 IE 浏览器。

1997 年 10 月，微软的捆绑销售行为给它带来了厄运。美国司法部指控其违反了 1994 年的协议，并称微软的这一行为是"滥用垄断地位"，目的在于利用其视窗操作系统的主体地位获得在浏览器市场上的不公平优势，最终是为了保护其在操作系统市场上日渐衰退的垄断地位。IBM 和康柏也提供了一些证据和信件，证明微软曾提醒他们双方在视窗 95 的许可证中要求必须安装 IE。康柏公司声称，1996 年他们曾经把部分机型换成"Navigator"，但是微软拿视窗相威胁，最后只好作罢。但是同时微软提供的证据显示，在 1994 年与司法部达成的协议时，司法部就已经知道会在视窗操作系统中安装 IE 浏览器。稍后微软召开新闻发布会为自己辩护，展示了视窗 95 的结构，证明 IE 只是其一部分，而不是单独的产品。12 月 15 日，托马斯·潘菲尔德·杰克逊法官于 12 月 11 日发布指令，要求微软停止将 IE 浏览器与 Windows95 或者其任何版本操作平台进行捆绑销售。微软表面上表示会遵守法庭判决，给每个电脑制造商发出一封信，建议他们不必安装 IE 浏览器，并表示会出售符合禁令的不含 IE 浏览器的视窗修订版。但是他后来的行为却惹恼了司法部和杰克逊法官。表面上微软提供了视窗的修订版，但同时也表示该修订版无法运行，而且暗地里同制造商交货时只是隐瞒 IE 图标企图蒙混过关。这样司法部做出一项反其道而行之的决定，他们同意微软提供一个有 IE 浏览器的视窗 95 的版本，但要求其将图标隐藏令使用者很难找到。这个决定的出台至少表示司法部已经认可 IE 浏览器和视窗是不可分割的。但是司法部仍然认为微软的行为是藐视法庭。正是微软的这种傲慢的态度惹恼了杰克逊法官，为即将到来的拆分厄运埋下了导火索。

1998年美国司法部与20个州一起指控微软从事反竞争商业行为。这期间，正值Windows98即将推出市面，微软当然会积极的上诉，期间，比尔·盖茨曾多次在公开场合表示视窗缺少IE浏览器，其主要功能将受到影响，进一步将危害美国经济的发展。6月23日上诉法院认为地方法院没有给微软辩护的机会，裁定微软胜诉，驳回了杰克逊法官的禁令。6月28日含有IE浏览器的Windows98问世。10月19日杰克逊法官就微软从事反竞争商业行为并违反美国反垄断法一案开庭审理。原告对微软的指控主要包括：第一，向电脑制造商提供视窗操作系统的时候要求其将IE浏览器同时装入电脑，这种搭配行为意在垄断浏览器市场；第二，与主要因特网公司签订协议，禁止这些公司推销其竞争对手的产品；第三，微软曾于1995年向网景公司提出瓜分浏览器市场，即微软占有视窗操作系统的浏览器市场，网景公司占有其他操作系统的浏览器市场，但是遭到了网景公司的拒绝。微软公司搬出其内部文件，试图证明在它还不知道网景为何物的时候就已经计划将IE浏览器并入视窗操作系统了。

期间美国政府也同微软公司进行过庭外和解，未果。2000年4月3日，杰克逊法官裁定微软公司违反反垄断法，主要认定以下几个方面：①微软公司利用其视窗操作系统垄断市场严重违反了反托拉斯法；②微软公司企图垄断浏览器市场；③将浏览器与操作系统捆绑销售，违反《谢尔曼法》第一条。

法院的最终裁决如下：①将微软拆分为两个独立的公司，一个经营电脑操作系统；②公开源代码，使竞争对手能用自己的软件分享视窗系统；③公平竞争，禁止对本公司软件进行倾销；④成立众多小微软公司。

对此裁决，微软公司当然会不遗余力的上诉从而延长公司被拆分厄运到来的时间。上述法院对美国政府对微软的垄断诉讼提出了质疑，声称肢解微软只会导致出现又一家在市场上占据主导地位的大公司。2000年6月28日，美国哥伦比亚特区联邦上诉法院以7:0表决结果驳回地方法院做出的判决。6月29日美国上述法院对微软垄断案做出重大裁定，推翻了地方法院的分拆判决，并决定不受理微软企图垄断浏览器市场的起诉。上述法院认为此案历经6年时间，对于更新换代如此之快的信息产业来说，这一反垄断案已失去现实意义。微软同时也认为，新旧经济时代反竞争的标准是一样的，但是对垄断的界定显然是不同的。3个月后美国司法部宣布，该部将不再寻求拆分的方法来处罚微软公司，同时还将撤销有关微软非法

第十一章　网络经济条件下的产业组织

将操作系统与浏览器捆绑销售的指控。2001年11月，美国司法部与微软公司达成和解协议，微软将允许PC厂商决定在桌面上显示的程序图标，同时还必须与其他软件商共享Windows操作系统更多的内部工作原理。虽然原告中有九个州不愿意接受这个协议，但是2002年11月1日，美国华盛顿联邦法院做出裁决，批准和解条款中的大部分，并驳回九个州的对微软采取严厉处罚的要求。这表示，微软的垄断地位在未来5年内有了法律保证。这场从1998年10月开始的历时4年的官司宣告结束。在这场长期对垒中，微软赢得十分彻底，2002年11月4日，盖茨持有的6.17亿股微软股票的市值上扬了19亿美元；《福特斯》杂志的2002年度富翁排名，盖茨仍然雄居榜首，资产总额430亿美元。

　　事后有人认为微软之所以能够渡过拆分危机除了肯大把地花银子外，还和政治有很大因素。①在微软上诉期间，微软聘请小布什的自身顾问利德作为说客，而且小布什在竞选时就公开表示不支持拆分微软。②在大选中，微软十分慷慨地增加了政治捐款，总数达110万美元，其中共和党占有60%，由于布什在竞选时同情微软，在当选后虽然不能直接干涉法院，但通过言论给司法部施加压力，从而对微软形成有利地位。

　　资料来源：改编自洪恩在线：《微软垄断案》，网址：http：www.hongen.com/Proedu/flxy/zjft/zhuizong/index.html。

第十二章 产业结构

一、内容提要

产业分类有五种方式，即：两大部类分类法、三次产业分类法、标准产业分类法、生产结构产业分类法、按要素的集约程度分类法。在产业结构的演变过程中，经济发展水平、劳动力的流动和经济发展速度对产业结构的演变都有影响。在产业结构中，主导产业一般是指在产业结构系统中处于带头地位的产业。主导产业选择的基准主要有需求收入弹性基准、生产率上升基准、关联度基准、过密环境基准和劳动内容基准、增长后劲基准和瓶颈效应基准等。由于区域经济发展的不平衡普遍存在，区域间产业结构的比较主要是产业结构的相似性和差异性。在产业结构的变化过程中，通过适当的途径产业结构可以向高度化和合理化方向发展。影响产业结构高度化的因素主要是供给、需求和环境，产业合理化的内容主要涉及产业素质、产业联系、产业地位和产业的供需状况。

二、复习思考题

（一）名词解释

1. 三次产业分类法
2. 标准产业分类法
3. 主导产业
4. 配第—克拉克定律

5. 霍夫曼系数
6. 霍夫曼定律
7. 产业结构高度化
8. 主导产业的选择基准

（二）单项选择题

1. 主导产业选择的赫希曼基准是指（　　）。
   A. 需求收入弹性基准　　　　　　B. 生产率上升基准
   C. 关联度基准　　　　　　　　　D. 增长后劲基准
2. 首次提出"主导产业"概念的经济学家是（　　）。
   A. 罗斯托　　　　　　　　　　　B. 筱原三代平
   C. 赫希曼　　　　　　　　　　　D. 库兹涅茨
3. 为了统一国民经济的统计口径，联合国标准产业分类法（SIC）将全部的经济活动分为（　　）项。
   A. 3　　　　　　　　　　　　　　B. 10
   C. 12　　　　　　　　　　　　　 D. 25
4. 日本学者赤松 1960 年提出的"雁行产业发展形态说"是用来说明（　　）。
   A. 后进国技术集约化过程
   B. 后进国主导产业的选择标准
   C. 后进国产业结构的重工业化和高加工度化过程
   D. 后进国劳动力就业状况的演进过程
5. 库兹涅茨与罗斯托关于现代经济增长的本质问题的争论可以归纳为（　　）。
   A. 经济增长过程中农业与工业的关系
   B. 经济增长过程中总量过程与部门过程的关系
   C. 经济增长过程中轻重工业的关系
   D. 经济增长过程中进口与出口的关系

（三）多项选择题

1. 霍夫曼的产业分类法包括（　　）。

A. 消费资料工业　　　　　B. 资本资料工业
C. 其他工业　　　　　　　D. 轻工业
E. 重工业

2. 影响产业结构变化的供给方面的因素（　　）。
A. 资源禀赋　　　　　　　B. 人口因素
C. 技术进步　　　　　　　D. 资金供应状况
E. 环境因素

3. 影响产业结构变化的需求方面的因素（　　）。
A. 人均收入水平的变化　　B. 消费和投资的比例
C. 国际贸易因素　　　　　D. 国际投资
E. 商品供应

4. 主导产业具有以下特征（　　）。
A. 引入创新　　　　　　　B. 发展稳定
C. 高增长率　　　　　　　D. 容易受其他产业诱导
E. 创造新的需求

5. 目前我国理论界在论证产业结构是否合理方面，主要有以下几个判断标准（　　）。
A. 钱纳里等人倡导的标准产业结构　　B. 需求结构基准
C. 产业间比例平衡基准　　　　　　　D. 三次产业标准
E. 农轻重比例

（四）辨析题

1. 从配第—克拉克定律我们知道，随着经济的发展，第一产业与第二产业会逐步萎缩，第三产业会逐步壮大。

2. 自然条件、人口、技术进步、国际贸易、国际投资等诸多需求因素都会影响到产业结构的变动。

3. 主导产业应该有较快的发展速度。

4. 产业结构的优化过程包括产业结构的高度化过程，然后在此基础上开始进入产业结构的合理化过程。

5. 尽管理论上可以把产业结构的调整机制分为市场机制和计划机制，但各国是基于实际将二者有机结合起来。

第十二章 产业结构

（五）简答题

1. 产业结构变化的一般规律有哪些？
2. 何谓主导产业？
3. 如何选择主导产业？
4. 简述产业结构合理化的基准。
5. 产业结构合理化的调整机制有哪些？

（六）论述题

1. 影响和决定产业结构的因素有哪些？
2. 试述产业结构升级的动因。

三、复习思考题参考答案

（一）名词解释

1. 三次产业分类法：三次产业分类法是费希尔提出的，第一次产业是和人类第一个初级生产阶段相对应的农业和畜牧业；第二次产业是和工业的大规模发展阶段相对应的、以对原材料进行加工并提供物质资料的制造业为主的产业；第三次产业是以非物质产品为主要特征的包括商业在内的服务业。在此基础上，经过科林·克拉克的研究运用，直接从自然界获取产品的物资生产部门属于第一产业，加工取自于自然界的物资生产部门属于第二产业，从第一和第二产业生产活动中衍生出来的非物资生产部门属于第三产业。

2. 标准产业分类法：为了统一国民经济的统计口径，联合国把全部的经济活动分成十大项，每大项又分成若干中项、小项、细项，形成大、中、小、细四个层次。其十大项目是：（1）农业、狩猎业、林业和渔业；（2）矿业和采石业；（3）制造业；（4）电力、煤气和供水业；（5）建筑业；（6）批发与零售业、餐馆和旅店业；（7）交通业、仓储业和邮电业；（8）金融业、不动产业、保险业和商业性服务业；（9）社会团体、社会及个人的服务业；（10）不能分类的其他活动。

3. 主导产业：在经济发展的不同阶段和不同的产业结构中，各产业的发展速度是不同的。整个经济的增长率在一定意义上是某些关键产业（包括产业部门）的迅速增长所产生的直接或间接的效果。这些关键产业就被称为主导产业。主导产业一般是指在产业结构系统中处于带头地位的产业，这些产业的状况在很大程度上决定了该产业结构系统未来的发展方向和模式。

4. 配第—克拉克定律：配第—克拉克定律主要研究经济发展和产业结构变化的关系，尤其是在经济发展过程中劳动力变化的规律。随着经济的发展，即人均国民收入水平的提高，劳动力首先由第一产业向第二产业转移；当人均国民收入水平有了进一步提高时，劳动力便向第三产业转移；劳动力在产业间的分布状况是，第一产业将减少，第二产业和第三产业将增加。

5. 霍夫曼系数：将消费资料工业净产值（或称附加值）与资本资料工业净产值之比称之为霍夫曼系数，霍夫曼系数 = $\dfrac{消费资料工业的净产值}{资本资料工业的净产值}$。

6. 霍夫曼定律：德国经济学家霍夫曼对工业化过程中的重工业化问题做了周密的统计分析，分析了消费资料工业和资本资料工业的比例关系。随着工业化的进程，霍夫曼系数是不断下降的。

7. 产业结构高度化：产业结构的高度化是指产业结构系统从较低级的形式向较高级形式的转换过程，也可将其称为产业结构的升级。

8. 主导产业的选择基准：选择主导产业时应当首先有明确的基准，即这些主导产业是基于怎样的考虑进行选择的。首先，需要考虑的是本国的国情。其次，根据一些制定过产业政策的国家的经验，在选择主导产业时还可以参考另外一些选择基准，如需求收入弹性基准、生产率上升基准、关联度基准、过密环境基准和劳动内容基准，以及短替代弹性基准、增长后劲基准和瓶颈效应基准等。

（二）单项选择题

1. C   2. A   3. B   4. C   5. B

（三）多项选择题

1. ABC   2. ABCDE   3. ABCD   4. ACE   5. ABC

第十二章 产业结构

(四) 辨析题

1. 从配第—克拉克定律我们知道，随着经济的发展，第一产业与第二产业会逐步萎缩，第三产业会逐步壮大。

答：这句话不正确。随着经济的发展，即人均国民收入水平的提高，劳动力首先由第一产业向第二产业转移；当人均国民收入水平有了进一步提高时，劳动力便向第三产业转移；劳动力在产业间的分布状况是，第一产业将减少，第二产业和第三产业将增加。

2. 自然条件、人口、技术进步、国际贸易、国际投资等诸多需求因素都会影响到产业结构的变动。

答：这句话不正确。任何影响经济发展的因素都可能影响到产业结构的变化，但自然条件、人口、技术进步属于供给方面的因素。

3. 主导产业应该有较快的发展速度。

答：这句话正确。在经济发展的不同阶段和不同的产业结构中，各产业的发展速度是不同的。主导产业一般是指在产业结构系统中处于带头地位的产业，这些产业的状况在很大程度上决定了该产业结构系统未来的发展方向和模式。主导产业能够更迅速、更有效地吸收创新成果，满足不断增长的市场需求，并获得较高和持续的发展速度。

4. 产业结构的优化过程包括产业结构的高度化过程，然后在此基础上开始进入产业结构的合理化过程。

答：这句话不正确。产业结构优化是指通过产业调整，使各产业实现协调发展，并满足社会不断增长的需求的过程。产业结构的优化过程主要是产业结构的高度化过程和产业结构的合理化过程。合理化是高度化的基础，没有合理化，产业结构的高度化就失去了其基本的条件，不但达不到升级的目的，反而有可能发生结构的逆转。高度化是合理化进一步发展的目的，合理化的本身就是为了使产业结构向更高层次进行转化，失去了这一目的，合理化就没有其存在的意义了。

5. 尽管理论上可以把产业结构的调整机制分为市场机制和计划机制，但各国是基于实际将二者有机结合起来。

答：这句话正确。市场调节机制比较准确、稳妥，又比较灵敏，但却是事后调节，成本较大，时滞较长；计划调节机制具有事前主动性，调整成本较小，但却有欠准确、市场摩擦较大等弊端；因此，单独使用其中一种调节方式，难以达到产业结构合理化的目的。目前，世界各国基本是两种形式结合使用，只是侧重点有所不同而已。

(五) 简答题

1. 产业结构变化的一般规律有哪些?

答：在不同的经济发展过程中，有特定的主导产业在支配着经济的运行，主导产业的种类决定了产业结构的主要类型和产业结构变化的规律，按照主导产业的特点，产业结构变化的一般规律是：

(1) 在农业为主导的阶段，农业比重占有绝对地位，第二三产业的发展均很有限，产业结构的变化速度慢，产业结构保持相对稳定状态。

(2) 在轻纺工业为主导的阶段，轻纺工业由于需求拉动、技术要求简单、从第一产业分离出来的劳动力便宜等有利因素得到较快发展；第一产业的发展速度有所下降，地位有所削弱；重化工业和第三产业的发展速度较慢，这时轻纺工业取代农业成为主导产业，产业结构出现一定的变化。

(3) 原料和燃料动力等基础工业为重心的重化工业阶段，农业产值在国民经济中的比重已经很小；轻纺工业继续发展，但速度逐渐放慢；以原料、燃料、动力、基础设施等基础工业为重心的重化工业首先得到较快发展，并逐渐取代轻纺工业的位置成为主导产业。这些基础工业都是重化工业的先行产业或制约产业，必须优先发展才不至于成为制约其他重化工业发展的瓶颈产业。在这一阶段，不同产业的变化速度发生了差异，重工业的产业变化速度加快，轻工业的产业变化速度减慢。

(4) 在低度加工组装型重化工业为主导的阶段，传统型、技术要求不高的机械、钢铁、造船等低度加工组装型重化工业发展速度较快，其在国民经济中的比重越来越大，并成为主导产业。

(5) 在高度加工组装型工业为主导的阶段，由于高新技术的大量应用，传统工业得到改造，技术要求较高的精密机械、精细化工、石油化工、机器人、电子计算机、飞机制造、航天器、汽车及机床等高附加值组装型重化工业有较快发展，成为推动国民经济增长的主要推动力。这些产业在 GDP 中的比重占有较大份额，同时增幅较大，成为国民经济的主导产业。

(6) 在第三产业为主导的阶段，第二产业的发展速度有所放缓，比重有所下降，特别是传统产业的下降幅度较快；但内部的新兴产业和高新技术产业仍有较快发展。整个第二产业内部结构变化较快，但比重已不占有主导地位。第三产

第十二章 产业结构

业包括服务业、运输业、旅游业、商业、房地产业、金融保险业、信息业等的发展速度明显加快，并在 GDP 中占有较大或主要份额，成为国民经济的主导产业。

(7) 在信息产业为主导的阶段，信息产业获得长足发展，特别是信息高速公路的建设和国际互联网的普及，推动了信息业的快速发展。这一时期，信息产业成为国民经济的支柱产业和主导产业。人们也常把这一阶段称为后工业化社会或工业化后期阶段。

2. 何谓主导产业？

答：整个经济的增长率在一定意义上是某些关键产业（包括产业部门）的迅速增长所产生的直接或间接的效果。这些关键产业就被称为主导产业。主导产业一般是指在产业结构系统中处于带头地位的产业，这些产业的状况在很大程度上决定了该产业结构系统未来的发展方向和模式。主导产业能够最迅速、最有效地吸收创新成果，满足不断增长的市场需求，并获得较高的和持续的发展速度。主导产业与非主导产业相比，具有以下的特征：一是能引入创新并创造新的市场需求；二是具有持续的高增长率；三是对其他产业的增长有直接和间接的诱发作用。

3. 如何选择主导产业？

答：选择主导产业时应当首先有明确的基准，即这些主导产业是基于怎样的考虑进行选择的。主导产业的选择基准应根据一国产业结构的发展阶段、吸收消化能力、经济效益等因素确定。首先，需要考虑的是本国的国情。其次，根据一些制定过产业政策的国家的经验，在选择主导产业时还可以参考另外一些选择基准，如需求收入弹性基准、生产率上升基准、关联度基准、过密环境基准和劳动内容基准，以及短替代弹性基准、增长后劲基准和瓶颈效应基准等。

(1) 需求收入弹性基准。

需求收入弹性基准是日本学者筱原三代平在日本经济高速增长时期提出的选择主导产业的标准之一。需求收入弹性是需求增长率与收入增长率之比，表示需求增长对收入增长的依赖程度。以需求收入弹性作为基准，就是优先发展那些收入弹性较大的产业，以满足社会迅速增长的需求。可见社会需求收入弹性基准是以满足社会的需求为出发点来考虑的，这种需求变化反映经济运动过程中内在的客观要求。

(2) 生产率上升基准。

生产率上升基准也是筱原三代平提出的。其基本思想是从供应角度对主导产业进行选择,将那些最具生产率提高潜力,而且由于生产率的提高能够成为具有最大相对优势的产业作为主导产业。这里的生产率是指产出对全部投入要素之比。选择全要素生产率上升快的产业作为主导产业,有利于提高一国产品的出口竞争力和资源的利用效率。

(3) 关联度基准。

关联度基准是赫希曼在 1958 年提出的。赫希曼根据发展中国家的经验指出,在产业关联链中必然存在一个与其前向产业和后向产业在投入产出关系中关联系数最高的产业,这个产业的发展对其前、后向产业的发展有较大的促进作用。因此,将这个产业作为主导产业有利于带动其他产业的同时发展。

另外,还有过密环境基准、劳动内容基准、短替代弹性基准、增长后劲基准和瓶颈效应基准等。

4. 简述产业结构合理化的基准。

答:目前我国理论界在论证产业结构是否合理方面,主要有以下几个判断标准:

(1) 国际基准。

即以钱纳里等人倡导的标准产业结构为依据,来判断经济发展的不同阶段上的产业结构是否达到了合理化。以大量的历史数据进行统计回归所得出来的产业发展的标准产业结构,确实能够反映产业结构变动的一般规律,从而可以被用来作为认识和判断各国产业结构变动是否合理的参照系。但是,这种"标准结构"的参照系,至多只能作为判断产业结构是否合理的一种粗略的依据,而不能成为一种绝对的判断标准。原因是标准产业结构是通过各国同一发展阶段上产业结构的统计资料进行回归分析得出的,而各国在不同经济时期和经济发展环境变化较大的情况下,如所处的国际经济环境、国内资源禀赋、劳动力的素质和技术水平,以及所选择的发展战略是各不相同的,因而很难有统一的发展模式和产业结构,所以很难用一种标准模型来判断不同时期各国的产业结构是否合理。

(2) 需求结构基准。

即以产业结构和需求结构相适应的程度作为判断产业结构是否合理的标准。两者适应程度越高,则产业结构越合理;相反,两者不适应或很不适应,则产业结构不合理。如前所述,畸形的产业结构意味着它同需求结构的严重背离,在此意义上,此基准有其合理性。但是,单纯以此基准来判断产业结构是否合理具有一定的片面性,因为我们首先要确定需求是否正常,在需求正常的前提下,才可以对产业结构是否合理进行判断。若需求畸形,则供需之间存在差距是正常的;

第十二章 产业结构

若产业结构适应畸形的需求发生变动,则这种变动恰恰是不合理的。

(3)产业间比例平衡基准。

即以产业间的比例是否平衡作为判断产业结构合理与否的标准。从理论上说,经济增长是在各产业协调发展的基础上进行的,产业之间保持比例平衡是经济增长的基本条件。但是,不能将此基准绝对化,认为无论何时何地产业结构都要保持这种比例平衡才是合理的。事实上,在经济的非均衡增长情况下,各产业部门的增长速度是不同的,有的高速增长,有的低速增长,从而导致相互之间的比例发生变化,出现结构不平衡。一般情况下,这是正常的,只有那种超越了一定界限的结构失衡,才会导致经济不能正常运行,才是真正的结构不合理。

上述三种判断基准从不同角度来考察产业结构是否合理,既有其科学性,又有其各自的局限性。国际基准忽视了经济条件的不同,需求结构基准将供需的适应性作为唯一的判断标准,产业间比例平衡基准忽略了经济非均衡增长对产业间比例的积极影响。因此,不能将其中某一基准作为判断产业结构是否合理的绝对基准,而应全面考察,综合运用。

5. 产业结构合理化的调整机制有哪些?

答: 产业结构之所以从不合理向合理化的方向发展,其动力是结构调整过程中收益的存在。但在不同的结构调整机制中,结构调整动力的表现形式是不同的。产业结构调整机制是一种根据现有产业结构状态,通过输入某种信号和能量,引起结构的变动,从而形成新的产业结构状态的作用过程。根据输入信号的性质和调整方式的类型,理论上可以把产业结构的调整机制分为市场机制和计划机制。

(1)产业结构调整的市场机制。

市场机制调整产业结构在很大程度上是一种经济系统的自我调整过程,即经济主体在市场信号的引导下,通过生产资源的重组和在产业部门间的流动,使产业结构尽可能适应需求结构变动的过程。由于种种原因,需求结构发生了变化,从而破坏了原有的供需结构,使某些产品供给大于需求,而某些产品需求大于供给,从而引起这些产品的价格发生相对的波动,当价格波动幅度达到一定程度,超过生产资源转移的临界点(转移后收益=转移成本+机会成本)时,产品价格下降部门的资源就会转移到产品价格上涨的部门,直到形成供给结构和需求结构之间新的平衡点为止。在这一产业结构调整过程中,产业结构变动的信号就是市场价格,动力是无数分散的经济主体对增加利润和避免损失的追求。

(2)产业结构调整的计划机制。

产业结构的计划调整机制是一种对经济系统的调控过程，即政府向经济系统输入某种信号，直接进行资源在产业间的配置，使产业结构得以变动的过程。政府机关根据现有产业结构的状况和对产业结构变动的预测，从经济发展的总体目标出发，通过纵向等级层次向经济主体发布指令，以调整产业部门间的供求关系。这些指令通常有两种类型：一类是直接对企业的生产数量加以要求；另一类是通过变动各部门的投资计划来调整资产增量在产业间的配置，从而变动产业结构。在这一产业结构调整过程中，结构变动的信号是政府的计划数量或指令，动力是政府对经济持续、稳定、协调增长的追求。

(3) 产业结构的市场调节机制和计划调节机制。

市场机制和计划机制各有其优点及局限性，市场调节机制比较准确、稳妥，又比较灵敏，但却是事后调节，成本较大，时滞较长；计划调节机制具有事前主动性，调整成本较小，但却有欠准确，市场摩擦较大等弊端；因此，单独使用其中一种调节方式，难以达到产业结构合理化的目的。只有把两者很好地结合起来，才能使产业结构向合理化的方向调整。目前，世界各国基本没有哪一个国家采用单一的市场调节形式或计划调节形式，而是两种形式结合使用，只是侧重点有所不同而已。

(六) 论述题

1. 影响和决定产业结构的因素有哪些？

答：产业结构的变化不是孤立的，任何影响经济发展的因素都可能影响到产业结构的变化，把众多的影响因素进行归类，可以分为供给因素和需求因素两大类。

1. 供给因素对产业结构变动的影响。

供给因素从广义上来说包括自然条件和资源禀赋、提供劳动力的人口、投资（包括国内资金供应和外来投资）、商品供应、进口、技术进步等，也包括国内和国际的政治、经济、法律等环境，还包括体制和人的思想、观念等因素，这些因素的变动往往会引起产业结构的变动。

(1) 自然条件和资源禀赋。

一个国家的自然条件和资源禀赋对该国产业结构的形成与变化有重要的影响，一般情况下，自然资源丰富的国家其产业结构或多或少地具有资源开发型的特性，而资源匮乏的国家就不可能形成资源开发型的产业，最多只能成为资源加

第十二章 产业结构

工型的产业结构。

(2) 人口因素。

从供给的角度来说，人口因素影响着劳动力的供给程度和人均资源拥有量以及可供给能力的程度。劳动力资源的多寡和劳动力素质的高低也决定了一国产业结构调整的方向和产业的发展战略。

(3) 技术进步。

科技进步是推动一国产业结构变化的最主要因素之一，一国的产业结构表现为一定的生产技术结构，生产技术结构的进步与变动都会引起产业结构的相应变动，一旦技术发生变革，产业结构将会发生与之相适应的改变。

(4) 资金供应状况。

资金供应对产业结构变动的影响，一方面包括资金的充裕程度对产业结构的影响，另一方面包括资金向不同产业部门的投向偏好对产业结构的影响。前者主要受经济发展水平、社会发展水平、储蓄率、资本积累等诸多因素的影响；后者主要受投资倾斜政策、投资者的投资偏好、利率、资金回报率等方面的影响。投资结构决定了资源在不同产业部门的配置量，从而对产业结构的形成和变化产生影响。

(5) 商品供应状况。

对产业结构变动产生较大影响的商品包括原料品、中间投入品、零部件、进口品等商品。一般情况下，后向关联系数越大的产品对产业结构的影响就越大。从广义的角度来说，商品供应还包括电力、原料、燃料的供应，服务的提供，技术的供应等更广的范围，这些商品的供应在很大程度上受制于基础工业、上游工业、后向关联产业的技术水平和产业发展水平。这些产业的技术水平和发展水平影响着产业结构的变动。从发达国家的实践来看，产业结构的高度化也是在基础产业、上游产业或后向关联系数较大的产业得到了一定程度的发展以后，下游产业或前向关联系数较大的产业才能得到比较大的发展。

(6) 环境因素。

环境因素包括国内环境因素和国际环境因素，或称作政治、经济、社会、法律、文化等环境因素。文化环境对产业结构的影响也很大。

2. 需求因素对产业结构变动的影响。

(1) 消费需求。

消费需求变动与人口数量、人均收入水平、经济发展周期、经济发展水平、社会发展水平和技术水平等因素密切相关。需求变化一是需求总量的增长，二是需求结构的变化。需求总量与结构变化都会引起相应产业部门的扩张或缩小，也会引起新产业部门的产生和旧产业部门的衰落。从总量角度来考虑，人口数量的增加和人均收入水平的提高都会扩大消费需求。经济发展水平、社会发展水平和技术水平的不同，消费水平通常也会不同。在不同的经济发展周期，各种消费需求也会出现波动。从结构角度来考虑，需求结构对产业结构变化的影响最为直接，需求结构的变化促使生产结构和供给结构发生相应变化，从而导致产业结构的相应变化。需求结构包括个人消费结构、中间需求和最终需求的比例、消费和投资的比例等几个方面。

（2）投资需求。

投资是企业扩大再生产和产业扩张的重要条件之一。资金向不同产业方向投入所形成投资配置量的比例就是投资结构。不同方向的投资是改变已有产业结构的直接原因，新的需求投资，将形成新的产业而改变原来的产业结构；对部分产业投资，将推动这些产业比未投资的部分产业以更快的速度扩大，从而影响原有产业结构；对全部产业投资，但投资比例不同，则会引起各产业发展程度的差异，导致产业结构的相应变化。由于投资是影响产业结构的重要因素，所以，政府往往采用一定的投资政策，通过调整投资结构，来达到产业结构调整的目标。

（3）国际贸易因素对产业结构的影响。

社会分工打破国家界限，导致了国与国在资源、产品、技术、劳务等方面的交换，即国际贸易。国际贸易是通过本国产品出口刺激本国需求增长和外国产品的进口以增加国内供给来影响本国产业结构的。进出口贸易有利于各国发挥自己的比较优势，获得比较利益。进出口贸易对产业结构的主要影响有：资源、商品、劳务的出口，对国内相关产业的发展起推动作用；国内紧缺资源、劳务的进口，可以弥补本国生产该类商品的产业不足，同时进口某些新产品、新技术还对开拓本国市场、为本国发展同类产业创造有利条件，有利于推动本国产业结构的高度化。当然，有些商品的进口，也可能会对本国某些产业的发展起抑制作用。

（4）国际投资因素对产业结构变动的影响。

国际投资也是影响产业结构变动的一个重要因素。国际投资包括本国资本的流出，即本国企业在外国的投资；以及外国资本的流入，即外国企业在本国的投资。对外投资会导致本国产业的对外转移，外国投资则促使国外产业的对内转移。这两方面都会引起国内产业结构的变化。外国直接投资对国内产业结构的影响更为直接和深远，表现在三个方面：一是外资企业直接决定生产什么，生产多少。产品品种的变化和数量的变化会直接改变原来的产业结构。二是外资企业中间产品的供应结构和最终产品的销售结构的变化会直接影响到国内产业结构的变化。外资企业进入国内市场以后，其中间产品的供应可以来自国内，也可以来自

第十二章 产业结构

国外;其最终产品可以在国内销售,也可以在国外销售。这样,外资企业的经营活动导致国内供应结构和需求结构的改变,从而促使国内产业结构发生变化。三是外资企业的技术创新间接地影响一个国家或一个地区的产业结构。

(5) 其他因素对产业结构变动的影响。

产业结构的变化除了受到上述各种供给因素和需求因素的影响外,还受到政府经济政策和市场等因素的影响。产业结构的变化受到政府产业政策的影响最直接,产业政策是指导产业发展和产业结构调整的最主要依据。为了实现政府制定的经济发展目标,政府通过制定产业发展战略和政策来鼓励或限制某些产业的发展,产业结构因此而相应变动。政府可以对影响产业结构变动的诸因素进行调整,包括通过政府投资、管制等措施,通过制定财政、货币等政策,通过立法、协调等手段调整供给结构、需求结构、国际贸易结构和国际投资结构,进而影响产业结构。

市场是社会资源配置的重要手段,市场给出信号直接引导人们的投资与消费行为,从而影响产业结构的变动。因此,市场法规与机制的完善程度也成为影响产业结构的因素之一。

2. 试述产业结构升级的动因。

答:产业结构升级的动因包括一般动因和直接动因两种。

1. 产业结构升级的一般动因。

产业结构升级的一般动因,可从影响产业结构的诸因素中寻找。如果我们将一国的产业结构看成一个系统,则影响一国产业结构的因素,可概括为以下三个方面:

(1) 供给。

这是作为系统的产业结构对其能正常运行而要求对系统的要素输入。供给包括了劳动力的供给、技术的供给、自然资源的供给和资金的供给等。要素供给在总量上和结构上的不同,将影响到产业结构的运行效率和内部构成,显然也将影响产业结构的升级。

(2) 需求。

在将一国产业结构看做一个系统的同时,也可将其视为一个资源转换器。它一方面从系统外部吸收各种要素,另一方面则根据市场的要求,向系统外部输出各种产品。在某种程度上,需求比供给对产业结构的影响更大,因为市场需求直接引导产业结构这一资源转换器的发展方向。因此,凡是影响市场需求的因素,如国民收入的水平和分配、消费需求和投资需求的比例、产品结构等,均是影响产业结构的因素，这些因素的现状和发展趋势，也将会影响到产业结构的升级。

(3) 环境。

产业结构作为一个系统，除了正常地与系统环境进行要素输入和产品输出的交流以外，还会受到环境在其他方面的干扰和影响，如政府的经济政策、国际贸易的变化等。环境要素，对于产业结构系统来讲，是一个外生的变量，因此具有不可控等特点。一个合理的经济政策和良好的国际贸易环境，将有利于产业结构的升级；反之，它对产业结构升级将会起到很大的阻碍作用。因此，环境这一因素对产业结构升级的影响也是不可低估的。

2. 产业结构升级的直接动因。

影响产业结构三方面的因素（即要素的供给、市场的需求和环境的满足）互相作用趋于一致时，就会促使产业结构朝更高阶段发展，而在发展的过程中，"创新"起着主要的推动作用。所谓创新，按照熊彼特的观点，就是导入一种新的生产函数，从而可大大地提高潜在的产出能力。而产业结构升级的过程，伴随着技术进步和生产社会化程度的提高，不断提高产业结构作为资源转换器的效能和效益的过程。因此，创新作为产业结构升级的直接动因，对产业结构升级起到直接的推动作用，创新的作用主要是通过以下两个方面来表现。

(1) 创新导致了技术的进步。

新的生产函数的导入，其一种表现就是在原有生产要素的状态下，通过系统内部结构的调整，提高系统的产出。显然，导入了新的生产函数，也就是导致了系统的技术进步，而系统技术的进步，将会导致产业结构的变化。在影响产业结构的诸多供给要素中，任何要素的供给条件发生了变化，都可能对产业结构产生影响，如自然资源优势的改变、劳动力价格的变化等。但产业发展的历史表明，唯有技术的进步，才能使产业结构发生重大的质的变化，如蒸汽机的发明和应用就对原来的产业结构进行了一次革命。因此，由创新导致的技术进步对产业结构升级的推动作用是相当大的。

(2) 创新带来了新的市场需求。

新的生产函数导入的另一种表现，就是创造了新的产出（包括产品和劳务）。而新产出的出现，又可满足新的市场需求，使一部分潜在的市场需求转换为现实需求。而市场需求则可通过国民收入的总水平和分配以及各类需求结构对产业结构起到拉动的作用。在此，我们着重分析创新通过市场需求，刺激产业进行有规则的扩张或收缩，从而直接拉动产业结构的升级。一般来说，对于产出需求弹性较大的产业，由创新带来的新产出往往会通过创造新的市场需求而吸引生产要素的流入。这是由于这部分产出刚刚引入市场，其价格对成本的反应以及需

第十二章 产业结构

求对价格的反应都比较敏感,从而提高产出的数量将有可能获取较高的收益。因此,当该产业取得了高于全产业平均水平的收益时,社会生产要素就通过利润率平均化的原理,从其他产业纷纷流入该行业。而生产要素的流入,就直接刺激了该产业的扩张,如20世纪20年代汽车工业的创新就是一例。对于产出需求弹性较小的产业,由于其产出已经成熟,需求对价格的反应已不再敏感,创新在这些产业带来产出大幅度增加的结果,往往更多的是降低产出的成本和价格。而对于需求弹性较小的产业来讲,价格下降的结果是收益的减少。而收益减少将导致产业内生产要素的流出和产业的收缩。因此,创新为需求弹性较小产业带来的倾向是产业的萎缩,20世纪50~60年代的农业创新就是如此。

第十三章 产业关联

一、内容提要

产业关联理论是从"量"的角度,静态考察国民经济各产业部门之间技术经济联系与联系方法,即产业间的"投入"与"产出"的量化比例关系。本章主要介绍产业关联分析方法、基本工具和主要内容。产业关联分析是借助于投入产出表对产业之间在生产、分配、交换上发生的联系进行分析研究,从而为认识一国国民经济各产业部门的比例关系及其特征,进而为经济预测、经济计划和制定产业政策服务。本章讨论了产业关联的实质和内涵,总结了产业关联的表现形式,系统地介绍了产业关联理论的研究方法和研究工具,从基本的投入产出表中引申出了产业间波及效果的原理和分析工具,并运用这些工具对产业波及效果进行了分析。

二、复习思考题

(一) 名词解释

1. 产业关联
2. 前向关联
3. 后向关联
4. 投入产出表
5. 直接消耗系数

第十三章 产业关联

6. 完全消耗系数
7. 产业波及效果分析
8. 感应度系数
9. 影响力系数

（二）单项选择题

1. 投入产出分析方法是由（　　）首创。
   A. 库兹涅茨　　　B. 里昂惕夫　　　C. 瓦尔拉斯　　　D. 马克思
2. 描述某一产业受其他产业波及作用强度的系数称为（　　）。
   A. 影响力系数　　　　　　　　B. 生产诱发系数
   C. 感应度系数　　　　　　　　D. 直接消耗系数
3. 以下说法中正确的是（　　）。
   A. 某一产业的中间投入率越高，则该产业的附加价值率就越高
   B. 某一产业的中间投入率越高，则该产业的附加价值率就越低
   C. 某一产业的中间投入率越高，该产业的附加价值率的高低不能确定
   D. 以上说法均不正确
4. 下列说法正确的是（　　）。
   A. 一般而言，服务性产业的感应度系数较大，而影响力系数较小
   B. 一般而言，服务性产业的感应度系数较小，而影响力系数较大
   C. 一般而言，服务性产业的感应度系数和影响力系数都较小
   D. 一般而言，服务性产业的感应度系数和影响力系数都较大
5. 描述产业的间接关联度的指标是（　　）。
   A. 感应度系数　　　　　　　　B. 影响力系数
   C. 直接消耗系数　　　　　　　D. 完全消耗系数

（三）多项选择题

1. 不同产业之间是以（　　）为依托连接起来。
   A. 产品、劳务联系　　B. 生产技术联系　　　C. 价格联系
   D. 劳动就业联系　　　E. 投资联系
2. 投入产出表的主要假设前提条件有（　　）。
   A. 一个产业的经济活动除了投入产出的联系外，仍受其他方面的有限

影响

B. 对于投入产出表中的任一产业，其产出是单一的

C. 投入的增减与其产出是呈正比例关系

D. 技术进步促进产出增长

E. 价格体系能公正客观地反映各产业的供求状况

3. 产业关联方式包括（　　　）。

　　A. 前向关联　　　　B. 环向关联　　　　C. 横向关联

　　D. 间接联系　　　　E. 直接联系

4. 对产业波及效果进行分析，主要使用三个基本工具（　　　）。

　　A. 投入产出表　　　B. 直接消耗系数表　　C. 完全消耗系数表

　　D. 感应度系数　　　E. 影响力系数

5. 价值型投入产出表最终需求部分包括（　　　）。

　　A. 消费部分　　　　B. 投资部分　　　　C. 折旧

　　D. 净产值　　　　　E. 出口

（四）辨析题

1. 投入产出表是产业关联分析的基本工具，因其不需要技术假定，因而得到了广泛的使用。

2. 投入产出模型中直接消耗系数，表明当某一产业部门的生产发生了一个单位变化时，导致各产业部门由此引起的直接和间接产出水平发生变化的总和。

3. 对于波及效果分析，产业间的联系方式就是产业波及的线路。

4. 感应度和影响力经常被用作确定主导产业的主要依据。

5. 中间需求率越高的产业，就越具有基础产业的特点。

（五）简答题

1. 产业关联的纽带包括哪些？

2. 简述价值型投入产出表的一般形式及其经济含义。

3. 产业间波及效果分析工具有哪些？

4. 简述投入产出表的主要假设前提条件。

第十三章 产业关联

（六）论述题

1. 试论述产业关联方式的主要内容。
2. 以价值型投入产出表为例，论述投入产出的平衡关系及其模型。

三、复习思考题参考答案

（一）名词解释

1. 产业关联：产业关联是指产业间以各种投入品和产出品为连接纽带的技术经济联系。各种投入品和产出品可以是各种有形产品和无形产品，也可以是实物形态或价值形态的投入品或产出品；技术经济联系和联系方式可以是实物形态的联系和联系方式，也可以是价值形态的联系和联系方式。

2. 前向关联：前向关联就是通过供给关系与其他产业部门发生的关联。

3. 后向关联：后向关联就是通过需求联系与其他产业部门发生的关联。

4. 投入产出表：是表现经济中多部门之间相互关联关系的一种方法，是多种产业关联纽带和方式的统计表现。

5. 直接消耗系数：又叫投入系数，是生产一单位 j 部门产品所消耗 i 部门的产品量。直接消耗系数的计算公式是：$\alpha_{ij} = X_{ij}/X_j$ （ij = 1, 2, 3, …, n)

6. 完全消耗系数：是某产业部门生产某种最终产品时，对某产品的直接消耗系数和间接消耗系数之和。

完全消耗系数的计算公式是：

$$b_{ij} = \alpha_{ij} \sum_{k=1}^{n} b_{ik}\alpha_{kj}$$

式中：b_{ij} 代表完全消耗系数，α_{ij} 代表直接消耗系数，$b_{ik}\alpha_{kj}$ 代表一种产品通过中间产品 K（K = 1, 2, 3, …, n) 对于另一种产品的间接消耗量。

7. 产业波及效果分析：是指当投入产出表中的某一系数发生变化时，对表中其他系数可能产生影响的分析。

8. 感应度系数：把一产业受其他产业的波及作用叫做感应度，在逆矩阵系数表上，行向量的值即反映了该行所对应的产业在经济活动中受其他产业影响的波及程度，也就是感应度的大小。横行系数的平均值可看做该产业受其他产业波及的一般的平均的趋势，某产业的感应度系数 = $n \left(\sum_{j=1}^{n} q_{ij} \right) \Big/ \left(\sum_{i=1}^{n} \sum_{j=1}^{n} q_{ij} \right)$（i，j = 1，2，…，n）。

9. 影响力系数：把一产业影响其他产业的波及作用称为影响力，在逆矩阵系数表上，纵向量值则反映了该列所对应的产业在经济活动中对其他产业的波及程度，即影响力的程度。纵列系数的平均值是该产业对其他产业施之影响程度的一般的平均的趋势，某产业的影响力系数 = $n \left(\sum_{i=1}^{n} q_{ij} \right) \Big/ \left(\sum_{i=1}^{n} q_{ij} \sum_{j=1}^{n} q_{ij} \right)$（i，j = 1，2，…，n）。

（二）单项选择题

1. B   2. C   3. B   4. C   5. D

（三）多项选择题

1. ABCDE   2. BCE   3. ABDE   4. ABC   5. ABE

（四）辨析题

1. 投入产出表是产业关联分析的基本工具，因其不需要技术假定，因而得到了广泛的使用。

答：这句话不正确。投入产出表（Input-output Table）是表现经济中多部门之间相互关联关系的一种方法。投入产出表虽然能够反映经济中各部门的关联，但被反映的关联是建立在对产业间的技术经济联系进行了一定的简化和假设基础上的。投入产出表的主要假设前提条件有：①产业活动的独立性。②产业产出的单一性。③规模报酬的不变性。④技术的相对稳定性。⑤价格体系的公正性。

这些前提假设条件决定了投入产出表的应用所具有的局限性，这是运用投入产出表进行产业结构分析时要特别注意的。

2. 投入产出模型中直接消耗系数，表明当某一产业部门的生产发生了一个单位变化时，导致各产业部门由此引起的直接和间接产出水平发生变化的总和。

答：这句话不正确。直接消耗经济含义，是生产一单位 j 部门产品所消耗 i

部门的产品量。产品的直接消耗反映了各种产品在生产过程中的相互联系,但在产品生产过程中,不仅包括直接消耗,而且包括间接消耗。完全消耗系数就是某产业部门生产某种最终产品时,而对某产品的直接消耗系数和间接消耗系数之和。经济含义是,当某一产业部门的生产发生了一个单位变化时,导致各产业部门由此引起的直接和间接产出水平发生变化的总和。

3. 对于波及效果分析,产业间的联系方式就是产业波及的线路。

答:这句话正确。由于产业波及效果总是通过已有的产业间的通道,即产业关联的联系状态来发生的,因而这些波及必然是依据产业间的联系方式和联系纽带所规定的线路一轮轮地影响下去。这样,有一些波及是沿着产业间的单向联系线路进行,有一些波及则是沿着双向联系线路传递,还有一些可能是逆向传递,即沿着产业间的逆向联系线路进行波及。产业间的联系方式规定了产业间的波及的具体线路及其波及总效果。

4. 感应度和影响力经常被用作确定主导产业的主要依据。

答:这句话正确。一产业受其他产业的波及作用叫做感应度,它影响其他产业的波及作用称为影响力。不同的产业,其感应度和影响力一般是不同的。那些感应度和影响力都较大的产业,在经济发展中具有更为重要的地位,所以可以作为制定产业政策时确定主导产业的主要依据。

5. 中间需求率越高的产业,就越具有基础产业的特点。

答:这句话正确。中间需求率,是指各产业的中间需求和该产业的总需求之比。中间需求率这一指标反映了各产业的产出中,有多少是作为中间产品为其他产业所需求。中间需求率越高的产业,其产出用做其他产业原材料的成分就越大,就越具有基础产业的特点。

(五) 简答题

1. 产业关联的纽带包括哪些?

答:所谓产业关联的纽带是指不同产业之间是以什么为依托连接起来,这些依托构成了产业关联的内容。产业之间的主要依托方式有以下几种:

(1) 产品、劳务联系。

所谓产品、劳务联系是指在社会再生产过程中,一些产业部门为另一些产业部门提供产品或劳务;或者产业部门间相互提供产品或劳务。

(2) 生产技术联系。

在生产过程中，一个产业部门不是被动地接受其他相关产业部门的产品或劳务，而是依据本产业部门的生产技术特点、产品结构特性，对所需相关产业的产品和劳务提出各种工艺、技术标准和质量等特定要求，以保证本产业部门的产品质量和技术性能。而这一要求使得产业之间的生产工艺、操作技术等方面有着必然的联系。一般地说，这种生产技术联系是与各产业间产品和劳务的供求联系紧密联系在一起的。生产技术作为产业间联系的重要依托，其发展变化不仅将直接影响产业间产品和劳务的供求比例关系，而且还会使某一产业在生产过程中与其发生产品和劳务联系的产业发生变换，或者依存度发生变化。

（3）价格联系。

产业间的价格联系，实质上是产业间产品和劳务联系的货币表现。产业间产品与劳务的"投入"与"产出"联系，必然表现为以货币为媒介的市场交换关系，即产业间的价格联系。价格联系使得不同产业之间的产品劳务关系可以用统一的标准进行度量，投入产出的价值模型成为可行。

（4）劳动就业联系。

某一产业的发展会相应地增加一定的劳动力就业机会，而该产业发展带动相关产业的发展，也就必然使这些相关产业增加劳动就业机会。产业间的这种劳动就业联系，在西方经济学中被描述为投资乘数在就业中的作用。

（5）投资联系。

加快一国经济发展，不可能仅仅通过加快某产业部门的发展来实现，而是通过相关产业部门的协调发展来实现。这种产业部门间的协调发展性，使得产业间必然存在着投资联系。产业间投资联系集中反映在"投资乘数效应"上，即在增加的收入中，用于消费的比例越大，投资引起的产业间的连锁反应就越大，总收入增加就越多。

由于产业间存在着上述联系，因此某一产业的发展变化必然会涉及与其相关的其他产业。

2. 简述价值型投入产出表的一般形式及其经济含义。

答：在分析产业关联时，最常用的是用统一货币计量的价值型投入产出表，其简化的一般形式包括三个部分。这三部分的经济含义是：

（1）中间需求部分，亦称为内生部分，是投入产出表的核心部分。它反映在一定时期内（如一年）一个国家社会再生产过程中各产业之间相互提供中间产品的依存和交易关系，是各产业之间经济技术联系的表象。这一部分横向各产业和纵向各产业的排列是相互对应的。横向的数据表示某一产业向包

第十三章 产业关联

括本产业在内的所有产业提供其产出的中间产品的状况，也就是所有产业生产中所需该产业产品的状况，亦即中间需求情况。纵向的数据表示某一产业生产中向包括本产业在内的各产业购进中间产品的状况，也就是所有产业向该产业的中间投入情况。

(2) 最终需求部分，亦称"外生部分"。

它反映各产业生产的产品或服务成为最终产品那部分的去向。最终产品的去向，即最终需求。大致分为三部分的流向：一是消费部分，具体可分为个人消费与社会消费两部分，前者是指家庭消费的总和，后者是指公共福利、社会保障、政府等行政性支出的各种社会性消费；二是投资部分，是由固定资产更新与新增固定资产两部分构成，其中新增固定资产又可分为生产性固定资产和非生产性固定资产；三是出口部分。

(3) 毛附加价值部分，也是一种"外生部分"。

这部分包括两块：一块是各产业部门提留的折旧；另一块是各产业部门在一定时期内，如一年内实现的净产值（附加价值），亦即新创造的价值。净产值又可分为劳动者报酬和社会纯收入两部分。所以，毛附加价值部分反映了各产业提取折旧基金的价值及其创造的国民收入的价值构成，以及国民收入额在各产业部门间的分布比例。

3. 产业间波及效果分析工具有哪些？

答： 对产业波及效果进行分析，主要使用三个基本工具，即投入产出表、直接消耗系数表（该表着眼于投入产出表纵向的费用结构，即投入结构，又称投入系数表）、完全消耗系数表。

(1) 直接消耗系数表与波及效果分析。

投入结构是以中间产品的投入形式来反映各产业部门之间的生产技术上的联系。投入系数又称生产技术系数、物质消耗系数。当某一产业的最终需求发生变化时，该产业的总产出就要相应有所变化，从而该产业的中间投入也会产生相应变化。中间投入变化的数量，就是由投入系数决定的。其他产业对该产业中间投入的变化，一般将引起其他产业本身产出总量和产出分配结构的改变。这些变化将在整个经济系统间引起一系列的连锁反应，但可通过投入系数表来对其影响进行追踪分析。此外，通过投入系数表，我们还能了解各产业在生产每一单位的产出时，需消耗其他产业的中间投入组。

(2) 完全消耗系数表与波及效果分析。

由某一产业最终需求变化而引起的产业间连锁反应，在理论上将会无限扩展和持续下去，但其波及强度则会越来越弱，最终趋于消失。能否用一种有效的工具或办法，使受波及的各产业的最终产出量得以简明地显示或计算出来呢？回答是肯定的。这就是"逆阵系数表"，也就是完全消耗系数表。逆阵系数表的系数就是 $(I-A)^{-1}$ 中的每个元素，逆阵系数表在这里是专门用来计算波及效果总量的系数表。逆阵系数的经济含义是，当某一产业部门的生产发生了一个单位变化时，导致各产业部门由此引起的直接和间接地使产出水平发生变化的总和，逆阵系数表中的元素用 q_{ij} 表示。

利用投入产出表、直接消耗系数表、完全消耗系数表这三个工具，波及效果分析就比较容易了。但使用这些工具时尚需注意以下两个问题：

一是投入系数的稳定性问题。作为投入产出分析的基础概念的投入系数，是从已知投入产出表计算出来的。因此，它反映的是过去的时间的产业间生产技术联结关系。因此，运用这样一个投入系数去预测或计算在此以后发生的变化，就不能不考虑到投入系数的有效性问题。毫无疑问，投入系数会随着新材料、新工艺、新技术的出现而变化；投入系数还会随着生产批量的大小而变化。投入系数的变化导致分析结果产生较大的偏差，从而失去了分析的意义。对此，一般的处理方法是利用预测技术，对投入产出表中的投入系数进行修正。

二是波及效果的时滞现象。现实经济活动中的波及效果必然存在着一定的时滞现象。这就是说，最终需求的变化并不是立即反映在产出量的变化上。这种时滞现象往往在不同的产业、不同的经济循环周期中，比如繁荣时期和萧条时期有不同的表现。这种差异往往是由于"库存"的存在而发生的。在需求增加时，多半首先反映在库存的减少上。这样，需求变动造成的波及效果由于库存的存在而被中断或减弱。反过来，当库存不足以满足需求的增加，生产又不能马上增加时，需求变动造成的波及效果可能表现在价格的上升上。上述库存的缓冲作用表现在最终需求的库存栏里，中间需求、中间投入矩阵是无法反映这种经济变动的。

4. 简述投入产出表的主要假设前提条件。

答：投入产出表虽然能够反映经济中各部门的关联，但被反映的关联是建立在对产业间的技术经济联系进行了一定的简化和假设基础上的。投入产出表的主要假设前提条件有：

（1）产业活动的独立性。

是指一个产业的经济活动除了投入产出的联系外，不再有其他相关影响。也即任何产业的经济活动既不会给其他产业带来外部经济性，也不会带来外部不经济性。各独立产业活动的效果总和等于其同时进行活动的总效果。

（2）产业产出的单一性。

是指对于投入产出表中的任一产业，其产出是单一的。或者说相同的产出只能来自于同一个产业。独立性和单一性保证了在构建其数学模型时不同产业之间的无关性。

（3）规模报酬的不变性。

是指对任何一个产业而言，对其投入的增减与其产出是呈正比例关系。这一假设保证了对于不同产业投入产出间的线性关系。

（4）技术的相对稳定性。

为了能反映出各产业的关系，在投入产出表中假设技术在一定时期内总是相对稳定的。在此假设下，才能导出直接消耗系数，并在此基础上进行其他分析。

（5）价格体系的公正性。

是指在编制价值型的投入产出表时，价格体系能公正客观地反映各产业的供求状况，从而可以从价值上准确地揭示各产业间的投入产出关系。

这些前提假设条件决定了投入产出表的应用所具有的局限性，这是运用投入产出表进行产业结构分析时要特别注意的。

（六）论述题

1. 试论述产业关联方式的主要内容。

答：在社会再生产过程中，产业关联的方式有以下几种内容。

（1）前向关联和后向关联。

按照赫希曼在《经济发展的战略》一书中的解释，前向关联就是通过供给关系与其他产业部门发生的关联。当甲产业在经济活动中要吸收乙产业的产出时，对于乙产业来说，它与甲产业的关联就是前向关联。如对石油开采业来说，它与炼油业的关联就是前向关联。后向关联就是通过需求联系与其他产业部门发生的关联。按此定义，对于上例中的炼油业来说，它与石油开采业的关联就是后向关联。

（2）单向关联和环向关联。

先行产业部门为后续产业部门提供产品，以供其生产时直接消耗，但后续产业部门的产品不再返回先行产业部门的生产过程，这种产业间的联系是单向联系。例如棉花—棉纱—色布—服装这一产业关联。环向联系是指 A、B、C、D

等产业部门间,先行产业部门为后续产业部门提供产品,作为后续产业部门的生产性直接消耗,同时后续部门的产品也返回相关的先行产业部门的生产过程。比如煤炭—钢铁—矿山机械部件—煤炭,这是环向循环联系;又如煤炭—电力,即煤炭产业部门为电力部门提供燃料,而电力部门也为煤炭部门的生产提供电力作为动力源,这是产业部门间的双向联系。在现实的经济运行中,产业部门间的联系方式是很复杂的。在一些产业部门间单向与环向关联往往是交织在一起的,在一些单向联系产业部门间,同时存在部分产业间的环向联系,有些产业部门间还形成蛛网式的联系。

(3) 直接联系与间接联系。

在现实社会再生产过程中,产业间存在着大量的直接联系和间接联系。所谓直接联系是指两个产业部门之间存在着直接的提供产品,提供技术的联系。所谓间接联系,是指两个产业部门本身不发生直接的生产技术联系,而是通过其他一些产业部门的中介才有联系。例如汽车工业与采油设备制造业之间表面上并无直接联系。但它们实际上仍有一定的联系,这种联系就是由于汽车需要汽油作燃料,而汽油与石油开采有关,石油开采又与石油采油设备制造有关,这样汽车工业的发展就通过上述中介产业部门,最后影响到石油设备制造业的发展,这就是汽车工业与采油设备制造业之间的间接联系。

国民经济运行中产业间错综复杂的联系,一般可最终划分为上述几种类型的联系方式,这样为产业间的关联分析提供了良好的出发点。

2. 以价值型投入产出表为例,论述投入产出的平衡关系及其模型。

答:(1) 价值型投入产出表中的平衡关系。

价值型投入产出表,可以按行、按列,以及在行与列之间分别建立起平衡关系,这些平衡关系主要有:

各产业的总需求 = 该产业的中间需求 + 该产业的最终需求

社会总需求(总产品) = 各产业的中间需求合计 + 各产业的最终需求合计

各产业的总投入 = 该产业的中间投入 + 该产业的附加值

社会总供给 = 各产业中间投入合计 + 各产业附加值合计

各产业中间需求合计 = 各产业中间投入合计

各产业最终需求合计 = 各产业毛附加值合计

各产业的总需求 = 各产业的总投入,即投入等于产出。

应该注意的是,上述平衡式只有在价值型的投入产出表中才有。而在实物型的表中,由于各产业的投入产出计量单位的不一致,因而不能相加。

第十三章 产业关联

（2）价值型投入产出模型。

投入产出模型是由系数、变量的函数关系组成的数学方程组构成。其模型建立一般分两步：一是先依据投入产出表计算各类系数；二是在此基础上，再依据投入产出表的平衡关系，建立起投入产出的数学函数表达式，即投入产出模型。

①直接消耗系数。直接消耗系数又叫投入系数，其经济含义是生产一单位 j 部门产品所消耗 i 部门的产品量。其计算方法是依据投入产出表的数据，将各产业部门的总产品去除它所消耗的各种投入要素数量。

直接消耗系数的计算公式是：

$$\alpha_{ij} = X_{ij}/X_j \qquad (ij = 1, 2, 3, \cdots, n)$$

②投入产出模型。如果把表格换成方程式，就可以在直接消耗系数的基础上建立投入产出模型。

基本的投入产出模型。由于投入产出表中各产业中的投入与产出都是平衡的，所以既可按行又可按列建立投入产出模型。基本的投入产出模型是按各产业所在的行建立关系式后再构成的线性方程组。基本投入产出模型一般为：

$$\begin{aligned} a_{11}X_1 + a_{12}X_2 + \cdots + a_{1n}X_n + Y_1 &= X_1 \\ a_{21}X_1 + a_{22}X_2 + \cdots + a_{2n}X_n + Y_2 &= X_2 \\ \cdots \quad \cdots \quad \cdots \quad \cdots \quad \cdots & \\ a_{n1}X_1 + a_{n2}X_2 + \cdots + a_{nn}X_n + Y_n &= X_n \end{aligned} \qquad (13.1)$$

若用矩阵和向量的形式，则可把模型表示为：

$$AX + Y = X \qquad (13.2)$$

其中，A 为 n 阶直接消耗系数矩阵（α_{ij}），X、Y 分别为 n 个部门总产品列向量、最终产品列向量。

基本投入产出模型的两种变换形式。一是按总产品表示最终产品的投入产出模型。把基本的投入产出模型的各方程经过移项得到如下方程组：

$$\begin{aligned} Y_1 &= X_1 - a_{11}X_1 - a_{12}X_2 - \cdots - a_{1n}X_N \\ Y_2 &= X_2 - a_{21}X_1 - a_{22}X_2 - \cdots - a_{2n}X_N \\ \cdots \quad \cdots \quad \cdots \quad \cdots \quad \cdots & \\ Y_n &= X_n - a_{n1}X_1 - a_{n2}X_2 - \cdots - a_{nn}X_N \end{aligned} \qquad (13.3)$$

可以用矩阵形式表示为：

$$Y = (I - A)X \qquad (13.4)$$

（I - A）称为里昂惕夫矩阵，其经济含义是：矩阵中的纵列表明每种产品的投入与产出关系；每一列都说明某产业为生产一个单位产品所要投入各相应产业的产品数量，负号表示投入，正号表示产出，对角线上各元素则是各产业的产品扣除自身消耗后的净产出。显然，上述投入产出的变换矩阵，通过矩阵 $(I-A)$ 把 X 与 Y 的关系揭示出来了，即揭示了总产品与最终产品之间的相互关系。

二是按最终产品表示总产品的投入产出模型。把产品表示为最终产品的线性组合，是投入产出模型的另一种重要变换形式。这一变换形式可以直接从矩阵（13.4）导出。这实际上是把各部门的最终产品作为已知数，求解各部门的总产出。

将 $Y=(I-A)X$ 两边左乘 $(I-A)^{-1}$ 得

$$X = (I-A)^{-1}Y \tag{13.5}$$

投入产出模型（13.5）的经济意义是很明确的。这里各部门的总产出被表示为各部门最终产品的线性组合。组合在量上的关系是由逆矩阵 $(I-A)^{-1}$ 的元素确定的。

③完全消耗系数。产品的直接消耗反映了各种产品在生产过程中的相互联系，但在产品生产过程中，不仅包括直接消耗，而且包括间接消耗。例如，炼钢生产需要消耗电力。这是钢铁对电力的直接消耗，但炼钢生产还需要消耗生铁、焦炭及烧结白云石等，而生产生铁、焦炭及烧结白云石等又需要消耗电力，这部分电力对生铁、焦炭及烧结白云石等来说，也是直接消耗，而对钢来说，则是间接消耗。当然，生产生铁、焦炭及烧结白云石等还需要消耗其他产品，而这些产品的生产，又需要消耗电力，这些也都是钢铁对电力的间接消耗。直接消耗和间接消耗的总和就是完全消耗，与此相应，完全消耗系数就是某产业部门生产某种最终产品时，而对某产品的直接消耗系数和间接消耗系数之和。

完全消耗系数的计算公式是：

$$b_{ij} = \alpha_{ij} \sum_{k=1}^{n} b_{ik}\alpha_{kj}$$

式中：b_{ij} 代表完全消耗系数，α_{ij} 代表直接消耗系数，$b_{ik}\alpha_{kj}$ 代表一种产品通过中间产品 $K(K=1, 2, 3, \cdots, n)$ 对于另一种产品的间接消耗量。

如果以 b 表示完全消耗系数，经过推导可得知，由它们所组成的矩阵 B 和直接消耗系数矩阵 A 之间存在如下关系：$B = (I-A)^{-1} - I$

完全消耗系数又称为逆矩阵系数。它的经济含义是，当某一产业部门的生产发生了一个单位变化时，导致各产业部门由此引起的直接和间接的产出水平发生变化的总和。

第十三章 产业关联

四、案例分析

案例一：

中间产品价格变化对上下游关联产业的影响

2002年3月29日，中国对原产于美国、韩国、日本、俄罗斯和中国台湾地区（以下简称对象国/地区）的进口聚氯乙烯（PVC）实施反倾销案调查。2003年9月29日，商务部做出仲裁决定，对来自这些对象国/地区的聚氯乙烯征收6%～84%的反倾销税，有效期自仲裁决定发布之日起5年。聚氯乙烯及其制成品的用途十分广泛，聚氯乙烯反倾销征税对其上下游产业的关联影响很大。PVC反倾销措施不仅影响到该行业自身，也影响到PVC上游产业、下游产业及国民经济其他相关产业。

1. 聚氯乙烯反倾销对上游产业的影响。

目前我国生产PVC方法主要有乙烯法和电石法两种。乙烯法主要是利用氯乙烯单体（VCM）和二氯乙烯（EDC）生产。反倾销导致PVC价格上升后，也导致VCM和EDC价格的上升。我国VCM和EDC难以由国内生产来满足，约60%用量有赖于进口，主要是从日本等国（地区）的大型石化公司进口的。因此，反倾销措施对上游产业的有效保护在这里发生了转移，反而形成了对外国（地区）上游企业的保护。反倾销对我国乙烯上游产业的保护作用可能相当有限。电石法所需要的电石在国内主要由四川、山西、内蒙古等地供给。反倾销导致PVC进口量下降和价格上升的同时，也刺激了电石法PVC的生产，导致电石价格上升，进而又刺激了电石的开采。然而电石的开采耗电量极大，并产生大量粉尘和污水，对环境的污染十分严重，具有显著的负面外部效应。一些电石产地的当地政府曾一度采取措施限制电石开采，但在强烈的价格刺激下，电石生产又呈恢复和增加之势。从这个方面来说，反倾销对我国上游电石产业起到了保护作用，但同时却在一定程度上危害了社会公共利益。

2. 聚氯乙烯反倾销对国内下游企业的影响。

目前我国利用PVC生产化学建材的最大3家企业分别是大连实德、芜湖海螺、浙江中财，其中大连实德和浙江中财为全资民营企业，芜湖海螺为国有企业。

芜湖海螺型材科技股份有限公司的主营业务是生产以PVC为主要原料的塑料型材，其原材料PVC除从齐鲁石化、天津LG及上海氯碱等国内大型化工企业采购外，有较大一部分从国外进口。PVC原材料占产品总成本的70%以上。该公司2000~2002年的主营业务利润率在22%左右，而2003年上半年仅为10.8%，大幅下滑；2003年主营业务收入较2002年增长46.75%，然而主营业务利润仅为2002年的55.45%，利润总额仅为2002年的28.01%。分析其主要原因，2003年，主营业务成本与主营业务收入的比率达到了将近0.9:1，而在2000~2002年，这一比率仅为0.8:1，除国内塑钢门窗竞争加剧，价格下降外，成本的大幅上升是造成公司盈利减少的主要原因。其成本中PVC所占比例最大，PVC价格自2002年以来持续上扬，一直在高位运行。一方面是受到美伊战争和委内瑞拉石油工人罢工的影响；另一方面2003年5月国家商务部裁定美、韩、日、俄四国及我国台湾地区对中国大陆倾销PVC，决定对其加征反倾销税，使得价格在中东局势平稳后未能迅速回落，增加了公司产品的生产成本。

浙江中财招商投资集团有限公司是一家综合企业集团，业务主要涉及化学建材和金融投资领域。其化学建材以使用PVC生产的型材为主，其中PVC占了其原料成本的80%以上。2002年消耗PVC树脂原料6万吨，2003年为7万多吨，是浙江省内的PVC原料第一消耗大户，在全国排第3位，其原料供应商为国内外PVC树脂大型生产企业。PVC反倾销也导致浙江中财的最终产品型材的成本大幅上升，其销售价格也有一定程度的上升。而型材价格的上升又刺激了一些低档的以次充好的型材生产，由于产品市场竞争趋于激烈，型材价格上升幅度远低于成本的上升，新增成本得不到转移，该公司每出售一吨型材净损失为700元左右，一度曾达1 000元，对开工率和产量产生很大抑制影响，要靠其他产品来平衡。从以上两家企业的境况可见，中间产品PVC反倾销对下游厂商产生的负面影响是比较显著的。

资料来源：改编自：沈瑶、朱益、王继柯：《中国反倾销实施中的产业关联研究：以聚氯乙烯案为例》，载于《国际贸易问题》2005年第3期。

第十三章 产业关联

案例二：

我国目前产业关联度分析

表1　　　　　　　　2002年各产业部门影响力系数表

编号	部门名称	影响力指数	位次
1	农业	0.784925	38
2	煤炭开采和洗选业	0.835837	34
3	石油和天然气开采业	0.691827	40
4	金属矿采选业	0.975729	23
5	非金属矿采选业	0.944697	26
6	食品制造和烟草加工业	1.014943	20
7	纺织业	1.198112	9
8	服装皮革羽绒及其制品制造业	1.230441	6
9	木材加工及家具制造业	1.152880	12
10	造纸印刷及文教用品业	1.085937	16
11	石油加工、炼焦及核燃料加工业	1.044642	18
12	化学工业	1.174847	10
13	非金属矿物制品业	1.073471	17
14	金属冶炼及压延加工业	1.174883	11
15	金属制品业	1.244545	5
16	通用、专用设备制造业	1.208269	7
17	交通运输设备制造业	1.258270	4
18	电气机械及器材制造业	1.260780	3
19	通信设备、计算机及其他电子设备制造业	1.395393	1
20	仪器仪表及文化办公用机械制造业	1.284621	2
21	其他制造业	1.152825	13
22	废品与废料	0.396178	42
23	电力、热力的生产和供应业	0.873150	31
24	燃气生产和供应业	1.141467	14
25	水的生产和供应业	0.886014	30
26	建筑业	1.201123	8
27	交通运输及仓储业	0.914729	28
28	邮政业	1.026167	19
29	信息传输、计算机服务和软件业	0.903681	29
30	批发零售贸易业	0.854551	33
31	住宿和餐饮业	0.953644	25
32	金融保险业	0.732590	39
33	房地产业	0.656874	41

续表

编号	部门名称	影响力指数	位次
34	租赁和商务服务业	1.088372	15
35	旅游业	0.818691	36
36	科学研究业	1.006903	21
37	综合技术服务业	0.818829	35
38	其他社会服务业	0.977160	22
39	教育事业	0.796345	37
40	卫生社会保障和社会福利业	0.956884	24
41	文化体育和娱乐业	0.938451	27
42	公共管理和社会组织	0.867672	32

1. 各部门影响力分析。

影响力系数是反映国民经济某一部门增加一个单位最终使用时，对国民经济各部门所产生的需求波及程度。当某一部门影响力系数大于（小于）1时，表示该部门的生产对其他部门所产生的波及影响程度高于（低于）社会平均影响水平（即各部门所产生的波及影响的平均值），影响力系数越大，该部门对其他部门的拉动作用越大。

由表1可以看出，2002年我国影响力系数大于1的有21个部门，大多集中在第二产业，并且以制造业居多。位于前列的部门大多集中在机械及压延加工业，非金属矿物制品业和石油加工、炼焦及核燃料加工业等部门则属于传统的重工业部门，属于资本密集型产业，其产品具有中间产品和投资品的性质。第三产业中的邮政业，租赁和商务服务业的影响力系数也高于社会平均水平，属于与生产活动直接相关的服务部门。影响力系数小于1的部门大多集中在第三产业、农业部门以及第二产业中的少数部门，其中影响力系数小于1的第二产业部门大多是能源部门，属于较传统的重工业部门，主要为其他部门提供原材料，属于整个产业链中的后向部门，因而对其他部门的影响辐射力较小。

2. 各部门感应度分析。

感应度系数是反映当国民经济各个部门均增加一个单位最终使用时，某一部门由此而受到的需求感应程度，也就是需要该部门为其他部门的生产而提供的产出量。

当某一部门感应度系数大于（小于）1时，表示该部门的感应程度高于（低于）社会平均感应度水平（即各部门的感应程度的平均值），感应度系数越大，说明该部门对国民经济的推动作用越大。感应度系数越大的

第十三章 产业关联

部门就越具有基础产业和瓶颈产业的属性。由表2可以看出，2002年我国感应度系数大于1的有19个部门，大多集中在原材料、能源和运输部门等基础产业和传统的加工制造业部门，其产品大多具有中间产品的性质，尤其是石油和天然气开采业及金属矿采选业这两个部门的感应度系数达到2.0以上，是社会平均值的2倍，这说明，这些部门对国民经济有较大的推动作用，在经济快速增长时，这些部门受到社会需求的压力最大，往往成为制约国民经济发展的"瓶颈"部门，近几年的油价上涨，油荒、电荒等现象，都充分说明了能源的紧缺对国民经济的制约作用。此外，第三产业中的金融保险业，租赁和商务服务业，交通运输及仓储业的感应度也大于社会平均水平，这说明服务业对国民经济的推动作用在增强，同时也说明这些部门也易成为制约国民经济发展的"瓶颈"。感应度系数低于社会平均水平的产业部门大多是第三产业部门和农业部门，也有少数劳动密集型产业部门，其中第三产业中的新兴产业部门诸如信息传输，计算机服务和软件业的感应度数尽管略低，但其系数值接近社会平均水平。

表2　　　　　　　　2002年各产业部门感应度系数表

编号	部门名称	影响力指数	位次
1	农业	0.794170	29
2	煤炭开采和洗选业	1.347067	7
3	石油和天然气开采业	2.153738	1
4	金属矿采选业	2.140346	2
5	非金属矿采选业	1.194769	9
6	食品制造和烟草加工业	0.685700	34
7	纺织业	0.923200	25
8	服装皮革羽绒及其制品制造业	0.564008	37
9	木材加工及家具制造业	0.931701	24
10	造纸印刷及文教用品业	1.167383	11
11	石油加工、炼焦及核燃料加工业	1.459678	5
12	化学工业	1.420244	6
13	非金属矿物制品业	0.984372	22
14	金属冶炼及压延加工业	1.467899	4
15	金属制品业	1.097589	17
16	通用、专用设备制造业	1.003653	19
17	交通运输设备制造业	0.990848	21
18	电气机械及器材制造业	1.077817	18
19	通信设备、计算机及其他电子设备制造业	1.162941	14
20	仪器仪表及文化办公用机械制造业	1.163306	13
21	其他制造业	0.798722	28

续表

编号	部门名称	影响力指数	位次
22	废品与废料	1.695624	3
23	电力、热力的生产和供应业	1.346341	8
24	燃气生产和供应业	0.877657	26
25	水的生产和供应业	1.165879	12
26	建筑业	0.412249	41
27	交通运输及仓储业	1.097791	16
28	邮政业	0.844440	27
29	信息传输、计算机服务和软件业	0.992769	20
30	批发零售贸易业	0.957591	23
31	住宿和餐饮业	0.755004	30
32	金融保险业	1.192993	10
33	房地产业	0.577610	35
34	租赁和商务服务业	1.154981	15
35	旅游业	0.471332	38
36	科学研究业	0.568842	36
37	综合技术服务业	0.742646	31
38	其他社会服务业	0.690492	33
39	教育事业	0.428055	40
40	卫生社会保障和社会福利业	0.437635	39
41	文化体育和娱乐业	0.695620	32
42	公共管理和社会组织	0.365294	42

资料来源：改编自：中国投入产出学会课题组：《我国目前产业关联度分析——2002年投入产出表系列分析报告之一》，载于《统计研究》，2006年第11期。

第十四章 产业布局

一、内容提要

产业布局是资源在空间配置的一种重要方式。在经济的发展过程中，形成了各种产业布局理论，古典产业布局理论主要有杜能的农业区位理论、韦伯的工业区位理论；现代的产业布局理论主要有成本学派理论、市场学派理论、成本—市场学派理论；后起国的产业布局理论主要有增长极理论、点轴理论、地理二元经济理论。影响产业布局的因素主要有自然因素、社会因素、经济因素和技术因素，产业布局的机制主要有计划机制和市场机制。产业布局的经济效果可以由相应的指标来衡量。我国区域布局的基本框架是以市场为资源配置的基础性手段，以产业结构和空间结构的耦合为导向，强化开发东部沿海和长江沿岸"T"型经济带，开发第二座欧亚陆桥经济带，启动沿边经济带和京九铁路沿线经济带，形成三大类型区、五大经济带、十五个极核区。我国产业聚集和经济发展关系密切，通过对我国产业聚集的实证分析证实了这一观点。本章主要介绍了产业布局的基本原理、区域经济布局效果及评价方法、聚集效应与区域经济发展等内容。

二、复习思考题

(一) 名词解释

1. 产业布局

2. 农业区位理论
3. 工业区位理论
4. 增长极
5. 区域聚集效应

（二）单项选择题

1. 杜能的农业圈层理论认为，在确定农业活动最佳配置点时，除了考虑土地状况等自然条件外，还需要特别考虑（　　）。
   A. 劳动力状况　　　　　　B. 运输因素
   C. 技术水平　　　　　　　D. 农场主的才能
2. 韦伯的工业区位理论认为，影响工业布局的三大要素是（　　）。
   A. 运费、劳动费和聚集力　　　　B. 运费、技术水平和聚集力
   C. 运费、技术水平和资源禀赋　　D. 劳动费、技术水平和资源禀赋
3. 中国区域经济发展的"T"型模式和"四沿"模式体现了以下哪一种产业布局理论？（　　）
   A. 增长极理论　　　　　　B. 地理性二元经济理论
   C. 点轴理论　　　　　　　D. 成本—市场学派理论
4. 以下说法，你认为不正确的是（　　）。
   A. 新中国成立之初，中国选择了重工业优先增长、大规模向内陆地区推行工业化的模式
   B. 改革开放后，中国选择了非均衡的产业布局政策，开始了从侧重公平向侧重效率的产业布局转变
   C. "十五"时期，中国实行"西部大开发"、"中部崛起"、"东北老工业基地振兴"等战略，是一种产业布局"反梯度推移战略"
   D. 从中国近20年的经济发展实践看，经济集聚程度与区域经济发展水平之间存在明显的负向关系
5. 以下理论中不属于产业布局的均衡与非均衡理论的是（　　）。
   A. 新古典均衡区域增长理论
   B. 缪尔达尔–赫希曼的非均衡增长理论
   C. 威廉姆斯的倒U形曲线理论
   D. 公平与效率选择理论

（三）多项选择题

1. 自 19 世纪产业布局理论形成以来，产业布局理论发展成许多不同的理论流派，其中有（　　）。
   A. 成本学派理论　　　　B. 工业区位理论　　　C. 市场学派理论
   D. 成本—市场学派理论　E. 增长极理论
2. 影响产业布局的主要因素有（　　）。
   A. 自然因素　　　　　　B. 社会因素　　　　　C. 经济因素
   D. 技术因素　　　　　　E. 区域因素
3. 以下属于产业布局的市场机制的特点的是（　　）。
   A. 产业布局的手段是行政命令
   B. 产业布局的主体是企业
   C. 产业布局的目标是利润最大化
   D. 产业布局的决策权高度集中在中央政府手中
   E. 产业布局的手段是经济利益导向
4. 衡量区域经济布局效果的指标主要有（　　）。
   A. 洛伦兹曲线　　　　　B. 基尼系数　　　　　C. 集中度
   D. 地理联系率　　　　　E. 标准偏差
5. 产业在某一区域聚集可以产生的效应有（　　）。
   A. 促进投资，吸引生产者的加入　　　B. 降低劳动力成本
   C. 对消费者产生巨大吸引力　　　　　D. 提高区域规模效益
   E. 减少了企业的运输成本和信息搜集成本

（四）辨析题

1. 中国改革开放后建立经济特区，借鉴的是工业区位理论。
2. 地理性二元经济理论认为后起国在产业布局问题上可以采取均衡发展战略。
3. 区域布局效果的评价包括预评价和后评价两种类型。
4. 分散的经济布局总体来说要优于集中的经济布局。
5. 产品集聚可以形成经济增长点来促进经济增长。

（五）简答题

1. 简述产业布局的古典区位理论。
2. 简述以后起国为出发点的产业布局理论。
3. 产业布局机制有哪些类型？
4. 聚集效应如何影响经济增长？
5. 如何重塑中国产业布局机制？

（六）论述题

1. 试论述影响产业合理布局的主要因素。
2. 如何评价区域经济布局效果？

三、复习思考题参考答案

（一）名词解释

1. 产业布局：产业布局是指产业在一国或一地区范围内的空间分布和组合的经济现象。产业布局在静态上看是指形成产业的各部门、各要素、各链环在空间上的分布态势和地域上的组合。在动态上，产业布局则表现为各种资源、各生产要素甚至各产业和各企业为选择最佳区位而形成的在空间地域上的流动、转移或重新组合的配置与再配置过程。

2. 农业区位理论：由德国经济学家杜能提出，这种理论认为在农业布局上，什么地方适合种什么作物，并不完全由自然条件决定，农业经营方式也不是任何地方越集约越好。在确定农业活动最佳配置点时，要把运输因素考虑进来，容易腐烂、集约化程度高的农产品生产要安排在中心城市附近，需粗放经营的可安排在离中心城市较远的地方。

3. 工业区位理论：由德国经济学家韦伯提出，这种理论认为工业布局主要受到运费、劳动费和聚集力三方面因素的影响，其中运费是对工业布局起决定作用的因素，工业部门生产成本的地区差别主要是运费造成的，这类工业的最优区

第十四章 产业布局

位通常在运费最低点上。

4. 增长极：在一国经济增长过程中，由于某些主导部门或者有创新力的企业在特定区域或者城市聚集，从而形成一种资本和技术高度集中，增长迅速并且有显著经济效益的经济发展机制，它们对邻近地区经济发展同时有着强大的辐射作用，被称为"增长极"。

5. 区域聚集效应：由于生产要素在某一区域的聚集而产生的随着生产规模的扩大，单位产品的成本下降，收益上升的现象。

（二）单项选择题

1. B   2. A   3. C   4. D   5. D

（三）多项选择题

1. ACD   2. ABCD   3. BCE   4. ABCDE   5. ACDE

（四）辨析题

1. 中国改革开放后建立经济特区，借鉴的是工业区位理论。

答：这句话不正确。中国改革开放后建立经济特区是政府通过计划和重点吸引投资的形式，有选择的在特定地区或城市形成增长极，使其充分实现规模经济并确立在国家经济发展中的优势和中心地位；然后凭借市场机制的引导，使得增长极的经济辐射作用得到充分发挥，并从其邻近地区开始，逐步带动增长极外地区经济的共同发展。因此借鉴的是增长极理论。

2. 地理性二元经济理论认为后起国在产业布局问题上可以采取均衡发展战略。

答：这句话不正确。地理性二元经济理论认为在后起国家经济发展过程中，发达地区会吸引大量劳动力、资金、技术等生产要素和重要物质资源等而与不发达地区产生差距，另一方面产业集中的聚集规模经济效益超过一定限度后会下降，这样发达地区会通过资金、技术乃至人力资源向其他地区逐步扩散，增加不发达地区经济增长的机会。因此对于后起国来说，可以利用某些地区已形成的某种经济和技术优势，促使这些地区经济的优先增长，即采取不均衡发展战略。

3. 区域布局效果的评价包括预评价和后评价两种类型。

答：这句话正确。区域布局效果的评价包括两种类型：一是预评价，二是后评价。预评价是指在区域布局决策阶段对区域布局方案进行评价论证，后评价是指在区域布局方案实施后，再进行的评价论证，这两种评价都具有重要意义。

4. 分散的经济布局总体来说要优于集中的经济布局。

答：这句话不正确。经济布局分散一些好还是集中一些好，不能简单地下结论。一般来说，一个国家或一个地区在工业化初期或开发初期，由于条件限制，经济布局难以展开，只能把经济要素较多地集中在少数条件最好的地区、地点，这时集中度高一些是合理的。随着国民经济的发展和工业化程度的提高，区域经济实力增强，发展条件得到改善，经济布局就应该适当展开，在正常情况下，其集中度相对于前一阶段而言适当降低是合理的。

5. 产品集聚可以形成经济增长点来促进经济增长。

答：这句话正确。产品聚集使同类产品共同存在某一空间，具有比较优势产品在同类产品中能优先发展，形成知名品牌。这种知名品牌的形成，就是区域的经济增长点。

（五）简答题

1. 简述产业布局的古典区位理论。

答：产业布局的古典区位理论包括杜能的农业区位理论和韦伯的工业区位理论两种。

（1）杜能的农业区位理论。

1826年德国经济学家杜能撰写了著名的《孤立国同农业和国民经济的关系》一书，提出了孤立国圈层理论。他认为，在农业布局上，什么地方适合种什么作物，并不完全由自然条件决定，农业经营方式也不是任何地方越集约越好。在确定农业活动最佳配置点时，要把运输因素考虑进来，容易腐烂、集约化程度高的农产品生产要安排在中心城市附近，如生产鲜菜、牛奶等；需粗放经营的可安排在离中心城市较远的地方，如放牧等。这就是著名的农业圈层理论。

（2）韦伯的工业区位理论。

德国经济学家韦伯是工业布局理论的创始者，他在1909年撰写的《工业区位论》一书中系统地论述了工业区位理论。该理论认为，工业布局主要受到运费、劳动费和聚集力三方面因素的影响，其中运费是对工业布局起决定作用的因

第十四章 产业布局

素，工业部门生产成本的地区差别主要是运费造成的，如钢铁、制糖等，这类工业的最优区位通常在运费最低点上。与运费最低区位相比较，工厂布局应该是劳动费最低点，单位产品所增加的运费小于所节约的劳动费，则最优区位为劳动费最低点，而非运费最低点。聚集力也会对工业最优区位产生影响。聚集力是指企业规模扩大和工厂在一地集中所带来的规模经济效益和企业外部经济利益的增长。聚集经济效益一方面取决于聚集的产业、企业的种类和结构，另一方面取决于聚集的规模。

2. 简述以后起国为出发点的产业布局理论。

答：以后起国为出发点的产业布局理论包括：

（1）增长极理论。

这一理论由法国经济学家佩鲁所提出，其核心内容是在一国经济增长过程中，由于某些主导部门或者有创新力的企业在特定区域或者城市聚集，从而形成一种资本和技术高度集中，增长迅速并且有显著经济效益的经济发展机制，由于其对邻近地区经济发展同时有着强大的辐射作用，因此被称为"增长极"。根据增长极理论，后起国在进行产业布局时，首先可通过政府计划和重点吸引投资的形式，有选择地在特定地区或城市形成增长极，使其充分实现规模经济并确立在国家经济发展中的优势和中心地位；然后凭借市场机制的引导，使得增长极的经济辐射作用得到充分发挥，并从其邻近地区开始，逐步带动增长极外地区经济的共同发展。中国改革开放后，借鉴增长极理论指导产业布局，如经济特区的设立、开放城市的确定、各类开发区的建设等。

（2）点轴理论。

点轴理论是增长极理论的延伸，从区域经济发展的空间过程看，产业特别是工业先集中于少数点，即增长极。随着经济的发展、工业点的增多，点与点之间由于经济联系的加强，必然会建设各种形式的交通通讯线路使之相联系，这一线路即为轴。这些轴线首先是为点服务而产生，但它一经形成，对人口和产业就具有极大的吸引力，吸引企业和人口向轴线两侧聚集，并产生新的点。点轴理论就是根据区域经济由点及轴发展的空间运行规律，合理选择增长极和各种交通轴线，并使产业有效地向增长极及轴线两侧集中布局，从而由点带轴、由轴带面，最终促进整个区域经济的发展。点轴布局理论对中国产业布局有很大的参考意义，当前大家比较公认的"T"型模式（以沿海与长江为轴线，以上海为龙头的主要城市为点）、四沿"模式"（沿海、沿江、沿线、沿边）等就体现了这个模式。

(3) 地理性二元经济理论。

二元经济理论是瑞典经济学家缪尔达尔在《经济理论和不发达地区》一书中提出的。他认为：在后起国家经济发展过程中，发达地区由于要素报酬率较高，投资风险较低，因此吸引大量劳动力、资金、技术等生产要素和重要物质资源等，从而在一定时期内使发达地区与不发达地区的差距越来越大。另一方面产业集中的聚集规模经济效益不是无限的，超过一定限度之后，往往会出现规模报酬递减现象。这样发达地区的资金、技术乃至人力资源会向其他地区逐步扩散，以寻求新的发展空间。与此同时，发达地区经济增长速度的减慢，会相应增加不发达地区经济增长的机会，特别是对不发达地区产品和资源的市场需求会相应增加。这一理论给予后起国的启示是：后起国在产业布局问题上可采取非均衡发展战略。

3. 产业布局机制有哪些类型？

答：综观世界各国经济发展的历史及其产业布局的基本特征，可将产业布局机制分为以下两大类型：

（1）产业布局的计划机制。

产业布局的计划机制是在20世纪30年代由苏联首先确立，第二次世界大战以后，在中国和东欧一些国家流行。这种布局机制在特定时期的特定条件下，曾发挥过一定的积极作用，但随着时间的推移，这种布局机制的弊端也越来越显露出来。因此，到20世纪90年代，这种布局机制逐渐被扬弃，但计划机制作为对市场机制固有的缺陷和局限性的修正手段，仍将对具体的产业布局活动和产业布局政策的实施产生影响，特别是在中国社会主义市场经济条件下，仍有其一定意义上的作用。产业布局计划机制的特点如下：

①产业布局的主体是中央政府。高度集中的计划体制下，产业布局的决策权、资产增量和建设项目在各个地区的分配权，乃至资产存量在各个地区之间的转移权都高度集中在中央政府手中。地方政府以中央政府派出机构的身份享有执行中央政府指令的权力，对布局项目的安排几乎没有什么自主权，而企业则根本没有这方面的权力。

②产业布局的目标是国家整体利益。产业布局目标主要是由中央政府计划所体现的国家利益。这里的国家利益包括国家经济利益、国家政治利益、国家安全利益和体现在国家利益上的地区利益和部门利益。在这些利益中，地区经济利益往往被忽视，被置于次要地位。为了国家整体利益可以完全牺牲地区经济利益和企业经济利益。

第十四章 产业布局

③产业布局的手段是行政命令。产业布局主要通过中央部门和各级地方政府执行中央政府的行政命令来实现。这种行政命令发生作用的基础是，中央政府直接控制的资产增量和部分资产存量，对一定规模以上建设项目的审批权及人事任免权。

（2）产业布局的市场机制。

产业布局的市场机制是随着资本主义制度的建立而逐步发展起来的。随着中国等国家以市场为取向的经济体制改革的展开，产业布局的市场机制已被引入并发挥作用。这种机制作为产业布局机制的基础，已被世界各国所普遍认同，但由于市场机制自身的缺陷和局限性，靠市场机制自发作用是难以实现产业的合理布局的。因此，世界各国先后认识到发挥市场机制基础作用的同时，还必须有国家干预或宏观调控，所不同的只是干预或调控的力度和方式不同。产业布局的市场机制的特点如下：

①产业布局的主体是企业。企业有权选择自己的区位，而且不受除国家产业政策和区域政策以外的非经济因素的干扰。一般只有在企业自发选址导致产业活动的空间组合效率下降时，或出于社会福利考虑需扶持落后和萧条地区经济发展时，国家才进行干预或调控。

②产业布局的目标是利润最大化。在市场经济条件下，企业作为独立的产业布局主体，在布局项目的选择上，总是倾向于风险小、利润大的项目；在布局区位的选择上，总是倾向于投资环境较好，能使资本边际产出效率高的地点上。尽管国家的有关政策也能对企业选址发生影响，但这种影响是以改变各布局区位的盈利条件为基础的。

③产业布局的手段是经济利益导向。也就是产业布局主体依据价值规律和市场价格信号，从自身利润最大化出发，自发地选择最优区位。

4. 聚集效应如何影响经济增长？

答：聚集效应通过三个方面来影响经济的增长。

（1）产品聚集形成经济增长点。

产品聚集使同类产品共同存在某一空间，产品之间由于质量、价格、服务等方面的差异，使产品有不同的销售量和市场份额，具有比较优势产品在同类产品中能优先发展，形成知名品牌，知名品牌的存在使产品的生产和销售迅速扩大，带动经济的增长。这种知名品牌的形成，是区域的经济增长点，增长点是经济增长的基础。企业为了使产品形成知名品牌，不断提高企业规模，规模效应对经济的增长和科学技术进步有重要作用。规模效应能降低单位生产成本，成本低的产品有一定的价格空间，在价格竞争中占有优势。规模效应还能提高企业的技术水平，科学技术的发展又为企业规模经济的扩大提供了条件。生产设备和工艺的大型化、机械化使大批量生产产品的成本下降；标准化生产和专业化水平的提高，生产方式的变化及计算机的普遍应用，不仅减轻了劳动强度，还提高了工作效率，改进了产品质量，节约了能源和原料，降低了生产成本和费用。规模经济优势不但表现在生产领域，而且在采购、销售等方面也有规模效益：大批量的原材料采购，可以获得价格优惠，节省交易费用和运输成本，减少库存支出，规模效益的存在也降低了管理系统和后勤系统的辅助生产成本，使企业能够进行大规模的广告宣传和产品促销，在各地建立促销网络和售后服务系统，使单位产品的销售成本降到最低。

（2）产业聚集形成经济增长极。

产业是同一市场上生产同类产品或服务的企业的集合，产业竞争优势取决于规模经济企业的比例。不同规模的企业构成的数量关系反映了一定产业竞争力水平的高低和产品的集中度。同一产业中达到规模经济的企业的数量越多，产业的竞争力越强，反之则越弱。产业聚集是在产品聚集的基础上实现的。由于产品的知名品牌存在，经济增长点已经形成，对各种生产要素就产生强烈的吸引力，所以资金、技术、人力资源等都吸引到这个增长点上，产品的规模扩张，技术水平提高，销售市场扩大，吸引其他投资者向这一产业进入。产业在某一地区聚集，促使各种生产要素在这一地区流动，各种生产要素在空间配置，总有一些生产要素的组合成本最低，成本低的生产组合，在经济增长中能优先发展，形成经济增长极。由于产业发展的关联效应和扩张效应，一个产业的发展可以带动其他关联产业的发展，促进这一区域经济的增长。

（3）区域聚集形成经济增长带（区）。

区域经济的竞争优势来源于区域的产业聚集，聚集效应产生的竞争优势主要有四个方面：①外部经济效应。某一区域内聚集的企业越多，越易产生分工和协作，便于提高劳动生产率，当这一区域聚集的企业达到一定规模时，便会产生规模效应，使整个聚集区域内的任何企业都能以最低的成本获得所需要的各种生产要素，从而实现外部规模经济。②空间交易成本的节约。空间交易成本包括运输成本、信息成本、市场开发、合约签订及执行等成本。由于产业的聚集效应，使某一区域的企业数量相对集中，许多中间投入品可以从其他企业就近取得，节省运输成本、库存成本，还能享受供应商的辅助服务。产业内的聚集使企业在地理上邻近，容易建立信誉机制，减少讨价还价等机会主义行为。产业聚集吸引各方面的人才广泛参与，形成专业化的人才库，减少人才雇佣方面的成本。聚集区域

第十四章　产业布局

内大量的专业信息、个人关系及社会关系，使信息流动很快，减少了区域内企业的信息成本。③学习与创造效应。区域内聚集了大量的企业，相互之间可以模仿和学习，一家企业的知识创新很容易外溢到其他企业，通过实地参观、访问及经常性的交流，其他企业能很快地学习和掌握这种知识和技能，新知识能在区域内迅速扩散，起到技术的推广作用。另外，产业聚集还是培养企业创新的温床，激烈的市场竞争迫使企业不断地进行组织创新和管理创新，并获得由创新带来的超额利润。超额利润的存在又吸引了其他的企业不断学习和创新，从而使区域内经济竞争优势不断成长和发展。④品牌和广告效应。产业聚集的影响力不断扩大以后，会在消费者中间形成一个良性的品牌形象，增强了消费者的购买欲望和广告宣传效果。这种现象有时会波及一些相关的互补产品上，吸引更多的潜在用户，形成新的聚集产业。

5. 如何重塑中国产业布局机制？

答：在传统的计划经济体制下，中国实行的是中央政府高度集权，以直接行政管理为主，排斥市场机制，主要是依靠国家投资计划分配和建设项目计划安排的产业布局机制。改革开放以来，随着市场机制的引入和市场经济体制的建立及投资主体的多元化，产业布局机制正逐步发生变化，由国家制定产业布局总体目标和基本框架，综合运用经济手段、法律手段和必要的行政手段调节市场，通过要素市场的经济参数引导企业等各投资主体，围绕国家产业布局总体目标，自主作出投资区位选择。中国所要重塑的是以市场机制为基础，以国家宏观调控为指导的产业布局机制，其主要内容如下：

（1）产业布局主体以企业为主。

企业通过市场机制选择自己的区位，政府则通过完善合理的产业布局目标、产业政策和区域政策等各种政策手段，根据比较利益原则，通过对市场参数的调控来影响企业的发展环境，从而引导企业的区位选择向有利于国家产业布局政策目标的方向转变。

（2）完善市场体系。

保证各种生产要素通过市场自由地流向报酬率最高的地区，保证各产业布局主体能够自动地选择区位成本最低的地区和地点，必须有发育完善的市场体系和统一市场作基础。为此，必须在完善商品市场的同时，加快发育和完善各要素市场，要在促进区域市场充分发育的基础上推动全国统一市场的形成；建立健全市场交易规则，制定国内区际贸易法规，以法律的形式保障地区间正常的经济技术联系和各自的合法权益；消除画地为牢、分割市场的体制性因素，改革不合理的价格体系，为产业布局主体提供准确的信息，并为区域间等价交换提供前提；制定统一平等的区域贸易政策，保证区域比较利益的实现；加强交通运输、邮电通信等市场基础设施建设，促进生产要素的自由流动和市场的充分发育；调整区域产业结构和区域分工体系，促进区域经济联合。

（3）建立和完善宏观调控体系。

重塑产业布局机制的本质就是要转变政府职能，实现由政府直接进行产业布局到间接调控产业布局的转换。为此，必须建立和完善产业布局的宏观调控体系。中央政府主要从事全国产业布局总体规划的制定，确定产业布局的总体目标和总体框架，制定并完善区域经济发展和产业布局政策，强化并完善产业布局的经济、行政及法律手段，提高调控全国产业布局的能力。地方政府主要是在全国产业布局规划与政策的基础上，制定本区域产业布局的规划、目标、战略与框架，调控本区域产业布局。在严格划分和明确界定中央与地方事权、财权和调控权的基础上，划分和确定中央和地方的投资领域，这是建立和完善产业布局宏观调控体系的前提。

（六）论述题

1. 试论述影响产业合理布局的主要因素。

答： 实施产业合理布局，必须研究把握影响产业布局效果的因素。从西方产业布局理论发展过程看，西方学者对影响产业布局的因素的认识是逐步深化的，从仅看到运输因素到看到成本，进而看到市场，最后又考虑到社会环境等，西方产业布局理论主要还是立足于微观经济来考察问题的。中国是建立在公有制基础上的社会主义制度，可以从宏观、中观和微观多层次综合地考察影响产业布局的主要因素。

（1）自然因素对产业布局的影响。

自然因素包括自然条件和自然资源两方面。自然条件是人类赖以生存的自然环境，如影响人类生产、生活的大气圈、水圈、生物圈和岩石圈等。人类面临的自然条件包含未经人类改造、利用的原始自然环境，也包含经过人类利用改造后的自然环境，如防护林、运河、水库等。自然条件的各要素如地质、地貌、气候、水源、土壤、生物等相互联系、相互制约形成的自然综合体，对人类产业活动的影响很大。自然资源是指自然条件中被人类利用的部分，联合国环境规划署把自然资源的概念界定为：自然资源是在一定时空和一定条件下，能产生经济效

第十四章 产业布局

益，以提高人类当前和将来福利的自然因素和条件。自然资源按其生成条件，可分为可再生自然资源与不可再生自然资源，自然条件和自然资源并不截然分开。随着人类科学技术的进步，对自然环境的改造，可不断地变自然环境为可利用的自然资源。自然因素是产业布局形成的物质基础和先决条件，其影响显然是十分显著的。

①人类社会发展的不同阶段，自然因素对产业布局的影响。人类社会发展初期，生产力水平低下，自然因素的分布状况决定了人类社会生产活动的分布。产业革命后，社会进入工业大生产阶段，自然条件特别是自然资源的分布状况直接影响产业的地理定位，在工业原料、燃料丰富的地方往往形成工业区。第二次世界大战以后，发达国家进入后工业化时期，生产力高度发展，自然因素对产业布局的影响主要表现在人类的生产活动向最适宜的地区集中，以充分发挥地区优势，降低生产投入，取得最大收益。

②自然因素对不同产业布局的影响。由于第一产业的劳动对象直接来自大自然，因此第一产业的分布状况直接受制于自然因素。自然因素对第三产业的影响，突出表现在直接影响到旅游业的布局。自然资源对第二产业具有直接和间接的影响。直接影响主要表现在工业用地、用水等对工业布局的制约，以及一些工业对环境的特殊要求；间接影响主要是指对以农产品为原料的制造业，如食品工业，对以采掘工业为原料的原材料工业及化学工业等的布局的影响。

③自然条件各要素对产业布局的影响。稳固的地质基础是制造业、建筑业发展的前提。火山地震活跃带、大断层附近不宜进行大规模的工业及城市建设。平原地区有利于进行大规模现代化耕作、灌溉，有开阔的场地供制造业、建筑业使用和发展各种运输线路，是最优的产业布局场地。地势崎岖地区，修筑道路困难，影响对内、对外的经济联系，不宜发展耗能耗料多的制造业。盆地地区空气流通差，不易发展冶金、化工等工业。气候除对农业影响最大之外，对水利枢纽、建筑工程、露天采矿、飞机制造、海洋航运、航空运输等影响也很大。水不仅影响农业，对制造业、交通业等的布局也有重要影响。动植物分布也决定了某些产业的布局，如亚欧、北美大陆北部是温带针叶林带，该地就成为世界木材的主要供应地和造纸业的集中分布区。热带、温带草原地区则成为畜牧业分布区。

④自然因素对区域性生产分工的影响。由于自然因素对劳动生产率、产品等具有直接和间接的影响，在市场经济和竞争的条件下，产业活动必然向自然因素最优的分布区集中，形成一定规模各具特色的专业化部门，完成区域性生产分工。如世界大型的重工业区，都在当地丰富的煤或铁资源的基础上发展起来的，世界主要谷物产区，都分布在地势平坦、土壤肥沃、气候适宜的地区。

(2) 社会因素对产业布局的影响，主要体现在以下三个方面。

①经济区位对产业布局的影响。经济区位是指地球上某一地点与具有经济意义的其他地点间的空间联系，也就是一国、一地区或一城市在国际国内地域生产分工中的位置。如上海市位于中国东部沿海经济发达地区的中点，既是京沪、京杭铁路的交汇点，也是整个长江流域与长江沿岸各河港的出海口。新加坡地处马六甲海峡的东端，太平洋与印度洋、亚洲与大洋洲间相互交往的十字路口上。经济区位的优劣与否，与交通、信息条件等的关系十分密切，并决定着市场范围的大小。世界上许多工业区分布在区位条件较好的城市或港口，这些地方交通方便，市场广阔，可以利用其便捷的交通条件从其他地区取得运费不高的能源和原材料，产品又便于就近销售。灵通的信息，有利于及时了解市场需求，调整产品结构。

②人口对产业布局的影响。任何产业的布局都必须考虑人口这个重要因素。首先，人口数量，特别是劳动力资源充足有利于充分开发利用自然资源，发展生产。如亚洲许多国家近年来广泛建立出口加工区，除优惠政策外，就是利用本国廉价丰富的劳动力资源吸引外国投资者。人口数量对产品消费有重大影响，因此特大城市区域都分布着为本市人口消费服务的都市工业和城郊农业。其次，人口的质量或素质高低对产业布局有重大影响。人口素质的高低是与一定的生产力水平相联系的，高素质的人口和劳动力是发展高层次产业的基础。最后，人口分布及迁移对产业布局也有影响，在人口稀少地区大多布局可以有效利用当地自然条件、自然资源的优势产业，以利于提高劳动生产率，弥补开发地区时的高投资；在人口稠密地区，通常安排轻纺、电子、仪器、仪表、机械等产业部门，吸收更多的劳动力就业。

③社会历史因素对产业布局的影响。社会历史因素主要包括社会经济基础、管理体制、国家宏观调控法律政策、国内外政治条件等。现有的社会经济基础主要是指历史遗留下来的产业基础、积累的文化和科学技术基础及经济管理基础等，其中以产业基础最为重要。历史继承性是产业布局的基础特征之一，同时历史上形成的产业基础始终是布局新的产业的出发点。经济体制对产业布局的影响是十分显著的，中国过去在高度集中的计划经济体制下，产业布局主要依靠国家投资的计划分配和建设项目的计划安排，往往造成布局不合理。在市场经济体制下的产业布局，主要受市场需求控制，比较注重效益，但往往具有较大的盲目性，造成产业布局的波动性和趋同化。因此，必须坚持和完善社会主义市场经济体制，使市场在国家宏观调控下对资源配置起基础性作用。此外，国家制定和完善各种经济法规、制定正确的政策、对国内外政治条件的正确评估等都会对产业布局产生明显的影响。

第十四章 产业布局

(3) 经济因素对产业布局的影响，主要体现在以下三个方面。

①经济发展水平对产业布局的影响。经济发展水平高低不同，对产业布局的影响很大。如在农业水能资源开始作为动力在手工业中被利用时，手工业的分布一般指向沿江沿河，呈分散布局状态。第一次产业革命后，随着蒸汽机的出现，工业开始摆脱依水而设的格局，而趋向燃料指向，各主要煤炭产地成为工业中心。电力的发明，又使许多产业部门能够分布于远离燃料产地的大城市。而新技术革命的发展，又使产业向空港、高速公路交通枢纽、沿海地区及知识密集区集中。

②市场需求和市场竞争对产业布局的影响。产业布局必须以一定范围的市场区对产品的需求量为前提，即产品的市场需求容量是产业布局的重要空间引力。因此，在产业的布局上应把对市场行情的了解、对市场需求的掌握放在战略高度加以考虑，同时在不同的市场区内，会形成不同的市场需求结构。而市场需求结构制约着产业布局的部门结构，是形成主导产业、辅助产业协作配套、生产地域综合体的指南。市场竞争可以促进生产的专业化协作和产业的合理聚集。市场竞争的结果充分表明：凡专业化程度高的地区或企业，能在市场竞争中占据有利地位，为了提高竞争力，产业布局必然向有利于推广新技术、提高产品质量、提高劳动生产率的专业化协作方面发展；同时，具有一定规模和强大技术、经济实力的生产综合体更有利于发挥聚集经济效益，这必然促使产业布局朝合理聚集的方向发展。此外，市场竞争可使产业布局指向更有利于商品流通的合理区位。

③基础条件对产业布局的影响。基础条件，特别是其中的交通条件和信息条件对产业分布的影响很大。交通条件优越的地区，人流、物流方便快捷，对产业布局十分有利。在市场经济条件下，灵通的信息，有利于准确地掌握市场，正确分析影响布局的条件，以达到合理布局的目的。

(4) 技术因素对产业布局的影响，主要有以下两点。

①自然资源利用的深度和广度对产业布局的影响。技术进步不断地拓展人们利用自然资源的广度和深度，使自然资源获得新的经济意义。如随着技术水平的提高，燃料结构由木材向煤、天然气转变，使世界的燃料基地不断扩大；再如由于选矿、冶炼技术的进步，使品位较低的矿藏获得了工业利用的价值。这将使原料、动力资源不断丰富，各类矿物资源的平衡状况及它们在各地区的地理分布状况不断改善，从而拓展产业布局的地域范围。同时，技术进步能提高资源的综合利用能力，使单一产品生产区变为多产品的综合生产区，从而使生产部门的布局不断扩大。

②产业结构对产业布局的影响。技术进步不断地改变着产业结构，特别是随着一种新技术的出现，往往伴随着一系列新的产业部门的诞生。这些产业部门都

有不同的产业布局指向性，这就必然对产业布局的状况产生影响。随着技术的进步，生产力的提高，三次产业结构也不断发生变化，使得人类生产、生活居住的地域方式也出现了很大变化，这将导致城市化趋势，从而对产业布局产生影响。

2. 如何评价区域经济布局效果？

答：区域布局效果的评价包括两种类型：一是预评价，二是后评价。预评价是指在区域布局决策阶段，对区域布局方案进行技术经济效益、社会效益和生态环境效益的评价论证，并进行各种效益预测，为决策者提供决策依据，以提高决策的科学性。后评价是指在区域布局方案实施后，再进行经济效益、社会效益和生态环境效益的评价论证，以检验区域布局方案在科学技术上的可行性和经济上的合理性，从中总结经验教训，以便采取切实可行的措施，进行区域的再开发，或调整区域布局方案，实现区域经济发展目标。显然，这两种评价都具有重要意义。预评价一般在区域规划和可行性研究中进行，这一节主要论述区域布局效果的后评价方法。

所谓区域经济布局效果是指在区域布局过程中，由于生产要素的地域分布与组成的变化所产生的区域经济空间集中程度的变化。区域经济布局效果的评价也就成为区域布局的重要内容之一。一般来说，衡量区域经济布局效果的指标主要有：集中指数、地理联系率、集中度、分散度、静态不平衡差、洛伦兹曲线、变幅、标准偏差、变差系数、基尼系数等。

（1）集中度分析。集中度分析主要参照以下四个指标及其变化。

①集中指数及其变化。集中指数是表明某种经济活动在区域内集中程度的指标，其计算公式为：

$$C = (1 - H/T) \times 100$$

式中：C 为集中程度指数，T 为全国或全区总人口或总面积，H 为占全国或全区经济总量半数的地区人口或面积，集中度指数在 0~100 之间波动。

②地理联系率及其变化。地理联系率是反映两个经济要素在地理分布上的联系情况的指标。如果两个要素在地理上的分布比较一致，地理联系率高，就意味着经济空间集中度低；反之，地理联系率低，就说明两要素的地理分布差异大，意味着经济的空间集中度高。地理联系率的计算公式为：

$$G = 100 - \frac{1}{2} \sum |S_i - P_i|$$

式中：G 为地理联系率，S_i 为区域第 1 要素（如总产出）占全国或全区的比重，P_i 为区域第 2 要素（如人口）占全国或全区的比重。

第十四章　产业布局

③集中度及其变化。集中度也是反映经济现象在全国或地区集中程度的指标，用全国或全区构成中比重居前3位或前5位的区域的比重之和来表示。其计算公式为：

$$J = X_1 + X_2 + X_3$$

式中：J 为集中度；X_1、X_2、X_3 分别为占全国或全区经济总量的比重居第1、2、3位的地区的比重。

④分散度及其变化。分散度是指在全国或全区经济总量中居前3位或前5位的地区的比重之和减去其余各地区比重平均值的差，与其余各地区比重平均值之比。其计算公式为：

$$F = \frac{\sum \frac{X_j}{n}}{\sum X_i - \sum \frac{X_j}{n}} = \frac{\sum X_j}{n \sum X_i - \sum X_j}$$

式中：F 为分散度；$X_i (i=1, 2, 3)$ 是前3位区域的比重，$X_j (j=1, 2, 3, \cdots, n)$ 是其余区域的比重，n 是除前3位区域以外的其他区域数。F 越趋于0，表明集中度越大；F 越趋于1，表明分散度越大。同样，利用分散度来揭示区域经济布局集中程度时，可分别计算区域布局前的分散度 F_0 和区域布局后的分散度 F_1，如果 $F_0 < F_1$，则说明分散度升高；反之，则说明分散度降低。

（2）均衡度分析。

经济的空间集中度与经济的空间均衡度呈正相关。一个国家或地区内不同区域之间经济发展是不平衡的，地区之间产出的差距很大，则说明该国家或地区的经济空间集中度高，反之则较低。

①静态不平衡差及其变化。衡量区域经济布局的均衡度，可用静态不平衡差指标，其计算公式为：

$$C = \left(1 - \frac{L}{M}\right) \times 100$$

式中：C 为两个区域之间的静态不平衡差，L 为经济实力较弱的地区的经济指标，M 为经济实力较强的地区的相应经济指标。

②洛伦兹曲线（Lorenz Curve）及其变化。洛伦兹曲线是美国统计学家洛伦兹于1905年提出的用来描述社会收入分配状况的曲线。区域经济学家常用它来反映区域经济布局的均衡状况。它是借助于一个正方形内指标累积百分比的曲线曲拱与对角线间形成的面积来表示经济现象在地区间分布的均衡或不均衡程度。具体绘制方法如下：先计算出区域内各地区经济总量占全区域经济总量的百分比，然后由小到大排序，再按顺序累积，将每次累积结果与地区数相对应，即可

绘制出洛伦兹曲线。

如果区域经济分布完全均衡,则洛伦兹曲线为一条与对角线重合的直线,称为"绝对均衡曲线";反之,如果区域经济分布绝对不平衡,即一个地区拥有了全区域的经济总量,则该曲线将构成正方形的底边和右边,称为"绝对不平衡曲线"。一般来说,洛伦兹曲线为介于上述两条曲线之间的向下弯曲的曲线。向下弯曲越大,区域不平衡度就越大,反之亦然。

用洛伦兹曲线来描述区域经济布局的变化,也需要分别绘制区域布局前后的洛伦兹曲线,以观察曲线弯曲程度的变化,或者计算基尼系数的变化。

③标准差及其变化。标准差是较全面反映区域绝对差异的指标。其计算公式为:

$$\delta = \sqrt{\sum \frac{(Y_i - \bar{Y})^2}{n}}$$

式中:δ 为标准差,Y_i 为 $i(i=1,2,3)$ 地区的经济指标,$\bar{Y}$ 为各地区相应经济指标的平均值,n 为地区数。利用标准差来反映区域内各地区间相对差,并进行比较分析。

通过上述计算方法,可以判断出区域开发前后区域经济布局的变化情况,但经济布局集中一些好,还是分散一些好呢?这不能简单地下结论。一般来说,一个国家或一个地区在工业化初期或开发初期,由于条件限制,经济布局难以展开,只能把经济要素较多地集中在少数条件最好的地区、地点,这时集中度高一些是合理的。随着国民经济的发展和工业化程度的提高,区域经济实力增强,发展条件得到改善,经济布局就应该适当展开,在正常情况下,其集中度相对于前一阶段而言适当降低是合理的。

四、案例分析

案例一:

钢铁产业布局不合理　新政策重绘产业发展版图

在业内人士的广泛关注下,国家首部针对钢铁产业出台的政策《钢铁

第十四章 产业布局

产业发展政策》正式"出炉"。毫无疑问，该政策的颁布和实施，必将重绘中国钢铁产业发展版图，也将有可能成为中国钢铁产业发展的新起点。

政策出台之时正值中国钢铁产业发展的关键时期。一方面，我国钢铁产业已连续多年保持20%左右的高速增长，产量已连续9年居世界第一位，是排名第二至四位的日本、美国和俄罗斯三国钢产量的总和。

另一方面，我国距离钢铁强国仍然遥远。就产品而言，目前，我国所需大量高附加值产品还需要进口。进口钢材中，90%都是冷轧薄板、不锈钢板等高附加值板带材产品。国产钢材中，产品实物质量标准低，产品档次不高，轴承钢等产品使用寿命短。

与此同时，生产力布局不合理，产业集中度低，产品结构矛盾突出，技术创新能力不强，资源消耗高，已成为我国钢铁产业的最大"病症"。

钢铁新政策的出台，恰逢其时。业内人士普遍认为，《钢铁产业发展政策》将重绘我国钢铁产业发展版图。

我国钢铁工业产业集中度低，已是不争的事实。近年来，在国际钢铁业加快联合重组的同时，我国钢铁行业组织结构却在不断恶化。2004年，我国钢铁企业已达871家，一个城市有几家、十几家钢铁企业已不是个别现象，甚至有的城市有几十家钢铁企业。钢产量600万吨以上的企业集团只有11家，仅占全国的37.13%，其中最大的宝钢集团年钢产量为2 141.20万吨，却也只占到全国的7.86%。产业集中度低，不仅会造成严重的环境污染和市场混乱，而且制约了企业自主创新能力和竞争力的提高。

新政策提出，"2010年，形成两个3 000万吨级，若干个千万吨级的具有国际竞争力的特大型企业集团；国内排名前十名的钢铁企业钢产量占全国比重要达到50%以上，到2020年力争达到70%以上。"

业内人士分析，在这一新政策的导向下，中国钢铁工业的春秋战国时代行将结束，兼并整合时期即将到来。钢铁工业协会副会长罗冰生指出，受资金和技术条件限制，一部分技术装备水平低、消耗高、环境污染严重的中小企业，将面临被淘汰和被兼并的命运。

伴随整合而来的，是产业布局的调整。"遍地开花"的产业布局模式将遭遗弃，东部沿海将有可能成为钢铁产业发展的重要版块。

中国钢铁产业布局不合理问题由来已久，受历史条件限制，绝大多数企业靠近原料产地，属资源内陆型布局。此外，我国钢铁工业布局城市型特征明显，全国除西藏外，每个省、自治区、直辖市都有钢铁企业。74家重点钢铁企业中有18家建在省会城市，有34家建在百万人口以上的大城市。这不但给城市环境容量造成很大压力,而且也制约了企业自身的发展。

政策提出,"到 2010 年,钢铁产业布局不合理的局面得到改善;到 2020 年,形成与资源和能源供应、交通运输配置、市场供应、环境容量相适应的比较合理的产业布局。"

此外,通过制定技术经济指标准入条件和加强投资管理,新政策加强了对企业技术创新的引领,提高了全行业的准入门槛。我们有理由相信,在新政策的引导下,中国钢铁产业必将再续辉煌,实现由钢铁大国跨向钢铁强国的飞跃。

资料来源:中国金属工业网:网址:http://www.cmpi.com.cn/ShowNews.asp?NewsID=2541。

案例二:

中国钢铁产业集中度低 市场失灵招致钢铁困局

牵一发而动全身。在一片焦灼的气氛中,宝钢代表中国钢铁企业与世界三大铁矿石供应商日前在青岛展开谈判,为即将到来的铁矿石正式价格谈判战预热。此前,钢铁行业主管部门异乎寻常地出台"限产保价"措施救市,要求主要钢铁生产企业减少产量以挽救一路"高台跳水"的国内钢材价格。内忧外患之下,中国 1 000 家钢铁企业和数百万产业工人的命运已经到了危险边缘。

此次参与铁矿石价格谈判的除了宝钢之外,还有日本新日铁和代表欧洲的阿塞洛公司,对阵世界铁矿石供应寡头巴西淡水河、澳大利亚的力拓和必和必拓集团。

占据了世界铁矿石需求增量80%以上的中国钢铁产业,在此次谈判中正在寻求定价主导权,并希望把"限产"等种种手段作为谈判的筹码。但以澳大利亚铁矿石巨头为首的国际供应商,却清楚地看到了中国钢铁产业的软肋,"中国的中小钢铁企业很多,不能与供应商达成长期合同,来自中国的需求仍将增长,明年的铁矿石价格仍然会上涨"。

不久前出台的《钢铁产业发展政策》显然也希望解决"产业集中度低"这一制约中国钢铁产业发展的症结,明确提出未来5年国内前10家钢

第十四章 产业布局

铁公司钢产量要达到全国总产量的50%，到2020年这个比例要达到70%，而如今的这个比例仅为34.64%。在规模经济作为竞争优势的钢铁行业，相比欧美和日韩高度寡头垄断的市场格局，高度分散的产业联盟不仅让中国钢铁产业丧失了国际市场的定价权，甚至让国家的各项宏观产业调控政策一一失去初衷而难以奏效。

冰冻三尺，非一日之寒。十年时间，中国钢铁年产量从1亿吨飙升到超出3亿吨，如今已经占据世界钢铁产量的四分之一强，大大小小的钢铁生产企业也从不到600家迅速扩张到目前的1 000家。作为地方经济的支柱产业，钢铁对于相关产业及经济的拉动作用显而易见，但条块分割的地方经济与产业整体利益并非一致，各地急功近利的"大炼钢铁"，不仅加剧了国内煤电油运的紧张局面，还不可避免地引起了国内钢材市场无序竞争和价格的大起大落。在国家宏观调控政策的"滞后效应"逐渐显示之后，建筑、机械、汽车、家电和造船等钢铁下游产业的需求明显放缓，供过于求的钢材市场价格也从年初以来一路阴跌了超出50%。近日，钢铁行业主管部门要求大型钢铁生产企业"限产"稳定市场价格，但在集中度低下、高度分散的钢铁行业却难以成行，"即使大企业减产了，中小企业还在投放市场，价格还是不能稳下来"。

在制造政绩和发展"诸侯经济"的驱动下，各级地方政府不顾资源禀赋、盲目投资钢铁业走重化工之路，在一定程度上亲手酿成了今日"限产保价"仍不见成效的"市场失灵"，正是如今中国钢铁产业危局的始作俑者。价格和产量已经不能作为市场信号的情形下，整个产业不得不为过去十年里的地方政绩"冲动"形成的市场失灵而买单。

资料来源：中国经济网：网址：http://www.ce.cn/cysc/cysczh/200510/30/t20051030_5059713.shtml。

案例三：

英特尔落户大连的"集聚效应"初现

自从英特尔正式公布300毫米晶圆厂落户大连之后，许多与英特尔配套、提供服务甚至相互竞争的企业已经开始集聚大连。

随着英特尔进驻大连，不仅相关的集成电路产业、金融服务业方面的外商接踵而来，就连教育医疗、餐饮服务类项目也有倍增趋势。

据介绍，因为芯片制造需要大量特种气体，知名气体供应商如法国液化空气集团、英国氧气公司、美国普莱克斯气体公司等纷纷来大连商谈建厂事宜，以便为英特尔提供服务。英特尔全球指定气体供应商、美国空气制品与化学品公司已与大连保税区达成合作意向。

全球废弃物管理著名企业、法国著名的威立雅环境服务公司，也随着英特尔芯片制造业的转移，来大连考察投资建厂。与英特尔芯片制造产业相关的美国美泰普斯公司，生产高端光电器件，已经在大连开发区正式注册了一家公司，预计2007年6月建成投产。

咨询服务机构及金融服务业也开始跟进。美国休斯敦机场2006年7月与大连机场集团公司就合作建设空港国际物流中心、组建合资公司等事宜签署合作备忘录。美国花旗银行作为英特尔的战略合作伙伴，计划在大连开设分支机构。

考虑到英特尔员工的生活及子女就学问题，英特尔与大连市有关部门合作，2006年在大连投资3 000万美元创办了一所大型国际学校，目前一期工程已经完工。员工的医疗保健，也按照英特尔的计划和国际标准，请国际知名医疗设施管理公司运作。国外多家服务连锁公司也纷纷筹备进入大连，提供欧美风格的咖啡馆、酒吧和其他娱乐休闲服务。

大连市市长夏德仁表示，英特尔芯片制造工厂落户大连，有利于大连掀起新一轮的投资热潮。集成电路产业、IT产业和金融服务业等方面外商投资，可能在未来5年间达到50亿~100亿美元的规模。此外，国内外一批集成电路人才将向大连集中，人才的"集聚效应"也将很快显现。

资料来源：新华网：网址：http://news.xinhuanet.com/fortune/2007-03/26/content_5898910.htm。

第十五章 产业竞争力与企业竞争力

一、内容提要

本章主要介绍产业竞争力和企业竞争力的理论与实践问题。产业竞争力分析是以产业为研究对象,通过一系列的指标体系来分析产业的竞争水平和指标之间的差距,为产业发展提供决策参考。企业竞争力是指在竞争性市场中,一个企业所具有的能够持续地比其他企业更有效地向市场(消费者,包括生产性消费者)提供产品或服务,并获得盈利和自身发展的综合素质。企业竞争力的影响因素大体可以分成三类:企业在竞争过程中所发生的或者涉及的各种要素;企业所拥有的或者可以获得的各种资源;保证企业生存和发展以及实施战略的能力。企业竞争力评价的主要方法有:因素分析法,对比差距法,内涵解析法,模糊综合评价法,灰色多层次评价法,综合指数评价法。企业竞争力的评价指标体系包括:企业竞争力的经营环境评价,产品市场竞争力评价,企业的战略能力评价,企业的生产能力评价,企业的市场能力评价,企业的技术能力评价,企业的营运能力评价,企业财务能力评价,企业的可持续发展能力评价。

二、复习思考题

(一) 名词解释

1. 国家竞争力

2. 产业竞争力
3. 企业竞争力
4. 产业竞争力的"钻石模型"
5. 企业竞争力的"五力模型"

(二) 单项选择题

1. 下列因素中,哪一项不属于丹尼森模型中影响经济增长的因素?（   ）
   A. 劳动投入量　　B. 资本投入量　　C. 政府政策　　D. 环境因素

2. 波特在"国际竞争四阶段说"中提出,一国产业参与国际竞争的过程大致可以分为四个依次递进的阶段。下列哪一项不属于波特的"国际竞争四阶段说"中的独立阶段（   ）。
   A. 要素驱动阶段　　　　　　　　B. 投资驱动阶段
   C. 创新驱动阶段　　　　　　　　D. 政策驱动阶段

3. 企业竞争力的核心是（   ）。
   A. 企业规模大小　　　　　　　　B. 资源配置能力
   C. 环境适应能力　　　　　　　　D. 企业物质资源的丰裕程度

4. 认为经济系统能够通过人力资本、学习效应、专业化和技术经济的外在性等内部力量实现持续增长的增长理论是（   ）。
   A. 新古典增长理论　　　　　　　B. 新剑桥增长理论
   C. 内生经济增长理论　　　　　　D. 哈罗德—多马增长理论

5. 在波特的"钻石模型"中,产业竞争力由（   ）个要素构成。
   A. 四　　　　B. 五　　　　C. 六　　　　D. 七

(三) 多项选择题

1. 以下属于波特"钻石模型"中关键要素的是（   ）。
   A. 生产要素　　　　B. 需要条件　　　　C. 政府
   D. 相关和支持性产业　　E. 企业战略、结构和同业竞争

2. 以下属于企业竞争力研究所涉及的关系的是（   ）。
   A. 企业所在产业的状况
   B. 本企业与相关企业的关系
   C. 企业活动与国家的关系

D. 企业活动所处的国际经济关系
E. 经济社会及政策环境
3. 建立企业竞争力评价指标体系必须坚持的原则有（　　）。
   A. 目的性原则　　　　B. 谨慎性原则　　　　C. 适应性原则
   D. 操作性原则　　　　E. 可比性原则
4. 以下属于企业竞争力的是（　　）。
   A. 人才竞争能力　　　B. 市场竞争能力　　　C. 技术竞争能力
   D. 企业的持续发展能力　E. 资产增值和效益提高的能力
5. 衡量企业的生产能力，可以从（　　）方面来进行。
   A. 产品市场份额　　　B. 生产的效率　　　　C. 产品的质量特性
   D. 产品的盈利能力　　E. 生产的柔性

（四）辨析题

1. 微观层次上产品竞争力的相加即得到中观层次上的产业竞争力。
2. 企业能力学派认为评价企业的竞争力大小时应该重点考虑企业的内在能力的强弱。
3. 用因素分析法评价企业竞争力时，显性指标可以揭示出决定企业竞争力的因素。
4. 如果用颜色深浅表示信息完备的程度，企业竞争力评价系统可以归纳为一个灰色系统。
5. 在对企业竞争力的经营环境评价时既要考虑外部经济环境，又要考虑社会、文化、法律等环境要素。

（五）简答题

1. 简述产业竞争优势的基本要素。
2. 企业竞争力的影响因素有哪些？
3. 简述企业竞争力评价的主要方法。
4. 简述波特—邓宁模型的主要内容。

（六）论述题

1. 试论述企业竞争力、产业竞争力和国家竞争力的关系。

2. 企业竞争力的评价指标体系。

三、复习思考题参考答案

（一）名词解释

1. 国家竞争力：国家竞争力定义为一个国家在参与国际竞争中所表现出来的整体竞争能力，以及国家为本国企业在国际市场上竞争提供一种有效的环境支持的能力。

2. 产业竞争力：产业竞争力有产业国际竞争力和国内区域产业竞争力之分，关于其内涵还没有统一定论，主要有国家环境说和生产力＋市场力说两种观点。

3. 企业竞争力：企业竞争力是指在竞争性市场中，一个企业所具有的能够持续地比其他企业更有效地向市场提供产品或服务，并获得盈利和自身发展的综合能力。

4. 产业竞争力的"钻石模型"：产业竞争力的"钻石模型"认为，产业竞争力由生产要素，需要条件，相关和支持性产业，企业战略、结构和同业竞争，机遇，政府六个要素共同决定。其中前四项是关键要素，后两项是辅助要素，它们之间彼此互动。

5. 企业竞争力的"五力模型"：企业竞争力的"五力模型"认为，影响产业竞争有五种作用力：进入威胁、替代威胁、买方侃价实力、供方侃价实力、现有竞争对手的竞争。

（二）单项选择题

1. C   2. D   3. B   4. C   5. C

（三）多项选择题

1. ABDE   2. ABCDE   3. ACDE   4. ABCDE   5. BCE

第十五章 产业竞争力与企业竞争力

(四) 辨析题

1. 微观层次上产品竞争力的相加即得到中观层次上的产业竞争力。

答：这句话不正确。竞争力是一个内涵广泛的概念，在中观层次上有产业竞争力，在微观层次上有企业竞争力。产业内企业竞争力的增强是该产业竞争力增强的基础，但产业竞争力并非企业竞争力的简单相加。从许多企业的个别竞争力转化为一个综合的竞争力，是复杂的"力的合成"过程。

2. 企业能力学派认为评价企业的竞争力大小时应该重点考虑企业的内在能力的强弱。

答：这句话正确。企业能力学派认为企业的竞争力是由企业本身的能力决定的，市场外部结构则是企业能力演化的自然结果。从长远来看，企业竞争力取决于企业所拥有的资源的能力。评价企业竞争力时可以从企业的外部市场表现和企业的内部能力两个方面进行评价，正确地反映企业真正的竞争实力。企业外部显性的竞争力从某种意义讲是企业内部能力的延伸，因此在评价企业的竞争力大小时应该重点考虑企业的内在能力的强弱。

3. 用因素分析法评价企业竞争力时，显性指标可以揭示出决定企业竞争力的因素。

答：这句话不正确。对企业竞争力的评价可以采取"由表及里"的因素分析方式，即从最表面、最容易感知的属性入手。这类属性和因素可以表征为企业竞争力的显示性指标，它们直接表明企业竞争的结果，可以视为企业竞争力在目前的实现状况，因此，可以最直观地反映当前企业竞争力的强弱。但是，这类指标并不能说明企业竞争力强弱的原因，所以，它们实际上并没有揭示出决定企业竞争力的因素。

4. 如果用颜色深浅表示信息完备的程度，企业竞争力评价系统可以归纳为一个灰色系统。

答：这句话正确。用颜色深浅表示信息完备的程度，可将系统分为3类：信息完全明确的系统称为白色系统；信息完全不明确的系统称为黑色系统；信息部分明确部分不明确的系统称为灰色系统。企业竞争力评价系统是一个灰色系统。首先，因为影响企业竞争力的因素太多而且复杂，人们在评价时，只能选取有限的主要指标来进行分析；其次，所选取的评价指标的数据，有些是已知的——可以从现有的统计资料中获得，有些指标的数据却是未知的——无法从统计资料中获得。因此，该系统具有信息不完全，或者"灰色"的特征。

5. 在对企业竞争力的经营环境评价时既要考虑外部经济环境，又要考虑社会、文化、法律等环境要素。

答：这句话不正确。在对竞争力环境的评价中，可以考虑外部经济环境，而不考虑社会、文化、法律等环境要素。对环境要素的评价涉及规范的价值判断和意识形态问题，这种判断的相对优劣存在很大的偏差。经济环境可以从国家的金融、税务及产业政策，市场竞争的完善程度，国家经济发展状况以及要素市场的状况等方面进行评估，因此相对环境要素更为客观、准确。

（五）简答题

1. 简述产业竞争优势的基本要素。

答：产业的竞争优势包括四个基本要素：

（1）竞争性要素的水平。

要素禀赋论把生产要素区分为自然资源、资本和劳动力。竞争优势理论研究的市场要素首先具备资源的稀缺性，同时扩大了要素禀赋论的范围，它认为一国要素状况包括以下三个方面：①自然资源；②教育水平和科技水平；③工资率。

（2）市场需求状况。

瑞典经济学家林德提出的需求偏好论，该理论认为，企业采取现代营销观念，依据本国消费者的需求设计生产其产品，这些产品能出口，是因为进口国存在同本国相似的需求偏好。竞争优势理论认为消费者需求存在竞争，在同类产品的市场竞争中，竞争对手所处的市场环境和对市场提供的产品或服务，影响到这一行业的竞争状况，主要的影响因素是：①市场规模；②消费者偏好；③对产品促销力度，如舆论力量、企业广告。

（3）相关产业的发展水平。

在现代产业竞争中，竞争优势的产生需要多因素的协调和合作，行业要取得竞争优势，必须要有相关产业来支持。相关产业根据它们的紧密程度有所分工，在技术创新、产品开发和改良、市场渠道建设、企业形象策划、广告宣传等方面必须相互协作和支持。

（4）产业发展战略和竞争环境。

产业发展通常经过一段曲折的历程，产业竞争优势的形成取决于产业中企业的管理状况，企业发展的战略目标和竞争环境的变化。在温和的竞争环境中，企业就会失去改进其管理状况的动力；在激烈的竞争环境中，企业为了生存，需要

第十五章 产业竞争力与企业竞争力

努力开发技术、培训人员、改进产品、提高劳动生产率。影响竞争环境的因素主要有：①同一行业内企业数目；②产品的差异程度；③产业内竞争或协作的历史。如果某产业具有竞争的历史传统，产业内的竞争程度常比较激烈。

2. 企业竞争力的影响因素有哪些？

答：影响企业竞争力的主要因素大体可以分成三类：

第一类是企业在竞争过程中所发生的或者涉及的各种要素。按照迈克尔·波特教授的理论，影响企业竞争力的因素有：自然要素条件，需求条件，相关与辅助产业的状况，企业策略、结构及竞争者，机遇以及政府行为等六个主要因素。同时还提出了产业竞争的五种作用力，进入威胁、替代威胁、买方侃价实力、供方侃价实力、现有竞争对手的竞争。企业竞争力研究所涉及的关系可以包括：①企业所在产业的状况，是本国具有比较优势的产业还是不具有比较优势的产业？新兴产业、成熟产业还是夕阳产业？是高盈利产业、高增长产业还是低盈利、低增长产业？②本企业与相关企业的关系，包括与供应企业、需求企业或消费者以及同类企业之间的关系。从企业间的竞争态势看，本企业在本产业中是属于在位企业还是潜在（进入）企业的地位，或者是本产业中的领导者企业还是追随者企业；从市场结构看，本企业所在产业是高集中度产业还是低集中度产业，是完全竞争型产业、寡头型产业还是垄断竞争型产业；从产业类型看，本企业所在产业是地区性产业（为本地区提供产品或服务的产业）还是全球化产业（不受地区限制而为世界提供产品或服务的产业）。③企业活动与国家的关系，包括政府对本企业所在产业或者正在进入的产业的管制制度（是否允许自由进入）、有关的产业政策（鼓励发展还是限制发展）、税收政策、区域政策等。④企业活动所处的国际经济关系，包括关税和进出口环节增值税、是否存在进出口壁垒、国外企业的市场准入条件、实行国民待遇原则还是实行歧视性制度、汇率变动是否会对本企业的产品市场竞争力产生重要影响等。⑤经济社会及政策环境，包括本企业所在地的技术创新环境、金融环境、人文治安环境、产权安全环境、生态环境保护制度等。

第二类是企业所拥有的或者可以获得的各种资源。在竞争力研究中，有一些学者强调资源分配与使用并从企业异质性的假定出发，认为企业所控制的各种资源（物质资源、人力资源、组织资源）是企业可以用来提升自身效率和效益而制定和实施战略的基础。从不完全替代或不完全模仿的稀缺资源来解释企业所具有的竞争力，研究的内容包括人力资源、原材料资源、土地资源、技术资源、资金资源、组织资源、社会关系资源、区位优势、所在地的基础设施等。

第三类是保证企业生存和发展以及实施战略的能力。企业自身的素质，表现在企业对环境的适应性，对资源开发控制的能动性以及创新性等。企业竞争力是指以竞争主体的身份参与竞争以求取胜获利的能力。主要包括四种具体能力：第一，人才竞争能力。任何事物的发展都离不开人才，从根本上讲，企业间的竞争是人才的竞争。人才优势是企业竞争取胜获利的根本保证。因此，人才竞争能力是企业竞争能力的核心部分。第二，市场竞争能力。市场竞争包括市场覆盖率与市场占有率的竞争性。它最为直接地反映企业能力或实力大小与经营的好坏，也是企业最直接的竞争目标。不断开发新产品、扩大营销渠道是保持市场竞争优势的基本途径。因此，市场竞争能力是企业竞争能力的主体部分。第三，技术竞争能力。科技是第一生产力，只有不断更新技术、开发新产品，才能在市场竞争中立于不败之地。因此，技术竞争能力是企业竞争能力的重点部分。第四，企业的持续发展和增长后劲以及资产增值和效益提高的能力。这种能力大体包括下列几个方面：采用新技术的速度和技术改造的进度；新产品新技术研究、开发的状况；劳动生产率的提高幅度；产品质量的优势；综合成本的降低和各种开支的节约。

3. 简述企业竞争力评价的主要方法。

答：企业竞争力评价方法分为单项指标评价法和综合指标体系评价法。单项指标评价法是直接用某企业单项指标的报告期数值与基准期数值对比，或用两个不同企业的同一指标实际数值对比得出相应的结论。综合指标体系评价法是先对多项指标进行综合，形成一个综合指标，然后根据综合指标数值得出相应的结论，比较有代表性的为以下几种：

（1）因素分析法。

对企业竞争力的评价可以采取"由表及里"的因素分析方式，即从最表面、最容易感知的属性入手，逐步深入到更为内在的属性和因素。一般来说，越是内在的因素对企业竞争力的影响越深刻、越长久，但其产生作用的逻辑因果关系可能非常复杂；而越是表面的因素对企业竞争力的影响越直接、越短暂，但其产生作用的逻辑因果关系也较简单。最表面、最容易感知的属性和因素可以表征为企业竞争力的显示性指标，这类指标可以选择能够直接反映企业市场地位的数值，例如，产品或服务的市场占有率及其增长率、企业的盈利率、企业规模等。这类指标直接表明企业竞争的结果，可以视为企业竞争力在目前的实现状况，因此，可以最直观地反映当前企业竞争力的强弱。但是，这类指标并不能说明企业竞争

第十五章 产业竞争力与企业竞争力

力的原因,所以,它们实际上并没有揭示出决定企业竞争力的因素。而要揭示和评价决定企业竞争力的因素,就必须进一步评价影响竞争力显示性指标的决定性属性和因素。而在这些属性和因素的背后又有更深刻更内在的因素,而且,在这些因素发挥作用的过程中,企业所处的关系环境又会在不同程度上产生直接或间接的影响。这样,对企业竞争力进行评价的指标体系就会是一组非常复杂的统计数值。而且,有些决定和影响竞争力的因素可能是难以计量的。因素分析法的基本要求就是尽可能地将决定和影响企业竞争力的各种内在因素分解和揭示出来。

(2) 对比差距法。

对企业竞争力的评价可以采取企业与企业直接比较的方式:假定同类企业中最优秀的一家或几家企业的一系列显性特征对竞争力具有明显的影响,因而,可以通过本企业和最优秀企业的一系列显示性指标的比较来评估本企业在竞争力上存在的差距。这种研究方法主要涉及以下几个环节:①选取对比指标;②比较本企业与最优秀企业各指标的差距;③进行综合汇总,评价本企业与最优秀企业之间的总体差距。这种方法同前一种方法的共同之处是都要进行详细的因素分析和统计数值的计算,不同之处是后一种方法是一对一的比较,可以进行多指标的直接对比,而不必进行数值的加总比较,因此可以避免确定各因素的权重过程中的主观因素。

(3) 内涵解析法。

内涵解析法的特点是将定性分析和定量分析相结合,重点研究影响企业竞争力的内在决定性因素,对于一些难以直接量化的因素可以采取专家意见或者问卷调查的方式进行分析判断。与前两种方法主要分析竞争力的外延性指标不同,这种方法重点分析竞争力的内涵性因素。这种方法要达到的目的是揭示企业的核心竞争力,并对其作用进行评价。这种研究方法主要涉及以下几个环节:①确定决定和影响企业竞争力的主要因素,并分析其因果关系;②通过统计分析、专家意见、问卷调查等方式,分析企业竞争力的实际情况;③深入进行企业核心能力的剖析,发现企业核心理念,以判断企业竞争力的强弱。这种研究方法的优点是可以深入到对企业核心能力的分析,具有深刻性。缺点是难以全面计量化,可能含有较大程度的主观性。而且,有些因素在性质上是难以进行企业间的直接比较的。

(4) 模糊综合评价法。

模糊综合评判法是美国控制论专家艾登于1965年创立的。企业竞争力模糊评价的理论依据是:企业竞争力的评价具有模糊性。通常我们把竞争力强度分为很强、较强、一般和差4个等级,但很难界定每个等级的标准。这种等级的分类也只是人们主观意识的结果，分类本身就有"模糊性"。在企业竞争力评价中，一些因素因具有模糊性而不能简单地用一个分数来评价。考虑到这些因素，采用模糊数学的综合评价方法来对企业竞争力做一定量的评价。模糊评价法有单因素的模糊评价和多层次的模糊评价两种方法。由于企业竞争力受多因素的影响，宜采用多层次的模糊评价法来评价企业的竞争力。一般评价步骤为：第一步确定因素集；第二步确定各影响因素的权重集；第三步建立评价等级集；第四步确定隶属关系，建立模糊评价矩阵；第五步进行模糊综合评价，得到模糊综合评价结果。利用多层次模糊评价法进行企业竞争力评价，首先评价二级指标，其评价结果相对于一级指标构成一个模糊评价矩阵，与一级指标权重集相乘得到企业竞争力模糊评价的最终结果。

(5) 灰色多层次评价法。

人们常用颜色深浅表示信息完备的程度，将系统分为3类：信息完全明确的系统称为白色系统；信息完全不明确的系统称为黑色系统；信息部分明确部分不明确的系统称为灰色系统。经济系统、管理系统、生态系统等都是灰色系统。1982年，邓聚龙教授创立了灰色系统理论。灰色系统评价方法主要有灰色聚类、灰色统计和灰色关联分析。企业竞争力的灰色评价的依据在于：企业竞争力评价系统是一个灰色系统。首先，因为影响企业竞争力的因素太多而且复杂，人们在评价时，只能选取有限的主要指标来进行分析。其次，所选取的评价指标的数据，有些是已知的——可以从现有的统计资料中获得，有些指标的数据却是未知的——无法从统计资料中获得。因此，该系统具有信息不完全，或者"灰色"的特征。鉴于该系统的灰色特征，运用灰色系统理论评价此系统是非常适宜的。

(6) 综合指数评价法。

综合指数评价法是一种综合指标体系评价法。其评价的方法是：第一步确定评价项目的权数。由于本指标体系为多层次的，所以既要求一级系统的权数之和为1，又要求各子系统内部各项目之和为1，确定权数的方法目前多采用专家咨询主观定权的方法。第二步计算各子系统的综合平均指标。对于正指标直接用其报告期与基准期对比；对于逆指标，先求其倒数值，然后用上述相同的方法进行对比，算出"个体指标"，最后用事先确定好的项目权数对它们进行加权平均，得出子系统综合评价的平均指数。第三步对各子系统的平均指数进行加权平均，求出综合平均指数。包括反映企业生产要素投入的统计指标 T、反映企业产出水平的统计指标 O、反映企业财务效益（经济效益）状况 F、企业资产运营状况 A、企业债务水平和偿债能力 D、反映企业发展潜力的统计指标 P、反映企业国际竞争力的指标 I、企业服务能力 S 等8个子要素。在此基础上，可以建立反映企业竞争力的数学模型。评价的标准在于：如果综合平均指数接近于 1，则说明甲乙两企业的整体无明显差别；如果综合平均指数大于 1，则说明甲企业优于乙企业；如果综合平均指数小于 1，则说明甲企业劣于乙企业。综合平均指数与 1 的离差越大，说明不同企业的差异越明显，故各企业能依据综合平均指数的大小，进行企业间的比较，确定本企业在同行业中的地位，制定自己的发展战略。

4. 简述波特—邓宁模型的主要内容。

答：20 世纪 90 年代以后，由于经济全球化、国际资本流动和跨国公司的行为对各国经济发展的影响日显突出，于是 1993 年英国学者邓宁对波特的"钻石模型"进行了批评与补充。他认为，波特没有充分讨论跨国公司与"国家钻石"之间的关系。在跨国公司的技术和组织资产受到"国家钻石"配置影响的同时，跨国公司会对国家的来自资源和生产力的竞争力给予冲击，因此，他将跨国公司商务活动（MBA）作为另一个外生变量引入波特的"钻石模型"中，这一理论后来被学术界称为波特—邓宁模型，如图 15-1 所示。

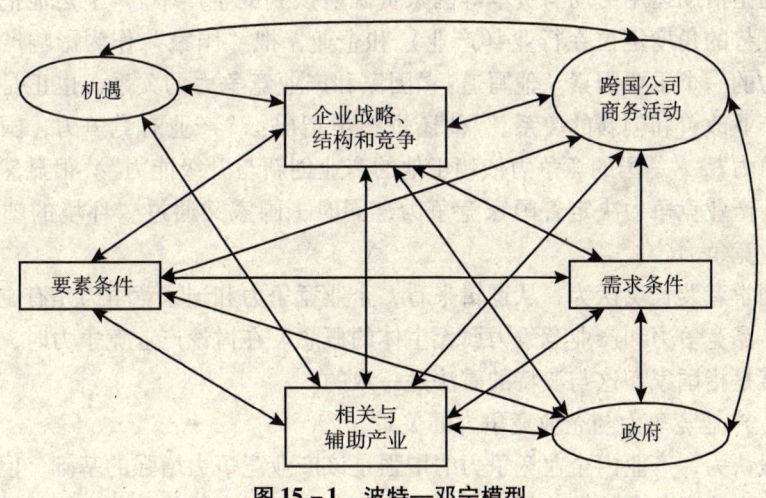

图 15-1　波特—邓宁模型

波特—邓宁模型中，影响产业竞争力的因素除了四项关键要素（生产要素，需求条件，相关和支持性产业，企业战略、结构和同业竞争），两项辅助要素（机遇，政府）以外，增加了跨国公司商务活动。

（六）论述题

1. 试论述企业竞争力、产业竞争力和国家竞争力的关系。

答：竞争力是一个内涵非常广泛的概念，在宏观层次上有国家竞争力；在中观层次上有产业竞争力、区域竞争力；在微观层次上有企业竞争力、产品竞争力。产业竞争力作为一个中观层次的概念，必定与国家竞争力、企业和产品竞争力之间存在着十分密切的关系。因此，弄清楚他们之间的关系对深化产业竞争力研究具有重要的意义。从目前的研究程度看，大家对这几个层次竞争力之间的关系只有一个基本的判断，有一个基本的深化。

（1）产业竞争力与国家竞争力的关系。

波特认为：“在国家层面上，'竞争力'的唯一意义就是国家生产力”。他说："该国经济繁荣时，'国家竞争力'这个词本身没有意义。国家经济的基本目标是提供人民高水平的生活，要实践这个目标并非依赖模糊不清的'竞争力'一词，而是借助运用劳动与资本等国家资源所谈到的生产率。"于是他把研究国家竞争优势的角度定位在行业（产业）和企业，把"国家"作为影响产业和企业竞争力的一个重要因素。他写道："国家和产业竞争力的关系，也正是国家如何刺激产业改善和创新的关系。"他还进一步指出："产业有竞争力，国家自然会有竞争力"，"一国的竞争力依赖于他的产业创新与升级能力"。很显然，在波特看来，产业竞争力决定着国家竞争力，同时，国家又通过"环境的塑造"来影响产业竞争力。

我国学者裴长洪认为，从逻辑来看，企业竞争力和国家竞争力是有主体的概念，而产品竞争力和产业竞争力属无主体的概念。在讨论产业竞争力时，其暗含的主体就是指国家。这与波特的看法是一致的。

（2）产业竞争力与企业竞争力的关系。

一般认为，产业内企业竞争力的增强是该产业竞争力增强的基础，但产业竞争力并非企业竞争力的简单相加。因此，企业应开展多元化经营，所涉及的范围不止一个产业。更重要的是，从许多企业的个别竞争力转化为一个综合的竞争力，是复杂的"力的合成"过程，其中最主要的是处理好各企业间的关系。如果本国该产业范围内各企业之间是无序竞争，没有协调与合作，内耗强，则该产业的"力的合成"效果就不佳，不利于该产业竞争力的提升；反之，如果本国该产业范围内各企业之间能做到有序竞争、相互模仿、技术交流、分工协作，以

第十五章 产业竞争力与企业竞争力

及在对外竞争时有所协调,则该产业的"力的合成"效果就会好许多,有利于提升产业竞争力。

(3) 产业竞争力与产品竞争力关系。

目前尚未发现对此有专门论述的文献。但从理论上讲,产品是产业竞争的载体,任何产业竞争(包括企业竞争)都是通过产品竞争来表现的。因此,可以说产品竞争力又是产业竞争力和企业竞争力的基础,产业竞争力和企业竞争力是产品竞争力的综合体现。

综上,我们可以看出,各竞争力之间存在着一种逻辑关系,这就是:产品竞争力→企业竞争力→产业竞争力→国家竞争力。

2. 企业竞争力的评价指标体系。

答:企业竞争力的评价指标体系必须充分考虑到企业现实的生存能力和潜在的发展能力;除此之外,还要考虑企业所处的外部政治经济环境。指标体系不仅要包含反映企业实力的"硬"指标,还要包括企业其他竞争优势的"软"指标,这样才能全面如实地评价企业的竞争力。企业竞争力评价的指标体系如下:

(1) 企业竞争力的经营环境评价。

企业的经营环境可以分为宏观环境和产业环境。企业所处的宏观环境之所以对企业竞争力具有深刻的影响,是因为国家经济发展所处的阶段影响企业竞争力,企业的竞争状况也因为地区性政策性的差别和区域性经济发展的特征而呈现差异。在对竞争力环境的评价中,可以考虑外部经济环境,而不考虑社会、文化、法律等环境要素。对环境要素的评价涉及规范的价值判断和意识形态问题,这种判断的相对优劣存在很大的偏差。经济环境可以从国家的金融、税务及产业政策,市场竞争的完善程度,国家经济发展状况以及要素市场的状况等方面进行评估。企业的产业环境,主要是评价产业竞争的激烈程度。通常产业的竞争程度越激烈,则企业的生存空间越狭小,企业的生存状况越艰难。产业竞争环境可以通过产业的卖方集中度和买方集中度,产业的价格变化情况,产业资源的利用状况,产业内企业的平均规模等指标来衡量。

(2) 产品市场竞争力评价。

企业的竞争力必然表现在企业在产品市场上的份额以及产品在市场方面的盈利能力。竞争力的市场指标可以从两个角度加以衡量,一是企业产品销售的获得情况;二是企业产品的市场占有方面。企业产品的销售获利情况可以通过产品的销售利润率加以反映;产品的市场占有可以通过企业的市场份额及其增长状况反映,同时也反映在企业产品竞争的区域分布上。总资产贡献率,该指标反映企业全部资产的获利能力，是企业经营业绩和管理水平的集中体现，是评价和考核企业现有产品竞争力的核心指标。

（3）企业的战略能力评价。企业的战略能力是指企业对外界环境变化反应的适宜性。战略作为企业的方向性的决策，在企业当前和未来的竞争中扮演着重要的角色。企业的战略制定还同合理的公司治理结构相联系。现代企业制度的规范性建立，对企业的决策的质量具有很大的影响，良好的治理结构可以使企业的决策过程在多方面受到规范和约束，避免个人决策的不良后果。该指标属于定性指标，用于反映企业的决策机制的良好程度。同时这种战略能力可以反映在企业过去长期经营业绩方面。战略能力的必然结果是企业能够以在相当长的一段时间内的经营业绩来衡量，可以通过几年的平均利润率加以反映。

（4）企业的生产能力评价。

企业生产过程是一种复杂的团队活动，其结果与企业内各种资源的合理应用有关。在衡量一个企业的生产能力时，我们应该从生产的效率、生产的柔性和产品的质量特性三个方面来进行衡量。效率性指标可以采用劳动生产率，原材料的利用效率以及设备的使用效率等方面的指标来衡量；柔性化程度可以通过转产的时间耗费以及企业的跨组织的参与性这一定性指标来衡量。质量指标反映了企业生产的一种能力，在相同的条件下，企业产品的质量越高越能代表企业的优秀的生产能力。可以采用优等品率和产品合格率来反映。

（5）企业的市场能力评价。

企业的市场营销能力不仅反映企业在营销资源方面的丰裕程度和管理水平上，同时也反映在企业的营销效果方面。对于企业的营销系统首先是具有一个良好的管理的体系，其可以通过企业销售合同执行情况，货款回收的状况，内部制度的完善情况和市场信息系统建设等方面进行定性衡量。其次，在资源上可以通过营销资源的投入强度方面的指标来衡量，如营销方面的支出占销售额的比重。企业营销的效果可以通过企业在市场中的品牌声誉，市场占有率，新产品的增长率，以及产品分销促销及定价效果等方面加以定性衡量。

（6）企业的技术能力评价。

企业的技术能力很难评估。作为企业发展的原动力，企业的技术活动对企业当前业绩和未来的发展具有极其重要的作用。而技术创新活动是一种非常复杂的投入产出活动。因此对企业技术能力的评价应该从技术的投入和产出两个方面评估。技术的投入方面主要在经费投入强度、人员结构等方面加以度量，而技术的产出则可以通过企业拥有的专利数、产品和技术领先程度和新产品产值率指标加以衡量。

(7) 企业的营运能力评价。

企业的营运能力综合反映在企业资产的应用效率方面，这种效率可以通过企业的财务数据表现出来，比如说存货周转率、三年以上应收账款周转率、积压商品物资比率、固定资产闲置率、流动比率等。

(8) 企业财务能力评价。

所谓财务能力指的是企业在融资数量和成本方面的能力。一个企业的融资渠道越多，融资成本越低则说明该企业具有良好的财务能力。负债比率指标衡量企业在对外债务方面的能力。指标越高，表明企业的债务筹资能力越强。投资效果系数衡量企业在债券和其他股权收益方面的投资效果，采用投资收益率来度量；企业资产总额表明企业资本的总体规模，资本的规模越大，则企业的资本营运能力越强。

(9) 企业的可持续发展能力评价。

随着企业的发展，确保企业竞争所需要的各种资源投入是竞争力的形成前提，企业发展所需要的各种资源是否能够顺利地获得是企业发展的关键，特别是企业对稀缺资源的控制程度。

在经济发展的不同阶段，企业竞争力对资源的依赖程度是不同的，自然资源、劳动力、资本、消费者、信息等对企业竞争力的形成和持续发展都产生一定的影响，企业占有这些资源就能保持持续发展能力。

四、案例分析

案例一：

从福布斯排名看中国企业竞争力的不足

《福布斯》杂志在其全球网站公布了的2006年全球上市企业2 000强榜单中花旗集团、通用电气和美国银行分别名列前三名，同时也有105家中国企业榜上有名，其中中国石油以52位的排名列中国公司之首。

年年的排名其实并没有什么实质性的变化，但经历了二十余年市场竞争的中国，在国内消费品业大声疾呼已经竞争到了惨烈的地步的时候，这个排名解读或许可以让国人真正客观的认识一下我国企业的竞争力。

从这个排名我们至少可以解读以下几个特点：

1. 中国企业在市场化程度高的行业竞争力弱。

从竞争角度而言，中国消费品业的竞争和巨大的国内市场规模，至少应该造就几家能进入全球2 000强的企业。但遗憾的是，这个排名中看不到。连号称市场化程度最高的家电业，也未能进入。就在中石油的下游产业，汽车领域，中国企业仍然是极低的竞争力。中国的消费品市场规模的巨大与消费品企业的弱小形成鲜明对比。这对那些认为中国消费品竞争已经到了极限的观念，是无情的打击。而能排在前面的企业，还有一个共同的特点，就是垄断性。从长远来看，这种垄断性是造就不了中国企业真正持续的竞争力的。

2. 中国企业，即便所谓竞争惨烈的消费品业，其分散度相当高。

中国企业，特别是消费品业的市场分散度高，仍然是中国企业在全球竞争力弱的重要原因。除少数行业，比如彩电，冰箱等，大部分消费品行业的集中度非常低。美国沃尔玛大概能占到零售总额7%。而中国最大的零售业也才400亿元人民币，占不到零售总额的1%。而大量的行业，是高度的分散。市场分散直接造成企业整体的弱小。以后十年，必然是一个消费品业进一步集中的时候。因此可以说，中国消费品真正残酷的竞争才刚拉开帷幕。

就目前国内竞争而言，虽然是供大于求，虽然是竞争得死去活来，但这些年激烈的竞争似乎并没有让中国消费品业的竞争者头脑清醒，不断在市场上"惨烈的牺牲"的中国企业，除了让人有点悲壮的感觉外，基本上没有引起什么思维的突破与反思。正如有些家电业营销人士说："是男人，就卖彩电"，但这本身反映却是思维的惰性，为什么呢，当索尼等彩电开始全线降价时，当国际彩电企业全线进入各档产品时，中国的彩电企业界却整体的失语。同样的现象反映在手机业，难保不发生在汽车业。中国国内市场需要真正的有思维力的勇士，这些勇士敢于直面市场结构，敢于整合行业，敢于建立中国企业真正的竞争优势定位，而不是搞垮一个企业，又以更高的薪资去准备搞垮另一家企业的"烈士"。

3. 中国企业在全球市场的占有率低。

同样的是，在全球市场上，中国企业基本上才开始起步，这也直接造成中国企业在全球化程度低下，在全球市场上占有率极低。以伊莱克斯为例，其在中国冰箱行业市场占有率不到2%，但其在全球市场占有率最大。中国企业国际化道路任重道远。近两年，有部分中国企业开始走向国际市

第十五章 产业竞争力与企业竞争力

场，比如TCL、联想、海尔等，尽管遇到了各种各样的问题，但参与全球化的竞争才能真正锻炼中国企业的国际竞争力。

可以说，中国企业国际化存在的最大的问题应该是近百年形成的在国际舞台上自信心的严重缺乏。这种信心的缺乏表现在是不是要做中国自有品牌还是做加工厂等问题上，其表现形式不外乎两种，一种是自卑，一种是自大。自卑者总以中国企业什么也比不上外国企业，甚至刻意拿中国企业与外国企业比较，专找"差距"。比如联想与戴尔，就偏有中国人就希望联想比戴尔差。自大者总是当刚好有一定的成绩时，就要动不动做世界第一，其本质仍是不自信的民族心理的反映。缺乏平等心态的中国企业如何参与全球化的竞争，仍然是任重而道远。

4. 中国企业战略性思维的缺乏。

从中国整体消费品产业的弱小，可以看出的是中国企业仍处于春秋战国时期，某些产业可以说还是分散的"自耕农"时期。这里有中国消费群的和分散和差异化大等原因，但最核心的原因是中国企业普遍缺乏战略性竞争意识。对市场结构和全球化的竞争的把握度弱。90%以上的企业家不知道自己的企业在行业中究竟是什么位置，更不用说对未来的思考。但可以肯定的是，剩下10%具有战略意识的企业家将有可能将中国竞争性行业引向未来。

从心灵的深处而言，我们对福布斯排名的关注恰恰反映了中国企业对竞争力信心的不足。但福布斯的排名对中国企业从总体上认识竞争现状是有启示的。石油、银行、电信等当然也代表着竞争力，但如果没有消费品市场这个最基础的市场上的竞争力，中国企业在全球竞争中是难以真正成长的。只有正确客观的认识才会引导中国企业在全球市场一体化的环境中提升综合竞争力。

资料来源：网易论坛：网址：http://bbs.biz.163.com/comment/33968，5.html。

案例二：

柳传志演讲："以联想为例看中国企业在两个阶段的竞争力"

中国经济改革开放的主线就是由计划经济向市场经济的转化。应该说联想是典型的改革开放的产物，对联想这样的企业，我们觉得在改革开放中分两个阶段，第一个阶段就是在转化的过程中国家的政策、法规以至于企业整个的生存环境都不正常的情况下企业怎么去求生存；第二个阶段是市场环境基本有序后，中国加入WTO，这时候外国企业大举进军了企业怎么去寻发展。我想通过联想这个实例谈谈中国企业发展的两个阶段。

第一个阶段是计划经济向市场经济转化的初期阶段。什么是计划经济、计划经济怎么运作？我还是只能谈自己的感觉。以电脑行业举例来说明，20世纪80年代的时候，国家计划部门要调查全国电脑有多少需求，向各个工业部门、科学院、大学、各个省市调查，然后就把这个需求和资源分配给电子部下属的各个厂，每个厂都生产多少。分配的是生产指标，外汇额度和进口指标。因为厂家用的元器件有的是要进口，要进口就要有国家的批文，允许进口什么东西，进口多少，要外汇就要国家给外汇额度，如果有外汇额度，每个美元用3元人民币换，没有额度到黑市买的话，就要6元人民币换1美元。通过配额指标，国家就把企业管得死死的。管理从哪儿购买元器件，管理产品的定价，管理人员的工资，总之什么都是国家管。厂长好当就是没有竞争。不管产品多差都能卖得出去。我们的老大哥，长城就是计划经济的典型产物。它是一个副部级的企业，它的总经理相当于副部长，它和联想几乎是同时开办的，比我们大概早半年。但它当时是天之骄子，国家给它投了几个亿，各种批文应有尽有，和当时诞生在一间破平房的联想是天上地下反差极大。后来实践证明绑在它身上的绳索带来的弊病远远大于国家给它的好处。联想虽然是一个国家层次的企业，但因为股东是中国科学院，按照国家的计划并没有要中国科学院生产电脑，所以这个企业就是国家计划外的企业，国家不会给它分配客户也不会给它任何批文、额度。此外中国科学院这个股东除了第一次投资了20万元以外就也没有追加过任何投资也没有管过联想，所以联想从成立之初就有三权，一是人事权，二是财务支配权，三是经营权。在当时有流行的说法，管民营企业叫"四自"，即自筹资金、自由组合、自主经营、自负盈亏，联想完全符合这"四自"。这样所有权是国家的，挣了利润是国家的，所以叫国有，经营权是自己的所以叫民营，因此联想就是一个国有民营企业。民营这两个字给联想带来了极大的活力，正因为是民营就把我们这帮科技人员逼到市场上去学习做生意，了解市场。由于没有资金，所以只能先为人家做代理去积累资金、学习管理、然后再进入设计、制造、形成自己的产品，我

第十五章　产业竞争力与企业竞争力

们称之为贸工技，事实证明这条路是成功的。由于是民营，我们就可以打破国有企业大锅饭的一切制约，可以用最合理最有效的方式进行激励，这给企业带来勃勃生气。然而正因为是民营，给联想发展初期带来了重重困难，比如我们没有国产批文不能在内地生产PC，把我们逼到香港生产主机板，打开市场得到了计划部门的承认再杀回内地。这花费多大的力量！由于没有外汇额度，人家用3元人民币换1美元，我们1988年前后要用8元人民币换，一年仅这一项成本和同等规模的国营企业要比人家差几千万元，回想起当时的环境真是很艰难。由于我们用的是黑市外汇，正常渠道国家不给我们，所以人民币和美元之间的价格是随时变化的，我们辛辛苦苦一年的劳动，很可能会随着这种变化荡然无存。而且由于使用的是黑市外汇，还要冒着政策风险，而这种政策本身实际上是不适用于市场经济的。另外立法和执法的不一致，给我们这些想遵纪守法好好经营的企业带来了很大的困难。比如当时军队和沿海城市都有进出口公司，实际上都有走私行为，国家无法打击。因此在电子行业走私的元器件充斥于市场，从法律来讲，买走私货等同于走私。我们不买走私货产品价格就过高没有竞争力，买就是走私，多么困难呀。另外贷款难等一系列的问题都困扰着民营企业。在这个阶段敏感的国有企业已经感觉到山雨欲来风满楼，而麻木一点的国有企业，还是要指标，完全没想到过几年面对他们的将是企业破产，工人下岗的命运。民营企业则在这个环境中苦苦挣扎，一大批企业因为机会而发财了。但由于不懂管理，不懂得制定战略，没有健康的文化垮下去了，而更大的一批企业生长起来，而且速度越来越快，他们付了学费但学到了东西。一方面是学习中国市场环境及如何适应，另一方面是学习现代企业管理准备更大规模的发展，准备和外国企业竞争。

在第一阶段进入中国的少数外国企业主要是付学费，但只要坚持下来又善于学习的，为后来在中国的发展都奠定了坚实的基础。联想在这个阶段总结为一句话就是把应该学的东西都学到了。

第二阶段就是较在正常的环境下展开企业竞争的阶段。1991年以后，在PC领域中国逐步实施了开放政策，使得外国品牌全面进入中国。联想和他们展开了激烈的竞争，并取得了初步的胜利。从1996年开始市场占有率居于第一位，直至今天是27%的市场份额。应该讲这是全面学习现代企业管理的结果。联想取得今天的成绩首先是我们进行了产业机制的改造，联想本来是一个国有企业，1993年在大股东中国科学院的支持下员工持股会有了35%的分红权，2001年员工正是用这笔积累的钱买下了股权，现在已是股份制的企业，而这个股份制改造是今天联想发展的基础。

在业务开拓上为取得现在的市场份额我们做了三件事。第一，大大提升了物流运作的能力，降低了成本。1996年我们连续发动了四次价格战，这是因为我们有能力把库存周期大大压缩。我们这个行业做PC，卖PC有点像卖新鲜水果，不能放，一放就掉价。因为我们有些元器件，比如CPU、存储器由于技术的进步，不断发展。原有的存储器就自然掉价。而这种掉价是不规律的，所以库存要长的话，就是最大的浪费，就是成本最大的提高，所以对我们来讲如何控制好物流，压缩库存周期，正是我们降低成本的最主要的环节。而在1999年联想全面上了ERP以后库存时间又进一步压缩。1994年的时间是70天，现在压缩到14天，这使得成本大大降低。第二，联想大大提高了产品技术水平，使毛利始终保持在14%的水平。把先进的技术根据市场需要集成以后形成产品。90年代初期的时候在中国市场充斥的电视机多数都是日本的，后来变成国产的。日本的电视机由于日本本土电源电压稳定，在做电源部分的时候，设计上就不需要花那么大的力量。而中国电压不稳，厂家就在这方面特别注意了设计，一下子中国电视机的质量就大大提高。联想非常注意这方面的事情，比如1999年推出了Internet电脑。因为一般老百姓上网，买电脑要插卡，配软件还要到电信部门登记才能上网。而买联想的电脑是把一切都准备好，买了电脑按一键就可以上网。因此联想在市场的份额增加了八九个百分点。联想现在的毛利始终保持在14%左右是不容易的，因为技术的进步和价格战的关系，同业毛利逐渐下降。联想在技术上领先，领先半年的技术毛利高一点，还要不断研发，不能等别人追上你再推出新技术。第三，有很强的市场开拓能力和销售及服务渠道的管理能力。联想能够在一年内在三百个城市做演示，能够在五千家代理商中控制坏账的损失率为万分之五。像坏账损失对大家也是困扰，国际先进的同行企业坏账率是千分之三。联想可以做到万分之五，这三方面的能力成为联想的核心竞争力。所以有人把竞争比为龟兔赛跑，第一阶段把国外企业比成兔子，中国企业比作乌龟，问为什么乌龟在国内还能战胜兔子。我说第一阶段是在沼泽地跑的，比的是对环境的熟悉，而第二阶段就在跑道上跑，比的是企业管理的水平。而第二阶段是市场经济发展比较充分的阶段，这两个阶段对企业发展的要求是不同的。

如今中国加入WTO以后，市场环境更好更便于外国企业在中国发展，而中国企业则受到了更大的竞争压力，同时中国企业也有到国际开

第十五章 产业竞争力与企业竞争力

展业务的需求,因此如何发展自己的竞争能力是要认真思考、认真总结的问题。

资料来源:搜狐网财经频道:网址 http://business.sohu.com/20040918/n222112806.shtml。

案例三:

开放的市场是增强汽车产业竞争力之本

进入 2003 年以来,中国汽车产业呈现爆发性增长态势,国际权威机构和国内专家普遍认为中国汽车产业将继续保持快速发展态势,在这种形势下,开放的市场是把中国汽车产业做大做强的最重要举措,如何让真正负责任的投资者进入这个行业,形成积极有效的竞争,政府所扮演的角色至关重要。

1. 中国汽车产业爆发性增长态势与趋势的预测。

在国家宏观经济环境持续转好的形势下,作为国民经济支柱的汽车产业,2003 年 1 季度经济效益和产销延续了上年高速发展的势头,全国生产汽车 101.97 万辆,同比增长 54.71%,增幅比上年同期提高 35.78 个百分点;销售汽车 97.48 万辆,同比增长 51.71%,增幅比上年同期提高 37.17 个百分点,为全年的高速增长奠定了坚实基础。

与此同时,各方人士对我国汽车工业发展前景的种种预测,也都持乐观态度。

(1) 国际著名咨询机构荷兰国际集团 (ING) 近期在亚洲汽车市场调查报告中预测:中国汽车产业处在高速增长期,2004 年中国有望超过加拿大、西班牙和韩国而跃居世界 5 大汽车生产国之列。ING 报告预测,随着中国居民收入进一步增长,关税继续降低,外商直接投资和固定资产投资将大量涌入,进一步驱动市场需求。2003 年中国汽车产量有望增加到 390 万辆,2004 年更将猛增 47%。

(2) 中国汽车工业协会的权威预测说,预计到 2010 年,中国汽车产销量将达到 600 万辆,约占世界市场 1/10 的份额。届时中国汽车产业将成为国民经济最重要的支柱。

285

(3) 北京大学中国经济研究中心宋国青认为：2010年中国家庭轿车的需求量可达到1 000万辆。在这10年，中国城镇居民的人均收入将以8.5%的速度增长，而汽车价格则将下降40%。

(4) 国务院发展研究中心产业经济研究部部长刘世锦，对中国汽车产业有三个预言：一是今后10～15年，中国将成为最大的汽车消费国，汽车保有量将超过1亿辆；二是今后10～15年，中国将成为世界上最大的汽车生产国；三是只要继续走以市场化方式发展汽车产业的路子，在今后一个不是很长的时期内，中国汽车业的中低档产品价格可能降至世界最低水平之列。今天的彩电价格态势，很可能就是明天中低档汽车的价格态势。

(5) 国家经贸委有关专家预测，相关扶持政策的推出，将使中国汽车产业未来一段时期内的增长率可能保持在20%左右。考虑到汽车产业的高速增长可以持续二三十年，汽车产业有望在今后相当长的一个时期内，在中国经济增长中起到支柱性的作用。

2. 汽车产业发展呼唤开放的市场。

尽管中国汽车产业近期发展迅速，但在现有诸多产业中，汽车产业仍然摆脱不了发展不够快、竞争力不够强的事实。

汽车产业与家电产业同属组装加工制造类产业，在技术和市场结构性质上相近，如对规模经济有较高要求，经过市场竞争后形成较高的产业集中度等。然而，中国汽车产业并没有表现出家电产业那种积极的发展态势和竞争力，很大程度上是由于没有经历过一个市场开放和充分竞争的过程。

20世纪80年代，中国的家电产业几近于无，其后，出现过数百家家电厂家，市场竞争的结果是形成了少数以海尔为代表的具有国际竞争力的家电企业，中国已成为重要的全球家电生产基地。家电产业的发展经验表明：只要创造宽松、公平竞争的环境，中国是可以发展成世界汽车产业基地的。

由于严格的产业进入限制，虽然中国有100多家整车厂，但竞争是不充分的、扭曲的。如果进入政策较为合理，那么中国的汽车工业可能出现截然不同的局面，优势企业的发现、企业竞争力的培育和市场潜力的发掘等问题都可能得到较好解决。

目前，采取严格进入限制的一个主要考虑是防止"重复建设"。市场经济的一个常识是，竞争要有一个以上的进入者。一个以上就是重复，没有重复建设就没有市场竞争。重复不是没有代价，市场竞争的失败者会被淘汰出局。但是，这个过程无法替代和"省略"，与其他方式相比，这种方式可能是代价最低的。美国曾经有过2 000多家汽车企业，现有的三大巨头企

第十五章 产业竞争力与企业竞争力

业,是经过上百年的竞争、淘汰、兼并、联合而形成的。

刚刚被些许打破的中国汽车行业的垄断结果同样证明开放市场的正确。新车型层出不穷,引起价格下降,形成竞争态势。长期以来,车型和价格变化是以年为单位,但现在则多以月为单位,使得车市出现爆发性的增长。中国政府和产业界有一种人为做大情结,有的企业在资产上大了,但其实并不强。

发展汽车产业条件的合理的排序是,全面开放市场,加快国企改革,产业结构重组。开放市场关键是让真正负责任的投资者进入这个行业,形成积极有效的竞争。政府在汽车业的发展上,应该扮演一个构建良好市场环境的角色,而不是限制投资者进入汽车产业的角色。

中国加入WTO后,国际市场进一步开放,计划经济的保护政策逐步退出,给汽车产业带来的是加速发展的动力。到2006年,中国汽车市场将彻底开放,外资对中国汽车产业投资同样将形成开放的局面。中国政府现在如果不尽快开放对中国投资者的进入政策,那么其必然的结果将是,给形成培育具有国际竞争力的民族品牌的汽车产业构成最大障碍。

资料来源:新华网:网址: http://news.xinhuanet.com/auto/2003 − 06/17/content_922933.htm。

第十六章 外部性与市场失效

一、内容提要

现实经济生活中,由于垄断、公共物品、外部性等问题的存在,完全竞争市场的假设条件难以成立,这就将导致"市场失效"。市场机制本身对"市场失效"无能为力,政府管制应运而生。政府管制的兴起和发展是弥补市场缺陷、完善资源配置机制的需要。引起"市场失效"的原因是多方面的,经济活动的外部性、公共物品、垄断和信息不完全等都可以导致"市场失效"。本章重点介绍三大类市场失效:外部性、公共物品和自然垄断。外部性是指一种物品或活动施加给社会的某些成本或效益,而这些成本或效益不能在该物品或活动的市场价值中得到反映。外部性包括正外部性和负外部性两类,解决外部性的方法包括界定产权、政府管制、政府补助和社会立法等。公共物品是指一种提供给某个消费者使用而旁人不必另付代价亦可同时享用的商品或劳务,它具有"非竞争性(Non-Competing)"和"非排他性(Non-Exclusive)"。一般来说,人们把公共物品分为纯公共物品和准公共物品。自然垄断产业是指其主要业务具有规模经济效益,需要大规模固定资本投资,边际成本不断下降,具有网络效应的产业。近年来,自然垄断理论获得了新的发展。

二、复习思考题

(一) 名词解释

1. 外部性

第十六章 外部性与市场失效

2. 市场失效
3. 自然垄断
4. 公共物品
5. 非竞争性与非排他性
6. 格拉夫斯—克拉克机制

（二）单项选择题

1. 在古典和新古典经济理论中，价格机制这只"看不见的手"能够灵活地调节市场供求，实现资源配置的"帕累托最优状态"。为了论证这一理论，经济学家建立了一系列"精致"的理论模型，暗含了一系列假设条件。下列假设条件中，哪一项不属于古典和新古典理论在论证以上模型时的暗含假设？（   ）
   A. 完全竞争市场   B. 信息完备并且对称
   C. 技术进步与规模报酬递增 D. 经济当事人完全理性

2. 某项生产活动存在外部不经济时，其产量（   ）帕累托最优产量。
   A. 大于   B. 等于
   C. 小于   D. 以上三种情况都有可能

3. 公共物品的市场需求曲线是消费者个人需求曲线的（   ）。
   A. 垂直相加   B. 水平相加   C. 算术平均数   D. 加权平均数

4. 被称为外部经济效果的市场失灵发生在（   ）。
   A. 当市场不能完全出清时
   B. 当竞争建立在自身利益最大化的前提上时
   C. 当厂商追求利润最大化目标时
   D. 当市场价格不能反映一项交易的所有成本和收益时

5. 从社会角度来看，效率要求（   ）之间相等。
   A. 社会边际成本和私人边际收益   B. 社会边际收益和私人边际收益
   C. 社会边际成本和社会边际收益   D. 社会边际成本和私人边际成本

（三）多项选择题

1. 以下能够引起市场失效的原因有（   ）。
   A. 外部性   B. 公共物品   C. 垄断

D. 信息不完全　　　　E. 政府管制

2. 外部性被认为是市场失效的重要表现之一，它的存在将导致市场机制配置资源的失效，为保护和维护市场，以下可以用来解决外部性的对策有（　　）。

　　A. 课税与补贴　　　B. 合并企业　　　C. 界定产权
　　D. 政府直接管制　　E. 社会立法

3. 以下公共物品中属于纯公共物品的有（　　）。

　　A. 闭路电视　　　　B. 教育　　　　　C. 国防
　　D. 灯塔　　　　　　E. 公路

4. 科斯定理的局限性表现在（　　）。

　　A. 要求政府拥有完全信息
　　B. 当存在大量厂商和生产者时最有效
　　C. 通常只适用于涉及相对少的人
　　D. 只有当普遍拥有产权时才成立
　　E. 当交易成本很高时不成立

5. 以下哪一种情况是负外部性？（　　）

　　A. 氟利昂气体破坏了一部分臭氧层
　　B. 二氧化碳的排放引起全球变暖
　　C. 工业废气的排放增加肺癌率
　　D. 当自然资源的价格增加时消费者必须支付更多
　　E. 流入河中的农药污染了小溪和河流

（四）辨析题

1. 划分外部性的依据在于社会成本与社会收益的对比关系。
2. 在不存在显著交易成本的情况下，外部性问题可以通过市场或私人间的谈判得到消除。
3. 政府提供公共物品可以解决公共物品供给面临的"搭便车"行为。
4. 当每个人对公共物品的边际替代率等于其边际转换率时，公共物品的供给量达到社会最优。
5. 外部性的影响是独立于市场机制之外的。

第十六章 外部性与市场失效

（五）简答题

1. 运用边际效益—边际成本理论分析外部性的福利效果。
2. 简述公共物品的分类。
3. 政府供应的公共物品包括哪些？
4. 简述自然垄断行业的主要特点。

（六）论述题

1. 如何解决外部性？
2. 试论述自然垄断产业及其理论的新发展。

三、复习思考题参考答案

（一）名词解释

1. **外部性**：外部性是指一种物品或活动施加给社会的某些成本或效益，而这些成本或效益不能在该物品或活动的市场价值中得到反映。外部性的影响会造成私人成本和社会成本之间，或私人收益和社会收益之间的不一致，这种成本和收益虽然会相互影响，却没有得到相应的补偿，因此容易造成市场失灵。按外部性产生的经济后果，可以分为外部经济和外部不经济。那些能为社会和其他个人带来收益或能使社会和个人降低成本支出的外部性称为外部经济，它是对社会和个人有利的外部性；那些能够引起社会和其他个人成本增加或导致收益减少的外部性称为外部不经济，它是对个人和社会不利的。

2. **市场失效**：市场失效是指完全竞争的市场机制在很多场合下不能导致资源的有效配置，不能达到帕累托最优状态的情形。现实经济生活中，垄断、公共物品、外部性等问题的存在都会导致"市场失效"问题。一般均衡理论所谓"竞争的市场可以达到帕累托最优状态"，是在假定市场上不存在上述导致市场失效的任一因素的情况下发生的。只要其中一种因素存在，就会导致资源配置的效率损失，使经济不能达到帕累托最优状态。认识到市场失效的存在，就可以更加自觉地利用政策、法律或其他经济和非经济手段来管理经济，而不是完全依靠市场机制，从而促使资源配置更有效率。

3. 自然垄断：指某些行业或部门为了有效生产而只需要一个生产者或厂商的市场状况。这种行业可能始终呈现规模报酬递减的特征，若由两家或两家以上的厂商生产将产生较高的平均成本、造成社会资源的浪费。自然垄断部门一般有电力、石油、天然气、自来水和电信等行业。这些行业都具有以下特点：第一，它们的规模经济效应非常突出；第二，它们都需要投入大量资本才能运营，而一旦资本投入，就"沉淀"在这个行业里很难再抽回，即"沉淀成本（Sunk Cost）"。自然垄断的形成，使得一个大规模厂商能够依靠自己的规模经济来降低生产成本，使得规模经济的益处由该厂商充分加以利用。

4. 公共物品：与私人物品相对应。私人物品是供个人单独消费的物品，公共物品是供集体共同消费的物品。汝信在其主编的《社会科学新辞典》中给公共物品下了这样的定义：公共物品是指一种提供给某个消费者使用而旁人不必另付代价亦可同时得到享用的商品或劳务。公共健康与福利项目、教育、道路、研究与开发、国家安全和国内安全、清洁环境，所有这些都贴上了公共物品的标签。公共物品既可以提供正的外部效应，也可以提供负的外部效应。公共物品具有与私人物品相对应的四个特征：①非排他性。②强制性。公共物品是自动提供给所有社会成员的，不论你是否愿意。③无偿性。消费者消费这种物品可以不支付费用，或者以远低于其边际效用或边际成本的价格支付费用。④非竞争性。公共物品是提供给一切消费者的，无法在消费者之间进行分割。严格具有上述特征的产品，被称为纯公共物品。现实生活中还存在一些不完全具备上述特征的产品，被称为准公共物品。准公共物品由国家制造并由国家提供，但又不完全属于公共物品，因为在使用和消费这类物品时，需要支付一定费用或付出代价。从这一点看，它又与私人产品有相同之处。

5. 非竞争性与非排他性：公共物品所具有的两个重要特征。非竞争性是指公共物品可以同时为许多人所消费，增加一名消费者消费的边际成本为零，即一个人对这种物品的消费不会减少可供别人消费的量。这主要源于公共物品的不可分割性。非排他性指一产品为某人消费的同时，无法排斥别人也来消费这一物品。这主要源于技术上根本无法排斥消费者对它的使用，或者对消费者进行收费的成本过高。

6. 格拉夫斯—克拉克机制：在解决污染等外部性问题时，市场解决方案是建立在交易成本较低的基础上的，当交易成本达到可观的数量时，污染排放者的负担上升，这种解决方案就不能达到社会最优。此时由政府代表全体人民对污染

第十六章 外部性与市场失效

排放者征收等于社会成本的从量税，就可以达到和无交易成本的市场运作相同的结果。这是在完全信息假设条件下达到的结果。而现实生活中，受污染的每个人的边际成本只有他自己知道，如果每个人为获得更多的补偿而高报其成本，政府税收就会定得偏高，从而产生过度的污染控制。格拉夫斯和克拉克证明存在让每个人说实话的方法。假设社会中有一个污染者和一个消费者，污染对于污染者的价值为 a，对消费者的损失为 b。社会最优要求：当 a 大于 b 时，允许污染，反之则不允许污染。在前一种情况下，政府可以对污染者征收数量为 b 的税收，用它来补贴消费者；在后一种情况下，政府可以简单地不允许污染。但是，格拉夫斯—克拉克机制的弱点在于在允许污染存在的情况下，政府会出现财政赤字，因为它对污染者税收为 b，小于对消费者的补贴 a。

（二）单项选择题

1. C   2. C   3. A   4. D   5. C

（三）多项选择题

1. ABCD   2. ABCDE   3. CD   4. CE   5. ABCE

（四）辨析题

1. 划分外部性的依据在于社会成本与社会收益的对比关系。

答：这句话不正确。划分外部性的依据在于私人成本与社会成本，私人收益与社会收益的对比关系。通常，通过私人收益和社会收益的比较，我们能够判断一种产品或服务的供应情况。当一项产品或服务的私人收益大于社会收益时，该产品或服务存在过度供给，此时存在负的外部性；反之则会产生供给不足，此时存在正的外部性。

2. 在不存在显著交易成本的情况下，外部性问题可以通过市场或私人间的谈判得到消除。

答：这句话不正确。我们可以区分两种外部性，一种是可穷尽的，一种是不可穷尽的。可穷尽的外部性能够被计量，可以建立起排他性权利。一般地，在不存在显著交易成本的情况下，可穷尽的外部性总是可以通过市场或私人间的谈判而得到消除。但是，不可穷尽的外部性是公共物品，市场和谈判的解决办法一般是行不通的。

3. 政府提供公共物品可以解决公共物品供给面临的"搭便车"行为。

答：这句话正确。公共物品的供给面临的一个问题就是"搭便车"行为。因为公共物品一旦被提供，任何人都能平等地消费，而不管你是否付费。这种没有为商品生产做贡献却仍然享用这种商品带来的好处的人被称为免费搭车。这种免费搭车行为使公共物品提供者很难发现消费者对这一公共物品的真正偏好。因为泄露他们的真正偏好不符合其个人利益。如果每一个"搭便车者"都不愿为公共物品的供给做贡献，每个人的情况都会恶化。最后就出现这种情况：虽然每个人都希望公共物品被提供，却没有公共物品被提供。而政府可以对消费者征税，居民不能拒绝纳税，从而强迫居民对公共产品的供给做出贡献。当排除未付费的消费者使用某一公共物品的成本过高时，政府就可以通过财政税收来提供公共物品。

4. 当每个人对公共物品的边际替代率等于其边际转换率时，公共物品的供给量达到社会最优。

答：这句话不正确。边际替代率等于边际转换率是达到最优产出的必要条件，该条件对私人物品和公共物品都是适用的。但是公共产品的边际替代率则比较复杂。公共物品的个人边际替换率是指：如果该公共物品不供应，个人要增加多少其他物品的消费才能弥补因此失去的效用。因为公共产品是由众多的人同时消费的，每个人对于公共产品的评价不会一样，因此，每个人对公共产品的边际替代率就出现差异。再加上公共产品的使用有一个"搭便车"的问题，很少有人愿意按照自己真实的边际替换率来支付公共物品的费用。所以，我们不可能像私人产品那样，在均衡的情况下使每个人对公共产品和私人产品的边际替代率等于其边际转换率。对于公共物品来说，更不可能是单个人的边际替代率等于其边际转换率。事实上，公共物品的有效供应量（即达到"帕累托最优"状态的供应量）应当是使所有消费公共物品的个人的边际替代率的总和与生产该物品的边际替代率相等。

5. 外部性的影响是独立于市场机制之外的。

答：这句话正确。外部性的影响是"不以市场为媒介"的。这种影响不仅不能通过市场和价格机制反映出来，相反，还妨碍市场机制的作用，使市场机制不能按帕累托效率有效配置资源。外部性是由私人部门"生产"，在公共领域"生存"的。外部性的重要特征是独立于市场机制之外，它不通过市场发挥作用，不属于买者和卖者的关系范畴，即市场机制无力对产生外部性的厂商给予补偿或惩罚。

第十六章 外部性与市场失效

(五) 简答题

1. 运用边际效益—边际成本理论分析外部性的福利效果。

答：市场机制使资源配置最优的一个重要前提条件是经济当事人的生产或消费行为不会对其他人的福利造成影响，即社会边际效益（SMB）和私人边际效益（PMB）相等，社会边际成本（SMC）和私人边际成本（PMC）相等。即 SMB = PMB 和 SMC = PMC。在这一前提条件下，实现的帕累托效率的资源配置是指社会边际效益（SMB）和社会边际成本（SMC）相等时的产量［见图 16–1 (a)］。但有时候，社会边际效益和个人边际效益会产生不一致，这种差异称之为"外部效益（XB）"，也就是"正外部性"。正外部性就是社会边际效益与个人边际效益的差额［见图 16–1 (b)］。同样，社会边际成本和个人边际成本也会产生不一致，社会边际成本和个人边际成本的差额就是"外部成本（XC）"，即"负外部性"［见图 16–1 (c)］。

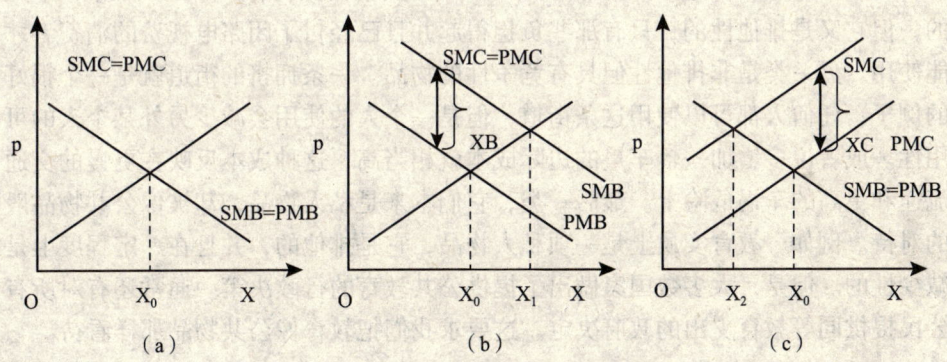

图 16–1　社会边际效益和个人边际效益

外部性的影响是"不以市场为媒介"的。这种影响不仅不能通过市场和价格机制反映出来，相反，还妨碍市场机制的作用，使市场机制不能按帕累托效率有效配置资源。在图 16–1 (a) 中，实现帕累托效率资源配置的产量为 X_0。但是在图 16–1 (b) 中，因为外部经济的存在，其产量移至 X_1，没有构成示范效率的产量。而在图 16–1 (c) 中，在外部不经济存在的情况下，产量移至 X_2，PMC < SMC 也无法实现帕累托效率的产量。可见，只要有外部性存在的场合（无论是正外部性，还是负外部性）都会导致资源配置低效，偏离帕累托最优。

2. 简述公共物品的分类。

答：一般来说，人们把公共物品分为纯公共物品和准公共物品。纯公共物品具有完全的非竞争性和完全的非排他性，准公共物品具有局部非竞争性和局部非排他性。

（1）纯公共物品。

通常认为国防和灯塔是纯公共物品。国家向其所有居民提供一定水平的国防安全，这个国家的任何居民都可以享受国防带来的好处，这就是国防的非排他性。并且，在一个既定国家里，多增加一个居民，不会影响其他居民对国防的消费，也不会增加国防的成本。在海上，海上的航标灯一旦建立起来，每一个过往船只都可以享受到灯塔发出的光，不管它是否付费，因为要排除没有付费的船只使用灯塔上发出的光是很困难的，这是灯塔的非排他性。另外，增加过往船只的数量并不需要增加额外的修建或维护灯塔的成本，即灯塔的非竞争性。

（2）准公共物品。

准公共物品又存在三种不同类型。一类是具有排他性的和非竞争性的公共物品。比如闭路电视，它是非竞争性的，因为一个人的消费并不减少另外一个人的，但它又是排他性的，只有那些负担得起并且已经付了闭路电视费的消费者才能使用。另一类是非排他性但具有竞争性的物品。一条拥挤的街道就是一个很好的例子：任何人都可以使用这条街道，但是一个人的使用会减少另外某个人的可用性。或者说多增加一辆车量的边际成本就相当高，这种成本反映在更慢的交通流速和更高的车祸危险上。最后一类，它们本来是私人物品，却被像公共物品般的对待。例如，教育实质上是一项私人物品，它是排他的，并且在一定程度上是减少性的。但是，大多数国家做出了提供公共教育的行政决策。通常还有对所有公民提供同等教育支出的政府决定。这要求我们把教育像公共物品那样看待。

3. 政府供应的公共物品包括哪些？

答：政府供应的公共物品包括以下种类。

第一，公共性程度高的公共物品，也就是说公共物品受益人或消费者的人数很多。公共物品的公共性越高，其供应状况对社会生产和居民福利的影响越广、越大，保证其充分供应就越重要。公共性程度最高的就是国防，其次就是公共秩序。如果政府还有能力，还可以提供其他公共性程度很高的物品。

第二，非政府力量不愿意或无力提供且外部性大的公共物品。公共物品的非排他性程度越高，搭便车者一般来说会越多，私人一般不愿意提供。如公共游乐设施、城市绿地、传染病防疫和基础性研究,其具有很大的正外部性,非排他性较强,私人或企业一般并不愿意提供此类公共物品。如果政府不提供此类公共物品,就会出现此类公共物品供应不足。

第三,非政府力量愿意却没有能力提供,或有能力提供但非竞争性程度高的公共物品。这类公共物品包括跨地区的道路、大江、大河的整治、桥梁、港口和消防设施等。这类物品由非政府力量供应,要么是供应不足,要么是利用不足。政府提供此类公共物品都是使其得到充分供应和充分利用的必要条件。

我们确实需要指出的:公共物品的政府供给并不等于公共物品完全由政府直接生产。公共物品的政府供给是指政府必须负责向社会最终提供一定数量和质量的公共物品,而公共物品的政府生产是指不仅供给公共物品所需的资金来源于政府预算,而且其生产还是在政府的直接经营下进行的。显而易见,有了这种区分以后,公共物品的政府直接生产成为政府供给公共物品的形式之一,而政府供给则不一定必须采取政府直接生产的形式。政府行政组织直接生产,公营企业或半官方机构生产,政府通过与私人企业签订合同生产,"公私合资"生产等均成为香港公共物品生产供给的有效形式。

4. 简述自然垄断行业的主要特点。

答:自然垄断行业具有两个主要特点:第一,它们的规模经济效应非常突出;第二,它们都需要投入大量资本才能运营,而一旦资本投入,就"沉淀"在这个行业里很难再抽回,即"沉淀成本"。

自然垄断行业的第一个特点是规模经济。规模经济是指在技术不变的情况下,在某一区间之内,厂商生产某一产品的单位产品随着产量的增加边际成本下降,即规模报酬递增阶段。由于规模经济的存在,在许多行业里,企业必须有一定的生产规模才能立足。自然垄断行业是规模经济效应十分强烈的极端形态,平均成本总随产量规模增加而降低。规模大的企业于是总能够在生产成本上比规模小的企业占优势,最终规模最大的企业就可能击败所有对手,实现独家垄断。因此自然垄断的特点是:独家垄断,效益最高。

自然垄断行业的另一个特点是经营所需要的"沉淀成本"很多。沉淀成本是指进入市场时投入而在退出时不能收回的固定成本。行业外的厂商会很少有兴趣来取代自然垄断企业的地位;行业内也很难维持多家竞争的局面。因此,人们认为在自然垄断行业中,独家垄断不仅是最有效的,也是唯一稳固的产业组织形式。

（六）论述题

1. 如何解决外部性？

答：外部性的重要特征是独立于市场机制之外，它不通过市场发挥作用，不属于买者和卖者的关系范畴，即市场机制无力对产生外部性的厂商给予补偿或惩罚。这时就需要政府干预公共领域的经济，保护和维护市场，为市场机制有效配置资源提供条件。解决外部性的方法包括以下几种。

（1）界定产权。

不少经济学家认为，外部性的本质是财产权界限的不确定。在这一领域里具有突出研究成就的是科斯。"科斯定理"表明，只要把外部效应的影响作为一种财产权明确界定下来，而且谈判的交易费用不大，外部经济效应的问题都可以通过当事人之间的直接交易将这些成本和收益"内部化"，从而产生有效的资源配置。科斯认为，在不存在交易成本的情况下，只要通过明确界定，任何的产权安排都能产生最优效果。举个例子，工厂排放污染影响了附近的居民，这种外部性纠纷应该可以由明确界定的财产权加以解决。如果居民可以确定因该工厂污染造成的生产和生活的损失，就可以与工厂谈判经济赔偿。如果双方能够谈成由工厂定期付给居民一笔钱，来换得居民同意让工厂继续排放污染，这就等于居民把使用干净河水、空气的权利作为一种财产出卖给对方。"科斯定理"的关键含义是在满足某些条件时，政府不必为了使社会达到最优化而直接限制污染。

自科斯以来，人们普遍认为，单一的产权安排可以矫正发生于空气和水污染方面的市场失灵。损害者和受害者通过谈判和交易就可以解决外部性问题，从而使政府管制成为多余之举。

但是，我们也还应该承认，在现实经济生活中，许多场合的外部性所涉及的财产权是很难界定的。即使产权已被界定，这种解决办法通常也是不可行的。为了获得最优结果，双方必须成功的互相讨价还价。至少有三个原因说明了为什么难以达成一致的协议。第一，如果交易成本很高，双方相聚可能并不值得。比方说，如果一个制造厂商污染了空气，几千人甚至几百万的人都会受影响，让他们都聚在一起来讨价还价的成本可能是无人愿意承担的。第二，如果厂商们使用策略性的讨价还价手段，也可能无法最终达成协议。第三，如果任何一方缺乏关于减少污染造成的成本或收益的信息，结果就可能不是最优的。

（2）政府管制。

第十六章 外部性与市场失效

政府管制是一条降低谈判的交易费用和解决污染纠纷的有效途径。以环境污染的负外部性为例，政府对付污染的方法一般有以下几种：

第一，直接控制。即政府规定当事人排放污染物的限额或是使用设备的标准。当某种污染排放对环境造成十分紧急的威胁时，直接控制的办法是最有效的。

第二，对减少污染或使用低污染设备的当事人加以补贴。这种办法对于有减少污染动机但缺少能力的当事人是有效的。

第三，根据污染排放量对排放污染的当事人课以税款。

第四，由政府创造"污染排放权"向当事人拍卖。

不少经济学家认为，政府可以在调查研究之后，设立一定的安全排放污染的标准。然后创造一种"污染排放权"，拥有排放权的工厂可以排放数量在安全限度以内的污水。这种排放指标可以公开拍卖给工厂。只有那些产品销路最好的企业才能在众多厂商的投标竞争中脱颖而出，买得排放指标。这样，社会的污染成本就内部化为工厂的生产成本了，这些厂商就会自动选择对社会来说最适合的产品产量和生产技术。

（3）政府补助。

对于那些为社会带来正外部性的企业，政府可以采取补贴的办法。比如教育、医疗、各类公用设施等公共物品，它们给社会各个方面带来了正的外部性，它们的生产规模一般小于根据其成本和收益恰好可以经营的规模。政府采取积极措施，促使公共物品生产企业的社会利益内在化，将调动这些企业的积极性，产生更大的社会利益。因此，政府可以采用补贴的办法来使边际私人成本和边际社会成本相等。当边际私人收益受到补贴以后，与边际社会收益相等，就能使产生外部经济的公共物品增加到社会需要的有效水平。

补贴措施在现代社会中被广泛应用。例如：城市中的广场，街头景点和道路等具有正外部性的公共物品经常会出现"供不应求"状况，私人厂商不愿自动向社会提供。通过向那些有正的外部性的产业提供各种形式的补贴，增加了那些对社会具有正的外部性的物品的实际供给量。

（4）社会立法。

西方国家认为，一个法制社会，解决外部性问题最有效的常规办法之一就是依靠法律手段，其作用主要在于建立经济秩序和减少经济活动中的不确定性。发达国家早已将立法引入外部性处理之中。政府通过建立法制秩序，实现外部性的内部化，政府制定的法律法规，将对城市经济运行产生巨大的约束力。他们通过建立一套严格定义的稳定不变的产权关系，解决和处理现代社会产生的各类外部性。

总之，不论是在发达的市场经济国家，还是在像中国这样市场经济不发达的国家，只有国家运用经济、法律等手段治理外部性，才能改善市场环境，优化资源配置。

2. 试论述自然垄断产业及其理论的新发展。

答： 随着自然垄断产业经济技术条件的变化和管制实践的发展，人们对自然垄断的认识不断深化，自然垄断理论得到演进和发展。新自然垄断理论并不认为都需要政府进行治理，而是需要根据自然垄断的强弱、进入市场有无障碍和企业是否具有可维持力等因素综合决定，分别采取不同的治理措施。20世纪60年代以来，人们从多种角度对自然垄断的传统理论和以其为依据的管制进行了全面反思。

（1）技术条件的变化改变了某些自然垄断行业的性质和经营特征。

以电信行业为例。在20世纪70年代以前，电信一直被认为是自然垄断性质的。一个国家或地区的电话通讯最好由一家公司独营，成本才最低。所以，各国的电信行业不是由政府国营就是在政府的严格经济管制之下运行。但是，20世纪80年代以来，由于光纤的发明，计算机技术的应用，以及卫星通讯的引入等，减少了电信基础设施的投资规模，已经使这一行业的自然垄断性质发生了根本的变化，再加上国际互联网的兴起，对电信业产生了很大的影响。自70年代末起，美国开始在电信业的国际和洲际长途电话业务中引入竞争。1996年美国《电信法》的颁布标志着美国电信业已经从垄断性行业转变为竞争性行业；同时6月英国政府宣布废止了英国电信（BT）和大东（C&W）对国际长途的垄断，至此，美国电信业全面引入了竞争机制。竞争机制的引入促进了电信业的发展。竞争的压力促使电信企业不断着力开发新技术、提高劳动生产率、改善服务、降低成本，使电信业在近二十年得到了飞速发展；同时竞争者给消费者带来了高质低价、方便快捷的服务。

（2）市场容量和范围的扩大，可能使得一家企业对独占市场不再具有合理性。

自然垄断的定义告诉我们，一个产业的自然垄断结构能否成立，或者说一个产业应该由一家大厂商来独占还是由多家厂商共同生产，取决于该产业内厂商的平均成本曲线和整个产业需求曲线间的关系。如果使平均成本达到最低的厂商产量水平相对于市场规模而言比较大，该产业就具备自然垄断的技术基础；反之，随着市场容量和范围的扩大，使平均成本达到最低的厂商产量水平相对于扩大了

第十六章　外部性与市场失效

的市场规模比较小，该产业就具备多家企业竞争的技术基础。比如说，随着经济全球化进程的加快，全球电子通信市场变得空前繁荣，人们对电子通信产品的需求量与日俱增。如果这时由一家企业独家垄断，其产量、质量、产品多样化等多方面都无法满足如此多的需求，这一行业的竞争的引入也就成为可能，这也是电子通信产业垄断地位改变的原因之一。

（3）对自然垄断行业价格管制往往伴随着产品和服务的质量问题。

在竞争性市场结构中，企业有强烈的动机提供适当质量的产品或服务，原因在于如果卖方的产品或服务质量有所下降，那么买方不是更换买主就是要求卖方降低价格。而在垄断性市场结构中，由于垄断企业没有竞争者，会制定垄断价格获得超额利润。但是，当价格受到管制时，垄断企业可能会以其他方式如降低质量，来实现其垄断优势，使消费者受损，并妨碍资源的合理配置。

（4）可竞争性市场概念的引入和发展影响了政府对自然垄断行业的管制。

市场的竞争性是反映市场的进入和退出的壁垒程度高低的指标。人们所说的可竞争性市场即是进入和退出完全自由（无沉淀成本）的市场。在这样的市场中，市场均衡价格等于最低平均成本，厂商只能获得正常利润，超额利润为零。这是因为，只要原有企业的价格处于存在超额利润的水平，就会引起新的进入行为。传统的管制理论曾经认为，对自然垄断产业中的超额利润必须实施管制，而根据可竞争性市场理论，只要满足市场竞争性条件就不必对其实施管制。虽然一些自然垄断产业有巨大的沉淀成本，但是，当它面临其他产业的替代竞争时，企业的行为方式与可竞争市场上的行为方式是类似的。因而，不需要政府管制。正是在这种理论的影响下，现代世界各国政府对一些传统意义上的自然垄断产业放松了管制，效果是令人满意的。

（5）产业间替代竞争加剧，某些自然垄断行业逐渐向竞争性行业转变。

传统理论认为，在自然垄断产业中，由于垄断的存在，消费者没有选择其他卖主的可能。但是，任何产品都存在替代产品，垄断产业也不例外，这样就为消费者提供了多种替代选择。如铁路、航空、公路等运输部门，这种存在着替代部分的产业被称为"结构性竞争产业"。在这样的产业中，企业始终面临着与替代产品之间的竞争，需要不断地做出投资、生产、价格、服务等方面的调整和改变。如果存在政府管制，所有重要的决策都要通过政府管制部门的批准，而这种批准过程延缓了受管制产业的反应时间，往往会使这些企业在竞争过程中处于被动的地位。另外，由于存在所谓管制时滞问题，所以管制机构很容易在错误的时间、错误的地点做出错误的管制决定。因此，首先应该放松管制的就是结构性竞争性产业。

(6) 区分垄断行业中垄断性业务和非垄断性业务，在非垄断性业务中引入竞争。

自然垄断行业不同于一般行业的一个重要特点是它以网络供应系统的存在为基础，需求量越大，网络供应系统庞大的固定成本就越能分散到每一个用户的需求上，规模经济效益就越明显。这也成为对自然垄断行业进行管制的理论依据。但是，随着技术的发展，自然垄断专业化的分工，某些业务已经不再具有自然垄断性。事实上，自然垄断行业中的自然垄断性业务主要是指那些固定网络性操作业务，如电力、煤气和自来水供应产业中的线路、管道等输送网络业务，电信产业中的有线通讯网络业务和铁路运输中的铁轨网络业务，其他领域的业务则属于非自然垄断性业务。

(7) 引入激励性管制方式。

激励性管制是针对原有的公平报酬率管制不利于促进企业降低成本、提高效率的弊端而实行的。它强调给被控制企业在削减成本、技术革新等方面以更多的激励，促进企业内部效率化，提高生产效率和经营效率。价格上限控制是激励性管制中应用最广泛的一种。英国最早于1984年将价格上限管制用于电信业。以后逐渐在煤气、自来水、电力、航空等自然垄断行业广泛应用。价格上限管制是指行业价格上涨率不能高于通货膨胀率，同时考虑技术进步率对提高劳动生产率和降低行业价格的影响。计算公式是：

$$P = RPI - X$$

其中 P 是行业产品价格变动率，RPI 是零售物价指数，X 是该行业的技术进步率。技术进步率由各行业的控制当局每隔四五年核定一次。

四、案例分析

案例一：

不能望文生义的"自然垄断"

自然垄断，不是对自然资源的垄断；也不是自然的或天然的垄断。自然垄断是由于各种限制条件，全行业供给只能由一家企业来满足的情形，

第十六章　外部性与市场失效

进一步讲，自然垄断产业，是指其主要的业务具有规模经济效益，需要大规模固定资本投资，边际成本不断下降，具有网络效益的产业，如铁路、电力、电信、城市煤气、自来水等，一般称为公用事业或基础设施产业等。目前，有经济学家用部分可加性重新诠释了自然垄断行业：如果单一企业生产所有各种产品的总成本小于多个企业分别生产这些产品的成本之和，企业的成本方程就是部分可加的，如果在所有有关的产量上企业的成本都是部分可加的，某行业就是自然垄断行业。即使规模经济不存在，即使平均成本上升，只要单一企业供应整个市场的成本小于多个企业分别生产的成本之和，由单一企业垄断市场的社会成本就仍然最小，该行业就仍然是自然垄断行业。也就是说，自然垄断行业应该是具有次可加性的技术特点而导致一个企业或少数几个企业生产的市场结构。

（一）自然垄断产业具体特征

第一，固定网络系统。现实中的自然垄断产业在提供服务时普遍容易形成网络系统。这种网络系统使得一定区域内只存在一家企业就够了，因为同时存在二三家企业，要重复安装各自的管道线路，对几家公司都是浪费资源，提高成本。此外，网络系统的规模越大，调控能力越强。例如，大电网可以充分利用用户负荷曲线的分散性，提高网络的负荷率；电网规模越大，调峰能力越强，系统的安全运行就越有保证。因此，无论竞争多么有效，也难以与独家经营产生的巨大规模经济效益相匹敌。

第二，生产技术的固定成本高，"沉淀性"大。自然垄断产业生产技术的固定成本非常高，而一旦建成后，每多生产一单位产品的边际成本则很小，甚至递减。于是边际成本曲线总是处于平均成本之下，随着产量的增加，平均成本便不断下降。譬如，煤气公司要输送煤气，就必须铺设管道，而铺设管道的成本是非常高的，但一旦铺设完毕，向管道泵注入更多的煤气则不需要更多的资金注入，以至于边际成本趋向于零。这类产业固定成本高、"沉淀性"大也构成了市场的进入壁垒，因为这类资产不易转移，即资金一旦投入就难以在短时间内收回，也难以改为其他用途。

第三，公益性。自然垄断行业主要是为社会公众提供公共服务的行业，它所提供的私人边际效用小于其社会边际效用。如电力业所提供的效用，就不仅仅为电力消费者所享有，而且还对整个社会的生活和生产、整个社会的正常运转具有至关重要的作用。

（二）自然垄断的渐变

从整体而言，电力、铁路运输、煤气和自来水供应等产业都属于自然垄断产业，但并不等于这些产业的所有业务都具有自然垄断性质。如前所述，自然垄断性业务的一个重要特征是固定网络业务，但网络生产以外的环节不具有自然垄断性质。例如，电能的生产可以分为发电和输电两个环节，只有输电才具有自然垄断性质，而发电则不具有自然垄断性质。铁路运输、有线通讯、燃气供应等产业也都可以大致进行类似的划分。在20世纪70年代以前，由于技术方面的限制，上述产业的不同环节无法独立。70年代后，信息及自动化技术的迅猛发展大大提高了网络调度管理的能力，使网络开放经营具备了条件。一些发达国家先后在管输燃气、铁路、电力等自然垄断的传统领域内引入竞争机制，主要方式就是将网络的经营与网络使用分开，在网络使用环节引入竞争机制。从实际效果看，这些做法对于提高上述产业的效率和抑制产品价格上涨起到重要作用。

自然垄断产业的另一个特征是，固定成本高，因而独家垄断具有明显的成本优势。20世纪80年代以来，由于技术发展的日益加快，新技术层出不穷，特别是微电子技术的出现和不断成熟，使得陈旧落后的生产技术逐渐为新技术所淘汰。比如通信领域，在50年代以前，长途电话靠电缆传递，电话服务的成本主要是铺设、维护电缆的固定成本。由于光纤的发明、计算机技术的应用，以及卫星通信的引入等，现在通信业的固定成本已变得很低，电信业中的大部分业务已不再具有自然垄断性质了。提供通信，特别是长途通信、电信增值业务并不需要太大规模的投资，而且这部分固定成本也不是沉淀的，所有这些都使得新企业加入电信领域变得容易。现在，美国就已有不少的长途电话公司，竞争相当激烈。

除了技术进步因素外，市场范围的变化也会改变自然垄断性业务领域的边界。例如，在经济发展水平较低的地区，电力、煤气、自来水、铁路运输产业具有明显的地区性，尚未形成全国性的或较大范围的市场，这些产业在较小的地区市场上具有自然垄断性，通常由一家企业垄断经营。但随着经济发展水平的提高，这些产业的市场范围将不断扩大，当市场需求量超过适度规模经济的范围后，这些产业的许多业务领域就不具有自然垄断性，应该由多家企业竞争性经营，从而使原来的垄断性市场结构或寡头垄断性市场结构转变为竞争性市场结构。这也是同一种产业（如电信、电力）为什么在经济发达国家和经济不发达国家具有不同的市场结构的一个基本解释。

一种产业是否具有自然垄断性质，还应从它与其他产业的相互关系去考察。在自然垄断产业中，由于垄断的存在，一个企业可以代表一个产业。

第十六章 外部性与市场失效

但是，由于市场上仍然存在着替代品，垄断产业的市场势力也不是无限的。随着经济的发展，一种产业对某个国家过去可能是自然垄断产业，但现在或将来可能就不是。如第二次世界大战后，一些发达市场经济国家的高速公路形成网络，四通八达，还能做到"门对门"的运输方式，对铁路形成一种有力的挑战。铁路的货运、客运等面临顾客减少、效益下降的困难，为了提高经营效率，降低成本，传统的经营方式不得不改变，使铁路对公路的竞争作出及时的反应。这种存在替代竞争的产业称为"结构性竞争产业"，如铁路、航空、公路运输等。在不少国家，最先引入竞争的就是这类产业。日本铁路在20世纪60年代之前，在交通市场具有垄断地位，因此由国家经营。但在70年代以后，随着航空运输、高速公路特别是海运的发展，铁路运输处于强有力的竞争环境之中。于是，铁路的自然垄断性特点就失去了好多，原来由国家经营的依据也就自然失去了许多。因此，对某种产业的性质还应该从其所处的经济环境去考察和分析。

资料来源：谢地等编著：《大象与蝴蝶共舞》，长春出版社2003年8月第一版。

案例二：

科斯定理的一个本土案例

美国经济学家科斯认为，如果产权是明确定义的并且交易成本等于零，那么市场交易活动产生的外部性问题总能够通过交易双方的协商得以解决，而不管产权界定给哪一方。这就是著名的科斯定理。我国首例异地二氧化硫排污权买卖成交可以说是科斯定理在我国的一个典型案例。

2003年7月起，江苏省太仓港环保发电有限公司将以每年170万元的价格，跨市向位于南京市的下关发电厂购买1700吨的二氧化硫排污权。这是我国首例成交的异地二氧化硫排污权交易。

二氧化硫排污权是个什么东西？顾名思义，是政府下放给某些化工企业排放二氧化硫的权限。为什么会有这个权限呢？照经济学的观点来说，某些化工企业有很强的外部性，也就是，它的成本除了生产成本之外，还产生一定的社会成本（比如排放有害气体造成了一定程度的环境污染），但在企业的成本核算里，却只包括自己的生产成本，它不会为社会成本买单。在科斯的《社会成本问题》里，他讨论到这种负面的外部性问题。按照他的说法，只要交易成本足够小，产权的初始界定无关紧要，也就是说，给予企业污染权或者给予受害者免受污染权都无不影响社会资源的有效配置。但是，在他讨论的案例里，受害者往往只有一个，在现实里，比如本例中二氧化硫污染的受害者可不是一家两家，这种情况下，交易费用非常大，就需要政府站出来，对企业的生产进行一定程度的管制，即给它一定的污染权限，来保护环境免受污染。企业只能在给定的污染权限里进行生产活动，如果超过给定的污染权限，政府将干预它的生产活动。

但是这种政府管制会产生新的问题。污染权的限制将使企业的发展受到严格的制约。比如，在案例中的江苏太仓港环保发电有限公司决定扩建发电供热机组，并对扩建发电供热机组进行脱硫治理。尽管脱硫效率达到90%，但由于公司的二氧化硫总量控制指标已没有余量，公司每年仍要增加2 000吨的二氧化硫排放量。这个时候怎么办？无独有偶，此时出现了另外一家企业。南京下关发电厂引进先进的治理技术，使脱硫效率达到75%左右。这样，电厂每年排放的二氧化硫实际量就比环保部门核定的排污总量指标减少了3 000吨。也就是说，该企业尚有3 000吨的排污权限闲置，没有得到充分的利用，对该企业来说，无疑是一种浪费。

两个企业面临着截然相反的状况：一个因扩建将造成排污总量突破上限，一个因脱硫成功而实现了排污总量指标剩余。如果在同一地区，也许大家坐下来，协商一下或者上级主管部门协调一下，就完了。而要命的是，两个企业在不同的地区。怎么办？这时江苏省环保厅热情牵线，撮合两家企业坐下来商谈"买卖"。经几轮协商，这笔二氧化硫排污权交易终于签字成交。按照协议规定，从2003年7月至2005年，太仓港环保发电有限公司每年将从下关发电厂买回1 700吨的二氧化硫排污权，并以每公斤1元的价格，每年向下关发电厂支付170万元的交易费用。2006年以后，双方要根据当时的二氧化硫排污权交易市场行情，再定买卖价格。

这里的关键是上一级的有关单位——江苏省环保厅的牵线搭桥。可以看出，目前在我国还基本没有形成一个这种污染权限的交易市场，那些外部性很强的污染性企业还不能通过有效的途径来获取有效的信息。否则的话，也不用劳江苏省环保厅大驾了。事实上也的确如此，二氧化硫排污权交易，是国家环保总局与美国环保协会合作的排污权交易试点项目。江苏省是我国推行二氧化硫排污权交易较早的省份之一，从2002年10月1日

第十六章 外部性与市场失效

起才开始实施。而在国际上,这样的市场已经大行其道了,甚至扩展到了国与国之间的污染权的交易。

也许有人会质疑,一个企业的排污权不够用,一个企业的排污权却绰绰有余,那么政府给定企业的污染权是否值得怀疑?这里要强调的是,化工企业的污染权应该有一定的划分标准,或者根据地区的分布,或者根据行业的布局,这些技术层面也许不是经济学能顾及的地方。但是,如果已经形成了一个完善的污染权交易市场的话(这个时候,企业之间在这个市场进行污染权的交易不需要费太多的工夫),恰恰可以印证科斯定理的玄妙之处:无论污染权的最初界定是无关紧要的,企业之间自会在这个市场上进行污染权的交易,最终达到社会资源的最优配置。

资料来源:中国经济学教育科研网:网址:http://www.cenet.org.cn/cn/ReadNews.asp? NewsID=8632。

第十七章 政府管制的经济分析

一、内容提要

从西方市场经济的理论与实践来看,市场的缺陷或市场的失灵被认为是政府干预经济的基本理由。政府管制是政府干预经济的基本方式之一,是政府为控制企业的价格、销售和生产决策而采取的各种行为。但是,在不同的时期、不同的人那里,由于对于政府管制所做研究的侧重点不同,也产生了对政府管制的不同的理解。本章首先介绍了政府管制的含义、类型和机构;然后,对政府管制进行了多方位的详细解剖,分别介绍了竞争性行业、公用事业的政府管制以及政府管制失灵与管制改革,特别是详细介绍最近 20 多年来人们在政府管制问题上的认识的深化和发展;最后,提供了对现代经济生活有重要影响的、政府管制与改革的三个典型案例。

二、复习思考题

(一) 名词解释

1. 政府管制
2. 经济性管制
3. 社会性管制
4. 收益率管制
5. 阿弗奇—约翰逊效应

第十七章 政府管制的经济分析

6. 激励性管制
7. 管制失灵
8. 规制俘获

（二）单项选择题

1. 下列措施中不属于价格管制的是（　　）。
   A. 拉姆塞定价　　B. 两段收费　　C. 高峰负荷定价　　D. 特许权投标
2. 有效的政府管制是有条件的，传统的管制理论建立在三个假设条件上。以下哪一个假设条件不在其中？（　　）
   A. 政府是无所不知的，政府有充分的信息
   B. 政府是"经济人"，能够最大化自身利益
   C. 政府是父爱主义的、仁慈的政府
   D. 政府是言而有信的，有能力完成自己的承诺
3. 近年来随着市场需求状况的变化和电力产业技术条件的不断发展，电力产业的自然垄断性也随之发生了变化。请根据电力产业的规模经济、范围经济、固定成本沉没性等因素，判断以下说法。你认为正确的是（　　）。
   A. 发电领域的自然垄断性的程度正逐渐减弱
   B. 输电领域仍然具有较强的自然垄断性
   C. 配电领域已经不具有自然垄断性
   D. 售电领域不存在自然垄断性
4. 鲍莫尔、潘扎和威利格所谓的"可竞争市场"存在的关键条件是（　　）。
   A. 不存在 A－J 效应　　　　　　B. 不存在 X－非效率
   C. 不存在成本的弱增性　　　　　D. 不存在进入退出壁垒
5. 以下不属于管制机构的是（　　）
   A. 人大常委会　　　　　　　　B. 中国证监会
   C. 中国银监会　　　　　　　　D. 中国保监会

（三）多项选择题

1. 市场失灵的主要原因有（　　）。
   A. 垄断　　　　　　　　B. 外部性　　　　　　　C. 消费者统治

    D. 政府管制   E. 公共物品

2. 政府在竞争行业采取的管制方法主要有（　　　）。
    A. 价格管制   B. 税收与补贴   C. 发放许可证
    D. 制定行业标准   E. 激励性管制

3. 自由竞争代表人物认为应减少政府管制的主要原因有（　　　）。
    A. 采取政府管制的方法来处理外部性问题本身就是很重要的外部性问题
    B. 政府失灵比市场失灵更严重
    C. 政府也是经济人
    D. 价格机制的运行是有成本的
    E. 政府决策时面临信息不对称

4. 以下理论能够解释或说明政府失灵的有（　　　）。
    A. 阿弗奇—约翰逊效应   B. 马歇尔—勒纳条件   C. 管制俘获
    D. 管制时滞   E. 交易成本理论

5. 以下案例说明政府对行业管制的有（　　　）。
    A. 出租车经营权终身制   B. 政府大批量购买联想台式电脑
    C. 政府征收资源税   D. 政府规定统一手机充电器标准
    E. 美国司法部指控微软涉嫌垄断

（四）辨析题

1. 现代政府行为观念是建立在政府是绝对理性的假设基础上的。
2. 对自然垄断产业实施进入管制的根据是该类产业存在"规模经济"，而对竞争性产业实施进入管制的根据则是防止"过度竞争"。
3. 政府管制是永远有效不会失灵的。
4. 在自然垄断行业，最有利的状态是一家企业垄断提供所有产品和服务。
5. 价格歧视固然能为商家带来利润，但是对消费者来说却是坏事。

（五）简答题

1. 简述市场经济条件下的政府职能。
2. 简述激励性管制理论。
3. 政府管制的成本有哪些？
4. 公用事业部门政府管制的主要形式有哪些？

5. 简述政府管制的分类。

（六）论述题

1. 请分析竞争性行业中的政府管制形式。
2. 试论述公共选择理论中的"政府失灵"的表现及原因。

三、复习思考题参考答案

（一）名词解释

1. 政府管制：政府管制是指政府部门依据有关的法律、法规，通过支持、许可或禁止、限制的手段实施的，直接、间接对企业的经营活动产生影响的行为。

2. 经济性管制：所谓经济性管制，是指通过制定特定产业的进入、定价、融资以及信息发布等政策对主体行为进行有效的调整，以达到避免出现竞争主体过多或过少而引起过度竞争或竞争不足，造成资源浪费或者配置低效率，妨碍社会生产效率和服务供给的公正、稳定。经济性管制主要包括价格管制、进入和退出管制、投资管制、质量管制、信息管制等内容。

3. 社会性管制：主要针对外部不经济和内部不经济，前者是市场交易双方在交易时，会产生一种由第三方或社会全体支付的成本。像环境污染，自然资源的掠夺性和枯竭性开采等。政府因此必须对交易主体进行准入、设定标准和收费等方面的监管。后者是交易双方在交易过程中，一方控制信息但不向另一方完全公开，由此造成的非合约成本由信息不足方承担。比如说假劣药品的制售、隐瞒工作场所的安全卫生隐患等。所以，政府要进行准入、标准以及信息披露等方面的监管。

4. 收益率管制：是政府管制机构制定出一种容许受管制产业投资者获得"公平的"收益率的价格。政府机构通过规定企业的收益率，力图降低这些行业的价格，并借此增加产量。收益率管制目的在于阻止垄断者获得垄断利润。在最简单的管制过程中，它只容许企业得到某种固定百分率的收益。这种固定百分率通常是按照所谓比率基础计算的公平收益率。比率基础则是它的资本总额。常用管制方法是成本加成定价法。

5. 阿弗奇—约翰逊效应：1962年，阿弗奇和约翰逊提出了管制使厂商偏向于发展和采用资本密集程度超过没有这种管制时的生产工艺的论点。这种资本密集倾向被称作阿弗奇—约翰逊效应。

6. 激励性管制：激励性管制理论又称"新管制经济学"，它强调，在存在信息非对称性的情况下的管制行为需要对被管制企业的行为给予激励。

7. 管制失灵：政府失灵是指如同会发生失灵的市场本身一样，政府由于自身的原因（有限理性、政府也是经济人、信息不对称等）也会发生失灵，引起资源的无效配置；市场解决不好的问题，政府也不一定能解决得好。

8. 规制俘获：政府规制俘获是指在规制过程中，由于立法者和规制机构也追求自身利益的最大化，因而某些特殊利益集团（主要是被规制企业）能够通过"俘获"立法者和规制机构，而使其提供有利于他们自己的管制的行为。

（二）单项选择题

1. D　　2. B　　3. C　　4. D　　5. A

（三）多项选择题

1. ABE　　2. ABCD　　3. ABCE　　4. ACD　　5. ACDE

（四）辨析题

1. 现代政府行为观念是建立在政府是绝对理性的假设基础上的。

答：这句话不正确。传统的政府行为观念是建立在政府是绝对理性的假设基础上的。而现代政府行为观念是建立在政府是有限理性的假设基础上的。

2. 对自然垄断产业实施进入管制的根据是该类产业存在"规模经济"，而对竞争性产业实施进入管制的根据则是防止"过度竞争"。

答：这句话正确。对自然垄断产业实施进入管制的根据是该类产业存在"规模经济"。例如，在电力、通讯、城市煤气、城市供水等产业部门，实际上都是以规模经济的理由进行的管制。但是，客观地说，有关自然垄断与规模经济之间的联系、多元化生产状态下的自然垄断等问题，并不一定能够从传统的进入管制理论中找到严密的理论依据。

第十七章 政府管制的经济分析

"竞争性产业"的进入管制原本是以具有竞争性市场结构的产业为对象而实施的管制。在很多情况下，这种管制的理由是防止"过度竞争"。

3. 政府管制是永远有效不会失灵的。

答：这句话不正确。有效的政府管制是有条件的。传统的管制理论认为有效的管制建立在三个假设下的，这三个条件是：（1）政府是无所不知的，政府有充分的信息。（2）政府是父爱主义的，仁慈的政府。（3）政府是言而有信的。如果这些条件得不到满足，政府管制的逻辑基础就不够稳固。

4. 在自然垄断行业，最有利的状态是一家企业垄断提供所有产品和服务。

答：这句话正确。传统经济理论用平均成本持续下降定义自然垄断。在自然垄断行业中，企业的边际生产成本持续低于平均生产成本，平均成本随产量的增长持续下降，以至于单一企业生产所有产品的成本小于多个企业分别生产这些产品的成本之和。如果在自然垄断行业中存在多个生产厂商，将提高企业生产成本，最终损害消费者利益。所以，在自然垄断行业中，最有利的状态是一家企业垄断地提供所有产品和服务。

5. 价格歧视固然能为商家带来利润，但是对消费者来说却是坏事。

答：这句话不正确。如果价格歧视给市场带来足够的新顾客，从整体看，消费者的整体福利能够增加，从而使生产者和消费者双方都能得益。

（五）简答题

1. 简述市场经济条件下的政府职能。

答：在市场经济条件下，政府应该在以下七个方面履行自己的职能：第一个职能是保护产权。这是一切市场经济秩序的基础。有了这个基础，经济才能繁荣，社会才能安定。如果产权得不到保障，也就不会有经济秩序。第二个职能是指在保护产权的基础上，维护市场秩序，包括制定和维护经济规则等。第三个职能是创造公平的机会，对弱势集团进行扶助。包括发展教育、完善社会福利、社会保障，特别是下岗职工的安置，穷人的救济，缩小地区差距等，都是政府应该履行的职能。第四个职能是信息的提供和基础科学的研究。提供尽可能多的信息，使民间经济组织在决策中获得更全面、更正确的信息，做出正确的决策，减少因信息不完全造成的效率损失。第五个职能是组织公用基础设施建设，也包括环境保护。第六个职能是宏观调控。通过财政和货币政策，调节各种总量关系，减小经济的波动，为企业和个人提供一个稳定的宏观经济环境。第七个职能是实施国防、外交、外贸政策，保证经济发展有一个良好的国际环境，协调本国企业在国际市场上的竞争。

2. 简述激励性管制理论。

答：激励性管制理论又称"新管制经济学"，它强调，在存在信息非对称性的情况下的管制行为需要对被管制企业的行为给予激励。根据传统经济学教科书中的一个基本原理，即当价格等于产品的边际成本且消费者又愿意支付时，社会效益达到最大化。但是，在不断增长的产业中，若以边际成本来定价，企业想在产业中以递增的利润来超过成本是不可能的，他们需要收取比边际成本更高的价格才能实现预算平衡。另外在生活中，我们不难看到，被管制企业的成本可能由于与其效率不相关的原因——如通货膨胀或主要投入的价格上涨——而呈上升趋势；也可能由于与其效率不相关的原因——如能使其进一步扩大固定成本的需求上升——而呈下降趋势。管制滞后在第一种情况下带来了意外损失，而在第二种情况下产生了意外收益。

在现实的管制政策中，实际所引入的激励性管制有：①最高价格限制；②计算标准管制；③社会契约；④许可投标制度。激励性管制的优点包括：第一，能够期待企业降低成本的激励因素发挥作用；第二，由于单个服务的收费确定具有较高的自由度，因而可以形成有效的收费体系；第三，通过减少管制所需要的信息，可望减少管制成本；第四，预先确定了生产率提高的成果分配方式；第五，管制的透明度增强了。

3. 政府管制的成本有哪些？

答：管制成本可分为两类：一是实施成本，这一成本是由公众承担的；二是服从成本，这一成本是由被管制者承担的。事实证明，政府进行管制需要付出极大的管制成本。

这里，我们先对实施成本做一个简单的说明。进行政府管制的实施成本主要包括以下几个方面：

（1）立法成本。

政府对产业的带有强制性的管理，如果不以法的形式表现出来，那么它是苍白无力的。为此，各国立法机构制定了一系列法律条文，以进行有效的管制，但是，这样做必然因此而付出了制定法律所需的各种费用。

（2）组织成本（构建专业化机构耗费的成本）。

政府要想对企业加以有效的调控，必须有大批懂得专业知识，深知产业运

第十七章 政府管制的经济分析

行成本、发展方向，同时懂法、懂经济的精英。政府机构的臃肿由来已久，不管这些人员是否发挥了他们应有的作用，我们的政府在这方面确实耗费了很多。

（3）执行成本。

政府管制的执行所花费成本。政府为了更好地实施管制，需要进行调查、研究，多方搜集信息，毕竟政府所掌握的只是二手资料，远不如从事这一产业的企业精通；发现问题时，需要依法进行处置，这无疑构成了一项成本。

（4）寻租成本。

这是一种社会成本。从管制的历史来看，政府管制总是产生巨额的寻租成本。在存在政府管制的情况下，厂商为了维持自己的垄断地位和经济上的特权，不断地游说或论证本部门只能由国有企业特许经营，人为阻止其他企业的进入。这种游说或论证的过程实际上是一个寻租过程，而寻租所带来的直接或间接成本通常是难以估量的。

除了实施成本以外，政府管制还直接为企业造成了服从成本，这一成本只能是由被管制者承担的。1977 年，美国商业协商会议对它的 48 个会员进行调查研究，以估计环境保护局、职业安全与保健局、能源部和联邦贸易委员会所实行的管制的成本。每家厂商被要求对假如没有管制时它们会采取的行动的成本进行估计，从而确定由政府的管制行动所增加的成本。

对由管制所产生的服从成本的估计是先确定不存在管制时公司便不会采取的行动。接着，厂商确定它们否则会采取的行动，并估计与这些行动有关的成本。管制行动所增加的成本，然后，按照所采取的行动的成本与非管制情况下行动的成本之间的差额来计算。例如，假定要求一家厂商按照联邦条例安装一种防止空气污染的系统来消除 98% 的污染物质。又假定在没有这一条例时该厂商会安装可消除 90% 污染物质的设备。若前者耗费 200 万美元，后者耗费 100 万美元，增加的成本将是 100 万美元。结果表明，1977 年 48 家公司的管制成本达 26 亿美元。它相当于研究与开发费用的 43% 左右，总资本费用的 10% 左右，1977 年税后利润的 16% 左右。

4. 公用事业部门政府管制的主要形式有哪些？

答：公用事业部门的政府管制有三种主要形式：①收益率管制，受管制的企业的定价不能超过为弥补其成本所必需的水平，包括合理的投资资本收益；②进入控制，如果不首先从管理机构处取得公共事业和必需品的营业执照，企业就不能提供受管理的服务；③价格结构控制，企业不得实施其价格歧视。

（1）收益率管制。

收益率管制是政府管制机构制定出一种容许受管制产业投资者获得"公平的"收益率的价格。政府机构的大多数管制采取了收益率管制形式。通过规定企业的收益率，政府机构力图降低这些行业的价格，并借此增加产量。一般情况下，对电力、电信、公共交通及自来水等自然垄断产业主要采取"成本加成定价法"。收益率管制目的在于阻止垄断者获得垄断利润。在最简单的管制过程中，它只容许企业得到某种固定百分率的收益。这种固定百分率通常是按照所谓比率基础计算的公平收益率。比率基础则是它的资本总额。

收益率管制的一般过程是这样的：首先，管制机构挑选一个有代表性的营业年份并计算出公司提供受管制的产品或服务的成本。然后，管制机构再将投资资本的合理收益加在产品或服务的成本上。收益构成（Return Component）是这样决定的：公司的比率基数（即公司用以提供被管制服务的资本资产价值的估计数）乘以公司的合理收益率。后者是一个长期利率和公用事业机构在考虑投资风险和可比企业股东应有的收益率之后所决定的股本持有人的收益率相加的加权平均数。当收益构成和服务成本相加时，就产生了公司的收益要求。基于企业服务的需求量将等于测试年份的需求量的假设，公司应向管制机构提供一份取得上述收益的费率报表。当这一报表被批准后，这些费率就是企业可能收取的最高费率。

（2）进入管制。

传统的进入管制理论研究的对象通常包括："自然垄断产业"的进入管制；"竞争性产业"的进入管制；特殊产业的进入管制。对自然垄断产业实施进入管制的根据是该类产业存在"规模经济"。例如，在电力、通讯、城市煤气、城市供水等产业部门，实际上都是以规模经济的理由进行的管制。但是，客观地说，有关自然垄断与规模经济之间的联系、多元化生产状态下的自然垄断等问题，并不一定能够从传统的进入管制理论中找到严密的理论依据。"竞争性产业"的进入管制原本是以具有竞争性市场结构的产业为对象而实施的管制。在很多情况下，这种管制的理由是防止"过度竞争"。特殊产业的进入管制通常是指医疗、法律等业务领域，这类管制可以视为针对交易行为中的信息不对称性所采取的管制性措施。它通过资格限定来阻止竞争者的进入。

（3）反价格歧视。

当企业就完全相同的产品制定不同的价格的时候，我们就说这是价格歧视。不同的顾客对不同的产品价格，具有不同的敏感程度。有时候，价格稍微下降，需求量就显著上升；但另外一些时候，价格即使出现较大的变动，需求量却停滞不动。厂商定价的时候，根据顾客的需求特点，根据顾客对产品价格的敏感程度，探

第十七章 政府管制的经济分析

索一个恰当的价格水平，使得总利润达到最大。通过这种策略，企业可以依客户的消费能力将其分成不同的消费群，分别定价，赚取更多的利润。价格歧视是商家经常采用的方法，这种现象无处不在。同样的产品、同样的服务，但针对不同的顾客，价格却大不一样。例如，在超级市场里，顾客出示会员券或积分卡，便能买到便宜货；提前预订的机票价格，与即买即走的机票价格相比，可以相差好几倍等。因为它扩大了销售，增加了商业利润，尤其是一些垄断性的行业。

5. 简述政府管制的分类。

答：政府管制是指政府部门依据有关的法律、法规，通过支持、许可或禁止、限制的手段实施的，直接、间接对企业的经营活动产生影响的行为。根据实施管制的行为主体的不同，管制可以分为私人管制和公共管制两种类型。其中，来自微观行为主体（私人）之间的相互约束，称为私人管制。包括：来自市场的约束、来自所有权所产生的约束、利用契约进行的约束等。政府可以依据微观管制的法律法规制裁违规经营的市场经济主体，但是，不能代替市场经济主体进行经营，更不能介入市场经济主体内部活动、直接干预市场主体的经营决策、投资和管理等事务。微观管制的方法主要有：①价格管制，对关系国计民生的产品或服务确定最高限价，对过度竞争产品或服务规定最低保护价；②规定市场经济主体进入或退出市场的条件；③监管市场经济主体的运营；④数量管制，在政府规定的价格水平上，限定企业等经济主体应该提供的产品和服务的数量；⑤质量控制，政府确定产品或服务的质量标准，以保证产品的质量和消费者的安全；⑥反垄断措施，限制垄断企业的规模和利润率、分离规模过大的垄断企业等；⑦制定环境保护标准，以减少污染，促进经济长期可持续发展。其他的管制方法还有投资项目审批和确定销售网点等。

由社会公共机构实行的管制，如政府机构、法律部门实施的管制，则被称为公共管制或政府管制。

另外，对政府管制的认识也可以依据另一个标准——根据政府是否直接干预了企业决策——的标准来划分，根据这一标准，又可以将政府管制划分为直接管制与间接管制。也有人将直接管制再细分为经济性管制与社会性管制。

（六）论述题

1. 请分析竞争性行业中政府管制形式。

答：政府的政策及其行动影响着企业活动的每一个方面，包括：从价格、产量到利润，从生产技术到产品标准。

（1）控制产品的价格。

第一种形式的政府管制，是控制产品的价格。价格管制可采取最高、最低或统一价格的形式。在美国，价格管制的最鲜明例子之一，是20世纪80年代的民用航空委员会的飞机票价管制。加利福尼亚州内市场飞机票价同东海岸州际市场类似航线票价之间的比较，显示出在受管制的与未受管制的厂商的票价之间存在着重大的差异。

从理论上说，价格管制能够产生积极的结果。但是，价格管制常常会对销售量、货物或服务的质量和其他商业交易条件产生多方面的影响。例如，当一位生产者发现其价格受到控制的产品的利润率过低，便会决定不再生产这种产品。

对价格管制的世界性考察表明，价格管制的做法遍布世界各个国家。虽然价格管制是一项十分复杂的工作，而且大量的管制中的某些部分在短期内被认为是有效的和成功的，然而，没有可靠的证据表明它们在长期内会是成功。实际上，在第二次世界大战后直到20世纪70年代价格管制的结果表明，它明显地与人们的实行价格管制的最初愿望不一致。例如，美国在1971年至1974年的价格管制期间，批发物价指数和消费品价格指数大大高于控制前的12个月期间它们各自的年率。显然，这样的价格管制是不成功的。所以，价格管制理论和它的运用，很值得怀疑。尽管如此，在通货膨胀年代中，一些消费者利益保护主义者再次开始提倡实行价格管制。

政府往往不得不制定一些价格和其他行政管制，来纠正它所意识到的市场缺乏或获取特定的社会目标。可惜这种干预常常不奏效。例如，粮食作物的价格管制使城市居民受益，但却严重影响了农村人口的产出量，很容易造成各种稀缺现象。旨在保护国内企业的进口管制扶持了效率低的企业。鼓励投资的低息信贷有利于资本密集工业，但可能因而减少就业。此外，行政管制几乎常常为腐败敞开大门。这样补救市场缺乏的福利费用就会与补救官僚主义失败的福利费用相平衡。

（2）发放许可证或营业执照。

第二种形式的政府管制是对希望在市场上销售产品的生产者发放许可证或营业执照。在许多国家，我们可以看到医务人员、律师和其他专业人员的经营活动都需要获得政府颁发的许可证。有时候，当分配从事某种特殊活动的权利时，许可是间接的。例如，民用航空委员会颁发允许航空公司从一地到另一地运载乘客的执照。这些执照通常不能转让给其他公司，也不适用于其他航线。再如公路建设，由于公路建设所需的资金量大，政府的投入往往不能满足公路建设的实际需

第十七章 政府管制的经济分析

要,而经济发展又需要公路,为解决建设资金不足的难题,有不少国家如日本、法国、意大利等,在经济振兴的时期,政府制定了由企业出面向社会集资修路、收费还贷的特许经营政策,即由政府部门和投资企业签定特许经营合同,政府授予一定时期的特许经营权,主要是公路收费和管理权,由企业负责筹资、建设、经营管理和维修养护,特许经营期满后,将完好的公路无偿移交给政府,这一政策的实施,大大加快了这些国家高速公路的发展。

(3) 制定行业标准。

除了上述形式的管制之外,政府还常常使用另一种形式的管制——制定行业标准。管制机构可能规定一种产品使用的原料的类型。例如,建筑用材、饮食用工等方面的安全与保健管制。在另一些情况下,管制机构也可能规定生产的方式或禁止某些工艺。例如,对食物和药品生产行业颁布的有关条例。在现代经济生活中,随着技术进步的速度极大地提高,商品的种类与数量也呈现出瞬息万变的局面。在琳琅满目的商品市场上,消费者越来越变得无所适从。如果人们还不熟悉有关商品的信息,他们的搜索成本实际上会上升。而公开这些不为人们所熟悉产品的信息,则可以降低消费者的搜索成本。在此情况下,生产者通常利用广告的形式,向消费者传达有关产品的信息,以达到产品销售的目的。但是,即使如此,在生产者与消费者之间,仍然存在着严重的信息不对称性,消费者很难通过商品的外观或厂商的说明做出正确的消费选择。为了规范企业的行为,各国政府普遍制定了一系列措施,要求生产者在交易之前向消费者公开某些信息,如产品的性能、质量、使用注意事项等。

(4) 税收与补贴。

第四种形式的政府管制是税收与补贴。在通常情况下,征税是增加政府收入的手段。然而,在某些情况下,征税也可以作为调整产业结构、改变企业行为的手段来运用。在另一些情况下,政府又用补贴的方式,来鼓励某些行业的生产,或鼓励使用某种投入,或鼓励消费某种商品。尽管这种管制形式的约束力不如前面提到的那些形式,但经济行为常常还是被改变了。为促进科技在国家经济发展中更有效地发挥作用,各国政府都十分重视有产业优势和市场前景的基础研究开发工作,并努力提高企业创新能力。许多国家的政府认识到,一个国家的经济竞争力最终取决于产业技术的水平。促进科研与产业结合,依靠面向市场持续不断的科研开发来提高企业的竞争力,是国家增强竞争实力的重要措施。英国政府于1993年发表了科学技术白皮书《发掘我们的潜力:科学、工程和技术的战略》,其主要目的是为了从根本上改善科学研究与工业发展长期以来联系不力的局面,使科技成果尽快在工业发展中发挥作用。1994年和1995年英国政府又接连发表了两份关于竞争力的白皮书《竞争力：帮助企业取胜》和《竞争力：稳步向前》，把促进以企业为主体，以市场为导向的技术创新活动视为提高国际竞争力的关键。

（5）竞争性行业管制的其他形式。

在对竞争性行业的政府管制中，除了上述形式以外，一种常常被使用的形式是利润管制。在过去，利润通常并不成为受管制的对象。实际上，只是到了20世纪中叶，"自由放任"原则才开始受到挑战。但是，现在，对利润的直接的或间接的管制已经成为最重要的管制形式之一。今天，大量的利润管制存在于各个国家，甚至存在于那些具有被准许排他性地生产商品、提供服务的权利的领域。大部分电力和自来水公用事业属于这一范畴。管制机构通常不是直接管制利润，而是为资本收益规定一种可接受的比率。

另外，在大多数国家，都制定一些规章条例对雇主支付给雇员的薪金、雇用方法、退休金和其他雇用条件进行管制。例如，在美国，在大多数产业中，雇主被迫支付国会在《公平劳动标准法》中规定的最低工资。1980年的最低工资是每小时3.36美元。该法令禁止雇用14岁以下的儿童。雇主必须为了雇员义务支付一些款项，包括向社会保险机构支付退休津贴（OASI），以及支付残疾者收入（DI）、失业补偿金和劳动者补偿金（用于同工作有关的事故）。另外还有一些规章条例也对雇用、提升和劳资纠纷的处理进行管制。例如，雇主不能因为年龄、种族、性别、肤色、原籍或宗教信仰而对个人进行歧视。

在高新技术产业领域，各国政府对高新技术产业的扶持很重要的方面是为它们创造一定的市场空间。这对本国高新技术产业有着极好的引导、扶持和促进作用。一是实行政府采购政策，扶植本国高新技术企业发展。如美国航空工业、计算机和半导体工业的建立和发展，在很大程度上是靠政府的采购政策给予了第一推动力。二是实行买（卖）方信贷政策。西方国家大型高新技术成套设备制造业，由于有买（卖）方信贷支持，在开拓市场时占有优势和主动权。这些政策措施比直接投资更有效，能减少企业技术创新及市场开发的风险，能营造和培育市场需求。

2. 试论述公共选择理论中的"政府失灵"的表现及原因。

答：公共选择学者对政府干预行为局限性或"政府失灵"的表现及原因进行了较具体深入的研究。在他们看来，这种局限性或失灵的表现及原因主要有如下四个方面。

（1）公共决策失误。

第十七章 政府管制的经济分析

公共选择主要就是政府决策,政府对经济生活干预的基本手段是制定和实施公共政策。公共选择理论家们认为,公共决策作为非市场决策有着不同于市场决策的特点,如市场决策以个人作为决策主体,以公共物品为对象,并通过完全竞争的经济市场(即用"美元选票"来购买私人物品)来实现;而公共决策以集体作为决策主体,以公共物品为对象,并通过有一定政治秩序的政治市场(即用投票来购买公共物品)来实现。因此,公共决策是一个十分复杂的过程,存在着种种困难、障碍或制约因素,使得政府难以制定并实施好的或合理的公共政策,导致公共决策失误。这非但不能起到补充市场机制的作用,反而加剧了市场失灵,带来巨大的资源浪费及社会灾难。

在公共选择理论家看来,导致公共政策失误的原因是多方面的:①社会实际上并不存在作为政府公共政策追求目标的所谓公共利益,阿罗的不可能定理已表明了这点;布坎南也指出,在公共决策中实际上并不存在根据公共利益进行选择的过程,而只存在各种特殊利益之间的"缔约"过程。②即使现实中存在着一些大家利益比较一致的情况,现有的各种决策体制(如直接民主制、代议民主制)或决策方式(投票规则)因其各自缺陷而难以达到优化政策或理想政策。例如,在代议民主制中使用少于全体一致规则,会出现多数人压迫少数人的情况。③决策信息的不完全性。决策信息的获取总是困难而且需要成本的,不管选民还是政治家拥有的信息都是有限的,因而许多政策实际上是在信息不充分的情况下做出来的,这就很容易导致决策失误。④投票人的"短视效应"。由于政策效果的复杂性,大多数选民难以预测其对未来的影响,因而只着眼于目前的影响;而政治家为了谋求连任,就会迎合选民的短视,制定一些成本滞后,或从长远看弊大于利的政策。

(2)政府扩张(或政府成长 Government Growth)。

帕金斯定律早已证明,政府自身具有扩张的本性。近两个世纪以来,特别是第二次世界大战后,西方国家的政府迅速膨胀。以美国为例,1987年美国政府的总开支占国民生产总值(GNP)的34%,而在1949年占23%,1929年占10%。对于为什么会出现政府扩张,公共选择理论家们从五个方面加以解释:①政府作为公共物品的提供者和外在效应的消除者导致扩张;②政府作为收入和财富的再分配者导致扩张;③利益团体的存在导致扩张;④官僚机构的存在导致扩张;⑤财政幻觉导致扩张。公共选择理论家们特别指出,官僚机构和立法部门都追求预算的最大化,他们与利益集团结成"铁三角"导致政府预算具有不断扩大的趋势。政府部门谋求内部私利而非公共利益被称为"内部效应"(Internalities),有如外部效应成为市场失灵的一个原因一样,"内部效应"被认为是政府失败的一个重要原因。政府扩张导致社会资源浪费，经济效益降低，资源配置低效，社会福利减少；政府开支的增长，仍是引发通货膨胀的一个诱因。

(3) 官僚机构的低效率。

与前一点密切联系，官僚机构效率低下。公共选择理论家们分析了官僚机构低效率的几个基本原因：①官僚机构垄断了公共物品的供给，缺乏竞争。由于没有竞争对手，就可能导致政府部门的过分投资，生产出多于社会需要的公共物品，如不适当地扩大机构，增加工作人员，提高薪金和办公费用，造成大量浪费。②政府官员缺乏追求利润的动机。由于政府官员不能把利润占为己有，加上公共物品的成本与收益难以测定，所以，与公司老板不同，政府官员的目标并不是利润的最大化，而是规模的最大化，以此增加自己的升迁机会和扩大自己的势力范围，这势必导致机构臃肿，人浮于事，效率低下。③缺乏对政府官员的监督。作为监督者的公民完全可能受到被监督者的官员的操纵，因为被监督者的地位实际上可以使他们强制规定某些政策措施，使之更有利于自身利益，而不利于公共利益。

(4) 寻租。

所谓寻租也就是"用较低的贿赂成本获取较高的收益或超额利润"（缪勒语），而所谓的租或租金，按布坎南的说法是指支付给生产要素所有者的报酬中，超过要素在任何可替代用途上所能得到的报酬的那一部分。缪勒在《公共选择Ⅱ》一书中将寻租分为三类，即①通过政府管制的寻租；②通过关税和进出口配额的寻租；③在政府订货中的寻租。有些公共选择学者还注意到，政府及其官员在寻租过程中未必都是被动的角色，而可以充当主动者，这就是所谓的"政治创租（Politicalrent Creation）"和"抽租（Rent Extraction）"问题。寻租活动导致"政府失灵"，因为它导致经济资源配置扭曲，或说它是资源无效配置的一个根源。寻租作为一种非生产性活动，并不增加任何新产品或新财富，只不过改变生产要素的产权关系，把更大一部分的国民收入装进私人腰包；寻租导致不同政府部门官员的争权夺利，影响政府的声誉和增加廉政成本，导致社会资源浪费。

作为当代西方经济学的最新流派之一，公共选择理论具有合理和可供借鉴之处。从理论上说，公共选择理论作为经济学和政治学的交叉研究领域，对于现代经济学具有重要的创新和方法论意义。公共选择理论从经济的方法入手分析政治问题，为政治学研究提供了一个新的视野、新的研究途径，是对现代政治学研究的一个有益的补充。因为政治是经济的集中表现，政治领域无时无刻不包含着经济的因素，政府行为及政府的公共政策不可避免地包含有经济的方面；政府的运

第十七章 政府管制的经济分析

作也必须遵循理性原则，政府机构及其官员在许多情况下必须考虑损益问题，力求以最小的代价获取最大的利益。

从实践上说，公共选择理论对市场经济条件下政府干预行为的局限性及由此带来的种种弊端进行了颇为深刻的分析。它在客观上粉碎了政府及官员一心为公的神话，揭示了利益集团的影响力、政治家和官僚的利己主义等因素的存在必然产生无效或低效甚至有害的公共政策。公共选择理论在一定程度上指出了这样一种事实，即当代各种经济问题，原因主要并不完全在经济方面，而且也在政治方面，即在于政治过程中人们的利己行为而现行的政治决策规则却不能加以有效的驾驭。它分析了政府扩张的原因，指出了政府失灵的种种表现及成因，并提出克服政府失灵，抑制政府成长，改善政府机构工作效率的某些设想或建议。公共选择理论及其政府失灵论是对市场经济发展中政府与市场关系实践的一种理论反思，它指出了市场经济条件下政府与市场关系的某些共性，分析了政府干预行为的限度和政府失灵的表现及原因。所有这些都包含着合理的成分。

四、案例分析

案例：

美国的天空——规制还是放松规制？

美国的航空业规制政策经历了从规制到放松规制，再到规制回归的反复，可谓一波三折，耐人寻味。对我们理解作为产业组织政策重要组成部分的规制政策可能大有裨益。

（1）分散引发规制。

20世纪初，美国对交通运输行业的规制主要体现在铁路方面，正对当时铁路垄断造成的种种弊端，成立了州际商务委员会，制定了商务管制法，对铁路垄断进行管制，迫使铁路企业相互进行有力的竞争，以保护公众利益。

到了20世纪20年代，美国国内运输市场发生了巨大的变化。铁路部门内部群雄并起，竞争激烈，公路、水运和航空运输也蓬勃发展起来，打破了铁路运输"一枝独秀"的局面。随着竞争程度的加剧,出现了过度竞争及不公平竞争的不良现象,损害了交通运输业的正常发展。这一时期,竞争成为运输市场的主要特征,垄断退居到次要地位。为了适应这种新变化,美国交通产业组织政策发生了相应的变化,从限制垄断、维护竞争转向对运输竞争的规制,这种变化的后果之一就是发生在1938年的对航空运输的规制。

它主要对航空业进行了三方面的规制:①严格限制新企业的进入;②禁止企业合并;③控制运价及收入。

(2) 集中招来规制放松。

从1938~1978年有80家航空公司申请进入航空业,但由于民用航空法的存在,没有一个干线执照得到批准。尽管如此,对航空业竞争规制的结果却并不尽如人意。

由于航空公司受到民用航空局的过度保护和严格限制,使它们内部没有经营自主权,外部缺少竞争压力,服务质量差、票价居高不下,财务状况恶化。因此,一些社会团体和个人发起了消费者主义运动,批评规制损害了公众的利益,并控告谋杀航空旅客。一些知名学者还对航空业规制成本进行了计算,并指出,这种规制是对资源的滥分配,造成的社会成本很大。不仅航空业如此,其他运输方式的情况也很糟糕,尤其是铁路,1970年占全国货运和旅客运输20%的宾夕法尼亚中央铁路和同一区域的五条铁路同时申请破产,更加导致人们对规制功效的怀疑,反对规制的呼声越来越高。

另外,20世纪60年代末70年代初期,资本主义社会出现了"滞胀"现象。这使社会各界对主张政府干预经济的凯恩斯主义产生了怀疑,主张自由放任经济的新古典学派应运而生,成为时代的主流。这种经济理论的变化必然要反映在政策决策中。

在社会的巨大压力下,美国政府对交通产业组织政策进行了改革,主要集中在铁路和航空领域。导致了1978年航空客运放松规制法出台。这标志着航空产业组织政策从限制竞争转向鼓励竞争。

(3) 新的集中。

放松规制的最初几年确实收到了预期效果——航空公司数目增加了,竞争程度也更激烈了。谁知世事难料,从1985年起,航空公司的数目开始下降,20世纪90年代以来,下降的速度加快。据统计,1978~1986年间,共有198家航空公司进入市场,加上放松规制前的36家,到1987年只剩下了74家,其中干线航空公司只剩12家。

第十七章 政府管制的经济分析

航空公司数目减少的主要途径是企业合并。20世纪80年代以来，航空业兴起了一股势头强劲的"兼并风"，1980年Pan American兼并了National Airline，1985年People Express以3亿美元价格收购了Frontier Airline。1986年兼并风达到了高潮，Northwest以8.84亿美元的价格兼并了Republic Airline，USAir收购了Pacific Southwest，Texas Airline收购了People Airline和New York Airline，Trans Would以2.5亿美元收购了Ozark Airlines，American收购了Cal Air航空公司。

航空公司数目减少的结果造成了少数公司占据了航空市场的大部分份额，垄断力量增强。航空市场由竞争走向集中的速度如此之快，除了客观规律作用外，还与80年代以来航空公司的一些新变化有关：①"中枢系统"策略；②计算机的普及使用；③激烈的票价竞争。

(4) 解读美国航空业规制政策的演变。

美国航空业从规制到放松规制，再到实施新的规制政策的实践表明，产业经济运动，特别是航空业，是有其自身的运动规律的。规制也好，规制放松也好，只能适应规律而不可能改变规律。在航空业发展的初期，由于新兴行业巨大经济利益的诱惑，可能会引致大量新企业的进入。但由于市场规模与市场范围有限，过度的进入和竞争，只会使企业的盈利能力下降。但如果现有企业合并又会使垄断力量抬头。所以，1978年以前，美国的航空业规制政策名为限制过度竞争，实际上却是矛盾的；随着航空业的技术进步以及市场规模、市场范围的扩张，高度集中的航空业会凭借较强的市场支配力，以较高的价格为消费者提供劣质的服务。在这种情况下，仍然实行严格的进入规制政策，就会变得不合时宜，规制放松是一种政策上的适应性调整。然而，"物各有度、过则为灾"，规制放松的必要性并不能取消航空业作为一个特殊的产业需要规制的必然性。在规制放松的同时，某些对航空业的规制不仅不能取消，而且会被强化。即使规制政策本身不调整，企业也会在市场力量作用下自觉地作出调整。美国航空业在体味了规制放松带来的竞争"快慰"之后，适应航空业国际竞争的需要，又开始大规模地购并重组，在一个更高的层面上推动航空业的集中化。然而，此集中非彼集中，又给规制政策提出了新课题。经过"规制—规制放松—规制"循环的规制政策也将在新的市场环境下展开。

资料来源：谢地等编著：《大象与蝴蝶共舞》，长春出版社2003年版。

第十八章 产业政策

一、内容提要

关于产业政策，学术界还存在争论。首先，关于什么是产业政策这一最基本的问题，经济学家仍未达成共识，有着不同的研究角度和学术背景的学者，观点也存在分歧。其次，关于产业政策的性质和作用也有不同观点。再次，关于产业政策的有效性问题，也存在着两种截然不同的观点。本章首先对产业政策的一般理论进行分析，介绍产业政策的有关原理、产业政策领域存在的争论，然后详细介绍了美国、日本和欧盟的产业政策，特别是对他们的反垄断与竞争政策进行了分别考察，以便读者完整地把握西方主要国家产业政策的发展和演进历程，并了解产业政策在实践问题上的真实面貌。在此之后，对中国的产业政策实践情况做一简要分析，分别阐述了中国产业政策的内容、政策工具以及对未来政策走向的展望。

二、复习思考题

（一）名词解释

1. 产业政策
2. 后发优势说
3. 产业发展政策
4. 产业结构政策

第十八章 产业政策

5. 产业组织政策

(二) 单项选择题

1. 衰退产业调整援助政策属于（　　）。
   A. 产业发展政策　　　　　　B. 产业结构政策
   C. 产业组织政策　　　　　　D. 产业布局政策
2. "全球反垄断法之母"是指（　　）。
   A. 谢尔曼法　　　　　　　　B. 克莱顿法
   C. 联邦贸易委员会法　　　　D. 罗马条约
3. 反垄断政策属于（　　）。
   A. 产业发展政策　　　　　　B. 产业结构政策
   C. 产业组织政策　　　　　　D. 产业布局政策
4. 日本通产省经济研究所原所长小宫隆太郎认为产业政策就是（　　）。
   A. 加强本国产品国际竞争力的政策
   B. 后进国家在努力赶超发达国家时所采取的政策总称
   C. 政府计划，是政府对未来产业结构变动方向的干预
   D. 是为了弥补市场机制所可能造成的失误而由政府采取的一些补救政策
5. 产业政策有助于解决"马歇尔冲突"问题，"马歇尔冲突"描述的是（　　）。
   A. 垄断与竞争的关系　　　　B. 规模经济与市场绩效之间的关系
   C. 市场行为与市场绩效之间的关系　　D. 公共品与私人物品之间的关系

(三) 多项选择题

1. 在对产业政策的性质问题的解释上，存在两种传统观点，即产业政策的基本作用依据的两个学说是（　　）。
   A. 市场有效说　　B. 市场失效说　　C. 政府有效说
   D. 后发优势说　　E. 比较优势说
2. 日本的产业政策包括（　　）。
   A. 一般产业政策　　B. 个别产业政策　　C. 禁止垄断法
   D. 价格政策　　　　E. 强制政策
3. 以下法律、协定或条约是为保持竞争、反对垄断而制定的有（　　）。

A. 京都议定书　　　　B. 罗马条约　　　　C. 谢尔曼法
   D. 反垄断法　　　　　E. 广场协议
4. 中国的产业政策有很多，以下案例属于中国产业政策的有（　　　）。
   A. 中国政府对某些出口品实行出口退税政策
   B. 财政部对证券市场印花税税率进行调整
   C. 符合一定条件的高科技企业可享受优惠企业所得税待遇
   D. 央企中海油收购美国优尼科公司
   E. 联想收购 IBM 全球个人笔记本电脑业务
5. 日本的产业发展政策包括（　　　）。
   A. 产业基础政策　　　B. 产业结构政策　　　C. 环境保护政策
   D. 个别产业政策　　　E. 禁止垄断法

（四）辨析题

1. 在对产业政策的性质问题的解释上，存在两种传统观点：产业政策的基本作用是依据"国家有效说"和"后发优势说"。

2. 第二次世界大战后，日本将产业政策运用到了极致，日本经济也出现了极大的飞跃。因此可以认为产业政策是有效的。

3. 日本的产业政策主要由一般产业政策和个别产业政策构成。

4. 《罗马条约》制定了关于竞争的规定，其目的是防止欧洲各国政府抵制外国企业参与本地竞争。

5. 根据后发优势说，可以认为发展中国家可以通过采用产业政策在短时间内追上甚至超过发达国家。

（五）简答题

1. 产业政策的实质是什么？
2. 简述产业政策存在的理论依据。
3. 产业政策的局限性有哪些？
4. 简述美国的反垄断政策。
5. 欧盟竞争政策的主要内容是什么？

（六）论述题

1. 试论述日本战后的产业政策。
2. 产业政策的实施手段有哪些？

三、复习思考题参考答案

（一）名词解释

1. 产业政策：是针对市场经济运作可能出现的市场失灵和错误导向，政府为修正市场机制的失误和优化经济发展过程，对产业发展、产业结构的调整和对产业组织所采取的各种经济决策的综合。

2. 后发优势说：后发优势是指在发达国家和地区与发展中国家和地区并存的情况下，发展中国家和地区所具有的内在的、客观的有利条件或存在的各种机遇。后起国家由于可以直接吸收和引进先进国家的技术，其技术成本要比最初开发的国家低得多；在同样的资金、资源、技术成本的条件下，还具有劳动力成本低的优势。只要在国家的保护和扶持下达到规模经济阶段，就可能发展起新的优势产业，在其传统的资本或技术密集的分工领域内赶超先进国家。

3. 产业发展政策：一国政府为特定产业的结构调整和升级，全面提高产业国际竞争力，以技术创新、组织结构合理化、优化空间布局等为手段，满足消费者需求，促进产业持续健康发展，所制定或采取的各种政策的总和。

4. 产业结构政策：是指一国政府依据本国在一定时期内的具体情况，遵循产业结构演进的一般规律和在一定时期内的变化趋势，制定并实施的有关产业部门之间资源配置方式、产业间及产业部门间比例关系，以促进产业结构向协调化和高度化方向发展的一系列政策措施的综合，它旨在促进本国产业结构优化，进而推动经济增长。

5. 产业组织政策：是产业政策最核心的部分，也就是指针对经济运作中可能出现的市场失灵，政府为了达到维护有效的市场竞争的目的而制定和采用的调整市场结构、规范市场行为的产业政策。

（二）单项选择题

1. B　　　2. A　　　3. C　　　4. D　　　5. B

（三）多项选择题

1. BD　　2. ABCDE　　3. BCD　　4. ABC　　5. ABCD

（四）辨析题

1. 在对产业政策的性质问题的解释上，存在两种传统观点：产业政策的基本作用是依据"国家有效说"和"后发优势说"。

答：这句话不正确。在对产业政策性质问题的解释上，存在着两种传统观点：产业政策的基本作用是依据"市场失效说"和"后发优势说"。

第一种观点认为，对于工业化先行国家，由于它们在国际分工体系的竞争中占有领先优势，使得它们能相对稳定地保持"先行者地位"，因而其产业政策的指向往往集中在调整竞争关系与防止垄断方面。政府是在充分尊重市场作用的前提下，被动地参与和干预经济活动。第二种观点是对于发展中国家而言。发展中国家一般都是处在市场经济尚欠发达的阶段，市场机制不够健全、市场体系尚未完善是一种客观存在的事实。政府面临着双重的现实问题：不仅需要运用政策去弥补或修正市场在资源配置中的固有缺陷，而且要运用各种政策去调节因市场不完善带来的资源配置不合理的状况。发展中国家和地区利用其内在的、客观的有利条件或存在的各种机遇来赶超发达国家。

2. 第二次世界大战后，日本将产业政策运用到了极致，日本经济也出现了极大的飞跃。因此可以认为产业政策是有效的。

答：这句话不正确。第二次世界大战以后，日本、韩国等曾经将产业政策运用到了极致，日韩经济也出现了极大的飞跃。但是，对于产业政策与经济发展之间究竟有多大的联系，却存在两种截然不同的观点。

第一种观点认为，产业政策是有效的。日本政府（通产省）就持有这种观点。第二种观点则认为，产业政策的作用是有限的。在日本，持这种观点的主要是企业界。

在我们看来，在市场经济中，对资源配置起基础性作用的是市场机制。尽管

第十八章 产业政策

市场实现帕累托效率的前提条件过于苛刻而被认为在现实市场中不可能具备,但市场经济发展的历史表明,通过市场竞争,依靠价格机制对供求关系进行调节,生产要素的自由流动使资源在各产业和部门间得到有效配置,产业结构的形成和优化正是市场配置资源的必然结果。因此,在推动经济发展过程中,产业政策是政府用来弥补或修正市场机制、实现经济赶超战略的一个必不可少的手段,我们仍然强调,在注意到产业政策积极效应的同时,也应当充分估计它的负面效应,并在此基础上,辅以各种行之有效的改进措施,以尽可能降低产业政策的实施成本。实际上,这已经成为各国政府目前所面临的一项重要课题。

3. 日本的产业政策主要由一般产业政策和个别产业政策构成。

答:这句话不正确。日本的产业政策主要由产业发展政策和产业组织政策构成;产业发展政策分为一般产业政策和个别产业政策,其中一般产业政策包括产业基础政策、环境保护政策及产业结构政策等;产业组织政策分为禁止垄断政策和规范市场的管制政策等。产业基础政策的对象是产业发展的基础设施,即健全和完善产业发展的基础设施,创造外部经济。产业结构政策的对象是产业结构和贸易结构,即通过政策介入,提高产业结构和贸易结构的层次。个别产业政策的对象是一些特定的幼稚产业和萧条产业。产业组织(秩序)政策的对象是市场结构、市场行为及市场成果,一般是通过法律和法规建立及维护市场竞争秩序。

4.《罗马条约》制定了关于竞争的规定,其目的是防止欧洲各国政府抵制外国企业参与本地竞争。

答:这句话不正确。《罗马条约》特别强调在欧共体内保持竞争,防止欧共体市场内由于卡特尔及其对市场垄断的滥用而造成的竞争扭曲。是为了确保欧共体内部市场竞争不被扭曲,鼓励所有经济资源如货物、人员、服务和资本的自由流动,不受国界的阻碍,建立一个单一和统一的市场,维持一个合理的市场结构,提高经济效率,其中关于保持竞争的规定主要包括:禁止限制竞争协议、禁止滥用市场支配地位、兼并控制、法律责任与救济、原则禁止国家补贴。

5. 根据后发优势说,可以认为发展中国家可以通过采用产业政策在短时间内追上甚至超过发达国家。

答:这句话不正确。后发优势说是在第二次世界大战后发展起来的一种称之为"发展经济学"的思想体系,是一种特别适用于发展中国家的新的非正统经济学,这些理论中有双重经济论、劳动力过剩论、低水平的均衡机制、发展不平衡论、贫困的恶性循环、大力推动工业化、外汇的障碍、不平等交换、"依附"理论、随着增长的再分配以及基本需要策略论。

发展中国家一般都是处在市场经济尚欠发达的阶段,市场机制不够健全、市场体系尚未完善是一种客观存在的事实。政府面临着双重的现实问题：不仅需要运用政策去弥补或修正市场在资源配置中的固有缺陷，而且更要运用各种政策去调节因市场不完善所带来的资源配置不合理的状况。

这样就容易出现一种情况：在强烈赶超意识的支配下，政府把产业政策当作经济发展过程中的优化手段而对市场进行主动干预，决策部门相信通过产业政策解决问题的成本比通过市场机制更低，产业政策本身具有的局限性却往往被忽视。因而，在不少发展中国家我们都能看到，在推行产业政策的过程中，政府的选择空间反而显得相对较为狭窄，给经济发展带来双重后果：一方面，社会为产业政策的实施承担了高成本；另一方面，产业政策的强化又阻碍了市场机制正常的形成过程。

所以说并不能认为发展中国家采用产业政策就可以在短时间内追上甚至超过发达国家。

（五）简答题

1. 产业政策的实质是什么？

答：根据对理论和实践的归纳，产业政策的含义即针对市场经济运行中可能出现的市场失灵，政府为修正市场机制作用和优化经济结构，对产业发展、产业结构的调整和产业组织所采取的各种经济政策的总称。产业政策的实质表现在以下几个方面。

①政府制定产业政策的目标是为了维护整个经济社会的整体利益。产业政策的制定是以实现全社会资源的最优配置和维护经济的长期稳定和可持续发展为目标，实现社会整体利益和长远利益的最大化。

②产业政策是政府间接干预经济的重要手段。在市场经济体制条件下，政府不能代替微观经济主体进行决策，而是通过产业政策影响微观经济主体的决策。

③产业发展与产业结构政策是政府对经济发展过程的长期性的系统干预。产业发展与产业结构政策是与经济振兴、经济赶超等发展战略相联系，表现出事先、长期、优化、整体协调等系统性特征。

2. 简述产业政策存在的理论依据。

答：产业政策存在的理论依据包括以下四个方面。
（1）"市场失灵说"。

第十八章 产业政策

为了弥补市场失灵的缺陷，政府往往采用"看得见的手"——产业政策来干预经济。产业政策在弥补市场失灵方面的作用主要可以分为四点：①产业政策可以帮助实现公共产品的充分供给；②产业政策可以纠正经济活动外部性造成的"市场失灵"；③产业政策有助于解决"马歇尔冲突"问题；④产业政策可以减少经济活动中的信息不对称。

（2）后发优势说。

这种理论起源于古典经济学李嘉图的"国际分工和比较生产费用学说"。为弥补李嘉图的静态比较优势理论的缺陷，德国经济学家李斯特提出了"动态比较费用学说"。这种学说认为，工业化起步较晚的国家，有可能经过国家产业政策的保护与培育，发展起新的优势产业；后起国家只有以这种优势产业参与国际分工，才能打破旧有的国际分工格局，以先进的生产结构占据于己有利的国际分工地位。

（3）规模经济理论。

产业政策的实施有助于帮助本国产业达到最优经济规模。

（4）结构转换理论。

也称为"产业结构高度化理论"，它的基本思想是，一个国家的产业结构必须不断实行从低级向高级的转换，才能实现赶超和保持领先地位。

3. 产业政策的局限性有哪些？

答：产业政策的局限性主要表现在以下几个方面。

（1）产业政策的作用是有限的。

日本学者小宫隆太郎就曾经指出：不能把日本经济的发展看作是产业政策获得成功的证明，因为在日本经济发展过程中，除了产业政策外，还有许多因素支撑着日本经济的高速增长。

（2）"政府失灵"可能导致产业政策的失败。

在国家干预经济的许多论点的背后，我们能够体会到一个隐含的前提，那就是干预者（中央当局）是无所不知的。只有在干预者能够比市场中分散的个人作出更准确的预测时，政府干预才会取得比市场调节更好的效果。事实上，没有什么逻辑能够证明，干预者会比分散的决策者对未来做出更成功的预言。由于政府的有限信息、公共决策的局限性、对私人市场反应的控制有限、政府官僚主义等，政府的判断可能失误，出现"政府失灵"，从而导致政策失败。

（3）产业政策并非对任何产业都有同等的作用。

研究表明，产业政策只对那些需求的收入弹性较高，生产效率高，在国家贸易上有发展前途的产业有明显的效果，而对其他产业则并非如此。

（4）产业政策的制定和实施需要大量的成本。

4. 简述美国的反垄断政策。

答：一般认为，在推行产业政策方面，美国的产业政策主要是产业组织政策。其中，又以反垄断为主要内容。美国政府反垄断的工作可追溯到19世纪末。1890年，美国通过了第一部反垄断法——谢尔曼法。在此后的100多年间，美国国会又通过了一系列补充性法案来加强反垄断工作，这些法律构成了美国政府反垄断的基础。美国的反垄断法适用于几乎所有行业和公司。反垄断法禁止三类违法行为：阻碍交易的行为；有可能大幅降低某一特定市场竞争程度的企业兼并；旨在获得或维持垄断地位的反竞争行为。美国政府实施反垄断法的最终目的是通过促进市场竞争来保护经济自由和机会。有关限制企业行为的公共政策肇始于19世纪后期。这一时期，在一系列反托拉斯法出台之前，各国一般是借用英国的习惯法来限制企业行为的。

19世纪末，在石油、钢铁、棉花及其他产业中出现了托拉斯。"托拉斯"一词被用来指所有形式的商业合并。20世纪，在美国内战结束后，随着全国市场的发展，通过小公司的合并形成了一些大公司。这些大公司开始采取被人们称作是垄断的做法，最终导致政府的反托拉斯的立法。反托拉斯法是一组防止市场集中的法律，最著名的反托拉斯法包括：谢尔曼法、克雷顿法、联邦贸易委员会法和鲁宾逊—普特曼法。反托拉斯法是一部通用法，它对所有的产业和所有的企业都适用。

美国司法部依据反托拉斯法对产业政策或产业结构施加重大影响。美国司法部反托拉斯立法的目的是，通过实施反托拉斯法促进和保护竞争，从而使小企业和消费者受益。任何对价格的垄断行为、对市场进入的限制行为、对维持市场竞争活动不利的合并行为、寻求市场垄断力量的行为，经调查证实后，都可能受到司法部的反托拉斯起诉。

5. 欧盟竞争政策的主要内容是什么？

答：为了建立确保欧共体内部市场竞争不被扭曲，鼓励所有经济资源如货物、人员、服务和资本的自由流动，不受国界的阻碍，建立一个单一和统一的市场，维持一个合理的市场结构，提高经济效率，《欧洲经济共同体条约》的保持竞争的规定主要包括：禁止限制竞争协议（欧共体条约第81条）、禁止滥用市场支配地位（第82条）、原则禁止国家补贴（第87~89条）。

第十八章 产业政策

（1）禁止限制竞争协议。

欧共体条约第 81 条含有三个款项，第 1 款禁止与共同市场不符的限制竞争性协议，第 2 款规定该类协议自动无效，第 3 款规定在一定条件下宣布第 1 款不适用。第 3 款实质上是第 1 款的例外。同时第 3 款规定了对限制竞争协议的豁免须符合四个条件：有利于提高产品的生产销售或有利于经济发展和技术进步；消费者可以分享效率提高带来的收益；为达到上述目的而限制竞争是不可避免的；没有排除相关企业产品竞争的可能性。

另一方面，对竞争造成的影响必须是可见的。对于横向协议市场份额不超过 10%，纵向协议市场份额不超过 15%，混合协议市场份额不超过 10% 的，属于安全港内，其对竞争的影响根据最小量原则可忽略不计。恶性卡特尔因属于本身违法行为，则不论市场份额大小。对符合第 81 条第（3）款豁免条件的协议、决定或协同一致的行动，原来须由企业向欧盟委员会申请以取得个别豁免（Individual Exemption），除非其符合种类豁免（Block Exemption）的条例规定。修改后的实施条例规定豁免无需申请，由企业在订立合同前自己判断。

（2）禁止滥用市场支配地位。

根据欧盟条约第 82 条规定，构成滥用市场支配地位需要三个条件：一家或多家企业在共同市场具有支配地位；滥用支配地位；对成员国之间的贸易具有现实或潜在的影响。支配地位、滥用和滥用获得的利益包括在相邻市场。第 82 条列举了过高定价、掠夺性定价、价格歧视、拒绝交易、搭售、限制生产销售或技术开发等滥用支配地位的行为，但并不限于这些情形。

（3）兼并控制。

在《罗马条约》中，并没有关于企业兼并的专门规定，理事会在 1989 年 12 月制定了《企业兼并控制条例》，主要管制企业兼并，凡是在欧共体范围内造成影响的兼并都是条例的适用对象。整个竞争法律体系除欧共体条约外，还包括据此制定的部长理事会和委员会的条例、指令和决定。主要包括《关于实施欧共体条约第 81、82 条竞争规则的第 1/2003 号决议》、《关于在欧共体条约第 81 条、82 条下处理申诉的委员会通告》、《关于欧盟委员会根据欧共体条约第 81、82 条调查程序的第 773/2004 号决议》、《关于实施条约第 81（3）条的指南》、《关于控制企业集中的第 139/2004 号决议》、《关于在控制企业集中的理事会条例下评估横向兼并的指南》、《关于实施理事会第 139/2004 号条例的 802/2004 号条例及其附件（包括 CO 申报表，简化 CO 申报表和简化 RS 申报表）》等。

（4）法律责任与救济。

违反第 81 条的协议条款无效（并非全部协议无效），其法律责任由成员国的国内法决定。委员会可以对该企业处以其全球销售额10%以下的罚款。由于卡特尔形式越来越隐蔽，证据也越来越难以获得，欧盟委员会自2002年起公布实施宽大处理政策：对于向欧盟委员会提供重要证据的参与卡特尔的当事人，第一个自首的企业减免30%～50%的罚款，第二个自首的企业减免20%～30%的罚款，第三个自首的企业减免20%以下的罚款。据欧盟竞争总局介绍，这种查处卡特尔的方法很有效。

（5）国家补贴。

为避免成员国运用公共资源扭曲企业间的竞争，影响第81、82条的实施效果，欧共体条约第87～89条规定了国家补贴规则。第87条原则禁止国家向特定产业和企业提供补贴，无论这种补贴是以政府资助、利息减免、税收减免、国家保证、提供产品或服务的优惠或其他任何形式。同时也规定了例外情形，如果补贴对整个欧盟受益，则补贴可以被允许，比如对个体消费者提供的具有社会性的补贴；为补偿因自然灾害和意外情况造成损失而提供的补贴；为推动欠发达地区的经济发展提供的补贴；为执行符合欧共体共同利益的重要项目而提供的补贴等。欧盟委员会有权对现存和拟议中的成员国提供的国家补贴进行审查，以确定其是否与共同市场相容。一旦发现与共同市场不相容，欧盟委员会有权要求成员国通过适当的国内程序恢复原状，并要求受惠者向公共当局返还所受资助。

（六）论述题

1. 试论述日本战后的产业政策。

答：（1）日本战后的产业政策的主要内容及其作用。

产业政策是政府实施的以影响各产业的结构、行为及其成果为直接目的的经济政策的一个组合。在战后的日本，产业政策已逐渐形成一个完整的政策体系。它主要包括：产业民主化政策、产业保护政策、产业扶植及振兴政策、中小企业政策、产业技术政策、竞争秩序政策、产业用地政策、海外市场开发资助政策、衰退产业合理化及调整政策、流通政策、防止公害政策、消费者保护政策等。

战后日本的产业政策主要由产业发展政策和产业组织政策构成；产业发展政策分为一般产业政策和个别产业政策，其中一般产业政策包括产业基础政策、环境保护政策及产业结构政策等；产业组织政策分为禁止垄断政策和规范市场的管制政策等。

产业基础政策的对象是产业发展的基础设施，即健全和完善产业发展的基础

第十八章 产业政策

设施，创造外部经济。企业及产业的发展需要各种健全的产业基础设施或社会资本，而要充实产业基础设施或社会资本，则需要巨额的资金和一定的开发能力，这是企业和个别产业所无法承受的，因此，由政府直接出资或为民间企业提供投资优惠，以建立和完善产业发展的基础设施，便成为日本政府产业政策的重要组成部分。

产业发展的基础设施主要包括公路、铁路、港口、产业用地、上下水道、电力等，还包括研究开发的条件、职业训练和一般教育等。产业基础政策的目标就是建立、维持和充实上述各类产业基础设施。

产业结构政策的对象是产业结构和贸易结构，即通过政策介入，提高产业结构和贸易结构的层次。日本的具体做法是，政府事先提出一定时期内本国产业结构的发展方向，建立特定的投资标准以及产业结构政策的标准，在此基础上利用各种政策工具扶植和培育符合上述标准的各类产业。

如在战后初期，面对国际收支逆差，制订创汇率标准，以支持创汇率较高的产业；在经济高速增长时期，制订劳动生产率增长率标准及收入弹性标准，以扶植劳动生产率增长率较高及收入弹性较大的重化工业的发展；在20世纪70年代两次石油危机后，提出消耗能源及资源的标准，鼓励企业采用节省能源的技术；70年代以后，制订产业布局和环境标准，以解决工业过密和公害问题；80年代，面对对外经济贸易摩擦的加剧，提出扩大内需、促进制成品进口及改变产业结构以适应国际分工的经济结构的调整目标。产业结构政策在日本产业政策体系中占有极其重要的地位。

个别产业政策的对象是一些特定的幼稚产业和萧条产业。一方面，日本政府通过各种政策工具，对具有潜在竞争力优势的产业实行有时限的保护，待该产业的竞争优势基本确立后，便分阶段地废止保护措施。另一方面，对由于临时的和特有的原因陷入萧条的产业实施临时性的补贴，以帮助其克服暂时的萧条；而对结构性萧条产业，则利用有关政策措施促使其转向新的产业。

产业组织（秩序）政策的对象是市场结构、市场行为及市场成果，一般是通过法律和法规建立及维护市场竞争的秩序。如日本通过实施《禁止垄断法》限制资本及市场的集中，打击控制价格的行为，并通过实施其他规范市场的政策，限制不正当交易，监督市场的公平竞争，鼓励新的企业的参与，以促进市场的有效竞争。另外，战后日本政府为了迅速提高产业的国际竞争力，在很长时期内支持大企业的合并，并尽可能地抑制国内过度的价格竞争，在支持大企业发展的同时保护中小企业。这种政策上的巧妙运用，是战后日本产业国际竞争力迅速增强的重要原因之一。

除了产业政策以外，日本还建立了相当完备的、与产业政策配套的政策工具。与产业政策相比，政策工具具有时效性、多样性和整合性的特点。

日本产业政策的工具大体可分为三类：第一类是通过具体的政策工具，如财政政策、金融政策、税收政策、收入政策、关税政策、土地政策、贸易政策、汇率政策等，直接影响企业及产业的经营活动；第二类是通过制定法律和法规，如禁止垄断法、消费者保护法及公害防止法等，管制企业及企业的行为方式及活动范围；第三类是通过政府有关部门（如通产省）的"劝告"、"通知"等行政指导方式，直接和间接地影响企业及产业的经营活动，其政策效果有时甚至超过第一类和第二类政策工具。

当然，第一类政策工具通常也是以法律的形式确定的，如战后初期依照《外汇及外国贸易管理法》对进口实施外汇配额，并依照《日本开发银行法》、《日本输出入银行法》及《特定机械工业振兴临时措施法》，对特定产业实施低息和特别贷款，但这些法律对企业及产业的约束程度要低于第二类政策工具。

在现代法制国家，产业政策原则上是通过立法来制定和实施的。但是，在战后日本，产业政策的一部分是通过行政指导的方式实施的。如政府提出产业发展的理想方向，在此基础上引导企业向这方面努力，或对产业及企业提出改善经营的要求，以此管制产业及企业的经营活动。有资料表明，1952 年至 1965 年，日本政府颁布的有关产业政策的法律有 58 部，而同时日本通商产业省作为产业政策提出，并获得实际效果的行政指导共有 50 项。可见，作为产业政策的工具，日本政府的行政指导起了很重要的作用。

（2）日本战后产业政策的局限性。

日本有一个如此完整的政策体系，并有如此全面的政策工具与之搭配，在战后西方发达国家中实属少见。也许正是由于日本的产业发展过度依赖政府的经济政策，导致市场机制逐渐僵化，并成为目前产业结构难以迅速调整的症结。从这个意义上来说，日本正反两方面的经验教训有着极其重要的参考价值。

从综合国力来看，日本经济已经拥有以下优势：第一，拥有 1 300 多万亿的金融资产，是世界最大的债权国；第二，制造业的总体生产能力是世界上最强的；第三，应用技术水平在世界上处于领先地位；第四，在 IT 的运用方面（如全球通信服务等）已抢占了有利的地势，IT 产业将在未来 3~5 年内将有新的突破。

日本以产业结构政策为核心的产业政策体系，其局限性在 20 世纪 80 年代以后暴露无遗。首先，随着日本经济的发展，尤其是在完成了追赶发达国家的使命以后，社会意识发生很大变化，政府与市场的矛盾逐渐尖锐。在经济追赶阶段，

第十八章 产业政策

政府运用各种政策工具实施产业政策，以发展产业和振兴经济，是整个社会至高无上的目标。但是，当经济发展到一定阶段以后，为了振兴和发展产业的政策目标与为了增进社会福利的政策目标发生偏离，具体表现在产业政策过度注重产业的发展而忽视对生态环境的保护和社会资本的完善，过分重视产业及企业的扩张而忽视消费者的利益。这种政策目标的偏离及产生的后果，反过来又制约了产业向更高层次的发展。

另一方面，习惯于在政府的产业政策框架下谋求发展的企业，当经济出现不景气或竞争条件发生变化后，就寄希望于政府实施产业组织政策，增加禁止条款以限制市场竞争。这种在日本产业政策体系下形成的政府与企业之间的特殊关系，是日本市场机制不能充分发挥作用，以至于20世纪80年代末以来产业及企业得不到长足发展的重要原因之一。

同时，在产业政策的作用下发展壮大起来的企业，为了拓展自身的业务领域，又会要求政府放松对它们的各种管制。而日本产业政策以产业结构政策为核心的基本特征、修正现有产业政策所需的民主程序以及政策实施上的滞后性，又使得政府和企业难以迅速应对市场化和全球化的浪潮。

其次，在战后日本技术水平相对落后，经常面临国际收支逆差的发展阶段，日本追赶型的产业政策似乎还能为世人所接受。但是，当日本实现了高速经济增长，成为仅次于美国的第二经济大国，并且国际收支出现持续顺差以后，日本追赶型的产业政策便成为日本与欧美国家产生结构性经济和贸易摩擦的主要原因之一。同时，随着新兴工业化国家和地区劳动生产率的提高及国际竞争能力的增强，它们在国际市场上与日本展开激烈的竞争，使日本逐渐成为被追赶的对象，被迫进行产业结构的调整。

可见，战后日本的产业政策具有两面性：一方面，它有效地利用政府在资源分配方面的职能，促成了战后的工业化和经济快速发展；另一方面，它否定价格机制的调整职能，通过直接的政策介入和管制，扭曲了企业的活动。

2. 产业政策的实施手段有哪些？

答：从总体上说，产业政策的实施手段主要包括直接干预和间接干预两种类型。

（1）直接干预手段。

产业政策的直接干预手段主要是指依照有关产业发展法律或具有法律效应的各种规章制度，对产业活动进行行政性干预。它包括：①政府的行政干预，也被称作直接规制。市场进入管制、数量管制、价格管制、技术管制、环境保护管制、生产安全管制等都是政府的行政干预手段。②政府的行政协调。政府产业政策中的行政协调主要是指政府以其特定的权威和影响力，通过各种形式协调具体企业的生产经营活动，使之趋向于符合政府的相关产业发展的意图。

（2）间接干预手段。

这是政府实施产业政策的主要手段。它是指政府通过财政、金融等经济杠杆对企业活动的引导作用，来对有关经济环节乃至整个经济活动进行干预。具体而言，政府的间接干预手段大致可以分为：①经济杠杆手段，主要包括财政手段、金融手段、政府采购等。②信息指导手段，主要包括发展计划的制定和实施、政府的重大经济活动、政府组织的权威信息发布、相关经济信息特别是政府意图的日常传递等。

第十九章 国际贸易与产业经济

一、内容提要

第二次世界大战以后,国际贸易中出现的一系列新情况引起了理论界对传统贸易理论的反思。在对传统贸易理论反思的过程中,采用产业组织理论的最新成果,建立起了垄断竞争和产品种类内生化的国际贸易一般均衡模型,并逐步产生了新贸易理论。新贸易理论以规模经济和不完全竞争为前提,对国际贸易的原因和基础、国际专业化分工的决定因素以及不完全竞争条件下的贸易政策等问题进行了重新探讨,从而对传统贸易理论进行了补充和发展。根据新贸易理论的产生过程及其内容与政策意义,进而探讨战略性贸易政策的产生、发展和基本内容。本章首先探讨了国际贸易理论的新发展与产业组织理论,介绍了新贸易理论的基本内涵。然后,探讨了贸易结构与产业结构的相互影响,介绍了贸易竞争力理论和产业竞争力理论。最后,本章讨论了贸易政策与产业政策,集中探讨战略性贸易政策理论的产生、发展与内容。战略性贸易政策的要点是:在规模经济和不完全竞争条件下,政府可适当地运用如关税、补贴等战略性贸易政策,扶植本国战略性产业的成长,增强其国际竞争力,并带动相关产业的发展,从而增加一国的贸易福利。

二、复习思考题

(一) 名词解释

1. 新贸易理论

2. 贸易竞争力
3. 产业内贸易
4. 战略性贸易政策
5. "利润转移"理论
6. "外部经济"理论

（二）单项选择题

1. 以下贸易理论中，不属于传统贸易理论的是（　　）。
   A. 绝对优势理论　　　　　　B. 比较成本理论
   C. 产业内贸易理论　　　　　D. 资源禀赋理论
2. 下列说法，正确的是（　　）。
   A. 要素比例不同的国家主要进行产业间贸易，而要素比例相似的国家主要进行产业内贸易
   B. 要素比例不同的国家主要进行产业内贸易，而要素比例相似的国家主要进行产业间贸易
   C. 传统贸易理论的两个基本假定是完全竞争和规模收益递增
   D. 新贸易理论的两个基本假定是完全竞争和规模收益递增
3. 新贸易理论将不完全竞争市场结构区分为（　　）。
   A. 垄断竞争市场、可竞争市场和垄断市场
   B. 垄断竞争市场、古诺寡占市场和垄断市场
   C. 垄断竞争市场、可竞争市场和古诺寡占市场
   D. 可竞争市场、古诺寡占市场和垄断市场
4. 提出产业参与国际竞争的四阶段理论的经济学家是（　　）。
   A. 克鲁格曼　　　　　　　　B. 波特
   C. 迪克希特　　　　　　　　D. 兰卡斯特
5. 一般而言，衡量贸易竞争力包括三个层面，它们是（　　）。
   A. 贸易结构、贸易环境和贸易对象
   B. 贸易规模、贸易环境和贸易进展度
   C. 贸易规模、贸易环境和贸易对象
   D. 贸易结构、贸易环境和贸易进展度

（三）多项选择题

1. 外部经济的两个来源是（　　）。
   A. 技术外部经济　　　B. 环境外部经济　　　C. 货币外部经济
   D. 销售外部经济　　　E. 生产外部经济
2. 以下属于"利润转移"理论的论点是（　　）。
   A. 干中学带来生产效率的提高
   B. 用出口补贴为本国寡头厂商夺取市场份额
   C. 用关税来抽取外国寡头厂商垄断利润
   D. 通过聚集的市场规模效应，获得生产率提高和成本降低
   E. 以进口保护作为出口促进的手段
3. 新贸易理论衍生出两种不同的贸易政策理论，这两种理论是（　　）。
   A. 利润转移　　　B. 规模经济　　　C. 外部经济
   D. 不完全竞争　　E. 比较优势
4. 新贸易理论较之于传统贸易理论放松了一系列的假定，以下是建立新贸易理论的假定有（　　）。
   A. 完全竞争　　　B. 规模经济　　　C. 不存在规模经济
   D. 不完全竞争　　E. 产品差异化
5. 波特教授指出国家竞争力的微观经济基础的作用，提出了产业参与国际竞争的四个阶段理论，分别为以下（　　）。
   A. 要素驱动阶段　　B. 技术驱动阶段　　C. 投资驱动阶段
   D. 创新驱动阶段　　E. 财富驱动阶段

（四）辨析题

1. 新贸易理论是建立在规模报酬不变和不完全竞争条件上的。
2. 一致性假设是指如果消费者偏好 A 甚于 B，偏好 B 甚于 C，则消费者偏好 C 甚于 A。
3. 一国的贸易竞争力体现在产品竞争力，贸易竞争力和企业竞争力三个层次上。
4. "利润转移"是指政府通过贸易政策将利润从垄断企业转移到消费者。
5. "外部经济"的来源主要是技术外部经济。

（五）简答题

1. 简述第二次世界大战以后国际贸易的新变化给传统贸易理论带来的挑战。
2. 简述新贸易理论的基本内涵。
3. 开放型经济中的产业结构具有哪些特点？
4. "外部经济"理论的积极意义有哪些？

（六）论述题

1. 试论述我国如何构建与开放型经济相适应的产业结构。
2. "利润转移"理论的主要观点及其积极意义。

三、复习思考题参考答案

（一）名词解释

1. **新贸易理论**：传统贸易理论是建立在完全竞争和规模报酬不变的基础上，但实际贸易中这些假定难以得到满足。为克服传统贸易理论的不足，新贸易理论是在规模经济与不完全竞争条件下，运用产业组织理论的最新成果，部分克服了规模报酬递增的条件，建立起了垄断竞争和产品种类内生化的国际贸易一般均衡理论。在放松了传统贸易理论的假设后，新贸易理论在规模经济和不完全竞争条件下得出了一系列全新的结论：以规模经济为基础的比较优势也是国家之间贸易发生的依据之一；国际分工和贸易的格局是不确定的；要素流向也是不确定的，要素价格并不会趋于相等；贸易利益的来源多元化，除了传统的比较优势利益，一国还会因规模经济和产品多样化而提高本国福利水平，但也不排除一国因贸易受损的可能性。

2. **贸易竞争力**：贸易竞争力是反映一个国家国际化的重要指标，从定量的角度定义，是指一个国家或地区在国际市场上通过商品和服务的进出口，比其他国家或地区创造更多国民财富的能力。衡量贸易竞争力要以世界标准来测度，它包括贸易结构、贸易环境以及贸易进展度三个层面。从定性的角度定义贸易竞争

第十九章 国际贸易与产业经济

力,是指一个国家利用本国独有的资源优势,包括技术资源、信息资源和人力资源,以核心产品为龙头,以优势主导产业为基础,结合一定的外部运行机制,从而在贸易领域表现出来的整合竞争能力。它体现在产品竞争力、产业竞争力和企业竞争力三个层次上。

3. 产业内贸易:是指一国同时出口和进口同类型的制成品,因此被称为双向贸易或重叠贸易,具体主要指的是同一产业部门内部的差异化产品的交换和中间产品的交流。产业内贸易理论中所指的产业必须具备两个条件:一是生产投入要素相近,二是产品在用途上可以相互替代。符合上述条件的产品可以分为两类:同质产品和异质产品,也称作相同产品或差异产品。

4. 战略性贸易政策:将贸易政策与产业政策相结合,是当前世界主要国家通行的政策措施,其中最有影响力的是战略性贸易政策。其要点是:在规模经济和不完全竞争条件下,政府可适当地运用如关税、补贴等贸易政策,扶植本国战略性产业的成长,增强其国际竞争力,并带动相关产业的发展,从而增加一国的贸易福利,而这些贸易政策就称为战略性贸易政策。

5. "利润转移"理论:"利润转移"理论沿着新贸易理论所开辟的规模经济和不完全竞争的道路,提出了在规模经济和国际寡头竞争条件下,政府可以"战略性"地利用出口扶植和进口限制贸易政策,使垄断利润从外国厂商那里向本国厂商转移,从而增加本国福利的理论。与传统贸易政策理论相比较,其积极意义主要表现在以下几个方面:第一,将市场结构因素全面引入了贸易政策分析。第二,证明了贸易干预政策的某些合理性。第三,强调了对贸易政策的战略性运用。

6. "外部经济"理论:存在于行业内部而非个别厂商内部的规模经济效应被称作外部经济,一般来说,外部经济有两个来源,分别是技术外部经济和货币外部经济。技术外部经济是厂商通过同一产业或相关产业中其他厂商的技术外溢和从干中学获得技术和知识,从而带来生产率提高和成本下降。厂商获得这种技术外部经济的途径主要有直接的技术信息传播、技术工人的流动、模仿和"反向设计"(即将别人的产品拆开来看它是如何设计和制造的)等。货币外部经济是指厂商从同一产业或相关产业厂商的聚集中获得的市场规模效应,包括从这些产业的集中和扩展中便捷、廉价、可靠地获得原材料、中间品、技术工人和专门化的服务,从而获得生产率提高和成本降低。

(二) 单项选择题

1. C   2. A   3. C   4. B   5. D

（三）多项选择题

1. AC   2. BCE   3. AC   4. BDE   5. ACDE

（四）辨析题

1. 新贸易理论是建立在规模报酬不变和不完全竞争条件上的。

答：这句话不正确。传统贸易理论是建立在完全竞争和规模报酬不变的基础上，但实际贸易中这些假定难以得到满足，因此许多贸易现象无法得到解释。为克服传统贸易理论的不足，新贸易理论是建立在规模经济与不完全竞争条件下，运用产业组织理论的最新成果，部分克服了规模报酬递增的条件，建立起垄断竞争和产品种类内生化的国际贸易一般均衡理论来分析实际贸易情况。

2. 一致性假设是指如果消费者偏好 A 甚于 B，偏好 B 甚于 C，则消费者偏好 C 甚于 A。

答：这句话不正确。一致性假设是兰开斯特（1979）在自己的新贸易理论中提到的，是指两个具有很不相同的最喜欢商品的消费者，对于与他们各自最喜欢商品具有相同的光谱距离的两种可获得商品，都持有相同观点。题目中所说的如果消费者偏好 A 甚于 B，偏好 B 甚于 C，则消费者偏好 A 甚于 C，这句话本身是正确的，不过该理论是指消费者偏好的可传递性，与一致性假设无关。

3. 一国的贸易竞争力体现在产品竞争力，贸易竞争力和企业竞争力三个层次上。

答：这句话正确。贸易竞争力作为反映一个国家国际化的重要指标，从定量的角度定义，是指一个国家或地区在国际市场上通过商品和服务的进出口，比其他国家或地区创造更多国民财富的能力。因此，衡量贸易竞争力要以世界标准来测度，它包括贸易结构、贸易环境以及贸易进展度三个层面。从定性的角度定义贸易竞争力，是指一个国家利用本国独有的资源优势，包括技术资源、信息资源和人力资源，以核心产品为龙头，以优势主导产业为基础，结合一定的外部运行机制，从而在贸易领域表现出来的整合竞争能力。它体现在产品竞争力、产业竞争力和企业竞争力三个层次上。

产品竞争力是贸易核心竞争力的第一个层次，主要表现为核心产品国际市场占有率的高低。产业竞争力是贸易核心竞争力的第二个层次。核心产业竞争力的强弱首先体现在劳动生产率上，其次，则主要体现在产业战略、竞争与机制上。

整合中合理的产业结构和完整的产业链,健全的游戏规则可以有效地配置资源,扩大增值能力,增强一国在国际贸易中的竞争力。企业竞争力是第三个层次。是竞争力的具体体现。

4. "利润转移"是指政府通过贸易政策将利润从垄断企业转移到消费者。

答:这句话不正确。"利润转移"理论主要包括三个论点:①用出口补贴为本国寡头厂商夺取市场份额。②用关税来抽取外国寡头厂商垄断利润。③以进口保护作为出口促进的手段。"利润转移"理论沿着新贸易理论所开辟的规模经济和不完全竞争的道路,提出了在规模经济和国际寡头竞争条件下,政府可以"战略性"地利用出口扶植和进口限制贸易政策,使垄断利润从外国厂商那里向本国厂商转移,从而增加本国福利的思想,而不是指政府通过贸易政策将利润从垄断企业转移到消费者。

5. "外部经济"的来源主要是技术外部经济。

答:这句话不正确。外部经济指存在于行业内部而非个别厂商内部的规模经济,一般来说,外部经济有两个来源。技术外部经济是厂商通过同一产业或相关产业中其他厂商的技术外溢和从干中学获得技术和知识,从而带来生产率提高和成本下降。厂商获得这种技术外部经济的途径主要有直接的技术信息传播、技术工人的流动、模仿和"反向设计"(即将别人的产品拆开来看它是如何设计和制造的)等。货币外部经济是指厂商从同一产业或相关产业厂商的聚集中获得的市场规模效应,包括从这些产业的集中和扩展中便捷、廉价、可靠地获得原材料、中间品、技术工人和专门化的服务,从而获得生产率提高和成本降低。所以应该说外部经济的来源主要是技术外部经济和货币外部经济。

(五) 简答题

1. 简述第二次世界大战以后国际贸易的新变化给传统贸易理论带来的挑战。

答:传统贸易理论主要包括亚当·斯密的绝对优势论、大卫·李嘉图的比较成本理论和赫克歇尔—俄林的资源禀赋学说。传统贸易理论在较长时期内构成了国际贸易理论的主流。但是在第二次世界大战以后,世界贸易格局发生了重大变化:发达国家之间的贸易量迅速上升,产业内贸易也快速增长。传统贸易理论不能或不完全能够解释国际贸易中的新变化,因此,就引起了贸易理论界对传统贸易理论的局限和脆弱性的重新思考。

(1) 国际贸易中技术密集型产品贸易的迅速增加,需要从理论上解释为什么会出现贸易向技术密集型产品的转移，以及谁从这种转移中获益和受损等问题。

要回答这些问题，就需要从理论上更多地注意技术的创新和转移，以及技术转化为产权和垄断的过程。然而，在这一过程中，技术所产生的"外在性"、技术密集产品生产中显著的规模经济，以及由此而产生的技术和市场垄断等问题，都不能够从以规模报酬不变和完全竞争为前提的传统贸易理论中得到很好的解释，而且也不能将这些问题都交由市场来处理。

（2）工业发达国家之间贸易量的增加引起对贸易基础问题的重新思考。

传统贸易理论完全以国家之间的差异，包括生产技术、要素禀赋，甚至需求偏好的差异来解释贸易，它强调国家间的相似性与贸易量之间的反向关系，即国家之间越相似，相互间的贸易量越小；相反，国家之间的差异越大，相互间的贸易量就越大。按照这种传统的理论来推断，贸易量的增加应当发生在差异性较大的发达国家与发展中国家之间，发达国家之间则由于其较大的相似性，相互间的贸易量应当是减少的。然而，战后以来几乎所有年份里，发达国家之间的贸易以及这种贸易占这些国家收入的份额都在上升，世界贸易的一半以上是发生在这些相对要素禀赋非常相似的国家之间。

（3）产业内贸易的发展同样引起了对贸易基础及由这一基础决定的贸易结构问题的重新思考。

如果国家间的差异是国际贸易唯一基础的话，则贸易结构无疑应当反映这一基础，按照比较优势学说，专门生产和出口丰裕要素密集型产品，进口稀缺要素密集型产品，即各国所交换的应当是要素密集度不同的产品，是不同产业产品的贸易，即产业间贸易。然而，实际的贸易结构中却包括大量的要素密集度相似产品的双向贸易，并且，这种产业内贸易在要素禀赋相似的发达国家之间的比重远高于要素禀赋相异的发达国家与发展中国家之间的比重。产业内贸易的发展，从另一个角度引发了对传统贸易理论的疑问。

（4）跨国公司对外直接投资及由此引起的公司内贸易的发展进一步表现出传统理论的不适应性。

在传统理论报酬不变和完全竞争的前提下，没有个体化和实体化的公司，因而也就无法讨论公司内贸易问题。

此外，战后日本及韩国等新兴工业国的成功，不仅否定了比较优势天然形成的假定，而且其政府经济政策的作用也使人们对自由贸易政策最优的理论产生怀疑。同时，战后出现的诸如欧洲共同体、美加自由贸易协定等一系列贸易自由化事件，使人们关心贸易自由化的福利效应问题。传统理论总是将贸易与资源再配

第十九章 国际贸易与产业经济

置联系起来，这种资源再配置能够增加国民总收入，但至少会减少某些要素的实际收入。然而，对贸易自由化的研究发现，在这些重要的贸易自由化事件中，资源再配置几乎没有发生，相反，贸易似乎提高了现有资源的生产率，从而使每个人都过得更好。因此，新现象似乎有力地动摇了贸易基础和自由贸易政策最优性的传统理论，并要求对贸易自由化的福利效应做出更恰当的解释。

2. 简述新贸易理论的基本内涵。

答： 新贸易理论的内涵可以从以下四个方面来考察。

第一，为什么会发生国际贸易？传统贸易理论认为，由于国家之间存在特征差异才有国际贸易发生，这些差异可能表现在资源差异、技术差异、偏好差异等多个方面，传统贸易理论总是将利用这些特征差异所形成的比较优势看成是各国开展贸易的基础。新贸易理论认为，国家间的特征差异是贸易的一个原因，但各国也可能会因为专业化内在优势的存在而进行贸易。例如飞机制造业，其规模经济如此之大，以至于世界市场上仅能容纳少数几个有效规模的生产者和少数几个生产中心，为使一个生产中心能服务于世界市场，就必然会有贸易发生。新贸易理论认为，很多贸易，特别是相似国家之间的贸易，反映的是利用递增报酬的专业化分工而不是对国家间内在差异的资本化。

第二，国际专业化分工的形式是由什么决定的？传统贸易理论认为，国家的特征决定着它生产什么商品，在新贸易理论中则增加了一个决定国际专业化分工形式的重要因素。飞机为什么会在西雅图生产？并不存在一个完全能够解释这一现象的某种独特因素，如城市区位等，而是报酬递增的逻辑使飞机生产集中在某个地方，由于西雅图（或底特律，或硅谷）是一个产业最初建立的地方，报酬递增使这个产业继续留在那里。

第三，贸易保护主义的效应是什么？在传统贸易理论模型中，关税或进口配额会提高国内生产者和消费者的价格，减少进口，总的来说是不好的。在新贸易理论中，这种结果可能更糟，也可能更好。如果所有国家都保护国内飞机产业，其结果是一个分割的世界市场，其增加的损失不仅来自专业化分工方面，而且来自无效规模的生产。另外，如果某一个国家单独保护其飞机产业，则可增加这一产业的规模以获得一种净利润，甚至还可能降低国内消费者的价格。

第四，什么是最优贸易政策？传统贸易理论是倡导自由贸易的基础，这也是经济学家们的坚定立场。在传统理论中，贸易保护只是在纠正国内市场失败的次优情况下才出现。新贸易理论则持有一种更为复杂的观点。在报酬递增的世界里，来自贸易的潜在利益甚至更大，因此在某种意义上说更需要自由贸易。但另一方面，飞机的例子已清楚说明，单个国家的单独行动可能有理由不实行自由贸易。新贸易模型表明，运用出口补贴、临时关税等保护措施将世界专业化分工转向有利于保护国是可能的，但不确定。

3. 开放型经济中的产业结构具有哪些特点？

答：开放型经济中的产业结构，具有以下三个重要的特点。

（1）产业结构以高度的开放为前提，出口竞争力强。

开放经济体系是一种均衡性、实质性的开放。前者是指不同的产业部门，不同的经济区域在开放方面都达到了相当的高度，在开放程度方面不再存在明显的差异。后者是指在经济生活中能基本消除各种隐蔽性的制度障碍。一般产业都直接面对国际市场的竞争，这包括进口商品的关税较低和外商投资准入的高自由度等。整体上的开放程度高，也表现为贸易部门（出口产业和进口竞争产业）占用的生产资源比例较高和相对稳定，其中出口产业的发展对整个产业结构的形成有着举足轻重的作用。这是因为当一国要在参与国际经济大循环过程中来优化资源配置时，现实的支点是要保持国际收支平衡。出口产业有很强的国际竞争力，则一国在参与国际经济循环过程中就有较大的回旋空间；没有具有竞争力的出口产业部门，一国实际上也就不能真正有效地在对外开放过程中实现资源配置的重组。整体上来判断，经济上的开放程度高低，对产业结构形成和演变都有直接的重大影响。

（2）不同产业之间的相互关联性强，主要产业的比例较为协调。

一个国家内部三次产业之间的比较关系怎样才算合理，需要根据具体的情况来进行判断，但有两个基本的准则是广泛适用的。一是给定时期内的产出符合市场的需要，不存在明显的过剩与短缺。二是现有的生产资源能得到比较充分的利用。从市场经济发展的历史来分析，开放经济体系中的产业结构在正常情况下符合上述两个标准，当然经济危机时期是例外。这是因为高度的市场开放本身有利于避免生产与需求的脱节，防止效率低的产业占用过多的生产资源。开放经济的高度市场化，促使劳动分工走向深化，不同产业之间的关联度高。值得注意的是，开放经济中的产业关联往往是以面向国际市场的产业为龙头和中心的。这表现为产业群的形成和变动与国际市场的联系非常密切，比如，三次产业间的比例和相互关联以出口产业的发展为中心来构建，第三产业与国际经济交流的关联程度高，出口产业的发展对国内其他产业部门的拉动作用非常明显等。

（3）产业结构形成的技术基础较高，主导产业技术创新快。

开放经济的产业结构建立在较高科学技术水平的基础之上，因而资源配置具

第十九章 国际贸易与产业经济

有较大的稳定性和合理性。从市场经济运行的角度来分析，一定时点上使用的生产技术不仅决定单位产品消耗的资源数量，也直接地影响到不同产品的生产在社会资源总量中所占的比重，因此，在生产技术水平较低的情况下，产业结构本身就必然存在着不稳定性和不合理性。从整体上看，开放经济国家里各类产业都已具有较高的技术水平，尤其是基础产业和主导产业部门的技术水平较高，整个产业的发展已经进入较高的阶段。同时，开放经济体系中产业结构的演变存在一个重要的现象，即主导产业往往是面向国际市场、出口竞争强，技术创新往往在国内的各类产业处于领先的地位，主导产业部门的技术创新引导着整个国民经济的结构调整。随着知识经济时代的到来，这一特点正表现得愈来愈明显。

4. "外部经济"理论的积极意义有哪些？

答："外部经济"理论的积极意义表现在以下几个方面。

(1) 强调了动态规模经济的作用。

动态规模经济意味着厂商的边际生产成本是产业累积产量的减幂函数，随着产业累积产量的增加，生产成本沿着"学习曲线"而下降。产业的规模越大，累积的产量越多，则生产成本越低。"利润转移"理论的几个论点中，作为政策干预依据的规模经济基本上都是静态规模经济，在那里，某一时点上的国内市场和国际市场份额的扩大被看作是本国厂商单位成本下降和竞争力提高的主要原因，贸易政策的任务就是保护和夺取市场份额。"外部经济"理论则不同，它更强调动态规模经济的作用，主张通过对外部经济显著产业的干预和扶植，使该产业能够在技术和货币外部经济的自我强化作用下，逐步成长和壮大起来，逐步获得越来越多的外部和内部规模经济，从而在国际竞争中立于不败之地。为了获得这种动态规模经济，厂商必须不断地投资于技术和人力培训，不断地积累知识和经验，不断地学习和创新。

(2) 将外部经济纳入了不完全竞争分析。

在传统的完全竞争国际贸易模型中，厂商的知识投资没有纳入模型之中，因而作为知识投资溢出物的外部经济也就不能被确认。另一方面，厂商的知识投资必然与固定资本相联系，当一个厂商改进了其产品和技术时，总会使单位成本下降而总产量增加。规模经济的这种动态性必然会破坏完全竞争，也使得完全竞争模型不能准确地捕捉到产生外部经济的原因。当报酬递增和不完全竞争被引入贸易模型后，我们就可以将外部经济归结为厂商对研究与开发成果吸收能力不足这一原因上，也可以更好地看到市场规模的作用。一个垄断竞争的中间产品的生产部门，可引起像下游产业那样行为的外部经济；如果对这些中间产品进行贸易，这些外部经济就可能国际化。如果这些中间产品是不进行贸易的，这些外部经济将导致最终产品的国家专业化。

（3）论证了对某些产业进行干预的合理性。

如同"利润转移"理论一样，"外部经济"理论证明了对某些产业进行干预的合理性。这种合理性可以从克鲁格曼构想的一个例子中看得很清楚。假设有两个国家都在使用一种生产要素——劳动力的情况下生产大量产品，然而，由于外部经济的存在，每个产业劳动生产率的高低依赖于产业规模的大小。在这里，贸易形式完全是由历史和偶然事件决定。假定由于某种原因，一国在某些产业上有更好的基础，另一国则在其余产业上有更好的基础，这样，每个国家都在具有更好基础的那些产业上具有生产优势。如果调整国家的工资率，会使贸易交换的比率得到改善。这种临时的补贴和保护政策当然会提高该国的福利水平。新贸易理论家还进一步认为，外部经济显著的产业就是那些研究与开发费用占成本比重大的产业，对这些产业的支持不仅可以使它自身得到较快的发展，而且还能带动关联产业的发展。

（4）揭示了贸易干预有可能产生互利的结果。

"利润转移"理论所支持的贸易干预政策是以损害别国利益为代价的。而以外部经济为依据的贸易干预政策，则不一定会损害别国利益，有时还会产生互利的结果。对具有显著外部经济产业的支持对其他国家是有利还是有害，一般取决于下列两个条件：第一，其他国家是否拥有相同的产业。如果拥有相同的、与之竞争的产业，本国的支持政策可能由于市场的分割而损害其他国家的利益；如果其他国家本来就没有这一产业，则本国的支持政策不会损害它的利益，甚至有可能通过新商品、新技术而使之受益。第二，外部经济是否限于国内。如果受干预产业所产生的外部经济仅限于国内而不向国外扩散，则外国可能会由于技术和生产垄断等因素而受到损害；如果外部经济会超越国界向国外溢出，则其他国家也能从这类干预政策中受益。

（六）论述题

1. 试论述我国如何构建与开放型经济相适应的产业结构。

答：构建与开放型经济相适应的产业结构，应当是在扩大和深化对外开放的过程中来加快产业结构调整的步伐，通过产业结构重组来建立起真正开放型经济运行体系。具体地说，就是要以扩大对外开放来加速产业结构调整的步伐，通过

第十九章 国际贸易与产业经济

深化对外开放来巩固产业结构调整的成果。经济全球化进程的日益加速为我国的产业结构调整提供了良好的机遇，我国加入WTO之后有更好的条件把扩大对外开放与产业结构调整密切地结合起来，这方面可以考虑的选择主要有以下四个方面。

第一，继续努力扩大出口，以出口商品结构的高级化带动产业结构升级。保持出口贸易的持续增长对于进一步诱导生产资源配置的重组，加速产业结构调整的步伐具有非常重大的意义。出口贸易的规模越大，一方面，表明已进入出口领域的产业本身发展速度快，资源利用效率在不断提高。另一方面，表明有更多的产业部门加入到出口行列中来，这有利于改进整个社会的资源利用效率。

第二，改进利用外资的方式，加速技术转移过程以促进产业结构的高级化。改革开放以来，我国利用外资往往是把重点放在吸收外部资金的流入上，这对于促进国民经济总量的快速增长发挥了积极的作用。但应当看到，由于目前我国经济整体上已从短缺转变为过剩，结构调整已经成为保持总量持续增长的重点环节，利用外资的方式和重心也应当适应地进行调整。一方面，应当加快高新技术产业领域的对外开放，把国外的资金、技术和管理经验吸引过来以加快国内高新技术的发展步伐；另一方面，在利用外资的具体方式上，应当更多地鼓励外商来华设立技术研究中心，更快地进行技术转移。应当说，从我国的市场发展前景和生产要素禀赋状况来看，只要采取适当的鼓励政策，加速外商直接投资中的技术转移是完全可能的。技术创新是推动我国产业结构高级化的关键所在。扩大和深化对外开放，意味着通过强化市场竞争来诱导外商把更多的先进技术更快转移到中国来，由此能产生广泛的经济效应。

第三，增大市场准入的程度，利用国际市场的竞争调整产业关联与比例。我国加入WTO之后，随着市场准入程度的扩大将会使国内市场上的竞争得到明显的强化，应当充分利用这个机会来加速我国产业结构调整的步伐。一是要合理利用来自外部的竞争打破垄断，促使资源配置的合理化。垄断利润的存在既意味着垄断部门本身的资源利用效率低，同时也提高了其他产业部门的成本，扭曲市场供求关系，损害公众福利。市场开放的重点应当加快消除垄断的步伐，为实现产业结构合理化创造良好的市场环境。二是要积极发挥国外市场的示范效应，为国内产业的发展提供信息。由于人均国民收入和科学技术水平方面等存在的差距，国内市场的发育相对滞后，这也是导致产业结构不合理的一个重要因素。进一步扩大和深化对外开放，通过强化市场竞争来促使生产资源更多地流向出口产业部门，重构不同产业之间的相互关联，才能真正实现产业结构的合理化。

第四，鼓励企业开展海外投资，在国际经济循环中强化我国产业的竞争力。

国际投资在21世纪的经济全球化进程中的地位更为重要，是各国企业争夺国际市场的战略制高点。我国要在全球经济竞争中来定位产业的发展，从现在起就应当采取切实有效的措施鼓励企业积极地开展海外投资，进而为产业结构的调整和优化创造更好的条件。一方面，海外投资能对我国比较优势模式的重构发挥重大的积极影响。比如，通过跨国投资可以获得规模经济效应，这有利于促进资金的积累和加速技术创新，因此，海外投资规模的扩大本身能促使我国有更多的产业培育出国际竞争的优势。另一方面，海外投资也能对提高我国企业的管理能力和技术创新能力起到积极的推动作用。相对而言，海外投资的风险程度高，市场竞争也往往更为激烈，成功的海外投资是企业发展进入相对成熟阶段的重要标志。中国的企业家在向市场经济的转型中迅速地成长起来，但还需要通过海外投资的磨炼才能逐步地走向成熟，而这将是中国产业真正具有较强国际竞争能力的基本保障。

2. "利润转移"理论的主要观点及其积极意义。

答："利润转移"理论主要包括三个论点：

（1）用出口补贴为本国寡头厂商夺取市场份额。

这种论点认为，向在第三国市场上同外国竞争者进行古诺双头博弈的国内厂商提供补贴，可以帮助国内厂商扩大国际市场份额，增加本国福利。古诺博弈的特征是，均衡产量水平由两个厂商反应曲线的交叉点所决定，这一水平对这两个厂商来说是最优的，在国家层次来说是次优。因此，通过补贴降低国内厂商的边际成本，使厂商有更高的反应曲线，获得更大的国际市场份额，增加国内利润而减少国外利润。由于利润更高，国家福利减去补贴以后也有所增加，而补贴本身只不过是一种转移支付。这一论点的关键在于这样一种信念：补贴使国内厂商采取进取性市场战略，从而迫使外国竞争对手做出相应的让步。这是战略性贸易政策理论中影响最大、也是被引证最多的一种论点。

（2）用关税来抽取外国寡头厂商垄断利润。

这种论点认为，在存在潜在进入的情况下，使用关税来抽取一家外国寡头厂商正在享受的垄断利润是合理的。如果没有任何潜在的进入，关税只会扩大国内价格与外国价格的差距，是一项使福利恶化的措施。但如果存在国内厂商的潜在进入，则这种进入的威胁限制了外国厂商的定价反应，使它们执行一种吸收掉部分关税的定价，以阻止这类进入的战略。只要关税被部分地吸收，价格上涨的幅度就会低于关税的幅度，消费者剩余的损失就会被征收到的关税所抵消而有余。在特殊情况下，如果外国公司将关税全部吸收掉，则既可以拿走经济租金，又不

第十九章 国际贸易与产业经济

会造成额外的扭曲。这里的政策结果同最优关税理论中通过征收进口关税来利用进口商的买方垄断权力所得到的结果是一样的。但这里有一个重要的质的差异，即提取租金的理论不要求一个国家是能够对贸易条件产生影响的大国，而最优关税理论却有这一要求。只要有外国寡头供应商在国内市场上，即使是一个贸易小国也可以利用进口关税来改善国家福利。这种结果在最优关税理论中是不可能的。

（3）以进口保护作为出口促进的手段。

这是克鲁格曼的观点，他认为如果在国内市场上对某些企业进行保护，可以使它们在其他市场上获得额外的利润，那么保护对国家福利就有增进。他的分析是建立在新贸易理论的规模报酬递增假定之上的，其中最简单的情况就是边际成本递减。但边际成本递减的情况并不总是很常见，所以他又提出了一种建立在"边干边学"基础上的观点：一个被保护的厂商可以比没有保护的情况下生产得更多，从而可以比外国对手进行更快的学习以降低其学习曲线，这样国内厂商就可以在出口市场上赚得更多的利润。这就是所谓"保护进口以推动出口"的政策。这一理论以静态的规模经济为依据，将暂时的进口保护变成了出口促进的机制，它的一个重要前提是国内市场大，足以实现所需要的规模经济。这一论点被认为是对传统幼稚产业论的发展。

"利润转移"理论沿着新贸易理论所开辟的规模经济和不完全竞争的道路，提出了在规模经济和国际寡头竞争条件下，政府可以"战略性"地利用出口扶植和进口限制贸易政策，使垄断利润从外国厂商那里向本国厂商转移，从而增加本国福利的思想。与传统贸易政策理论相比较，其积极意义主要表现在以下几个方面：

第一，将市场结构因素全面引入了贸易政策分析。既然战略性贸易政策研究是以不完全竞争为前提的，那么就应该考虑市场结构的影响，然而，有不少早期的文献并没有明确地将市场结构引入到模型中来。赫尔普曼和克鲁格曼（1989）在《贸易政策和市场结构》一书中将市场结构引入模型，研究了三种不同的市场结构下贸易政策的影响。首先，他们研究了一个不完全竞争的国内产业面对一个竞争性的外国供给时的情况。在这种情况下，如果施加一个进口关税，那么国内厂商的产量将随着竞争性含税进口品价格的变化而变化——有一个向后弯折的曲线。如果施加一个进口配额，那么即使这一配额比自由贸易时的进口水平还要高，这一配额也会产生效果——边际成本曲线将和边际收益曲线有两个交点，即有两个实现局部利润最大化的产出水平。若将进口关税和进口配额的效果相比较，就可以得出一个著名的结果：导致相同进口水平的进口关税和进口配额有着不同的效果——进口配额将比"均衡"进口关税决定一个更低的国内产出水平和一个更高的国内价格水平。其次,他们研究了一个不完全竞争的外国产业在一个竞争性的国内市场上销售产品的情况。这时,国内市场要么没有生产商,要么只存在价格跟随者的生产商。某些情形下,施加给外国出口商的进口关税将部分地被外国人所吸收,从而会提高本国的福利。更加符合实际的情况是,国内外厂商同时拥有市场力量。在古诺数量竞争模型中,与国内市场上不存在国外竞争厂商的情况相比,国内市场上存在一个竞争者时的贸易条件将更有可能得到改善。而且,即使进口关税没有能够改善贸易条件,它也将通过提高本国厂商的生产效率(在"边干边学"机制之下)而增加福利。因此,在这一模型中进口关税是非常有可能提高本国福利的。在伯川德价格竞争模型中,征收进口关税使外国厂商的边际成本上升,从而使国内外厂商的价格都提高。与古诺的模型相比,伯川德模型中进口关税的战略效果是减弱而不是加强了外国厂商承担关税的积极性。另外,作者还讨论了两种模型中进口配额的效果。在古诺模型中,进口配额对均衡的影响与进口关税对均衡的影响相同,所不同的是收入的分配,这里的进口配额类似于贸易条件的恶化,从国家福利的角度看,进口配额比进口关税更差。在伯川德模型中,进口配额则可以提高外国厂商的利润和国内厂商的期望收益。赫尔普曼和克鲁格曼的研究表明,战略性的贸易政策效果所依赖的条件是非常复杂的,市场的结构、竞争的方式和政策手段都对政策效果有影响,这样一来,就对政府采取正确的贸易政策的能力提出了更加苛刻的要求。

第二,证明了贸易干预政策的某些合理性。如果市场是发育完全的,那么,自由竞争和自由贸易就会产生帕累托最优,经济和贸易政策就可以是自由放任的。因此,传统贸易理论倡导自由贸易,认为自由贸易政策是最优政策,贸易保护只是在国内市场失败的次优情况下才需要。但是,一旦人们放弃了不变收益和完全竞争的前提,也就等于放弃了市场必定产生帕累托最优的阿罗—德布鲁境界,那么,自由放任的经济政策和贸易政策的最优性就值得怀疑。当规模经济和不完全竞争前提被引入新贸易理论之后,新贸易理论家对贸易政策问题持有一种更为复杂的态度。一方面,在规模报酬递增的世界里,贸易可以创造更大的规模经济,因而从这个意义上说需要自由贸易。但另一方面,也正是由于规模经济和不完全竞争的存在为政府干预的可能性开辟了门户。"利润转移"理论所揭示的就是在不完全竞争特别是在寡头竞争条件下,一国可以通过"战略性"地使用出口补贴和进口关税等贸易保护政策,成功地使国际竞争向有利于本国的方向倾斜,使经济利润向本国转移。尽管这种干预政策的成功要依赖于许多具体条件,所获得的经济利益也许并不显著,但它毕竟从理论上证明了在一定条件下干预政策的必要性和合理性。正如克鲁格曼所总结的那样，虽然"自由贸易并未过时，但作为一种思想已经永远失去了它的无害性；它的地位已经从一种最优的原则下降为一种合理的现实规则；自由贸易作为一种好政策、一种有用的现实目标的情况仍会出现，但它再也不会像经济理论曾宣称的那样是一种永远正确的原则了。"

第三，强调了对贸易政策的战略性运用。在《贸易政策和市场结构》一书中，赫尔普曼和克鲁格曼（1989）把外国政府的反应也纳入到模型中加以考虑并建立了一个两阶段博弈模型。这个动态博弈模型中的政策后果就和前面的情况有很大区别。在古诺模型中，对称双方的两阶段博弈结果是两国政府给各自的企业提供相同的补贴率，更进一步增加补贴不会提高净补贴的收益，所以对出口补贴的竞争导致双方的更小产出。如果两国政府能够就减少出口补贴达成一致，那么双方的境况都会变好。然而，每个政府都有一个促进出口以提高收益的激励，从而使双方陷于一种囚犯困境的状态之中。如果双方能够实现合作，那么实际上政府将会以税收而不是以补贴来结束博弈。所以，推动出口以获得单方面的收益确实是难以实现的。在伯川德模型中，如果外国政府不做出反应，那么本国政府可以通过对企业征税而使本国企业的净税收收益增加。将两个模型的均衡加以比较可以得出一个重要结论，这里的两阶段博弈决定的最优政策是出口关税而非出口补贴。出现这一结果的原因在于伯川德模型中的价格是战略补充而古诺模型中的产量是战略替代。看来，出口补贴对一个国家福利的影响总的来说是模棱两可的，它只有在极少数的情况下才会有利于本国福利的增加，战略性贸易政策的可行性主要取决于政府能否准确地分析现实中的具体条件，使贸易干预政策发挥战略性变量的作用。

四、案例分析

案例一：

来自"china"的威胁

"china"在英文中的含义是"瓷器"。据说，18世纪以前，欧洲人还不会制造瓷器，因此中国特别是昌南镇的精美瓷器很受欢迎。在欧洲，昌南镇瓷器是十分受人珍爱的贵重物品，人们以能获得一件昌南镇瓷器为荣。就这样欧洲人就以"昌南"作为瓷器（china）和生产瓷器的"中国"（China）的代称，久而久之，欧洲人就把昌南的本意忘却了，只记得它是"瓷器"，即"中国"了。而自我国实施改革开放以来，瓷器恰好是最早受到海外倾销审查的行业之一。

1982年5月，美国"餐具紧急委员会"向美国国际贸易委员会投诉，指控中国制造的陶瓷餐具以低于"公平价格"在美国市场上进行"倾销"，给美国国内工业造成"实质性损害"，要求美国政府对中国陶瓷产品实行数量配额限制。美方认为，从1980年起，美国从中国进口的陶瓷产品就比1979年增长了195%，占美国陶瓷产量的27.8%，消费量的62%；而1981年美国进口中国陶瓷产品又比1980年增长了88%，占美国国内陶瓷产量的60.5%，消费量的11.1%。由此推论，当低价的进口产品在一个价格高度竞争的市场突然增加的时候，市场本身就将遭到破坏。如果在其他进口来源并无变化的情况下，那么肯定就是低价的、迅速增长的中国产品给美国国内市场造成了破坏。

面对"美国餐具紧急委员会"的指控，我方认为，根据美国餐具市场的调查，中国对美国出口的瓷餐具与美国生产的陶餐具，无论从外观、所用原料，还是从使用习惯、配套方法以及推销渠道等方面来看，都是极不相同，也不类似的，根本谈不上"形成直接竞争"。消费者选购中国餐具主要是为正式宴会餐桌上使用，而购买陶餐具则是为一般日常便餐时使用。即使在超级市场上，顾客在购买高档商品时，往往在选购中国陶瓷器皿的同时，也购买陶制品供日常便餐时使用。正是由于这一基本区别，餐具市场对不同餐具的价格也各异，两者并不存在价格上的互相竞争。可见，中国的瓷餐具与美国的陶餐具是属于不能相互替代的、并非"类似"或"直接竞争"的商品。

同时，美国的低价餐具市场过去一直是由日本垄断的，只是后来由于日本劳动力的昂贵而逐步由中国瓷器取代。所以，对美国来说，从中国进口瓷餐具只是取代正在逐步退出市场的日本餐具，而并不存在损害美国陶餐具的生产和市场问题。如果仅以某一国家的进口量与其国内消费量相比较，就指控进口量的绝对或相对增加，必然会影响该国的陶瓷工业，那么，这种推论显然是不合逻辑的。它忽视了从其他国家进口的绝对或相对减少这一重要因素。根据以上分析，完全有理由相信，根本不存在中国瓷餐具

第十九章 国际贸易与产业经济

对美国制陶工业造成威胁和"实质性损害"的可能性。

申辩书和证词在反驳中国陶瓷制品对美国制陶工业造成"实质性损害"时还指出，随后，中国瓷餐具对美国出口之所以增长较快，主要是美国国会批准中美贸易协作，中国商品享受最惠国待遇的必然结果。因此，这种贸易的增长，完全是两国经济关系的正常发展，而不是破坏美国市场。如果从扩大中美贸易，弥补中国方面的贸易逆差考虑，美国方面就更不应该对中国出口商品施加种种限制。至于美国陶瓷产量之所以逐年下降，其真正的原因还在于美国本身的经济不振，在于其制陶工业经营管理不善，产品设计陈旧等原因所致。申诉书同时指出，美国的塑料、玻璃合成的廉价餐具正在日益取代其本国陶瓷餐具，使之越来越缺乏竞争性而不能适应市场的需要。这也是影响美国陶餐具销售的一个重要原因。总之，美国陶瓷制造商把上述种种原因导致的产量下降，企图嫁祸于中国，指控从中国进口陶瓷制品对他们造成损害，这是完全不符合客观实际的。

在这种情况下，美国国际贸易委员会于1982年8月对本案裁决时以4票反对、1票赞成否决了"美国餐具紧急委员会"对我国陶瓷餐具"倾销"的指控。

资料来源：中国中小企业网，网址：http：www.sme.gov.cn。

案例二：

"市场经济国家"之辩

缝制帽子反倾销案是我们第一次向美国政府提出按市场经济国家待遇来审理和裁定我国反倾销案件的案件。

1988年5月，美国帽子协会提出起诉，认为中国企业以低于公平价值的价格向美国出口缝制帽类，对美国帽子制造业造成了损害。为此，美国商务部两次派人到中国，一次是对有关企业进行实地考核，一次是派商务部的高级官员对我外贸改革和市场经济问题进行考察。美方对我国外贸企业从1985年至1988年的生产情况和出口情况进行了调查核实，尤其对购买原料和销售成本定价的方式、劳资关系等做了十分详细的了解和取证。

结果认为，我国不是市场经济国家。

在美方考察人员看来，26个涉及的生产企业中，4个是国有企业。虽然中国实施了改革开放，但企业仍然无权出售企业的财产和更换企业所有权，政府依旧是企业的所有者，因此很难将其认定为市场经济企业行为。同时，帽子的原料投入主要是棉布和化纤，而中国的棉花生产受政府的计划控制，50%棉布消费是政府购买行为。因此，美国商务部认为政府对棉花的生产和价格具有影响力，生产企业也没有充分证据说明生产所需的棉布价格是由市场定价。再加之此案发生之时，我国的对外贸易仍由国家垄断，人民币亦不可以自由兑换，外贸企业的大部分外汇收入要按政府官定汇率上缴国家。所以，美国商务部认为，由于我国的外汇留成计划，国家对外贸的垄断，政府对棉花市场的控制和人民币可兑换程度等问题，我国的帽子行业仍属国家控制的经济组成部分。

美方对我们非市场经济国家地位的认定，让我国企业在案件中处于了一个非常不利的位置。为此，我方将案件诉至美国国际贸易委员会。我方认为，据1985年至1988年的三年调查期间的主要经济指标显示，美国国内的产业状况良好，生产保持了相对稳定的发展，帽子消费数量和价格都有明显的提高。劳动力方面，1985年至1986年间有雇员的小量下降，但1987年至1988年则有明显回升，固定工人上升5%，临时工上升5.7%。同样，净销售增长稳定，1985年为1.55亿美元、1986年为1.62亿美元、1987年为1.74亿美元。营业收入也稳定增长。所以，美国国内生产稳定，生产能力、设备利用率、雇员和利润均处于上升状况。没有理由和迹象表明美国国内的制帽行业受到了实质性损害。

最终，美国国际贸易委员会支持了我方的诉讼理由，认为我国虽不能认定为市场经济国家，但我国的制帽企业并没有伤害美国的同行业，我国胜诉。

资料来源：中国中小企业网；网址：http：www.sme.gov.cn。

案例三：

江苏省紫菜协会对日反贸易壁垒案例

江苏省是中国条斑紫菜的主要生产地区，目前栽培面积10万多亩，达

第十九章 国际贸易与产业经济

到年产紫菜标准制品17亿枚、产值7亿元的产业规模；产品90%以上出口，已初步形成配套完整的产业体系。但由于紫菜交易分散经营，缺乏统一的质量标准；紫菜加工技术和销售价格基本上被日本控制，中国紫菜的国际价格非常低；紫菜消费大国日本采取配额分配和进口许可证制度，导致中国紫菜迟迟不能直接进入日本市场，对日出口多年来一直保持零的记录。这些问题严重侵害了中国紫菜厂商的利益，并阻碍了江苏紫菜产业的进一步发展。

2003年2月15日，南通和连云港两地的紫菜加工、生产单位和个人自愿联合起来，组建了一个非盈利的社团组织，即江苏省紫菜协会，并经过民主协商制定了协会章程。目前，协会已发展单位会员和个人会员共110个，约占全省紫菜生产加工企业的62%。

江苏省紫菜协会成立后，组织考察团赴日本考察，采集到了日本官方对干紫菜进口配额情况的第一手资料，认定日本对中国产紫菜出口存在歧视性贸易壁垒。2004年2月25日，江苏省紫菜协会代表其下属110个会员，向国家商务部申请反贸易壁垒调查，商务部公平贸易局正式受理了上述申请后，与日方政府有关部门共举行了3次磋商。2005年2月21日，日本经济产业省在日本《经济产业公报》和《通商弘报》上登载了经济产业省第19号"进口通告"，公布了日本2005年紫菜进口配额方案。进口通告取消了对进口干紫菜和调味紫菜原产国的限定，并载明2005年日本干紫菜和调味紫菜进口配额总量为4亿张，值此日本对中国紫菜进口关闭了20年的大门终于开启。最新的进展是，今年中国已经从日本紫菜协会获得8 000万张配额。

江苏省紫菜协会从其形成，到从事反贸易壁垒调查，最后取得积极进展，都是紫菜生产厂商集体行动的结果。由于紫菜技术的同质性以及国内紫菜市场限制，形成了区域性双头垄断格局，连云港和南通两地的紫菜企业常常围绕紫菜产量和价格展开古诺（或伯川德）博弈。中国加入WTO后，两地企业看到进入日本市场的巨大利润，面临着进一步扩大国际市场的动力。然而，依靠单个企业无法形成足够的影响力来敦促政府采取行动，也无力承担反贸易壁垒调查中的巨额成本。这就要求江苏紫菜生产企业由非合作博弈向合作博弈转化，在此基础上进行集体谈判，最终导致江苏省紫菜协会的产生。然后，通过统一紫菜质量标准、建立内部信息共享机制、为交易顺利进行提供服务以及与政府进行谈判，最终取得反贸易壁垒调查的胜利。而这些联合行动，都是中国加入WTO以后，紫菜厂商鉴于对市场扩大后收益的预期，主要表现为对日反贸易壁垒胜诉后配额的分配。对日反贸易壁垒案是江苏省紫菜协会牵头组织申请的，协会成立后承担了提出农产品贸易救济申请的职责，并进行考察，得到日本对韩国配额情况的第一手资料，并向商务部提交《贸易壁垒调查申请书》，花费了巨额资金和人力。因而当中日紫菜贸易壁垒解除后，其配额的分配问题则应本着谁出力、谁受益的原则。作为反贸易壁垒中与日本直接对话的商务部不可能将配额直接分给具体企业，因此，这种操作性的事务必然由行业协会承担。江苏省紫菜协会作为仲裁者，从管理层面上对紫菜配额进行分配，这种分配过程实施上是南通和连云港的紫菜生产企业进行谈判的过程。

资料来源：江静：《来自"China"的威胁》，载于中国中小企业网2006年11月。网址：http：www.sme.gov.cn。

附录：

主要国家竞争与反垄断法

一、中　国

中华人民共和国反垄断法

(2007年8月30日第十届全国人民代表大会常务委员会
第二十九次会议通过)

目　录

第一章　总则
第二章　垄断协议
第三章　滥用市场支配地位
第四章　经营者集中
第五章　滥用行政权力排除、限制竞争
第六章　对涉嫌垄断行为的调查
第七章　法律责任
第八章　附则

第一章　总　则

第一条　为了预防和制止垄断行为，保护市场公平竞争，提高经济运行效率，维护消费者利益和社会公共利益，促进社会主义市场经济健康发展，制定本法。

第二条 中华人民共和国境内经济活动中的垄断行为，适用本法；中华人民共和国境外的垄断行为，对境内市场竞争产生排除、限制影响的，适用本法。

第三条 本法规定的垄断行为包括：

（一）经营者达成垄断协议；

（二）经营者滥用市场支配地位；

（三）具有或者可能具有排除、限制竞争效果的经营者集中。

第四条 国家制定和实施与社会主义市场经济相适应的竞争规则，完善宏观调控，健全统一、开放、竞争、有序的市场体系。

第五条 经营者可以通过公平竞争、自愿联合，依法实施集中，扩大经营规模，提高市场竞争能力。

第六条 具有市场支配地位的经营者，不得滥用市场支配地位，排除、限制竞争。

第七条 国有经济占控制地位的关系国民经济命脉和国家安全的行业以及依法实行专营专卖的行业，国家对其经营者的合法经营活动予以保护，并对经营者的经营行为及其商品和服务的价格依法实施监管和调控，维护消费者利益，促进技术进步。

前款规定行业的经营者应当依法经营，诚实守信，严格自律，接受社会公众的监督，不得利用其控制地位或者专营专卖地位损害消费者利益。

第八条 行政机关和法律、法规授权的具有管理公共事务职能的组织不得滥用行政权力，排除、限制竞争。

第九条 国务院设立反垄断委员会，负责组织、协调、指导反垄断工作，履行下列职责：

（一）研究拟订有关竞争政策；

（二）组织调查、评估市场总体竞争状况，发布评估报告；

（三）制定、发布反垄断指南；

（四）协调反垄断行政执法工作；

（五）国务院规定的其他职责。

国务院反垄断委员会的组成和工作规则由国务院规定。

第十条 国务院规定的承担反垄断执法职责的机构（以下统称国务院反垄断执法机构）依照本法规定，负责反垄断执法工作。

国务院反垄断执法机构根据工作需要，可以授权省、自治区、直辖市人民政府相应的机构，依照本法规定负责有关反垄断执法工作。

第十一条　行业协会应当加强行业自律，引导本行业的经营者依法竞争，维护市场竞争秩序。

第十二条　本法所称经营者，是指从事商品生产、经营或者提供服务的自然人、法人和其他组织。

本法所称相关市场，是指经营者在一定时期内就特定商品或者服务（以下统称商品）进行竞争的商品范围和地域范围。

第二章　垄断协议

第十三条　禁止具有竞争关系的经营者达成下列垄断协议：

（一）固定或者变更商品价格；

（二）限制商品的生产数量或者销售数量；

（三）分割销售市场或者原材料采购市场；

（四）限制购买新技术、新设备或者限制开发新技术、新产品；

（五）联合抵制交易；

（六）国务院反垄断执法机构认定的其他垄断协议。

本法所称垄断协议，是指排除、限制竞争的协议、决定或者其他协同行为。

第十四条　禁止经营者与交易相对人达成下列垄断协议：

（一）固定向第三人转售商品的价格；

（二）限定向第三人转售商品的最低价格；

（三）国务院反垄断执法机构认定的其他垄断协议。

第十五条　经营者能够证明所达成的协议属于下列情形之一的，不适用本法第十三条、第十四条的规定：

（一）为改进技术、研究开发新产品的；

（二）为提高产品质量、降低成本、增进效率，统一产品规格、标准或者实行专业化分工的；

（三）为提高中小经营者经营效率，增强中小经营者竞争力的；

（四）为实现节约能源、保护环境、救灾救助等社会公共利益的；

（五）因经济不景气，为缓解销售量严重下降或者生产明显过剩的；

（六）为保障对外贸易和对外经济合作中的正当利益的；

（七）法律和国务院规定的其他情形。

属于前款第一项至第五项情形，不适用本法第十三条、第十四条规定的，经营者还应当证明所达成的协议不会严重限制相关市场的竞争，并且能够使消费者分享由此产生的利益。

第十六条 行业协会不得组织本行业的经营者从事本章禁止的垄断行为。

第三章 滥用市场支配地位

第十七条 禁止具有市场支配地位的经营者从事下列滥用市场支配地位的行为：

（一）以不公平的高价销售商品或者以不公平的低价购买商品；

（二）没有正当理由，以低于成本的价格销售商品；

（三）没有正当理由，拒绝与交易相对人进行交易；

（四）没有正当理由，限定交易相对人只能与其进行交易或者只能与其指定的经营者进行交易；

（五）没有正当理由搭售商品，或者在交易时附加其他不合理的交易条件；

（六）没有正当理由，对条件相同的交易相对人在交易价格等交易条件上实行差别待遇；

（七）国务院反垄断执法机构认定的其他滥用市场支配地位的行为。

本法所称市场支配地位，是指经营者在相关市场内具有能够控制商品价格、数量或者其他交易条件，或者能够阻碍、影响其他经营者进入相关市场能力的市场地位。

第十八条 认定经营者具有市场支配地位，应当依据下列因素：

（一）该经营者在相关市场的市场份额，以及相关市场的竞争状况；

（二）该经营者控制销售市场或者原材料采购市场的能力；

（三）该经营者的财力和技术条件；

（四）其他经营者对该经营者在交易上的依赖程度；

（五）其他经营者进入相关市场的难易程度；

（六）与认定该经营者市场支配地位有关的其他因素。

第十九条 有下列情形之一的，可以推定经营者具有市场支配地位：

（一）一个经营者在相关市场的市场份额达到二分之一的；

（二）两个经营者在相关市场的市场份额合计达到三分之二的；

（三）三个经营者在相关市场的市场份额合计达到四分之三的。

有前款第二项、第三项规定的情形，其中有的经营者市场份额不足十分之一的，不应当推定该经营者具有市场支配地位。

被推定具有市场支配地位的经营者，有证据证明不具有市场支配地位的，不应当认定其具有市场支配地位。

第四章 经营者集中

第二十条 经营者集中是指下列情形：

（一）经营者合并；

（二）经营者通过取得股权或者资产的方式取得对其他经营者的控制权；

（三）经营者通过合同等方式取得对其他经营者的控制权或者能够对其他经营者施加决定性影响。

第二十一条 经营者集中达到国务院规定的申报标准的，经营者应当事先向国务院反垄断执法机构申报，未申报的不得实施集中。

第二十二条 经营者集中有下列情形之一的，可以不向国务院反垄断执法机构申报：

（一）参与集中的一个经营者拥有其他每个经营者百分之五十以上有表决权的股份或者资产的；

（二）参与集中的每个经营者百分之五十以上有表决权的股份或者资产被同一个未参与集中的经营者拥有的。

第二十三条 经营者向国务院反垄断执法机构申报集中，应当提交下列文件、资料：

（一）申报书；

（二）集中对相关市场竞争状况影响的说明；

（三）集中协议；

（四）参与集中的经营者经会计师事务所审计的上一会计年度财务会计报告；

（五）国务院反垄断执法机构规定的其他文件、资料。

申报书应当载明参与集中的经营者的名称、住所、经营范围、预定实施集中的日期和国务院反垄断执法机构规定的其他事项。

第二十四条 经营者提交的文件、资料不完备的，应当在国务院反垄断执法机构规定的期限内补交文件、资料。经营者逾期未补交文件、资料的，视为未申报。

第二十五条 国务院反垄断执法机构应当自收到经营者提交的符合本法第二十三条规定的文件、资料之日起三十日内，对申报的经营者集中进行初步审查，作出是否实施进一步审查的决定，并书面通知经营者。国务院反垄断执法机构作出决定前，经营者不得实施集中。

国务院反垄断执法机构作出不实施进一步审查的决定或者逾期未作出决定

的，经营者可以实施集中。

第二十六条 国务院反垄断执法机构决定实施进一步审查的，应当自决定之日起九十日内审查完毕，作出是否禁止经营者集中的决定，并书面通知经营者。作出禁止经营者集中的决定，应当说明理由。审查期间，经营者不得实施集中。

有下列情形之一的，国务院反垄断执法机构经书面通知经营者，可以延长前款规定的审查期限，但最长不得超过六十日：

（一）经营者同意延长审查期限的；
（二）经营者提交的文件、资料不准确，需要进一步核实的；
（三）经营者申报后有关情况发生重大变化的。

国务院反垄断执法机构逾期未作出决定的，经营者可以实施集中。

第二十七条 审查经营者集中，应当考虑下列因素：

（一）参与集中的经营者在相关市场的市场份额及其对市场的控制力；
（二）相关市场的市场集中度；
（三）经营者集中对市场进入、技术进步的影响；
（四）经营者集中对消费者和其他有关经营者的影响；
（五）经营者集中对国民经济发展的影响；
（六）国务院反垄断执法机构认为应当考虑的影响市场竞争的其他因素。

第二十八条 经营者集中具有或者可能具有排除、限制竞争效果的，国务院反垄断执法机构应当作出禁止经营者集中的决定。但是，经营者能够证明该集中对竞争产生的有利影响明显大于不利影响，或者符合社会公共利益的，国务院反垄断执法机构可以作出对经营者集中不予禁止的决定。

第二十九条 对不予禁止的经营者集中，国务院反垄断执法机构可以决定附加减少集中对竞争产生不利影响的限制性条件。

第三十条 国务院反垄断执法机构应当将禁止经营者集中的决定或者对经营者集中附加限制性条件的决定，及时向社会公布。

第三十一条 对外资并购境内企业或者以其他方式参与经营者集中，涉及国家安全的，除依照本法规定进行经营者集中审查外，还应当按照国家有关规定进行国家安全审查。

第五章 滥用行政权力排除、限制竞争

第三十二条 行政机关和法律、法规授权的具有管理公共事务职能的组织不得滥用行政权力，限定或者变相限定单位或者个人经营、购买、使用其指定的经营者提供的商品。

第三十三条 行政机关和法律、法规授权的具有管理公共事务职能的组织不得滥用行政权力,实施下列行为,妨碍商品在地区之间的自由流通:

(一)对外地商品设定歧视性收费项目、实行歧视性收费标准,或者规定歧视性价格;

(二)对外地商品规定与本地同类商品不同的技术要求、检验标准,或者对外地商品采取重复检验、重复认证等歧视性技术措施,限制外地商品进入本地市场;

(三)采取专门针对外地商品的行政许可,限制外地商品进入本地市场;

(四)设置关卡或者采取其他手段,阻碍外地商品进入或者本地商品运出;

(五)妨碍商品在地区之间自由流通的其他行为。

第三十四条 行政机关和法律、法规授权的具有管理公共事务职能的组织不得滥用行政权力,以设定歧视性资质要求、评审标准或者不依法发布信息等方式,排斥或者限制外地经营者参加本地的招标投标活动。

第三十五条 行政机关和法律、法规授权的具有管理公共事务职能的组织不得滥用行政权力,采取与本地经营者不平等待遇等方式,排斥或者限制外地经营者在本地投资或者设立分支机构。

第三十六条 行政机关和法律、法规授权的具有管理公共事务职能的组织不得滥用行政权力,强制经营者从事本法规定的垄断行为。

第三十七条 行政机关不得滥用行政权力,制定含有排除、限制竞争内容的规定。

第六章 对涉嫌垄断行为的调查

第三十八条 反垄断执法机构依法对涉嫌垄断行为进行调查。

对涉嫌垄断行为,任何单位和个人有权向反垄断执法机构举报。反垄断执法机构应当为举报人保密。

举报采用书面形式并提供相关事实和证据的,反垄断执法机构应当进行必要的调查。

第三十九条 反垄断执法机构调查涉嫌垄断行为,可以采取下列措施:

(一)进入被调查的经营者的营业场所或者其他有关场所进行检查;

(二)询问被调查的经营者、利害关系人或者其他有关单位或者个人,要求其说明有关情况;

(三)查阅、复制被调查的经营者、利害关系人或者其他有关单位或者个人的有关单证、协议、会计账簿、业务函电、电子数据等文件、资料;

（四）查封、扣押相关证据；

（五）查询经营者的银行账户。

采取前款规定的措施，应当向反垄断执法机构主要负责人书面报告，并经批准。

第四十条 反垄断执法机构调查涉嫌垄断行为，执法人员不得少于二人，并应当出示执法证件。

执法人员进行询问和调查，应当制作笔录，并由被询问人或者被调查人签字。

第四十一条 反垄断执法机构及其工作人员对执法过程中知悉的商业秘密负有保密义务。

第四十二条 被调查的经营者、利害关系人或者其他有关单位或者个人应当配合反垄断执法机构依法履行职责，不得拒绝、阻碍反垄断执法机构的调查。

第四十三条 被调查的经营者、利害关系人有权陈述意见。反垄断执法机构应当对被调查的经营者、利害关系人提出的事实、理由和证据进行核实。

第四十四条 反垄断执法机构对涉嫌垄断行为调查核实后，认为构成垄断行为的，应当依法作出处理决定，并可以向社会公布。

第四十五条 对反垄断执法机构调查的涉嫌垄断行为，被调查的经营者承诺在反垄断执法机构认可的期限内采取具体措施消除该行为后果的，反垄断执法机构可以决定中止调查。中止调查的决定应当载明被调查的经营者承诺的具体内容。

反垄断执法机构决定中止调查的，应当对经营者履行承诺的情况进行监督。经营者履行承诺的，反垄断执法机构可以决定终止调查。

有下列情形之一的，反垄断执法机构应当恢复调查：

（一）经营者未履行承诺的；

（二）作出中止调查决定所依据的事实发生重大变化的；

（三）中止调查的决定是基于经营者提供的不完整或者不真实的信息作出的。

第七章 法律责任

第四十六条 经营者违反本法规定，达成并实施垄断协议的，由反垄断执法机构责令停止违法行为，没收违法所得，并处上一年度销售额百分之一以上百分之十以下的罚款；尚未实施所达成的垄断协议的，可以处五十万元以下的罚款。

经营者主动向反垄断执法机构报告达成垄断协议的有关情况并提供重要证据

的，反垄断执法机构可以酌情减轻或者免除对该经营者的处罚。

行业协会违反本法规定，组织本行业的经营者达成垄断协议的，反垄断执法机构可以处五十万元以下的罚款；情节严重的，社会团体登记管理机关可以依法撤销登记。

第四十七条 经营者违反本法规定，滥用市场支配地位的，由反垄断执法机构责令停止违法行为，没收违法所得，并处上一年度销售额百分之一以上百分之十以下的罚款。

第四十八条 经营者违反本法规定实施集中的，由国务院反垄断执法机构责令停止实施集中、限期处分股份或者资产、限期转让营业以及采取其他必要措施恢复到集中前的状态，可以处五十万元以下的罚款。

第四十九条 对本法第四十六条、第四十七条、第四十八条规定的罚款，反垄断执法机构确定具体罚款数额时，应当考虑违法行为的性质、程度和持续的时间等因素。

第五十条 经营者实施垄断行为，给他人造成损失的，依法承担民事责任。

第五十一条 行政机关和法律、法规授权的具有管理公共事务职能的组织滥用行政权力，实施排除、限制竞争行为的，由上级机关责令改正；对直接负责的主管人员和其他直接责任人员依法给予处分。反垄断执法机构可以向有关上级机关提出依法处理的建议。

法律、行政法规对行政机关和法律、法规授权的具有管理公共事务职能的组织滥用行政权力实施排除、限制竞争行为的处理另有规定的，依照其规定。

第五十二条 对反垄断执法机构依法实施的审查和调查，拒绝提供有关材料、信息，或者提供虚假材料、信息，或者隐匿、销毁、转移证据，或者有其他拒绝、阻碍调查行为的，由反垄断执法机构责令改正，对个人可以处二万元以下的罚款，对单位可以处二十万元以下的罚款；情节严重的，对个人处二万元以上十万元以下的罚款，对单位处二十万元以上一百万元以下的罚款；构成犯罪的，依法追究刑事责任。

第五十三条 对反垄断执法机构依据本法第二十八条、第二十九条作出的决定不服的，可以先依法申请行政复议；对行政复议决定不服的，可以依法提起行政诉讼。

对反垄断执法机构作出的前款规定以外的决定不服的，可以依法申请行政复议或者提起行政诉讼。

第五十四条 反垄断执法机构工作人员滥用职权、玩忽职守、徇私舞弊或者泄露执法过程中知悉的商业秘密，构成犯罪的，依法追究刑事责任；尚不构成犯罪的,依法给予处分。

第八章 附 则

第五十五条 经营者依照有关知识产权的法律、行政法规规定行使知识产权的行为,不适用本法;但是,经营者滥用知识产权,排除、限制竞争的行为,适用本法。

第五十六条 农业生产者及农村经济组织在农产品生产、加工、销售、运输、储存等经营活动中实施的联合或者协同行为,不适用本法。

第五十七条 本法自2008年8月1日起施行。

附录：主要国家竞争与反垄断法

二、美　国

谢尔曼法（1890）

第一条　任何契约、以托拉斯形式或其他形式的联合、共谋，用来限制州际间或与外国之间的贸易或商业，是非法的。任何人签订上述契约或从事上述联合或共谋，是严重犯罪。如果参与人是公司，将处以 100 万美元的罚款。如果参与人是个人，将处以不超过 100 万美元的罚款；如果参与人是个人，将处以 10 万美元以下罚款，或三年以下监禁。或由法院酌情并用两种处罚。

第二条　任何人垄断或企图垄断，或与他人联合、共谋垄断州际间或与外国间的商业和贸易，是严重犯罪。如果参与人是公司，将处以不超过 100 万美元以下罚款；如果参与人是个人，将处以不超过 10 万美元以下的罚款，或三年以下监禁。也可由法院酌情并用两种处罚。

第三条　任何契约、以托拉斯形式或其他形式的联合、共谋、用来限制美国准州内、哥伦比亚区内，准州之间、准州与各州之间、准州与哥伦比亚区之间，哥伦比亚区同各州间，准州、州、哥伦比亚区与外国间的贸易或商业是非法的。任何人签订上述契约或从事上述联合或共谋，是严重犯罪。如果参与人是公司，将处以不超过 100 万美元的罚款；如果参与人是个人，将处以 10 万美元以下的罚款，或三年以下监禁，或由法院酌情两种处罚并用。

第四条　授权美国区法院司法管辖权，以防止、限制违反本法；各区的检察官，依司法部长的指示，在其各自区内提起衡平诉讼，以防止和限制违反本法行为。起诉可以诉状形式，要求禁止违反本法行为。当诉状已送达被起诉人时，法院要尽快予以审理和判决。在诉状审理期间和禁令发出之前，法院可随时发出在该案中公正的暂时禁止令或限制令。

第五条　依据本法第四条提起的诉讼尚在审理中时，若该案的公正判决需其他人出庭时，不管其他人是否居住在该法院所在区内，法院都可将其传讯。传票由法院执行官送达。

第六条　依据本法第一条的契约，联合、共谋所拥有的财产，若正由一州运往另一州，或运往国外时，将予以没收，收归国有，并可予以扣押及没收，其程序与没收、扣押违法运入美国财产的程序相同。

第七条 任何因反托拉斯法所禁止的事项而遭受财产或营业损害的人，可在被告居住的、被发现或有代理机构的地区向美国区法院提起诉讼，不论损害大小，一律给予其损害额的三倍赔偿及诉讼费和合理的律师费。

第七条 A 无论何时，美国因反托拉斯法所禁止的事项而遭受财产及事业的损害时，美国可在被告居住的、被发现的、或有其代理机构的地区，向美国区法院起诉，不论损害数额大小，一律予以赔偿其遭受的实际损失和诉讼费。

第八条 本法提到的"人"，包括依据美国联邦法律、州法、准州法或外国法律成立的，经上述法律授权的现存公司及联合会。

克莱顿法（1914）

第一条 （a）这里所用的"反托拉斯法"是指：①1890年7月2日通过的《保护贸易和商业免于非法限制和垄断法案》；②1894年8月27日通过的《为了政府收入和其他目的、减少税收法》第73至77条；③《1894年8月27日法第73和76条的修正案》，即1913年2月12日通过的《为了国家收入和其他目的、减少税收法》；④本法。

这里的"商业"是指州际间或与外国的商业和贸易，或哥伦比亚区、美国准州同其他州、准州、外国的商业和贸易，或美国司法管辖权下的属地之间或其他地方之间的商业和贸易，或哥伦比亚区内、准州内、美国司法管辖权下的任何属地及其他地区内的商业和贸易。

本法不适用于菲律宾群岛。

这里的"人"包括依据美国联邦法律、州法、准州法或外国法成立的或经上述法律授权的现存公司。

（b）本法名为《克莱顿法》。

第二条 （a）从事商业的人在其商业过程中，直接或间接地对同一等级和质量商品的买者实行价格歧视，如果价格歧视的结果实质上减少竞争或旨在形成对商业的垄断，或妨害、破坏、阻止同那些准许或故意接受该歧视利益的人之间的竞争，或者是同他们的顾客之间的竞争，是非法的。这里歧视所涉及的购买是

附录：主要国家竞争与反垄断法

在商业过程中，商品是为了在美国内、准州内、哥伦比亚区内、或美国司法管辖权下的属地及其他地域内的使用、消费和销售。

本规定不适用于那些因制造、销售、运输成本不同所做的合理补贴。

联邦贸易委员会认为某商品或各类商品中，大量购买者是如此少，以至于根据购买数量提出价格差异是歧视性的或旨在促成商业垄断时，经过对所有利益各方当事人的适当调查和审理后，可确定一数量标准，并在必要时予以修改。

前款不适用于超过联邦贸易委员会规定的数量标准的数量差异所准许的差价。

本规定不限制销售商在真正的私人财产交易中，不限制贸易地挑选顾客。

本规定不限制随着影响市场的条件的变化而产生的价格变化。也不限制容易变质腐烂的商品、司法扣押品以及停业中善意地销售商品。

（b）在对依据本节提起的价格歧视诉状或已完成的劳务、设施歧视诉状审理中，根据歧视的公正性证据初步立案进行辩驳的责任，在被诉违反本节的一方，除非歧视的公正性得以充分说明，否则，将授权委员会发布中止歧视令。

本规定并不限制卖者通过证明，他的低价或劳务及设施的提供是以良好信誉，平等地同竞争者的低价，或由竞争者提供的劳务、设施相适应，来对初步立案加以辩驳。

（c）商人在其商业过程中，支付、准许、收取、接受佣金、回扣或其他补偿是非法的。但对同商品购销相关的，提供给另一方当事人或代理机构、或代表人、或其他中间机构的劳务除外。这里的其他中间机构是事实上、或代表或服从于该交易一方的直接、间接控制，而不是受准许支付回扣或支付回扣一方所控制。

（d）商人在其商业过程中，除依据同等条件对所有在商品销售中竞争性的其他顾客支付佣金或考虑外，对因同商品的加工、处理、销售相关的劳务是由某顾客提供或通过该顾客提供的，而支付佣金或签订佣金支付合同是非法的。

（e）任何人通过合同完成或由他人直接完成与商品的加工、处理、销售有关的劳务、设施、或者他人有利于该商品的加工、处理、销售相关劳务的完成，而据此，不是根据同其他买者相等的条件进行歧视，是非法的。

（f）商人在其商业过程中，故意引诱或接受本节规定的价格歧视，是非法的。

第三条 商人在其商业过程中，不管商品是否授予专利，商品是为了在美国内、准州内、哥伦比亚区及美国司法管辖权下的属地及其他地域内使用、消费或零售、出租、销售或签订销售合同，是以承租人、买者不使用其竞争者的商品作为条件，予以固定价格，给予回扣，折扣，如果该行为实质上减少竞争或旨在形成商业垄断，是非法的。

第四条 任何因反托拉斯法所禁止的事项而遭受财产或营业损害的人，可在被告居住的、被发现的、或有代理机构的区向美国区法院提起诉讼，不论损害大小，一律给予其损害额的三倍赔偿、诉讼费和合理的律师费。

第四条 A 无论何时美国因反托拉斯法所禁止的事项而遭受财产及事业的损害时，美国可在被告居住的、被发现的、或有代理机构的区向美国区法院提起诉讼，不论损害数额大小一律予以赔偿其遭受的实际损失和诉讼费。

第四条 B 任何依据本法第四条、第四条A、或第四条C提起的诉讼，必须在诉讼事由产生后的四年内提出，否则，一律不予受理。

第四条 C （a）（1）州司法长作为政府监护人，代表其州内自然人的利益，可以本州的名义，向对被告有司法管辖权的美国区法院提起民事诉讼，以确保其自然人因他人违反谢尔曼法所遭受的金钱救济。法院将从该诉讼获得的金钱救济中，排除下列部分：（A）多出已经获得的损害赔偿部分；（B）（i）归于自然人的部分，该自然人依据本节（b）（2）已放弃；（ii）归于任何商业实体的部分。

（2）作为金钱救济，法院将判给该州在本款（1）规定的总损害金额的三倍赔偿金，及诉讼费和合理的律师费。

（b）（1）在根据本节（a）（1）提起的诉讼中，州司法长要按照法院指定的时间、方式、内容，公开发布通知。若法院认为公开发布的通知否认了法律对当事人的适当诉讼，法院可视案件的情况，指示对当事人再发通知。

（2）任何人对其在依本节（a）（1）提起的诉讼中的利益，可按照（b）（1）制作的通知中规定的时间内，向法院提出选择通知，要求将州司法长所请求的金钱救济中归本人的那部分，免于判决。

（3）任何人为其自己的利益，依据本法第四条提出诉讼，却没有在本款（1）制作的通知中规定时间内提出选择通知的，依据本节（a）（1）提起的诉讼的最终判决，将是对其任何相关诉讼请求的最终判决。

（c）任何依据本节（a）（1）提起的诉讼，未经其法院批准，不能驳回或和解，上述诉讼驳回或和解的通知，要按照法院规定的方式给出。

（d）在任何依据本节（a）提起的诉讼中

（1）原告的律师费，如果有，将由法院决定。

（2）法院在其自由裁量权内，依据州司法长表现极差且任意无根据，或压制性原因，对于明显占优势的被告，给予合理的律师费。

第四条 D 在依据第四条c（a）（1）提起的任何诉讼中，要测定被告违反谢尔曼法，固定价格造成的损失，可通过统计的或抽样的方法累计计算，计算非法的过度收费，或采用法院在其自由裁量权内准许的、其他合理的估计累积损失的方法，不必单独证明个人请求的损失数量。

第四条 E 依据第四条（a）（1）提起诉讼，获得的金钱救济

（1）按照法院在其自由裁量权内授权的方式分配。

（2）由法院推定为民事处罚，作为一般收入由州存储。

上述每种情况所采用的分配方式要使每人都有合理的机会，以确保其能获得净金钱救济额的适当部分。

第四条 F （a）无论何时，美国司法部长根据反托拉斯法提起诉讼，并有理由确信州司法长有权依据本法，实质上基于已宣布的违反托拉斯法行为提起诉讼时，要立即向州司法长发出书面通知。

（b）为支持州司法长依据本法提起诉讼，美国司法部长应州司法长的要求，在法律准许的范围内，有效地提供同该诉讼实际或潜在原因相关的调查性文件及其他材料。

第四条 G 本法第四条 C、第四条 D、第四条 E 及第四条 F 中涉及的

（1）"州司法长"是指州的法律事务主要首长，或由州法授予依据本法第四条 C 提起诉讼的其他人，包括哥伦比亚区的公司顾问，下列人员不包括在内：

（A）用根据本节获得的金钱救济比例确定的继续费所雇佣、聘请的人。

（B）除去由法院根据第四条 C（d）（1）决定的，对明显占优势原告的合理律师费外，根据其他继续费所雇佣或聘请的人。

（2）"州"是指美国各州、哥伦比亚区、波多黎各公共福利区、美国的准州及属地。

（3）"自然人"并不包括所有权和合伙关系。

第四条 H 除非州法规定了该法在其州的不适用外，本法第四条 C、D、E、F 和 G 适用任何州。

第五条 （a）在依据被告违反反托拉斯法的效果，由美国或代表美国提起的民事、刑事诉讼中，做出的最终判决或禁令，是由其他个人对上述被告依据上述法律提起的诉讼中的最初证据。当事人对上述判决或禁令的各方面不能翻供。

本节不适用在初审以前做出的一致判决或禁令。

除了间接翻供效果不能用于联邦贸易委员会依据反托拉斯法和联邦贸易委员会法第五条所做的调查外，本节不能用于对间接翻供施加限制。

（b）在由美国提起或代表美国提起的民事诉讼中，美国向民事诉讼参加者提出的一致判决建议，应当在该诉讼开始后的 60 天前，送至正在审理该案的区

法院，并由美国在联邦注册簿上公布，任何对该建议的书面评论和美国对此评论做出的反应，也要送达区法院，由美国在该60天内，在联邦注册簿上予以公布，该建议和其他材料以及美国认为对形成该建议有决定性作用的文件，应当使该法院区的公众得以利用，或法院指定的其他区的公众能够利用。随着建议的送达，除非有法院的其他指示，美国将向区法院送达竞争性影响说明书，并在联邦注册簿上予以公布，并应任何人的要求，提供给竞争性影响说明书。

该说明书包括：

（1）诉讼的性质、目的。

（2）导致宣布违犯反托拉斯法的事件及行为。

（3）对一致判决建议的解释，包括导致该建议的不同寻常事件的解释内容所包括的法律条款，由此所获得的救济，以及该救济对竞争的预期性影响。

（4）对因一致判决建议中涉及的事件而遭受损害的潜在私人原告的有效救济。

（5）纠正上述建议的有效程序说明。

（6）由美国实际考虑的、对提出该建议的方法的评价和说明。

（c）对于（i）一致判决建议的条件总结；（ii）依据本节（b）提出的竞争性影响说明的总结；（iii）依据本节（b）由美国能够使公众进行有意的评论的材料及文件单，公众能够进行有效检阅的地方。

美国要至少在该判决有效之前的60天内开始，在案件受理区、哥伦比亚区和法院指定的其他地区、在其普遍发行的报纸上，集中在两周的7天内登出。

（d）在本节（b）规定的60天内及美国要求和法院准许的时间内，美国将接受和考虑任何以书面形式提出的，同本节（b）规定的一致判决建议有关的评论。司法部长或其助理将确定执行本节规定的程序，但除了区法院依据（1）特别情形要求缩短时间；（2）该缩短同公众利益不矛盾外，60天的期限不能缩短。在收到评论的最后，美国将该评论送达区法院，并在联邦注册簿上公布政府对此评论的反映。

（e）在做出由美国依据本节提出的一致判决之前，法院要确定该判决的发出是为了公众的利益。在确定中，法院可考虑：

（1）该判决的竞争性影响，包括中止已宣布的违法行为、执行和修正条款、已完成的救济和救济期间、救济方法的预期效果、基于判决的充分性而做的其他考虑。

（2）该判决的发布对公众的影响，对诉状中宣布的违法行为而遭受损害的个人的影响，包括对公众利益的考虑，如果有影响，审理中将不发出决定。

(f) 在制作本节 (e) 规定的决定中, 法院可以

(1) 应当事人、参加者及法院的要求, 法院如果认为合适, 可获取政府官员, 专家及其他证人的证词。

(2) 法院认为合适, 指定一专门负责人或专家和法院外的顾问, 按照法院认定的适当方式、要求, 获得任何人、集团、政府机构对上述判决及判决影响的各方面的观点评估及建议。

(3) 授权利益相关的个人、机构全部或限制性地出席诉讼, 包括协助法庭解释法律的人出庭, 作为联邦民事程序规则规定的一方当事人的干预, 文件材料的检查, 或由法院认定的以其他方式和内容参加的诉讼。

(4) 复审评论, 包括对上述判决的目的, 以及美国对该评论和目的的反应。

(5) 为了公众利益提起由法院认为合适的其他诉讼。

(g) 不迟于作出一致判决建议提出后 10 天内, 每一被告要向区法院提供其本人或代表本人, 同与该建议有关或负责该建议的美国官员及职员的通信说明 (包括口头交换意见说明), 但对由书记员同司法部长及司法部职员的通信除外。在一致判决作出之前, 每一被告要向区法院证明该说明已编成, 而且是被告已知或应该知道的通信的完全真实的说明。

(h) 根据本节 (e) (f) 在区法院进行的诉讼和根据本节 (b) 提出的竞争性影响说明, 不能用来反对由任何其他当事人依据反托拉斯法提起的诉讼中、或由美国根据第四条 A 提起的诉讼中的原告, 也不能用作反对该被告的初步证据, 形成一致判决产生的基础。

(i) 无论何时, 美国提起防止、限制、惩罚违反反托拉斯法行为的民事、刑事诉讼, 但不包括依据本法第四条 A 提起的诉讼, 在诉讼期间及其后一年, 将中止限制性成文法对私人诉权、州诉权的运用, 该诉权是基于上述反托拉斯法形成的, 或部分上、全部地基于上述诉讼对象的各方面内容产生的。

但是, 无论何时, 在依据本法第四条或第四条 C 产生的诉因方面的限制性成文法, 中止运用时, 除非在中止期间或诉因产生后的 4 年内, 任何要求执行诉因的起诉将不予受理。

第六条 人的劳动不是商品或商业物品。反托拉斯法不限制那些为了互助、没有资本、不盈利的劳动组织、农业组织、园艺组织的存在和活动, 也不限制或禁止其成员合法地实现该组织的合法目的。依据反托拉斯法, 这些组织或成员, 不是限制贸易的非法联合或共谋。

第七条 从事商业或从事影响商业活动的任何人, 不能直接间接占有其他从事商业或影响商业活动的人的全部或部分股票或其他资本份额。联邦贸易委员会

管辖权下的任何人，不能占有其他从事商业或影响商业活动的人的全部或一部分资产，如果该占有实质上减少竞争或旨在形成垄断。

如果股票、资产的占有，或通过投票或代理权的准许而占有股票使用权，实质上减少竞争或旨在形成垄断，则任何人不得直接或间接地占有其他从事商业或影响商业活动的人（一人或一人以上）的股票或资本份额。联邦贸易委员会管辖权下的任何人，不能直接或间接地占有其他从事商业或影响商业活动的一人或数人的资产。

对于仅为了投资购买股票，而不是通过投票或其他方式使用该股票造成或企图造成竞争的实质性减少，本节不予适用。

如果从事商业或影响商业活动的公司，为了实际上，实现其合法经营组建子公司，或其自然的合法的分支机构，或予以扩大规模；或拥有子公司资产的一部或全部，其组建结果未在实质上减少竞争，本节将不予限制。

本节不禁止公共运输商资助建立作为公司主要干线的供给者的分支机构或短线，也不禁止其拥有该分支机构或短线的一部分或全部股票。

如果拥有主线的公司和建立分支机构、短线的独立公司之间，不存在实质性竞争，本节不限制公共运输商占有或拥有（由独立公司建立的）分支机构或短线。

如果扩大其运输线的公司和其股票、财产、利息被占有的公司之间，不存在实质性竞争，公共运输商可通过对另一公共运输商股票及其他资产的占有，扩大其运输线。

本节不影响或侵害依法获取的其他权利。本节不能用来将从前由反托拉斯法禁止或定为非法的变为合法，也不能使任何人免于反托拉斯法的处罚或获得民事救济。

对于基于下列委员会（局）授权完成的交易，本节不适用：美国民航局、联邦电讯委员会；联邦电力委员会；州际商业委员会；证券交易委员会依据《1935 年公共设施控股公司法》第 10 条在其管辖权内的授权；美国海运委员会；农业局。

第七条 A

（a）除本节（c）规定的豁免外，任何人除双方若是招标则占有方依据本节（d）（1）规定的准则提出说明并且本节（b）（1）规定的等待期已过外，下述情形下不得直接或间接地占有其他人的投票权证券或资产，如果（1）占有人或投票权证券、资产被占有的人是从事商业或从事影响商业的活动。（2）（A）拥有总资产或年净销售额 1 亿美元以上的人，占有另一家年净销售额或总资产 1 千

附录：主要国家竞争与反垄断法

万美元以上的制造业公司的投票权证券或资产；（2）（B）拥有总资产或年净销售额 1 亿美元以上的人，占有另一家年净销售额或总资产 1 千万美元以上的非制造业公司的投票或证券或资产。（2）（C）拥有总资产或年净销售额 1 千万美元以上的人，占有另一家总资产或年净销售额 1 亿美元以上的人的投票权证券或资产。（3）由于上述占有，占有方将拥有（A）被占有人的 15% 以上的投票权证券或资产。

（B）被占有人累积的投票权证券或资产总额超过一千五百万美元。

在招标中，一人的投票权证券被另一人（依据本款需提出说明的人）占有，被占有方应根据本节（1）提出说明。

（b）

（1）本节（a）规定的等待期

（A）从联邦贸易委员会和负责司法部反托拉斯处的司法部长助理收到（i）根据本节（a）已完成的说明开始；（ii）如果该说明没有完成，从收到双方完成的程度和未完成的原因的说明时开始。如果是招标，从收到占有人对上述说明未完成的通知开始。

（B）在收到上述说明后的 13 天（现金招标情形，为 15 天）结束，或根据本节（e）（2）或（g）（2）确定的推迟期结束。

（2）在个人案件中，联邦贸易委员会和司法部长助理可以中止本节（b）（1）规定的等待期。准许个人对本节规定的占有问题提出诉讼，并迅速地在联邦注册簿上发布通知：指明一方要对该占有提出诉讼。

（3）本节所用的（A）"投票权证券"是指在目前或将来变化后，赋予证券所有人、持有人，有权选举发行者的董事，或非公司发行者的董事，或选举实行相同作用的人。

（B）根据占有人所占有他人资产或投票权证券的累计数量、比例，来确定其占有量。

（c）本节不适用下列交易。

（1）由普通商业渠道转移的不动产及货物买卖。

（2）股票、抵押权、信托契约或其他不是投票权证券的占有。

（3）对发行人投票权证券的占有，在占有之前，至少该投票权证券的 5% 由占有人所有。

（4）从联邦机构、或州及其政治性分支机构转进转出的转让交易。

（5）联邦成文法规定的免于反托拉斯法的交易。

（6）联邦成文法规定的免于反托拉斯法的交易，经联邦机构批准，提供给该机构的所有信息，文件性资料，要同时地提交联邦贸易委员会和司法部长助理。

（7）联邦储备保险法第 18 条 C 规定的机构所要求的交易，或 1935 年银行控股法规定的机构所批准的交易。

（8）经下列机构批准的交易，提供给上述机构的所有信息和文件性证据，副本要同时在上述交易完成前的 30 天送交联邦贸易委员会和司法部长助理。1956 年银行控股法第 4 节；全国住宅法第 403 节或 408 节（e），或 1933 年住宅所有者贷款法案第 5 节规定的机构。

（9）仅为了投资而占有投资权证券，占有的结果并未使占有的证券超过发行者所拥有的现行投票权证券的 10%。

（10）投票权证券占有的结果，并不直接或间接地增加占有人占有发行者投票权证券数额的百分比的交易。

（11）仅仅为了投资，由银行、银行协会、信托公司、投资公司或保险公司进行的：（A）依据组织的计划、决定的投票权证券的占有；（B）按照普通方式的资产交易。

（12）依据本节（d）（2）（B）规定的，其他占有、转让，或交易。

（d）联邦贸易委员会，经司法部长同意和依据《美国法典》第五篇第 553 节确定的原则，为实施本节：

（1）为了使联邦贸易委员会和司法部长助理能够决定，上述占有是否违反反托拉斯法，联邦贸易委员会将规定依据本节（a）提出的说明的形式、内容，同上述占有相关的文件性材料及信息。

（2）（A）决定使用的术语的含义。

（B）使那些不可能违反反托拉斯法的交易、转让、占有及个人免于本节的管辖。

（C）为实现本节的目的，制定必需的和适宜的规则。

（e）（1）联邦贸易委员会或司法部长助理，在本节（b）（1）规定的 30 天等待期（现金招标是 15 天的等待期）结束之前，要求同上述占有有关的人，或该人的董事、合伙人、代理人雇员、行政管理人员，提供同上述占有相关的其他信息和文件性材料。

（2）联邦贸易委员会和司法部长助理，在其自由裁量权内，在收到根据上段被要求的人（现金招标中、占有人）：

（A）所有的信息及文件性材料。

（B）如果所要提供的信息和材料没有编完，收到对未完成的信息、文件性

附录：主要国家竞争与反垄断法

材料及未完成的原因说明。

可以将等待期予以增加，但不应超过 20 天（现金招标中，不超过 10 天）。依据联邦贸易委员会或司法部长的请求，该期限经法院批准可进一步增加。

（f）如果联邦贸易委员会起诉，宣布上述占有违反了本法第 7 条，联邦贸易委员会法第 5 条；或美国起诉，上述占有违反了本法第 7 条和谢尔曼法第 1 条或第 2 条，联邦贸易委员会和司法部长助理要（1）在待决诉讼期间，请求对该占有的完成预先禁止；（2）向被诉人居住、经营、或诉讼提起的区法院证明，在待决诉讼期间，公众利益需要救济。

（A）依据联邦贸易委员会或司法部长助理的请求和证明，区法院的首席法官要迅速指定该法院所在的区巡回上诉法院的大法官，该法官指定一名区法官尽力负责该诉讼。

（B）对于预先禁止的请求，区法官要尽早予以审理，并享有优先权，对案件的各方面要加快审理。

（g）（1）任何人、官员、经理、董事、合伙人等，若不遵守本规定，对其违反本法的每一天罚以 1 000 美元以下的罚金，该处罚可由美国以民事诉讼方式提起。

（2）如果任何人、官员、经理、合伙人、代理人或雇员等，实质上不遵守本节（a）规定的说明的要求，或其他依据本节（e）（1），在本节（b）（1）特别规定的等待期内提供其他信息及文件性材料的要求，以及在扩大等待期后又不能的，美国法院：

（A）命令服从。

（b）依据本节（b）（1）或（e）（2）予以延长等待期，直到实质性完成上（g）（2）述要求。但是在现金招标中法院不能根据被占有方不能实质性地完成（规定的）说明或要求，而予以延长等待期。

（g）依据其自由裁量权，准许其他方式的衡平救济。

（h）根据本节提供给联邦贸易委员会或司法部长助理的任何信息、文件性材料，依据《美国法典》第五篇第 552 条免于泄露、公开，同行政诉讼或司法诉讼相关的部分除外。该规定不限制将上述材料向国会、国会下属委员会及完全授权的委员会公布。

（i）（1）联邦贸易委员会和司法部长助理依据本节提起诉讼与否，并不限制、取消，依据本法的其他条或其他法律规定，随时对该占有提起诉讼。

（2）本节规定不限制联邦贸易委员会，司法部长助理随时依据《反托拉斯民事诉讼法》，《联邦贸易委员会法》或其他法律规定，向任何人随时获取文件性材料、口头证据或其他信息。

（j）不迟于1978年1月1日始，联邦贸易委员会经司法部长助理同意，每年向国会报告本节的运用情况。该报告包括对本节效果的估计、依据本节制定的规则有目的、效果及必要性，修改本节的其他建议。

第八条 任何人不得同时任两家或多家公司的董事。其中任何一家公司其资产、盈余、未分配的利润累计超过一百万美元，部分地或整体地从事商业。银行、银行联合会，信托公司和受1887年2月4日通过的《商业管理法》管辖的公共运输商除外。根据公司的性质、经营位置，如果公司是或将成为竞争者，那么公司间任何消灭竞争的协议，将构成是对任何反托拉斯法的任何条款的违反。依据前款，董事的合适人选应当在上述公司的会计年度末累计的资本、盈余、未分配的利润，（已宣布却未支付给股票持有者的红利除外）来决定，紧接着提前进行董事选举。当依据本法规定选出董事时，原董事可合法地继任此后一年。

已选举为或被指定为银行或其他遵从本法的其他公司董事、行政官员或雇员的人，在其选举期内为该银行、其他公司工作是合适的。在其选举日期或雇佣日期一年之前，其任职的适宜性不受本规定的影响。

第九条 从事商业的公共运输商，其董事会董事长、董事、经理、经销主任或特定交易的代理人，若同时是另一家公司、合伙、协会的董事、经理、经销主任，或有其实质性的利益，则公共运输商不得与另一家公司进行年累计额超过50 000美元的任何建筑、保修合同。不得进行证券交易，供应商品交易或其他商业物品交易。若上述交易是同最有利于公共运输商的投标人做的，或由该投标人完成的，依据竞争性投标规则或由州际商业委员会查明，则上述交易除外。除了投标人的名字、地址，或者公司投标人的董事、经理、总经理的名字地址（若合伙投标，其成员的名字和地址）随标给出外，不能接受投标。

任何人直接或间接地阻止或企图阻止投标人之间的公平竞争，或影响投标人之间的公平竞争，或者阻止投标，将对其施以与本节规定的对董事或行政官员的相同处罚。

公共运输商，拥有上述交易或进行这种购买，要在该交易完成后的30天内，向州际业委员会，提交一份全面详尽的报告，证明该交易是竞争性投标交易，其内容包括投标人、公司董事、经理及其他负责人的名字、地址、公司的成员及合伙投标，州际商业委员会在调查、听证后，确信上述交易违反法律时，要把关于上述交易的所有文件、自己的意见或调查，送达司法部长。

公共运输商违反本节，将处以不超过25 000美元的罚款，经理、代理人、部门经理等，若投票支持、帮助或直接参加这一违法行为，以轻罪论处，其罚款不超过5 000美元，监禁不超过一年，或由法院酌情两种处罚并用。

第十条 （a）依据本法第二、三、七、八条提起诉讼的权力，分别授予：

州际商业委员会负责《州际商业法》规定的公共运输商。

联邦通讯委员会负责无线电通讯、电缆通讯、能源的无线传输。

国内民航局负责空运公司、依据《1938年国内民航法》规定的外国空运商。

联邦储备委员会负责银行、银行联合会、信托公司。

联邦贸易委员会负责其他起诉。

（b）当具有司法管辖权的委员会、局，有理由确信某人正在违反或已违反本法第二、三、七、八条时，将发出和送达此人和司法部长起诉状，说明起诉的内容，内含在诉状送达后的30天内某天某地进行审理的通知。被告有权在确定的时间、地点出庭标明，为什么委员会（局）不该要求此人停止起诉的违反行为、司法部长有权出庭和干预该诉讼，任何人依据经委员会（局）批准的充足理由，提出申请，依本人或律师身份出庭和参与该诉讼。依据审理，如果委员会（局）认为此人已违反或正在违反本法，将提出书面报告，讲明其对事实的调查结果，同时向此人发布命令，要求停止违反，并按照命令规定的方式、时间剥夺此人所拥有的股票、资产、资本份额，或免除同本法第七、八条规定相抵触选定的经理的职务。在准许提请复审期结束之前，如果在该期内未提出申请，或复审请求是在诉讼记录上交上诉法院之前，委员会（局）可随时依据上述通知和其认为合适的方式，部分或全部地修改、废止其依据本节发出的报告或命令。若申请复审期已过，没有提出复审请求的，委员会（局），认为事件条件和法律变化要求重审，或公众利益要求重审在安排审理的机会及通知发出后，可随时重新制作改变、修正、或废止其根据本节所做报告、命令的一部分或全部。上述当事人，在传票送达后的60天内或重新审理的报告、命令送达后60天内，可依据本节（c）的规定，获得美国上诉法院的复审。

（c）委员会（局）命令要求停止侵犯行为的人，在停止令送达后的60天，用书面形式，在其居住、经营、侵犯行为发生地，向该区的美国巡回上诉法院提出申辩书，要求废止委员会（局）的命令。申辩书副本应由法院职员送达委员会（局），依据申辩书，法院有诉讼管辖权，并在诉讼记录提出之前，同委员会（局）共同裁决，法院有权发布确认、修正、废止委员会命令或禁令。有权执行已经确认了的命令，也可发传票作为其司法管辖权的附属，也可在诉讼期间防止违法行为对公众及竞争者的伤害。

关于事实，如果有实质性证据的支持，委员会的调查是终局调查。

当委员会（局）的命令被确认时，法院将发布自己的命令，要求当事人遵守委员会的命令，如果当事人提出申请，要求增加证据，并已向法院标明，增加的证据是有关的，以及为什么在诉讼之前去提出该证据的合理理由，法院可命令将增加的证据提交委员会（局），并加到委员会（局）进行的审理中。根据新增的证据委员会可修正其事实方面的调查，或重新进行调查，该调查若有实质性证据的支持，将是终局性的。关于修改或废止原先调查的建议，以及新增加的证据也是终局性的，除了最高法院依据《美国法典》第28篇第1254节复审外，法院的审理判决和禁令是终局性的。

（d）上诉法院确认、执行、修正或废止委员会（局）命令的司法管辖权，是排他性的、专有的。

（e）上诉法院对上述诉讼要（比其他诉讼）优先处理，并加快处理。委员会（局）命令或法院执行委员会命令的判决，不能免于任何人基于反托拉斯法所承担的责任。

（f）委员会（局）的诉状、命令或其他诉讼材料，可由委员会（局）授权的人送达下列人员：①把副本送达当事人、合伙成员、总经理、主任或其他高级职员；②把副本送达当事人的主要营业所、居住所；③邮寄到当事人的居所或主要营业所。上述副本的送达回执是副本已送达的证据，邮局开的收据也是上述诉状、命令，其他文件送达的证据。

（g）任何依据本条（b）发布的命令，在下列条件下是终局性的。

（1）申请复审期内，没有提出申请的。

（2）申请调取下级法院卷宗期内，委员会（局）的命令已得到确认，或复审申请已被上诉法院驳回，且没有提出申请，要调取下级法院的卷宗。

（3）委员会的命令已被确认，或复审请求已被驳回，委员会作出的否认申请调取卷宗的命令。

（4）如果最高法院指示，委员会（局）的命令已被确认，或复审请求被驳回，在最高法院发布训令的30天内，委员会（局）做出的命令。

（h）如果最高法院指示，委员会的命令已被确认或废止，委员会（局）根据最高法院训令、作出的命令在其作出30天后，成为终局性的；但如果在此30天内，当事人提出诉讼，要求根据最高法院的训令纠正该命令，则委员会（局）因此修改后的命令，是终局性的。

（i）如果最高法院要求重审，或上诉法院将案件发回委员会重审，如果①准许申请调取下级法院卷宗的期限已过，且没有提出此类申请；②申请已被否决；③法院的判决已由最高法院确认，由此依据重审令提出的委员会（局）的命令是终局性的，即使委员会先前没有发布命令。

(j) 这里的"训令",若在其发出后的 30 天内收回,是指最后训令。

(k) 任何人违反委员会发布的已生效的终局性命令,对其每一违反行为将处以 500 美元以下的民事处罚,该处罚可以美国的民事诉讼方式提起。除由于持续性不遵从或忽视委员会(局)的最终命令,每持续一天指定为单独违反外,对该命令的每一单独违反,都是一单独的罪行。

第十一条 依据反托拉斯法对公司提起的诉讼,不仅可以在其作为居民的司法区,也可在公司违反行为被发现或经营的区提起,所有诉讼材料(诉状)可以送达其作为居民的区,也可送达其行为被发现的区。

第十二条 在由美国或代理提起的任何诉讼中,证人传票可以送达其他区。该证人可被要求在依据反托拉斯法提起的民事或刑事案中,在任何司法区出庭。

在任何民事诉讼中,对于居住在法院所在区一百英里以外的证人,未经审理法院根据适当的申请和表明的原因,所做的批准,不得向证人发传票。

第十三条 当公司违反反托拉斯法的刑事规定时,整体上或部分上,授权、命令、直接参加违反反托拉斯法的公司经理、行政官员、代理人,也是违法的,犯有轻罪,将处以 5 000 美元以下的罚款,或一年以下的监禁或由法院酌情两者并用。

第十四条 授权美国区法院司法权来防止和限制违反本法,各区的检察官,依据司法部长的指示,在其各自区内提起衡平诉讼,以防止和限制违反本法行为。起诉可以诉状形式,要求禁止违反行为。当诉状已送达被起诉的人时,法院要尽快予以审理和判决。在诉状审理期间和禁令发出之前,法院可随时发布暂时停止令或暂时限制令。不管证人是否在审理法院区居住,法院都可传票传唤证人、传票由法院执行官送达。

第十五条 对违反反托拉斯法(包括本法第二、三、七、八条)造成的威胁性损失或损害,任何人、商号、公司、联合会都可向对当事人有管辖权的法院起诉和获得禁止性救济。当作为反对威胁性行为的禁止性救济条件、原则,由衡平法院准许时,依据进行此类诉讼的原则,依据保证人对上述损害的请求和证明不可弥补的损害很快发生,法院可签发预先禁止令。

本规定并不授权个人、商号、公司、联合会(美国除外),就州际商业委员会管理、监督、司法管辖下各方面的问题,向公共运输商提出衡平起诉,要求禁止性救济。

依据本条提出的任何诉讼中,若原告实质上占有优势,法院将奖励原告诉讼费、包括合理的律师费。

第十六条 本法的任何句子、段、或节,由于某些原因,由享有完全司法权的法院判为无效,并不影响本法其余部分的效力。法院判为无效的部分,仅限于由判决的论点直接涉及的句子、段、节。

第十七条 美国法院或其法院法官,对雇主之间、雇员与雇主之间,雇员之间因雇佣条件而产生的争议,不能作出限制令或禁止令。

但防止财产及财产权免受不可避免的侵害而发布的禁令或限制令除外,该侵害必须是法律没有详细的救济,当事人提出书面申请,并经申请人,或其代理人、或律师发誓,并对财产及财产权作了特别说明。

联邦贸易委员会法(1914)

第一条 本法创立的委员会,称为联邦贸易委员会,由五名委员组成,委员由总统任命经参议院推荐和批准。一政党的委员不能超过3名,第一任委员从1814年8月26日起,任期3年、4年、5年和7年,每一委员的任期由总统指定,其继任者的任职期限为7年,但继任委员空缺者只在被继任委员的空缺期间内任职,委员在其任职届满后可继续任职,一直到任命出继任者为止。总统从具有委员资格的人中,选出委员会主席一人。委员不得从事其他实业、休假或其他职业。总统可依据委员的工作无效、玩忽职守、渎职,解除该委员的职务、委员会委员的空缺,并不影响在任者行使委员会的全部权力。

第二条 联邦贸易委员会(以下称委员会)指定一名秘书,其薪金同美国法院法官的一样。委员会有权雇佣和确定其履行职权时,所需雇佣的律师、专家、检验者、职员和其他雇佣费用,该费用国会将随时予以拨付。

除上述秘书、律师、专家、检验者、每一委员的职员外,委员会的所有雇员都是行政部门的一部分,要依据委员会规章或行政委员会制定的规则,履行职责。

委员会的所有费用,包括调查中接送委员的必要费用,以及依据委员的命令,雇佣人员的费用,华盛顿区以外履行公务的费用,由委员会依据清单予以批准和支付。

在其他事项由法律作出规定之前,委员会可租办公室自用。总会计办公室将接受和检查委员会的所有开支账户。

第三条 委员会的主要办公室设在华盛顿,但委员会可以在其他地方行使其权力。委员会委员或由委员会指定的检验者,可在美国任何地方进行调查。

第四条 本法的"商业"是指州际间的、与外国的商业、或美国准州内、哥伦比亚区内、或准州之间、准州与其他州、外国,或哥伦比亚区同其他准州、外国间的商业。

"公司"是指任何为自己盈利或为其成员的盈利成立的,拥有资本份额或资本股票的公司、托拉斯、或联合会,合伙除外。

"文件性证据"包括所有的文件、报告、通信、会计账簿、财务记录及公司记录。

"商业管理法"是指1887年2月14日通过的《商业管理法》,以及该法的修正、补充部分;1934年的《通讯法》及其修正、补充部分。

"反托拉斯法"是指1890年7月2日通过的《保护贸易和商业免于非法垄断和限制法》;1894年8月27日通过的《为了国家收入和其他目的,减少税收法》第73~76条;1913年2月13日通过的,对1894年8月27日的《为了国家收入和其他目的、减少税收法》第73、76条的修正案;1914年10月15日通过的《保护商业和贸易免于垄断和限制及其他目的,对现存法律的补充法》。

第五条 (a)(1)商业中或影响商业的不公平的竞争方法是非法的;商业中或影响商业的不公平或欺骗性行为及惯例,是非法的。

(2)授权联邦贸易委员会阻止个人、合伙人、公司、使用上述违法方法及行为、惯例。下列情形除外:银行、第18条(f)(3)规定的存贷款机构,《商业管理法》规定的公共运输商,1958年《联邦航空法》规定的航空公司、外国航空公司,1921年《牲畜围场法》规定的个人、合伙人、公司,但该法第406条(b)规定的除外。

(b)无论何时委员会有理由确信,任何个人、合伙人、公司已经或正在实行上述非法方法及行为、惯例时,若对此提起诉讼同公众利益极为相关,委员会应对上述当事人发出、送达起诉状、说明起诉的内容,并附带该起诉状送达后的30天,何时何地审理的通知。上述当事人有权在规定的时间、地点出庭,并提出委员会对其上述行为不能发出停止令的原因。上述当事人,依据经委员会批准的充足理由,经申请,可以本人或由其律师出庭参加诉讼。诉讼中的证据,要以书面形式提交委员会。经审理,委员会认为当事人的有关行为、竞争方法是本法所禁止的,委员会将提出书面报告或禁止令,要求当事人停止使用不正当竞争方法或欺骗性的行为、惯例。在提请复审期结束前,如果没有提出复审申请,或复审期内提出申请,是在诉讼记录上交美国上诉法院之前,委员会可随时,以其认为合适的方式和通知,纠正或废止其依据本条发布命令的一部分或全部。提请复审期过之后，如果没有提出申请，无论何时，委员会认为事实条件和法律已变要求重审，或公众利益要求重审，委员会在通知审理和安排机会后，可重新制做、改变或修正、废止其依据本节所做报告、命令的一部分或全部。

（c）委员会停止令中，要求其停止不正当竞争方法或不公正的，或欺骗性行为及惯例的个人、合伙人、公司，在该停止令送达后的60天内，可以书面形式，向其居住、营业或行为实施地的美国上诉法院申请复审，以废除委员会的停止令。法院应将申请书副本及时送交委员会，委员会应及时把诉讼记录送交法院。

根据申请书，法院有权同委员会同时决定有关的问题，法院有权确认、修改或废除委员会的命令。

委员会对事实的判决，若有证据支持，是终局性的。委员会的命令被确认时，法院将发布自己的命令，要求当事人遵守委员会的命令。如果任何当事人向法院请求增加证据，必须证明增加的证据同该案相关，而且为什么在委员会诉讼中，未能提出的合理理由，法院可以命令委员会增加该证据，并依据新证据，委员会可修改其对事实的判决，或做出新判决，并把修改后的判决或新判决制作成文件。如果新判决或修改后的判决，有证据的支持，则是终局性的。除由最高法院予以审理外，法院的判决和禁止令是终局性的。

（d）法院对确认、修改、执行、废除委员会命令的判决，是终局性的。

（e）对于反托拉斯案件，上诉法院应比其他案件予以优先，加快审理，依据反托拉斯法，委员会的命令或法院执行该命令的判决，不能免于该个人、合伙人、公司的任何责任。

（f）起诉书，命令或其他文件，其副本可由委员会授权的人，送达①本人、合伙人、公司经理、秘书或其他公司职员或董事长；②当事人营业场所或主要机构；③挂号邮寄。传送人的送达回执，或邮局的回执，是起诉书、命令或其他文件送达的证据。

（g）下列情况下，委员会的命令是终局性的：

（1）申请复审期内未提出申请的；

（2）依据准许申请移送文件（调取案件卷宗）的期限，如果委员会的命令已被确认，或复审请求已被上诉法院驳回，且没有提出申请移送文件的；

（3）根据对申请移送文件的否认期，如果委员会的命令被确认，或复审申请已被驳回的；

（4）依据最高法院发布训令后30天内，如果最高法院指示，委员会的命令已被确认，或复审申请已被驳回的。

(h) 如果最高法院指示，委员会的命令已被修改或废除，委员会根据最高法院的训令提出的命令，在该命令提出后 30 天内，如果没有当事人起诉要求根据最高法院的训令，修改委员会的命令，则成为终局性的。如果当事人提起诉讼，则委员会据此（该诉讼）修改后的命令，是最终性的。

(i) 委员会的命令已由上诉法院修改或废止，如果：

（1）提起移交卷宗的期限已过；

（2）移交卷宗的申请被否认；

（3）最高法院确认了法院的判决。

依据上诉法院训令而发布的委员会的命令，在其发出后的 30 天内，当事人没有提起诉讼，要求依据上诉法院的训令，纠正其命令，则是终局性的，如果提出诉讼，则委员会据该诉讼修改后的命令，是最终性的。

(j) 如果最高法院命令重审，或者上诉法院要求委员会重审，如果（1）申请移送卷宗的期限已过，且没有提出申请；（2）申请被否认；（3）最高法院确认了法院的判决。则委员会依据重审的命令作出的命令，是终局性的。

(k) 训令的含义：如果训令在其发布后 30 天，收回训令的，则训令是指最后训令。

(l) 任何人、合伙人、公司违反委员会已经生效的最后命令，对其每一违反行为将处以 10 000 美元以下的民事处罚，该处罚要以民事诉讼方式由司法部长提起。除持续性地不遵守或忽视委员会的命令，其每不遵守或持续一天推定为单独违法外，对该命令的单独违反是一单独的违法行为。为执行委员会的最终命令，授权美国区法院在该类诉讼中，发布强制禁令及进一步予以衡平救济。

(m)（1）（A）任何人、合伙人、公司违反委员会制定的关于不公正的或欺骗性行为及惯例，或不正当竞争方法的规则，委员会要向区法院起诉将对其每一违反行为处以 10 000 美元以下的民事处罚。

（B）委员会根据本条（b）确定了不正当的竞争方法或欺骗性、不公正的行为及惯例，并发出最后停止令，委员会可向区法院提起民事诉讼。以对违反的个人、合伙人、公司处以民事处罚。违反人（1）在停止令成为终局性的以后（不管违反人是否服从该停止令）；（2）并且实际上知道该行为是不公平的、或欺骗性的，根据本条（a）（1）是非法的。则对其每一违反行为处以 10 000 美元以下的民事处罚。

（C）若继续违反委员会关于不正当竞争方法及不公正的、或欺骗性行为的规则或本条（a）（1）其每违反一天，将作为一单独的违法行为，法院将考虑从前这种行为的历史、支付能力、对继续经营能力的影响，以及依据公正所要求的其他方面，来决定民事处罚的数量。

（2）如果确定不正当或欺骗性行为的停止令，在依据上段（1）（B）提起的民事处罚诉讼中，没有发出、诉讼中的事实问题需重新审查。

（3）对于民事处罚诉讼，如果和解或解决是以公开说明其原因并得到法院的批准，则委员会可以和解或解决该民事处罚诉讼。

第六条 委员会还具有下列权力

（a）随时收集、编制和调查有关从事商业或其活动影响商业的个人、合伙人、公司的组织、经营活动及管理等方面的信息，但依据本法第18第（f）（3）规定的存贷款机构、银行以及《商业管理法》规定的公共运输商除外，委员会也可调查上述个人、合伙人、公司与其他合伙人、公司之间的关系。

（b）通过一般命令或特殊命令，要求从事商业或其活动影响商业的个人、合伙人、公司，银行及第18条（f）（3）规定的存贷款机构，《商业管理法》规定的公共运输商除外，按照委员会规定的方式，向委员会提供有关其组织、经营活动、管理等有关方面的信息，以及其与其他个人、合伙人、组织、公司之间的关系，提供信息等的方式要以书面形式同时提供年度报告或特别报告，或只提供年度报告、或只提供特别报告。报告要经宣誓或按照委员会的规定，在委员会规定的期间内，特别期限要经委员会批准。

（c）在美国提起的防止、限制公司违反反托拉斯法的诉讼中，最后禁令发出时，依据禁令的目的、方式，根据司法部长的申请予以调查，是委员会的职责。要把调查结果转交司法部长，并在其自由裁量权内将报告公开。

（d）根据总统的指示，或参众两院任何一院的指示，调查公司已违反反托拉斯法的有关事实。

（e）根据司法部长的申请，对违反反托拉斯法的公司进行调查，并提出调整该公司经营的建议，以便使该公司按照法律维持其组织、管理和经营。

（f）随时将获得的上述信息，为了公众的利益予以公开，向国会编制年度报告或特别报告，并向国会提出增加立法的建议。并按照最有利于公众利用和接受的方式，向公众提供上述报告及决定。

委员会不能将从任何人获取的专有的，或机密的商业或金融情报予以公布，也无权将贸易秘密公布于众，但委员会可以将贸易秘密或专有的、机密的商业、金融信息（情报），呈递给联邦执法机构或州执法机构的有关官员，该官员要首先说明，所获取的信息仅仅是为了执法目的，并保密。

（g）随时对公司进行分类，（本法第18条（a）（2）规定的部分除外），制定执行本法的规章及原则。

（h）随时对制造商、商人、贸易商的行为，联合会或协会可能影响美国贸易的贸易条件、或其他条件进行调查，向国会提供调查报告及具有建设性意见的建议书。

银行、第18条（f）（3）规定的存贷款机构及《商业管理法》规定的公共运输商，免于本条（a）（b）款的约束，但并不限制委员会对那些不从事偶尔涉及到银行业、或作为存贷款机构经营活动，或《商业管理法》规定的公共运输中的任何个人、个人团体、合伙人、公司行业进行调查、收集、编制信息，或要求对方提供报告或就有关问题予以答复。

委员会要制定一旨在实质上减轻，由于本节（b）规定的提供季度金融（财务）报告而加在小企业者上的负担的计划。

委员会的委员、官员或职员、不能将由特定机构或个人提供的、能够辨认的商业材料向公众或联邦机构公开。

除委员会有权进行调研或准备同保险业有关的报告外本规定不适用于保险业。

第七条 在由司法部长或在其指示提出的衡平诉讼中，如果依诉讼证据得出的结论认为原告有权获得救济，法院可将上述诉讼转交委员会，作为衡平法院的主管人（代表），确认和提出禁止令。委员会在通知当事人后，可依照法院规定的程序规则提出诉讼。

第八条 政府各部门和局，依照委员会的请求，经总统指示，要向委员会提供其拥有的关于本法管辖下的任何公司的所有记录、文件及信息，并随时指定有关官员、职员向委员会负责上述材料。

第九条 为执行本法，委员会或其完全授权的代理人，在合理的时间内，有权复制被调查或被起诉公司的任何文件性证据，委员会有权发传票，要求证人出庭做证，和制作同调查相关的文件性证据，委员会的成员可签发传票，委员会成员和检验者可管理誓言和确认书，检查证人，收取证据。

证人出庭和文件性证据的制作，可在美国任何地方获取，也可在指定审理的任何地方获取，如果当事人不服，委员会可借助法院的协助，要求证人出庭作证，提供文件性证据。

美国区法院对于在其管辖权内进行的调查，如果公司、其他人继续不遵守或抗拒、委员会的传票（唤）法院可发布命令，要求该公司、其他人到委员会，或者按照委员会的命令，制作文件性证据，或有关的证据，任何人若不遵守法院的命令，将以蔑视法庭罪论处。

根据司法部长应委员会要求提出的申请，美国区法院有权发布训令，要求任何人、公司遵守本法和委员会依据本法发布的命令。

在依据本节提起诉讼，调查的任何阶段，委员会可命令对证据进行处理，该处理由委员会指定的人进行。此人有权管理誓言，或以书面形式在其权限内或简缩证据，并予以编号。

对于被传唤的证人费用，同法院在审理中的规定相同。

第十条 任何人本应出庭做证或遵从委员会的传唤，如果忽视或拒绝出庭做证，或者忽视或拒绝回答合法的调查或制作文件性证据，将是犯罪行为，对当事人法院将处以 1 000～5 000 美元的罚款，或一年以内的监禁，或上述两种处罚并用。

任何人如果故意制作虚假证据（如虚假报告、虚假的会计账目、经营情况表等），或不向委员会提供所要的真实证据，是非法的，法院将对当事人处以 1 000～5 000 美元的罚款，或一年以下监禁，或者上述两种处罚并用。

任何公司如果不能按委员会确定的时间及时呈递年度报告或特殊报告，在通知后 30 天未能呈递，则其后每超过一天，罚款 100 美元上交国库，该处罚可以美国的名义，以民事诉讼的方式、在公司主要营业场所或经营的区提起诉讼。

依据司法部长的指示，依法取证是检察官的职责，由此而产生的开支，由法院予以支付。

委员会委员、职员，没有委员会的批准，将委员会获得的信息公开（在法院指示下，公开信息除外），是轻罪，将处以 5 000 美元以下罚款，或一年以内监禁，或者上述两种处罚并用。

第十一条 本法不防止或干涉反托拉斯法及商业管理法的执行，也不修改、改变或废除反托拉斯法或商业管理法。

第十二条 任何个人、合伙人、公司传播或导致传播虚假广告，是非法的。

（1）通过美国邮局，或在商业中通过各种方式引诱，或直接间接地可能引诱对食品、药品、设备或化妆品购买的虚假广告。

（2）通过各种方式引诱或可能引诱顾客购买食品、药品、设备或化妆品的虚假广告。

（3）传播或导致传播虚假广告，是不公平的或欺骗性行为及惯例。

第十三条 （a）无论何时，委员会确信：

（1）个人、合伙人、公司从事于或将从事于传播或导致传播虚假广告；

（2）委员会对此提出诉状，在诉状被复审法院驳回或撤销之前，或委员会的停止令最终有效之前，委员会确信，禁止该行为具有重要的公众利益。

附录：主要国家竞争与反垄断法

委员会将指定其律师在美国区法院或准州法院提起诉讼，以要求停止传播或引导传播虚假广告。依据充足的证明，可在没有担保情形下发布暂时禁止令或限制令。该诉讼可在上述当事人居住或营业的区提起。

（b）无论何时委员会有理由确认：

（1）个人、合伙人或公司正在违反或打算违反委员会执行的法律规定；

（2）委员会对此提出诉状，在诉状被复审法院驳回或撤销之前，或委员会的停止令最终生效以前，委员会确信禁止该违反行为具有重要的公众利益。

委员会将指定其律师在区法院提起诉讼，要求禁止上述违反行为，依据充足的证明：该诉讼是为了公众利益，且委员会胜诉的可能性极大，通知被告以后，没有担保也可以发布暂时限制令或预先禁止令。

如果在暂时限制令或预先禁止令发布后，在法院规定的时间内，不超过20天，未提出诉状，法院将驳回（解除）该命令或禁止令。

在有些案中，在提出适当证据后，委员会可请求法院发布永久禁令。上述诉讼要在当事人居住或营业的区提起。

第十四条 任何人违反本法第12条（a）的规定，如果广告商品的使用，因广告内容的结果有害于健康，或在通常的习惯下，使用广告商品有害于健康，如果这种违反是故意欺骗，此人将犯有轻罪，将处以5 000美元以下罚款，或不超过6个月的监禁，或两者并用。

如果被处罚者重新违反上述规定，将处以10 000美元以下罚款，或一年以下监禁，或两者并用。

（b）除虚假广告产品的制造商、包装商、分配商或销售商外，出版商、无线电广播机构，或广告传播机构，对本法规定的传播虚假广告、不负责任。除非他们拒绝向委员会提供有关上述传播虚假广告的制造商、包装商、分配商、销售商、广告机构的名字和地址。

广告机构，除非委员会要求其提供有关传播或导致传播虚假广告的制造商、包装商、批发商、销售商等的名字、地址、广告机构拒绝外，不负传播虚假广告的责任。

第十五条 本法所用的

"虚假广告"是指在主要方面是欺骗性的广告，不是标签。决定广告的欺骗性时，既要考虑广告说明、词、句及设计、声音或其组合本身，还要考虑其对相关事实的表述程度。

"食品"是指①用于人和其他动物的饮料食用品；②口香糖；③上述物品的组成部分。

第十六条 （a）（1）除本条（2）、（3）规定外，如果：

（A）在授权委员会、司法部长代表委员会提起与本法相关的诉讼，进行辩护或干预诉讼（包括获取民事处罚的诉讼），在开始诉讼，进行辩护或干预之前，委员会要发出书面通知，同司法部长就诉讼的各方面进行协商。

（B）司法部长在收到该书面通知的 45 天内，不能起诉、辩护和进行干预，委员会可起诉，辩护、干预及检查诉讼中的个人，以及以自己的名义进行上述活动。

（2）除本条（3）规定外，在任何民事诉讼中：

（A）依据本法第 13 条（同禁止性救济相关的）；

（B）根据本法第 17 第 b（同消费者痛苦有关的）；

（C）获得对该委员会规定的规则的司法复审，或者依据本法第 5 条获得停止令；

（D）依据本法第 9 条第 2 段（同传票的执行有关），依据本条第 4 段，委员会有开始起诉、辩护、检查诉讼个人，以及对该诉讼上诉的排它性权力。

除非委员会授权司法部长做上述事项，对该权力的行使，委员会将通知司法部长。该实施并不排除司法部长代表美国，依据其他法律规定，干预该上诉以及其上诉的权力。

（B）（A）委员会根据本条（1）（2）提起诉讼的判决发出后的 10 天内，委员会可以书面形式，请求司法部长代表委员会，通过委员会指定的律师出庭最高法院对该诉讼的审理，

（i）司法部长同意该请求，

（ii）司法部长在该判决发出的 60 天内。

（a）拒绝上诉或申请调取该诉讼的卷宗，应在该 60 天内，以书面通知形式向委员会说明拒绝的原因。

（b）对委员会的请求，司法部长可不提起诉讼。

（B）除非委员会同意，在司法部长代表委员会出席，委员会代表自己依据本条（1）（2）提起的诉讼，在最高法院审理时，司法部长可以不同意任何判决，和解，驳回，或指出最高法院在该诉讼中的错误。

（C）本条中的司法部长包括总法务官。

（4）假如在本条（1）中规定的 45 天，本条（3）中规定的 60 天到期之前，由于法院关于起诉、上诉通知或其他有关诉讼，上述中的事实等程序上的条件，委员会对上述诉讼的权利（起诉、辩护干预、上诉）可以取消，这时，司法部长可有法院规定的一半时间，根据本条（1）起诉辩护，干预上述诉讼，或依据

本条（3）（i）（ii）拒绝上诉或申请调取诉讼卷宗，并对拒绝的原因书面通知委员会。

（5）本款不适用于第 28 篇第 31 章，及其他法律规定。

（b）当委员会确信，依据本条个人、合伙人或公司应负刑事处罚时，委员会将向司法部长提供事实，司法部长的职责在于提起适当的刑事诉讼。

第十七条 本法的规定及其应用，某部分无效，并不影响其余部分的效力。

第十八条 （a）除本条（i）规定外，委员会可以规定：

（A）关于影响商业（本法第 5 条（a）（1）规定的意义内）的不公平的或欺骗性行为方面的政策说明，或解释性规则。

（B）规定特定的行为、活动（惯例）是影响商业的不公平的欺骗性的行为规则。

（b）/（g）规定（略）。

（h）（1）依据委员会制定的规则，委员会可向参加本条规定的规则诉讼的下列人员支付合理的律师费、专家证人费、及其他费用：（A）该人拥有或代表着一定的利益，

（i）该利益在该诉讼中未能很好地体现。

（ii）该利益就整体而言，对该诉讼决定的公正性是必需的。

（B）由于此人不能支付口头作证费，进行多项检查费及辩护费，而不能有效参加该诉讼的人。

（i）在 1980 年联邦贸易委员会改进法生效期间，委员会无权颁布关于儿童广告诉讼的规则或依据委员会认为该广告是影响商业的不公平或欺骗性行为而作出的任何实质上相似的诉讼。

（j）委员会可规定一最终规则，该规则要规定（A）会见通知列在委员会制作的周末工作表上。（B）对该会见要逐字记录，编制会见总结、该记录总结或有关的其他通信，要妥善保存，并使公众可以有效地利用。

（k）委员会颁布一最终规则，规定对于规则诉讼相关的事实或该诉讼记录中没有的事实，禁止负有调查责任或在委员会执行局内同规则诉讼有关的其他责任的委员会官员、职员代理人，向任何委员、委员的私人办公人员提供，但若提供的事实是为了公众利用或者记录在诉讼记录中的除外。

第十九条 （a）（1）如果个人、合伙人或公司违反依据本法制定的关于不公平或欺骗性贸易规则（不是解释性规则，或委员会规定的不是违反本法第 5 条（a）的规则），委员会可对上述当事人依据本条（b）规定，提起民事诉讼要求救济，诉讼即可向美国区法院提起，或向拥有同州司法权相等的法院提起。

（2）如果个人、合伙人或公司从事不公平的或欺骗性行为，委员会发布了最后停止令，并送达当事人之后，委员会可提起民事诉讼。如果委员会使法院确信，停止令停止的行为是正常理智的人该知道的、是不诚实的或欺骗性行为，法院将准许依据本条（b）予以救济。

（b）在依本条（a）提起的诉讼中，法院有权准许救济，以便个人、合伙人或公司，由于他人违反不公平的或欺骗性行为规则受到的伤害得以补偿。该救济不仅仅限于变更或解除契约、返还财产、金钱赔偿、公开说明违反等。

（c）（1）如果（A）依据本法第5条（b）发布的停止令已成最终性的；（B）对当事人的违法行为已提起诉讼、则委员会对诉讼中相关事实的调查，是最终性的，除非（i）停止令的条件上明白地说明了委员会的调查不是终局性的；（ii）由于本法第5条（g）（1）的原因，停止令变为最终性的，如果有证据支持，该调查是最终性的。

（d）对于根据本条（a）（1）相关的违反规则的诉讼和根据本条（a）（2）相关的不公平或欺骗性行为诉讼，在违法行为发生后三年之后，委员会不能起诉。但如果关于个人、合伙人或公司违反不公平的欺骗性的行为规则其该行为的停止令变为最终性的，且该停止令是在该违反行为发生后3年内发出的、可以在该命令成为最终性的一年内、随时向上述个人、合伙人、公司提起民事诉讼。

（e）本条规定的救济是对州法、联邦法规定的诉讼权或其他救济的补充。本条不影响委员会依据其他法律规定享有的权利。

罗宾逊——帕特曼反价格歧视（1908）

第一条　（a）从事商业的人在其商业过程中，直接或间接地对同一等级和质量商品的买者实行价格歧视，如果价格歧视的结果实质上减少竞争或旨在形成对商业的垄断，或妨害、破坏、阻止同那些准许或故意接受该歧视利益的人之间的竞争，或者是同他们的顾客间的竞争，是非法的。这里歧视所涉及的购买是在商业过程中，商品是为了在美国内、准州内、哥伦比亚区内，或美国司法管辖权下的属地及其他域内的使用、消费和销售。

本规定不适用那些因制造、销售、运输成本不同所做的合理补贴。

联邦贸易委员会认为某商品或各类商品中大量购买者是如此少，以至于根据购买数量提出价格差异是歧视性的或旨在促成商业垄断时，经过对所有利益各方当事人的适当调查和审理后，可确定一数量标准，并在必要时予以修改。

前款不适于超过联邦贸易委员会规定的数量标准的数量差异所准许的差价。

本规定不限制销售商在真正的私人财产交易中，不限制贸易地挑选顾客。

本规定不限制随着影响市场的条件的变化而产生的价格变化。也不限制容易变质腐烂的商品，司法扣押品以及停业中善意地销售商品。

（b）在对依据本节提起的价格歧视诉状或在已完成劳务、设施歧视诉状审理中，根据歧视的公正性证据对初步立案进行辩驳的责任，在被诉违反本节的一方，除非歧视的公正性得以充分说明，否则将授权委员会发布中止歧视令。

本规定并不限制卖者通过证明，其低价或劳务、设施的提供是善意地，平等地同竞争者的低价，或由竞争者提供的劳务、设施相适应，来对初步立案加以辩驳。

（c）商人在其商业过程中，支付、准许、收取、接受佣金、回扣或其他补偿是非法的，但对同商品购销相关的，提供给另一方当事人或代理机构、或代表人，或其他中间机构的劳务除外。这里的其他中间机构是事实上，或代表、服从于该交易另一方的直接、间接控制，而不是受准许支付回扣或支付回扣一方所控制。

（d）商人在其商业过程中，除依据同等条件对所有商品销售中竞争性的其他顾客支付佣金或考虑外，对因产品的加工、处理、销售相关的劳务是由某顾客提供或通过该顾客提供的，而支付佣金或签订支付佣金合同是非法的。

（e）任何人通过合同完成或由他人直接完成与商品的加工、处理、销售有关的劳务，设施，或者他人有利于该商品的加工、处理、销售等劳务的完成，据此，而不是根据同其他买者相等的条件进行歧视，是非法的。

（f）商人在其商业过程中，故意引诱或接受本节规定的价格歧视，是非法的。

第二条 商人在其商业过程中，在国内对同一品质、数量、等级的商品，通过给予买者比其竞争者更高的折价回扣、补贴、广告劳务费故意进行歧视，或为了破坏竞争、消灭竞争者，以低于其竞争者的价格出售、或以不合理的低价出售，是非法的。

任何人违反上述规定，将罚以不超过 5 000 美元的罚金、或不超过一年的监禁，或两者并用。

第三条 本法不限制联合会，将其经营收益的一部分或全部，按照购销比例，返还其成员、生产者、消费者。

第四条 本法不影响 1936 年 7 月 19 日以前的诉权及进行中的民事诉讼，或联邦贸易委员会发布生效的命令，或正在复审中的命令。

1936 年 7 月 19 日以前，联邦贸易委员会已发布命令要求停止违反本法第一条，该命令正在复审中或已生效，相关法院或发布、同意（支持）或修改该命令，委员会可确认此人自 1936 年 7 月 19 日始已使用，采取，或继续进行违反第一条的行为方法，或正在进行上述行为，委员会可重新审理并对原始起诉状予以补充，阐明要控诉的各个方面。经听证，如果委员会认为，补充起诉状中指出的行为、方法、惯例在 1936 年 7 月 19 日始已用过，或正在运用，违反了第一条，委员会将提出书面报告，阐明其（审理）结果，并向当事人发布修正其原始命令的命令，应执行委员会修改后的命令，如果法院废除了委员会修改后的命令，其原始命令不受影响，并予以执行。

附录：主要国家竞争与反垄断法

三、德 国

反不正当竞争法

(1909年6月17日公布 1909年10月1日生效
1986年5月、7月修订)

第一条 ［一般条款］

行为人在商业交易中以竞争为目的而违背善良风俗，可向其请求停止行为和损害赔偿。

第二条 ［商品与工业给付］

本法所谓商品的含义也指农业产品，工业给付和利益也指农业的给付和利益。

第三条 ［欺诈之广告］

在商业交易中以竞争为目的，对商业情况，尤其是对各种商品或工业给付或全部要约的特征、来源、制造方法或定价，对价目表、商品承购方式或订货资料来源、获奖、销售的动机或目的，或者对于仓贮的数量作欺诈陈述，可以向上述行为的实施人请求停止行为。

第四条 ［应罚的广告］

(1) 企图制造给人以特别优惠的要约的假象，从而在公告中，或在发给不特定多数人的通告中，对商业情况，尤其是对商品或工业给付的特征、来源、制造方式或定价，对货物的承购方式或订购资料来源、获奖、销售的动机或目的，或者对于仓贮的数量故意进行不真实的、构成欺诈的陈述，对上述行为的实施人科以最高为1年的徒刑，或处以罚款。

(2) 如果第1款所述不真实陈述系商事企业里的职员或受任人所为，而企业主或企业领导人又明知其行为，则除该职员或受任人应受罚外，还应处罚企业主或企业领导人。

第五条 ［商品种类名称；图示广告］

(1) 在商业交易中为给特定商品或工业给付命名而使用不应说明出处的名

称，此行为不适用于第 3 条和第 4 条规定。

（2）第 3 条和第 4 条所规定的陈述以图画形式表示，以及用预料到或构成这种陈述的替代的其他活动来表示，视同上述规定中所列举的陈述。

第六条 ［破产商品的销售］

（1）在公告中，或在发给不特定多数人的通告中，如果宣布所销售的商品来自破产财团的但已不再属于破产财团的现有财产，则在公告中涉及破产财团的商品来历的任何行为都应禁止。

（2）因故意或过失而违背第 1 款规定，而在商品的公告中涉及破产财团的商品来历，对此行为应以违反公共秩序①论处。对违反公共秩序的行为可以处以最高为 1 000 德国马克的罚金。

第六 a 条 ［制造人或批发商给最终消费者的销售］

（1）在与最终消费者进行商业交易中，鉴于销售商品之关系而说明其身份为制造人，可向该行为的实施人请求停止行为，但如下情形之一者则不在此限：

①仅向最终消费者销售；

②以对其零售商或工业消费者的价格销售给最终消费者；

③明确说明销售给最终消费者的价格高于销售给零售商或工业消费者的价格，或者此情形时最终消费者无须说明也不言而喻。

（2）在与最终消费者进行商业交易中，鉴于销售商品之关系而说明其身份为批发商，可向该行为的实施人请求停止行为，但如果批发商以零售商或工业消费者为主要供货对象，并已履行第 1 款第 2 项或第 3 项的要件，则不在此限。

第六 b 条 ［最终消费者的权利证书］

对于在商业交易中以竞争为目的，向最终消费者发行承购商品的权利证书、证据或其他票据的行为，或以出示这类票据的方式销售商品的行为，可向行为人请求停止行为，但如果这类票据仅供一次性购买所用，而且每次购买都得单独发行，则不在此限。

第六 c 条 ［逐渐扩大的顾客广告；"滚雪球制"］

行为人在商业交易中，由本人或通过其他人从事以许诺的方式来促使非商人买受商品、工业给付或权利的行为，以给他们以特殊利益为代价，让他们去促使其他人作成同样的交易，他们按这种广告方式给予同样的利益，让后来的买受人为之作相应的广告，于此情形应对行为人处以 2 年以下的徒刑或罚款。如果从类型或规模上都未要求以商人的方式开办工业企业，则该企业的所有权人应视为第 1 句所述的非商人。

第六 d 条 ［限量供应的广告］

附录：主要国家竞争与反垄断法

（1）与最终消费者进行商业交易时，在公告里或在给不特定的多数人的通告里为下列行为之一者，可请求行为人不为此类广告：

①给每个顾客限量出售各种从全部要约中特选的商品或专供转手贩卖人；

②行为人给每个顾客限量出售的各种全部要约中特选的商品或专供转手贩卖人的商品，通过价格的陈述或其他醒目标示的陈述造成的特别优惠的要约的假象。

（2）如公告或通告仅面向将商品用于独立的职业或工商业工作、或用于政府机构或公职工作的人员，则第1款与此不适用。

第六e条 ［价格对比的广告］

（1）与最终消费者进行交易时，在公告里或在发给不特定多数人的通告里，行为人将各种从全部要约中特选的商品或工业给付的实际需要的价格与较高价格加以对比，或预告下降一定数额或一定百分比的价格，并以此造成他早先曾要价更高的印象。于此情形，可以提起停止此行为的请求权。

（2）第1款对以下情形之一者不适用：

①没有醒目标示的价格标签；

②未作醒目标示，而所涉及的较高价格已包括在过去的目录里，或包括在类似的、已把要约收入商品类和服务栏的商品广告里；

③公告或通告仅面向将商品或工业给付用于独立的职业或工业工作中或用于政府机构或公职工作中的人员。

第七条 ［特价销售活动；特价要约］

（1）在正常的商业交易之外，进行零售销售活动，以便加快商品倾销，并给人以担保买者受益的印象（特价销售活动），可以对行为的预告人或实施人请求停止行为。

（2）标明原材料或价格的特定商品的要约如果未限定时间，而与企业的正常经营又相适应（特价要约），则不属第1款所述特价销售活动。

（3）第1款不适用于持续12个工作日的下列特价销售活动：

①从1月份最后一个星期一以及从7月份最后一个星期一开始，在上述期间陈列纺织品、服装、鞋类、皮货或体育用品而进行销售（冬末换季销售与夏末换季销售）。

②企业生存每满25周年而在该企业营业部门内进行庆祝（庆祝典礼销售）。

第7a——7b （已废止）

第八条 ［清仓销售］

（1）如果有以下两项之一，而根据情况认为对现有存货不得不作清仓处理的（强制性清仓因素）：

①由于火、水、风暴或不能归责于清仓举办人的可比照的事件所造成的损害；

②实施按照建筑法规程而经公告或许可的改建计划。

那么，只要为消除强制性清仓因素所必须，则也可不限于第7条第3款的期间而进行最多为12个工作日之久的清仓销售。在预告因这第一句所作的清仓销售时，应说明存货清仓的事由。

（2）如果清仓举办人在清仓开始前至少有3年时间未因停业而作同类清仓销售，则由于全部停业而作的清仓销售也可以逾越第7条第3款的期间，时间最多持续24个工作日之久，在该期间届满后对清仓销售有正当理由的特殊情况则不在此限。第1款第2句可以相应适用。

（3）第1款第1句第1项所述清仓销售以及第1句第2项所述清仓销售应最迟分别在首次预告之前的一星期和二星期向商业、手工业和工业的主管官方专职代理机构报告。报告必须包括如下内容：

①清仓销售的理由；

②清仓销售的地点；

③需清仓的商品的种类、性能和数量；

④在第⑪款第2项的情况下，建筑施工所涉及的销售占地的名称；⑤在第2款的清仓销售情况下，进行经营的持续时间。

报告应附上证明清仓销售理由事实的材料，在第1款第2项的清仓销售的情况下，也应附上有关批准建筑计划的建设局的证明材料。

（4）商业、手工业和工业官方专职代理机构以及由这些机构聘用的代理人有权审查证明材料。为了审查目的，他们可以在营业时间内进入清仓举办人的营业间。允许任何人查阅文件和制作副本或复制图样。

（5）可以对下列人员提起停止预告或停止实施全部清仓销售的请求：

①违背第1款至第4款者；

②陈列专为清仓销售而陈设的商品以出售者（商品的假托清仓和伪装清仓）。

（6）对下列人员也可以提起停止行为的请求权：

①滥造或以其他有可能成为清仓销售的方式滥用清仓销售的事由者；

②直接或间接地继续进行业已预告停止的商业经营者，或于2年届满前在原地或相邻乡域内作为清仓举办人来从事与此类商品有关的商品交易者，但有正当理由继续和正在从事上述行为的特殊情况不在此限；

③在第 1 款第 2 项的清仓销售情况下，于所预告的建筑施工全部结束之前，在与此有关的销售占地上继续经商者。

第九条——第十一条 （已废止）

第十二条 ［对职员之行贿］

（1）在商品交易中，行为人以竞争为目的而给工业企业的职员或受任人提供、许诺或授予一种利益，以此作为在取得商品或工业给付时以不正当的方式给自己或第三人换取优惠的相应给付，于此情形，应对行为人科以最高为 1 年的徒刑或罚款。

（2）商事企业的职员或受任人在商业交易中要求、让人许诺或接受一种利益，以此作为在取得商品或工业给付时以不正当的竞争方式给他人换取优惠的相应给付，应对该职员或受任人同等处罚。

第十三条 ［停止行为请求权与损害赔偿请求权；诉权］

（1）对违背第 4、6、6c、12 条者，可以提起停止行为请求权。

（2）在第 1、3、4、6 至 6c、7、8 条的情形下，可由下列人员提起停止行为请求权：

①经营同类或相似种类的商品或工业给付的企业经营；

②促进工业利益的有权利能力的社团；

③有权利能力的社团，按其章程规定的任务包括以启发和咨询方式来维护消费者利益者。在第三条情况下，这些社团可以提起的停止行为请求权只能是该请求权涉及与消费者根本利益相抵触的行为；

④工业公会与商业公会，或手工业公会。

（3）在第 12 条情况下，停止行为请求权只能由第 2 款第 1、2 和 4 项中所述企业经营者、社团和同业公会提起。

（4）在第 2 款和第 3 款所述情况下，如果违法行为是商事企业里的职员或受任人所为，则停止行为请求权也可对企业主提起。

（5）如果请求权的提起在考虑到整个情况下是滥用行为，尤其该行为目的主要在于因追究法律责任所产生的损耗和费用而向违法人提起赔偿权，则停止行为请求权不得提起。

（6）以下情况之一必须赔偿因违法行为所产生的损害：

①在第 3 条情况下，明知或应知其所作的陈述有误。定期的报章杂志的编辑、出版者、印刷人或发行人仅在明知其提供的陈述有误时，才可以向他们提起损害赔偿请求权。

②因故意或过失而违反第 6 至 6C、7、8、12 条者。

第十三 a 条 ［对于不真实和错误广告的陈述的撤销权］

（1）在第 4 条所述的不真实和构成错误的广告陈述对其针对的人群和合同的订立事关重大时，如果买受人因该广告陈述而决定买受，则可以撤销该合同。如果广告陈述出自第三人，则只有当合同的另一方已知或应知陈述的不真实与错误的构成或由于自己所作出的措施而对这种广告陈述表示认可时，买受人才有撤销权。

（2）撤销必须在买受人得知可以证实其撤销权的情形后即时向合同另一方表示。如果在合同订立后 6 个月时间届满未表示撤销，则该撤销权即归消灭。撤销权不能事先商定。

（3）对于动产来说，因撤销所产生的后果适用有关清偿行为的法规第 1d 条第 1、3、4、5 款的规定。可以对其他的损害作出主张。如果广告出自第三人，则在合同另一方与第三人的关系中仅由第三人承担因买受人的撤销而产生的损害，合同另一方已知违法行为时则不在此列。

第十四条 ［毁谤］

（1）以竞争为目的，对他人的营利业务、企业主或企业领导人本人、他人的商品或工业给付主张或传布构成损害商业企业和业主信用的事实者，只要无法证实这些事实的真实性，则应向受害人赔偿已产生的损害。受害人也可以请求停止主张或传布这些事实。

（2）如果所发通告事关秘密，通告人或通告受领人在通告中寓有正当利益，则停止行为请求权仅在这些事实违背真实性而被主张或传布时才予许可。损害赔偿请求权仅在通告人已知或应知事实不正确时才可以提起。

（3）第 13 条第 4 款的规定于此相适用。

第十五条 ［商业诽谤］

（1）对他人的营利业务、企业主或领导人本人、他人的商品或工业给付恶意主张或传布构成损害商事企业的违背真实的事实者，应被科以最高为 1 年之徒刑或罚款。

（2）在商事企业中，第 1 款所述事实由职员或受任人主张或传布时，如果企业主对行为知情，除对职员或受任人处罚外，还可以处罚企业主。

第十六条 ［商业标志之保护］

（1）行为人在商业交易中使用姓名、商号或使用营利业务、工业企业或印刷品的专门标志，而使用方式足以与他人有权使用的姓名、商号或特别标志相混淆，可以对行为人请求停止使用。

（2）假如使用人已知或应知滥用程度足以引起混淆，则应对受害人负损害赔偿之责任。

（3）这些商业标志与其他用于区分这类业务与它类业务的、在所参与的交易范围内视为营利业务标志的特定设计都视同营利业务的特别标志。本条规定不适用于对商标和包装的保护（商标保护法第1条、第15条，1894年5月12日该法公布于帝国法律公报第411页）①

（4）第13条第4款的规定于此相适用。

第十七条　[商业秘密或经营秘密的泄露]

（1）身为商事企业的职员、工人或学徒，以竞争为目的，或出于私利或为第三人谋利，或故意加害于商事企业主，在雇佣关系存续期内擅自将由于雇佣关系而向其透露的或提供的商业秘密或经营秘密告知某人，应对此行为的实施人科以最高为3年之徒刑和罚款。

（2）以竞争为目的，或出于私利，或为第三人谋利，或故意加害于商事企业主而实施下列行为之一者同样受罚：

①以下列方式之一擅自获取或保证得到商业秘密或经营秘密：

a）使用技术手段；

b）制造再现秘密的器材；

c）取走体现秘密的物件。

②行为人通过第1款所称告知，或通过自己或他人所为的本款第1项所述行为取得或擅自搞到或保证得到商业秘密或经营秘密，从而擅自加以利用或告知某人。

（3）行为未遂应加处罚。

（4）对情节特别严重的案件可处以5年以下的徒刑或罚款。如果行为人在告知中明知秘密会在国外利用，或其本人就在国外利用，则视为情节严重。

第十八条　[资料的利用]

以竞争为目的，或出于私利擅自将商业交易中向其透露的具有技术性能的资料或规程，尤其是图样、模型、模版、截面图、配方加以利用或告知某人，应对此行为的实施人科以最高为2年的徒刑或罚款。

第十九条　[损害赔偿义务]

违背第17条、第18条之规定者，另外还负有由此所生的损害赔偿义务。多数义务人视为连带债务人。

第二十条　[引诱泄密和自愿泄密]

（1）行为人以竞争为目的，或出于私利，企图引诱某人违背第17条或第18条规定或随和他人自愿违背这些规定，对行为人处以最高为2年的徒刑或罚款。

（2）对于以竞争为目的，或出于私利，自愿违背第17条或第18条规定或鉴于他人之强求而愿意违背这些规定的行为，行为人同样受罚。

（3）刑法典第对条与此相适用。

第二十a条 ［在国外所犯之轻罪］

对于按照第17条、第18条和第20条规定的犯罪行为适用刑法典第5条第7款。

第二十一条 ［消灭时效］

（1）本法所述停止行为或损害赔偿的请求权满6个月即消灭时效。时间从请求权人得知行为发生和义务人之时开始算起，在3年内得知行为的作成在所不问。

（2）对于损害赔偿请求权，消灭时效始期不先于产生损害之时。

第二十二条 ［告诉；自诉］

（1）除第4条和第6C条所述情形以外，行为仅因申请而追究。如果起诉机构出于对起诉的公共利益，认为有必要奉命干预，则告诉不适用于第17条、第18条和第20条的情形。在第12条的情形下，第13条第2款第1、2、4项所称经营者、协会和同业公会的任何人都有权提起刑事诉讼。

（2）在根据第4条和第6c条所追究的刑事行为时，如同按照第12条仅根据申请而作的刑事行为，除受害人（刑事诉讼条例第374条第1款第7项）以外，第13条第2款第1、2、4项所称的经营者、协会和同业公会和任何人都有权提起自诉。

第二十三条 ［判决之公告］

（1）如果对第15条的情形判以刑罚，则应依照受害人的告诉，规定判决应根据请求而予以公告。

（2）如果根据本法的规定提起停止行为的诉讼，则在判决中可以判给胜诉当事人的权力是，由败诉当事人负担费用、在一定期限内公告判决中应处分的部分。

（3）公告方式可在判决中规定之。

第二十三a条 ［对停止行为之诉利益值的测算］

在测算因违背第1、3、4、6、6a至6e、7、8条而提起停止行为请求权的诉讼利益值时可作减值考虑，只要案件从性质和大小来说情节简单，或者从当事一方的财产和经济收入状况来看难以负担以全部诉讼值计算的诉讼费。

第二十三b条 ［诉讼利益的降低］

（1）在根据本法规定经起诉而提起请求权的民事法律纠纷中，如一方当事

附录：主要国家竞争与反垄断法

人确信按照全部诉讼利益值设定诉讼费之负担会严重危害当事人的经济状况，法院则可以依照申请，确定该当事人支付诉讼费之义务限于与其经济状况相应之部分。法院在作出规定时可另外根据当事人所负担的诉讼费来确定，相信其负担既不直接又不间接地转嫁给第三人。该规定应有的效果是要使受袒护的当事人同样只按照该部分诉讼利益值来缴付其律师费。还由相只要诉讼费责成当事人负担，或者只要该费用由他承担，那他只需按照部分诉讼利益值偿对人缴付的诉讼费及其律师费。只要除裁判费以外的诉讼费责成相对人负担，或由他承担该费用，则受袒护的当事人的律师可以根据适合相对人的诉讼利益值向相对人追收律师费。

（2）按照第1款所为之申请，可以向法院的办公室表示而作成笔录。该申请应在审理诉讼标的之前提起。在审理之后，仅在法院事后提高已采纳或已确定之诉讼利益值时才准许提起申请。在对申请决定前，相对人可以听取意见。

第二十四条 ［地方之管辖］

（1）对于根据本法所提起的诉讼，被告人之营业所所在地区的法院有权管辖。对于在国内既无营业所，又无住所者，国内居留地之法院有权管辖。

（2）对于根据本法所提起的诉讼，除此只有行为发生地区的法院有权管辖。

第二十五条 ［假处分］

为保障本法对停止行为请求权的履行，即便不符合民事诉讼条例第935条、940条所述要件，也可以公布假处分。

第二十六条 ［已废止］

第二十七条 ［诉讼之管辖］

（1）在民事法律纠纷中依本法提起请求权时，只要第一审由州法院管辖，则该法律纠纷归商业公会管辖；除非在另一些法律纠纷中，最终消费者根据第13a条提起的请求权并非出自法院组织法第95条第1款第1项所述当事人双方的商业行为，这类法律纠纷不属商业公会管辖。

（2）州政府经授权后发布法规命令，给设有若干个法院的地区指定其中一个法院作为受理竞争诉讼案件的法院，该法院应有助于审理竞争诉讼案件的司法工作，尤其应有利于保障统一的裁判。州政府可以将此授权让与州司法行政部门。

（3）在审理竞争诉讼案件的法院里，当事人也可以让准许到不按第2款规定的能管辖该诉讼的法院出庭的律师代理。在上述法院里，该项代理同样适用。

（4）当事人未经受理诉讼的法院准许而按第3款规定让律师代理，由此给当事人所增加的额外费用不予偿还。

第二十七a条 ［仲裁处］

(1) 州政府在工业公会和商业公会设仲裁处，以调解依本法提起请求权的民事法律纠纷（仲裁处）。

(2) 在最终消费者或第 13 条第 2 款第 3 项所述的消费者协会诉请时，仲裁处可由一名能按德国法官法规定胜任法官职务的法律工作者作为审判长和同样名额的企业经营者和消费者作为审判员组成，此外还可由审判长和至少是 2 名内行的企业经营者作为陪审员组成。审判长应有竞争法方面的经验。审判员由审判长根据每年日历所安排的审判员名单分别给各诉讼案件任命之。对任命事宜应与当事人达成一致意见。对于仲裁处成员之回避可适用民事诉讼条例第 41 条至第 43 条及第 44 条第 2 至 4 款。拒绝之请求由管辖仲裁处所在地的州法院（商事法庭，或无此庭时则民事法庭）裁判。

(3) 在第 13 条和第 13a 条的民事法律纠纷中，只要竞争行为涉及与最终消费者所作的商业交易，任何当事人都可以诉请仲裁处就纠纷事件找相对人谈话。在第 13 条和第 13a 条的其他民事法律纠纷中，只要相对人同意，也可诉请仲裁处调解。

(4) 有关仲裁处的管辖，适用第 24 条。

(5) 仲裁处的审判长可以命令当事人亲自出庭。仲裁处可以对不可原谅的不出庭的当事人规定罚款。根据民事诉讼条例规定，对亲自出庭的规定和罚款的规定表示不服时，应向仲裁处所在地所管辖的法院（商事法院，或无此法庭时则民事法庭）主动提起抗告。

(6) 仲裁处必须力求和解。仲裁处可以制作说明理由的书面仲裁建议书。该建议书及其理由仅征得当事人同意后才准许公布。

(7) 和解一经成立，必须写成特别文书，并注明成立之日期，在日期下由参与审理的仲裁处成员以及当事人签名。在仲裁处里达成和解后即进行强制执行，民事诉讼条例 797a 条于此适用。

(8) 仲裁处如认为所提出的请求权自始就毫无根据，或认为该请求权不属本仲裁处管辖，则可以拒绝受理仲裁审理。

(9) 消灭时效由于向仲裁处上诉而中断，这与由于起诉而中断时效相同。中断时间存续至仲裁处的诉讼程序的终止。如和解不成立，终止诉讼程序的准确时间可由仲裁处确定。审判长必须将此事通知当事人。如仲裁处撤回上诉，消灭时效之中断即视为没有发生。

(10) 如果提起第 13 条第 1 款所述方式的诉讼而事先未上诉仲裁处，法院可以根据申请为当事人指定新的期限，让他们在此期限前为促成和解而上诉仲裁处。在申请公布假处分的诉讼程序中，仅在相对人同意时才准许发布该命令。第

8 款于此不适用。假如诉讼程序在仲裁处悬而未决,而申请之相对人在向仲裁处上诉后才断定所提起的请求权并不存在,则此诉讼不准提起。

(11) 经授权,州政府公布为执行上述规定和调整仲裁处的诉讼程序所需之规则,其中尤其是关于仲裁处之监督、在非属工商公会的工商业经营人的合理参与下仲裁处的组织安排(1956 年 12 月 18 日关于工商公会法的暂行规定第 2 条第 2 至 6 款——联邦法律公报第一部分第 920 页)以及罚金之执行,同时,州政府应制订关于仲裁处收取费用之规定。为规定第 2 款第 1 句所称消费者,各州设消费者中心,由公费资助,在组成仲裁处时应考虑中心的建设。

第二十八条 ［国家之间的法律］

在国内无总营业所者,请求本法保护之范围,仅限于在其总营业所所在国家内德国工业经营人根据刊登在联邦法律公报上的公告应享受的相应的保护权。

第二十九条 ［已废止］

第三十条 ［生效］

(1) 本法定于 1909 年 10 月 1 日起生效。

(2) 1896 年 5 月 27 日的制止不正当竞争的法律(帝国法律公报第 145 页)自此时间起失效。

反对限制竞争法(卡特尔法)(节选)

生效日期:1980-09-24

第一篇 限制竞争行为

第一章 卡特尔合同和卡特尔决议

第一条 限制竞争的协议无效

(一) 企业或企业协会为共同的目的所订的合同以及企业协会的决议,其目的如果是限制竞争,且影响了商品或劳务的生产或市场情况,则无效。本法另有规定者不适用上述原则。

(二) 法人的股东是企业时,该法人的股东大会决议视为企业协会的决议。

第二条　条件卡特尔

（一）关于统一使用标准合同条件，共同交货条件，付款条件（包括现金和限期付款时的折扣付款条件）的合同和决议，不得视为第一条所指合同和决议。本规定不涉及价格或价格的构成。

（二）进行第九条第二款所指申请时须证明，因第一款的合同或决议而发生关系的供货人和顾客已经以适当方式征求其意见。他们的意见应附在申请书上。

（三）本条第一款的合同或决议，在向卡特尔当局提出申请后三个月期限内未被其驳回者，得生效。仅当第十二条第一款所指条件发生时，才能据以提出驳回。

第三条　回扣卡特尔

（一）第一条不适用于供货时关于回扣的合同和决议，但该回扣必须表现真正的劳务价值，且不会造成对不同经济阶段的不合理的不同待遇，或是对同一经济阶段的不同顾客的不合理的不同待遇。经济阶段是指对每次交货，在接受货物时均付出同样的劳务。

（二）进行第九条第二款所指申请时须证明，本条第一款的条件已发生，且已经以适当方式征求过适用于回扣规则的经济阶段的意见。其意见应当附在申请书上。

（三）本条第一款类型的合同和决议，在向卡特尔当局提出申请后三个月期限内未被其驳回者，得生效。在下列情形下卡特尔当局必须驳回：

1. 不能证明第一款所指条件已发生和已经听取过适用回扣规则的经济阶段的意见；或者

2. 合同或决议对于生产或商业或适当考虑消费者利益时明显的有损害作用；特别是使得开办某一经济阶段的营业活动加重困难；或者

3. 申请书公布一个月之后（第十条第一款）与该商品有关的市场参加人证明，他因为该合同或决议受到不公平的差别待遇。

（四）当提出第一款至第三款的原因时，卡特尔当局在第三款第一句所指限期之后，仍可将第一款意义的合同或决议宣告无效。

第四条　结构危机卡特尔

因销售减少而发生持续的需求变化时，卡特尔当局可因申请将第一条所指类型的就生产、制造、加工或处理方面的合同或决议的批准颁发给企业，如果这些合同和决议为按计划得到适当的符合需求的生产能力是必须的话，同时它们的执行应遵守考虑整体经济和全体利益的规则。

第五条 合理化卡特尔

(一) 第一条不适用于只关于统一适用标准或型号的合同和决议。按第九条第二款进行申请时须附有合理化协会的意见。本法意义的合理化协会是指：协会章程规定的任务是：进行和审核标准化或型号化项目提出的计划，并且使有关的供应商和顾客以适当的方式参加。

(二) 卡特尔当局应申请可对第一条类型的合同和决议给予批准，如果合理化的进行是一种经济活动，并可从根本上提高参加企业在技术方面的生产能力或经济效率，对企业的经济管理或组织方面的关系加以改善，从而更好地满足需求。合理化应当以合适的状态与有关的限制竞争的后果相适应。

(三) 如果价格约定方面的合理化通过合同或决议实现，或通过共同采购或销售组织，（辛迪加）实现合理化，则仅当合理化的目的依其他方式不能达到，或合理化是公共利益所期待的情况下，才得批准。合理化的结果应当以合适的状态与有关的限制竞争的后果相适应。

(四) 本第二句中所指在经济领域中规定统一方法去描述合同标的或价格分类的合同和决议不属第一条所指，但它们不得包含关于价格或价格构成的规定。如果某经济领域里的商品和劳务，仅仅根据描述即可发表其报价书，并且该商品和劳务的性质在订合同时无法调查，则亦适用第一句。

第五之一条 专门化卡特尔

(一) 第一条不适用于通过专门化达到经济活动合理化的合同和决议。但它们不得妨碍市场上的基本竞争状况，当合同和决议以第五条第二款或第三款的方式的约定实现专门化，而且这类约定对实现专门化是必要的，则仍适用第一句。

(二) 在按第九条第二款进行申请时，应当证明第一款所指条件已具备。

(三) 第一款所指的合同和决议，在向卡特尔当局申请后三个月期限未被驳回时，得生效。不能证明第一款所指条件已具备时卡特尔当局须驳回申请。对第一款所指合同和决议的修订和补充进行申请时，如该种修订和补充未改变参与企业的范围，且这种专门化亦未扩展到其他商品和劳务，则第一句所指的期限为一个月。

第五之二条 中小企业的协作便利

(一) 第一条不适用于企业间采取第五之一条以外方式的达到经济合理化的合同和决议，如果这样做不会过多影响市场的竞争，而且这种合同和决议可使中小企业的生产效率提高。

(二) 第五之一条第二、三款准用。

第六条 出口卡特尔

（一）第一条不适用于遵守本法适用范围以外市场竞争管理原则的担保和促进出口方面的合同和决议。

（二）卡特尔当局根据申请必须批准第一条所指类型的合同和决议，如果本第一款所指规则亦适用于本法适用范围内商品和劳务的交易，且这种规则还使本法生效范围外的市场上将失效的竞争管理规则有效。第十五条与本条并无冲突。提出申请时应附有有关的国内制造商和顾客的意见。

（三）当合同或决议或其执行方式发生以下情况时，卡特尔当局可不颁发第二款所指批准；

1. 损害德意志联邦共和国所签订的国际协定中所承认的关于商品和劳务的交易的基本规则；或者

2. 可导致在本法适用范围内较重大地限制竞争，且属保持竞争的意义之外。

（四）为结束第二款所指的有关规则，卡特尔当局可在一定范围内授权给当事人。

第七条 进口卡特尔

（一）如仅涉及到本法适用范围内进口的规则，当德国买方没有，或没有具备竞争能力的报价人时，卡特尔当局可应申请批准第一条所指类型的合同或决议。

（二）准用第六条第二款第三句和第三款。

第八条 特别卡特尔

（一）第二条至第六条的条件虽未出现，但在例外情况下有必要为整体经济和公共利益限制竞争时，联邦经济部长可应申请批准第一条所指的合同和决议。

（二）当一种直接危险危及某一经济部门绝大多数企业的存在，但不能或不能及时采取其他法律的或经济政策上的措施，而限制竞争对消除这种危险是适宜的，则可按第一款颁发批准。这种批准只允许在特别严重的个别情况下颁发。

（三）第六条第二款第三子句准用。

第九条 申请在卡特尔登记簿上登记

（一）按第四条，第五条第二款和第三款，第六条第二款，第七条，第八条颁发了批准的合同和决议均须在卡特尔登记簿上登记。

（二）第二条，第三条，第五条第一款，第五之一条第一款，第五之二条第一款和第六条第一款所指的合同和决议，其修改及补充，仅当向卡特尔当局申请登记后才得生效。在第五条第一款第一子句的情况下，当申请书附有第五条第一款第二句规定的合理化协会的意见时，申请才有效力。第五条第四款所指类型的

附录：主要国家竞争与反垄断法

合同和决议必须立即向卡特尔当局申请登记。申请登记的合同和决议均须在卡特尔登记簿上登记，但不包括第六条第一款的例外。

（三）第一款与第二款所指合同和决议的终结和取消得在卡特尔当局申请登记，并应在卡特尔登记簿上登记。

（四）卡特尔登记簿由联邦卡特尔局管理。在卡特尔登记簿上应登记如下事项：

1. 营业所名称或其他标志及地点，或是成员企业的所在地；
2. 成员企业的同人或股东名称，地址，法人成员企业的法定代表；
3. 卡特尔的法律形式和地址；
4. 委托的代表人（第三十六条）或其他授权代理人的姓名和地址，法人卡特尔的法定代表人；
5. 合同和决议的主要内容，特别是有关商品和劳务的指标，卡特尔的目的，打算采取的措施，适用期限，解除、退出和脱离卡特尔事宜。
6. 对1～5中事项的修改补充；
7. 合同和决议的终结和取消；
8. 卡特尔当局所规定的期限、限制、批准的条件和附带条件，以及撤销批准或由卡特尔当局对合同和决议作无效宣告。

（五）申请得以口头或书面形式向卡特尔当局提出。

（六）允许任何人查阅卡特尔登记簿。

（七）联邦经济部长得通过法规决定设立和管理卡特尔登记簿的详细事宜，法规不必得到联邦参议院批准。

第十条 公告

（一）以下各事项应在联邦广告报上公布。

1. 第四条，第五条第二款和第三款，第六条第二款，第七条和第八条所指类型的合同和决议，其申请颁发批准的申请书；
2. 第二条、第三条、第五条第一款和第四款，第五之一条第一款和第五之二条第一款所指类型的合同和决议的登记申请书。
3. 第三十八条第二款第二项和第三项所指类型的推荐的登记申请书；
4. 按第九条第四款第三项、第五项、第六项、第七项和第八项在卡特尔登记簿上登记的事实情况；
5. 按第二十三条所指联合，以及为第二十四条第三款的联合要求颁发批准的申请书。

上述第一项和第二项的公告内容适用第九条第四款第三、五、六各项。上述第三项的公告内容适用第九条第四款第五项。对推荐申请过登记者、及推荐使用当事人亦应作公告。上述第五项公告的内容适用第二十三条第五款第一句及第二句第一项和第二项。

（二）已进行了第一款所指申请和在卡特尔登记簿登记的申请时，作登记公告时仅须提及对申请书和登记申请书已作公告即可。

第十一条　颁发批准和撤回

（一）按第四条，第五条第二款及第三款，第六条第二款，第七条和第八条颁发的批准一般不得超过三年期间。

（二）应申请可按第一款规定延长批准。仅当成员企业已就此向卡特尔当局声明且已得其同意后才得颁发延长批准。声明须由具体企业在批准期期满前三个月亲自提出。

（三）批准书可附限制条件和附加条件。

（四）以下情况下，批准书可撤回，或通过限制令或增加条件修改，或增设附加规定：

1. 当作决定所依据的关系已发生根本变化，或者
2. 当卡特尔或其成员企业违反批准书上的附加规定行事。

（五）以下情况下，须撤回批准书，或通过限制令或增加条件改变之，或增设附加规定：

1. 当批准是通过申请人或其他人以违法手段，例如恶意奸诈、威胁而得来的；
2. 当卡特尔或成员企业滥用批准书授予的豁免适用第一条的权利；
3. 当合同或决议或其执行方式损害了德意志联邦共和国签订的国家间协定中承认的商品和劳务交易的基本原则。
4. 当卡特尔违反第二十五条第二款或第三款，或第二十六条规定的禁止事项行事。

第十二条　卡特尔当局的措施

（一）对第二条、第三条、第五条第一款、第四款、第五之一条第一款及第五之二条第一款所指类型的合同和决议，卡特尔当局可对其采取第三款所指措施：

1. 当合同或决议或其执行方式在市场上表现出对豁免第一条所获得的地位的滥用；
2. 当他们损害了德意志联邦共和国签订的国家间协定中承认的商品和劳务交易的基本原则。

（二）对第六条第一款所指类型的合同和决议，卡特尔当局可对其采取第三款所指措施：

1. 当第一款第二项所指先决条件已出现，或者
2. 当合同和决议的适用明显损害了德意志联邦共和国的对外经济的根本利益。

（三）卡特尔当局可以：

1. 指定成员企业消除已发生的滥用，
2. 指定成员企业修改合同或决议，或者
3. 宣布合同或决议无效。

第十三条 解除合同，退出卡特尔

（一）对第二条至第八条所指合同，当事人均可依据重大原因不受期间限制以书面解除。一个特别重要的原因就是：从经济上解除合同的自由度不公正地受到限制，或是因与其他当事人相比受到不公正的不平等待遇而受到损害。对无重大原因的解除，仅可在行为后四个星期对解除无效提起诉讼。

（二）卡特尔当局对第四条、第五条第二款和第三款，第六条第二款、第七条和第八条所指类型的合同和决议尚未颁发批准时，每一成员均可依重要理由退出。准用第一款第二句和第三句。如果在退出声明发出前已向卡特尔当局申请颁发批准，则应把退出声明通知卡特尔当局。

（三）任何意在排除解除合同权和退出权的协议，或违反本条规定从经济上或法律上对其作限制，都是无效的。

第十四条 使用担保

（一）仅当卡特尔当局对第二条至第八条所指合同或决议颁发批准后，才得使用担保，如果这一措施不公正地限制了有关方面的经济自由度，或因对成员企业间的不公正的不平等待遇影响了担保，则必须拒绝批准。

（二）批准可规定期间和限制条件以及附带条件。

第二章 其他合同

第十五条 关于价格构成和合同条件的合同的无效性

企业间在本法有效范围内就市场上商品和劳务所订合同，如果对合同当事人（成员企业）与第三者关于商品和劳务所签订的合同，限制其价格构成或合同条件方面的自由，均无效。

第十六条 允许出版证上的价格拘束

如果企业对顾客承担了出版证上的法定的或经济上的拘束，则对进一步转销

规定价格、或要求顾客在向最终顾客进一步转销时承担同一约束，不适用第十五条。

第十七条 通过卡特尔当局取消垂直价格拘束

（一）卡特尔当局如果确认：

1. 价格拘束已被滥用；或者

2. 价格拘束本身，或价格拘束与其他限制竞争行为相联系后，在整个经济关系中会以一种不公平的方式使被拘束的货物涨价，或阻止其降价、或限制其生产或销售。

卡特尔当局可依职权或依第十六条受拘束的顾客的申请，宣告价格拘束立即无效，或在规定的某一将来时刻后无效，并提议使用一种新的，同类的价格拘束。

（二）卡特尔当局在按第一款裁决之前，得要求受价格拘束的企业停止已发生的滥用。

第十八条 取消排他性拘束

（一）企业间关于商品和劳务的合同，如果对合同当事人：

1. 限制交货用商品，或其他商品或劳务的使用自由；或者

2. 限定从第三者购买其他商品或劳务，或限定向第三者提供商品或劳务。

3. 限定向第三者提供交货用商品，或者

4. 有责任接受实质上或商业习惯上不属于商品或劳务的东西，并且

a. 因此使和市场竞争有举足轻重数字的一批企业受同一种拘束，从而不公正地限制了自由竞争；或者

b. 因此而不公正地限制了其他企业进入市场；或者

c. 由于此种限制的规模，从根本上损害了市场上该种或他种商品或劳务的竞争；

卡特尔当局可宣告价格拘束立即失效，或在规定的某一将来时刻后无效，并提出使用一种新的、同类的拘束。

（二）本条第一款第四项第 b 则所指不公正，不是指给其他企业保留的供需之间的无关紧要的限制。

第十九条 其他合同成分的继续有效

（一）卡特尔当局对某项价格拘束或第十八条所指类型的一种限制宣告无效时，则应按通常规定决定其余的与之有关协定的有效性，但第二款另有规定者除外。

（二）应一方合同当事人的申请，卡特尔当局可立即发布第一款所指类型的

裁定、命令；已在裁定中宣布的无效性不影响其他合同约定的有效性。仅当裁定为消除对一方合同当事人有不公平的严厉是必要的，且不会与其他合同当事人的重要的利益相对立时，就应作出这种裁定。

（三）如果存在一项约定，使得在第一款情况下，由于价格拘束或限制而发生退出权利或解除权利，或约定修改了合同内容因而不利于对方当事人，特别是提高了他的对等给付，则仅当卡特尔当局应申请发布批准时，才准许提出此种约定所生权利。当行使这种权利不会不公正地限制合同当事人的经济活动自由度时，应当颁发批准。批准书可附以各项限制、期间、条件及附加条件。

第二十条 特许权合同

（一）关于获得或使用专利权，实用样式或品种保护权的合同，如果规定获得人或被许可人在营业往来中要遵守超过了该保护权利内容的一些限制，则无效，关于该项权利的使用形式、内容、数量、范围、时间方面的限制不超过保护权利的内容。

（二）第一款不适用于

1. 为出售人或许可人的利益，获得人或被许可人有权对一项保护权利的内容进行无可指责的利用时，对获得人或被许可人的限制。

2. 对获得人或被许可人就被保护内容的价格方案方面的拘束。

3. 对获得人或被许可人就交换经验或提供改进或使用发明的许可证的责任，如果专利权所有人或许可人也有同样的义务的话。

4. 获得人或被许可人有责任不攻击保护权利。

5. 获得人或被许可人有关本法适用范围外市场竞争规则方面的责任。

但上述各项限制不应超过获得权利的期间或保护权许可证里规定的期间。

（三）卡特尔当局可应申请对第一款所指类型的合同之一发布批准，但不应使获得人或被许可人或其他企业受到不公平的限制，而且，限制的规模不会从根本上损害市场竞争。准用第十一条第三款至第五款。

（四）第一条至第十四条不受影响。

第二十一条 不受保护的劳务合同和种子秧苗合同

（一）关于转让和使用法律上不受保护的发明，工厂工艺流程、建筑、其他多种劳务的技术，以及不受保护的关于栽培植物的多种劳务的植物栽培方面的技术，只要表现有营业秘密，其合同适用第二十条。

（二）关于"种子营业法"第三十八条和第六条的种子表上的种子秧苗或"种子营业法"第七十条，第七十二条的"种子总目表"上已登记的种子，培植者与繁殖者或某个培植阶段的企业之间所订合同，准用第二十条。

第三章 控制市场的企业

第二十二条 控制市场的企业，卡特尔当局的权限

（一）本法意义的控制市场的企业是指，作为某种特定商品或劳务的供应者或需求者：

1. 它没有竞争者，或者竞争很少，或者
2. 相对竞争者它具有一个突出的市场地位，除考虑其市场比重外，特别要考虑其财力，采购或销售市场的渠道，和其他企业的财产上的关系以及对其他企业进入市场在法律上和事实上的限制。

（二）两个或多个企业亦得作为控制市场的企业，只要其间就某种特定商品或劳务一般来讲没有真正的竞争，或因实际原因在一定的市场上不存在真正的竞争，而且他们一般已满足第一款的先决条件。

（三）1. 企业就某种特定的商品和劳务，在大多数情况下具有三分之一的市场比重，则应假定他就是本第一款意义的控制市场的企业；

2. 某种特定的商品或劳务出现以下情况时，应假定第二款所指的先决条件已经出现：

a. 三个或三个以下的企业对其共同拥有百分之五十或百分之五十以上的市场比重时；

b. 五个或五个以下的企业对其共同拥有三分之二或三分之二以上的市场比重时。

但是，当所涉及的企业在上一完整的营业年度内销售额小于一亿西德马克时，则不适用上述假定。计算市场比重和销售额适用第二十三条第一款第二至十句的规定。

（四）控制市场的企业在市场上对这种或那种商品或劳务滥用其控制市场的地位时，卡特尔当局对该控制市场的企业拥有第五款所指权限。本第一句意义的滥用尤其是指：如果就某种特定的商品或劳务：

1. 以一种从竞争角度来讲有较大影响的，无实质公平原因的方式损害其他企业的竞争可能性；

2. 提出一种与实际能够提高竞争可能性所不相容的报酬或其他合同条件；在这里尤其应考虑企业在那些有效竞争的市场上的行为方式；

3. 提出一种较之于控制市场的企业本身对同一顾客在同类（可比较）市场上提供的更不利的报酬，或其他合同条件，但差别是实质上合理时除外。

（五）卡特尔当局在第四款所指前提条件下可禁止控制市场的企业的滥用行

为，并宣告合同无效，宣告准用第十九条。卡特尔当局可事先要求当事人停止已发生的滥用。

（六）当股份公司法第十八条规定的康采恩企业已经出现第一款所指前提条件，卡特尔当局对各该康采恩成员企业均具有第五款的权限。

第二十三条　企业联合时的报告责任

（一）企业通过联合发生以下情况时，应立即向联邦卡特尔局报告：

1. 通过联合，联合企业在本法有效全部或部分范围内达成百分之二十或更高的市场比重，或其中一个成员企业在另一个市场上达到百分之二十的比重，或者

2. 成员企业全体在实现联合前的最后一个营业年度内的某一时刻共拥有一万职工，或在该时刻销售额至少达到过五亿西德马克。如果成员企业是一个股份公司法第十七条意义的受控制的或控制的企业，或者是一个股份公司法第十八条意义的康采恩企业，在计算市场比重、职员人数和销售额时，应将相关企业看作独立的企业。多个企业因协议或其他同类方式共同行动，因而对某一个成员企业发生共同控制作用，则其每一成员都作为控制企业（母公司）看待。销售额的计算可适用股份公司法第一百五十八条第一款和第二款的规定。在本第二句意义的相关企业间内部供货和劳务所发生的销售额（内部销售额），增值税以及消费税不考虑。外币销售额按官方牌价换算为西德马克。对信用机构和建筑银行以结余额的十分之一代替销售额，对保险公司以其上一营业年度的十分之一保险收入代替销售额。计算结余额时应减去对本第二句意义的相关企业投资的已支付部分。保险收入是指总保险和分保险业务中包括一定份额分保险所得的收入。企业以推销商品作为其全部或部分营业，则应尽可能以四分之三销售额作为估定值。企业以出版、生产、推销报纸杂志或其部分产品作为其全部或部分的营业，尽可能以销售额的二十倍作为估定值。第六句的效力不受影响。全部或绝大部分购置另一个企业的财产时，按已出售部分的财产计算售方的市场比重，职工人数和销售额。对购置股份者，如果出售方保留至多百分之二十五的股份，且企业联合并不满足第二款第二项和第三款第五项的前提条件，则准用第八句规定（即上一句）。某人，或某非企业社团，是某企业的多数股权的参股人时，在本法中作为企业看待。

（二）本法意义的联合是指：

1. 以合并、转换或其他方式购置另一企业的全部或主要部分的财产，

2. 购置另一企业的股份，使得该股份或股份连同其他已属于该企业的股份达到：

a. 另一企业的有投票权资本的百分之二十五，或者

b. 另一企业的有投票权资本的百分之五十，或者

c. 使该企业得到股份公司法第十六条第一款意义的多数参股。

属于企业的股份包括：属于第一款第二句所指相关企业的股份，或其他为该企业利益计算的企业的股份，或者，当企业所有人是商人时，也包括其所有人的其他财产。同时购置多个企业或是依次购置以上所指范围内的另一企业的股份时，相对另一企业营业的市场视为成员企业相互间的联合（共同企业）。以合同，公司章程，有限责任公司章程或决议购置股份，如果购置者因此得到股份公司情况下即作为有百分之二十五投票权资本的股东的法律地位，亦得被视为联合。对一个企业持股视为有投票权。

3. 通过与另一企业订合同，由此

a. 设立一个股份公司法第十八条意义的康采恩，或者扩大原康采恩企业的圈子，或者

b. 另对一个企业负有责任，为企业的利益而经营企业，或者将其全部或部分利润转到该企业。

c. 将另一企业全部或主要部分的生产租给该企业，或者用其他办法转让给该企业。

4. 企业监督委员会、经理部或其他管理性质的机构至少一半成员是另一个企业的各该部的成员。

5. 造成一个或几个企业直接或间接对另一个企业施加控制性影响的任何其他种类的企业间联合。

（三）成员企业事先如果已经是本第二款意义上的联合，则应被视为联合，但此种联合不会导致已经存在的企业间的联系发生根本性的增强时除外。信用机构在企业设立，增资之时或在其本身营业范围内，购置另一企业的股份，目的为在市场上出售，若不行使该股份的表决权，且在一年以内完成该项出售时，均不视为企业联合；设立企业时，在设立后第一次股东大会上行使发言权不作为企业联合。联合的成员企业如果是第一款第二句意义的相关企业，则控制企业及其控股企业视为加入了联合。如果两个或多个企业进行联合，视其为控制企业及其控股的企业的联合。

（四）以下情况中，报告义务人为：

1. 合并或转换情况下，接管企业或新设企业的所有人或其代理人；法人或合伙情况下，法律规定的或章程规定的代表人；

2. 其他情况下：

a. 参加联合的成员企业的所有人；

b. 第二款第一、二项情况下，出售人或其代理；法人或合伙情况下，法律或章程规定的代表人；本 b 则情况准用第三款第三句。

（五）报告须写明联合的形式和每一成员企业的如下情况：

1. 名称或其他标志，分支机构的地点或所在地；

2. 营业种类；

3. 出现第一款第一句的前提条件时，应写明市场比重，包括职工人员和销售额的测算与估计资料，对信用机构和建筑储蓄银行以结余额代替销售额，对保险企业则以保险收入代替；

4. 当按第二款第二项购置另一企业股份时，须写明购置额度以及其所包含的总参股份额。成员企业若是本第一款第二句意义的相关企业，则第二句第一项至第三项所要求的内容中对其相关企业应另加以康采恩关系的标志，相关企业间相互参股的情况。

（六）联邦卡特尔局可要求任一成员企业提供该企业在联合前结束的营业年度所达到的关于市场比重的测算和估算资料，某一特定种类商品或劳务的销售额的资料。当成员企业是本第一款第一句意义的相关企业时，联邦卡特尔局还可要求其提供所相关企业的情况。它也可以要求相关企业提供情况。准用第四十六条第二款、第五款和第九款。联邦卡特尔局必须规定完成提供情况的合适期间。联邦卡特尔局按第四十六条规定的权限不受影响。

第二十三之一条 关于控制市场的假定

（一）在不损及第二十二条第一款至第三款规定的情况下，假定作为联合控制的情况是：通过联合产生了突出的市场地位或加强了市场地位，以至：

1. 在联合前结束的营业年度里的销售额至少达到二百亿西德马克的企业和另一个企业联合，且该另一企业是一个：

a. 在中小企业的市场比重总计至少达到三分之二市场份额的市场上的企业，且参加联合的成员企业全体市场比重达到了百分之五，或者

b. 在一个或多个市场上的控制企业，在刚结束的营业年度里，销售总额至少达到一亿五千万西德马克，

2. 参加联合的成员企业在联合前结束的营业年度里总销售额达到至少一百二十亿西德马克，且至少有两个成员企业各至少达到十亿西德马克的销售额；但是，当联合满足第二十三条第二款第二项第三句的前提条件，且联合企业如果未在上一日历年度销售额至少达到七亿五千万西德马克的一个市场上活动时，本假定不成立。

（二）多个企业整体控制市场时作为联合控制，此时：

1. 该多个企业包括了三个或三个以下的企业，且他们共同在一个市场占最高的市场比重，该比重总和达到百分之五十；或者

2. 该多个企业包括了五个或五个以下的企业，且他们在一个市场上共同具有最高的市场比重，该市场比重总和达到三分之二，

除非，这些企业证明，就他们之间的竞争来讲，联合之后仍然存在着竞争条件，或者企业的全体在与其他竞争者的关系上并无突出的市场地位。当有关的企业在刚结束的营业年度里的销售额低于1.5亿西德马克，或全体联合的成员企业的市场比重总和不高于百分之十五，则不适用第一句。第二十二条第二款和第三款第一句第二项一般不受影响。

（三）测算销售额和市场比重适用第二十三条第一款第二句至第六句以及第八句至第十句。

第二十四条 联合控制

（一）可以预见通过联合会出现控制市场的地位或是加强控制市场的地位时，卡特尔当局具有以下各项规定的权限，但成员企业能证明通过联合产生了更好的竞争条件，且因此改善克服了市场被控制的缺点时除外。

（二）第一款的情况出现时，卡特尔当局要禁止联合。联邦卡特尔局一旦获知联合的计划就可以禁止联合，对已经执行的联合，联邦卡特尔局仅可在收到按第二十三条规定的完整报告后一年期间以内禁止之。准用第二十四之一条第二款第二项第一则至第五则。下禁止令之前，对成员企业所在地之州最高主管当局应给予提意见的机会。联邦卡特尔局按第一款若已发布裁决，则未经联邦经济部长批准不得实行联合或加入联合。凡违反禁止令所为的法律行为一概无效。但对于合并、转化、并入或设立企业的合同以及股份公司法第二百九十一条及第二百九十二条规定的企业间合同，一旦已在商业登记簿上登记，或在合作社登记簿上登记，并已发生了法律效力时，不适用上述原则。联邦卡特尔局禁止的，但却已经实行的联合必须解散，但得到联邦经济部长颁发的联合批准者除外。

（三）当个别情况下联合对竞争的限制可由联合对整体经济的好处加以补偿，或联合因对公共有突出利益而成为合理的，联邦经济部长可因申请而颁发联合批准，但此时亦须考虑成员企业在本法生效范围外的竞争能力。仅当限制竞争的规模不致损害市场经济的秩序时，才能颁发批准，批准可附以限制和规定。该种限制和规定对正常活动和管理的成员企业不适用。第二十二条不受影响。

（四）批准联合的申请须在一个月期限以内书面提交联邦经济部，期间自第二款第一句所指联邦卡特尔局裁决送达之日起算。如果对联邦卡特尔局的裁定在

第六十五条第一款第一句和第二句中所规定的期间内已提起诉讼，则请求批准的申请期间自联邦卡特尔局的裁定发生法律效力的时刻起算。联邦经济部长应对该申请在本第一句和第二句所指期限满之后四个月内对请求批准的申请作出决定。在作决定之前应给予成员企业所在地之州最高州主管当局以诉说意见的机会。

（五）如果成员企业违反批准书中的某一项规定的话，联邦经济部长可以撤回批准，或通过限制令改变批准，或令其遵守其他规定。如果成员企业通过恶意欺骗威胁，贿赂或报告假情况取得批准，联邦经济部长可以撤销批准。

（六）当限制竞争可以不用恢复原状的方式清除时，可解散已经执行的联合。对下列情况，联邦卡特尔局可下令采取措施解散联合：

1. 当联邦卡特尔局的第二款第一句所指裁决已发生法律效力时；

2. 成员企业已向联邦经济部长申请对联合的批准，申请已驳回，或在第五款情况下撤回或撤销已变为不可撤销的。

此时，为保护第三者的利益，必须采取一种少浪费，减少成员企业负担，但能达到目的的措施。

（七）联邦卡特尔局可采取以下措施实施其命令：

1. 一次或多次进行一万至一百万西德马克的罚款，督促义务解散人立即采取命令中的措施，

2. 因某一成员企业的属于另一成员企业的股份或必须算作另一成员企业的股份所产生的发言权，禁止其行使；或者，行使该种发言权，或者行使的方式，应当由联邦卡特尔局批准，

3. 宣布第二十三条第二款第一项和第三项所指类型的合同对联合无效。对于合并、转换、并入或设立企业的合同，以及股份公司法第二百九十一条及第二百九十二条规定的企业间合同，如在商业登记簿上或合作社登记簿上的登记已发生法律效力，则不适用第一句的原则。

4. 任命一名被委托人作为解散联合义务人作必要的意思表示或采取必要的实际行为。对委托代管期间的权利范围应加以规定。就被委托人和义务负责人之间的法律关系适用民法典第六百六十四条，第六百六十六条至第六百七十条。被委托人可向义务负责人要求合理报酬。

（八）对下列情况不适用第一款至第七款：

1. 成员企业在上一结束的营业年度总销售额低于五亿西德马克；或者

2. 当一个不独立的在上一结束的营业年度总销售额不高于五千万西德马克的企业和另一企业合并；但一个销售额至少达到四百万西德马克的企业和另一个销售额至少达到十亿西德马克的企业联合时除外，或者

3. 如果在所涉及的市场上,至少五年以来一直供应有商品和劳务,且上一日历年度的营业额低于一千万西德马克。

估算销售额时适用第二十三条第一款第二句至第十句。

(九) 如果联合使出版业、报纸和杂志的生产和推销业或其附属部分的竞争出现了第一款意义的限制,则不适用第八款第一句第二项。

第二十四之一条　申请登记联合计划

(一) 联合计划可向联邦卡特尔局申请登记。以下联合计划必须向联邦卡特尔局申请登记。

1. 联合的成员企业中有一个在上一结束的营业年度内销售额达到二十亿西德马克；或者

2. 至少两个联合的成员企业在上一结束的营业年度内销售额达到十亿或十亿以上西德马克；或者

3. 按照州法,该联合还须经过法律或其他州一级行政措施才能生效者。

申请登记准用第二十三条规定：对第二十三条第一款第一句第二项和第六款的申请,以申请时刻代替联合时刻；对合并或转化的情况,参加联合的成员企业的代表人或拟定代表人均有申请义务。仅当申请书包括了第二十三条第五款所指各项内容时,申请书才有效。申请所要求的其他内容和材料准用第四十六条第九款。

(二) 将联合计划向联邦卡特尔局申请登记后,如果该局在申请书到达后一个月内通知申请者,它已参加审查了联合计划,且申请书到达后四个月期间内对其已作出第二十四条第二款第一句所规定的裁定,联邦卡特尔局才得禁止该项联合,但是在以下情况下允许联邦卡特尔局在四个月期限后禁止联合：

1. 参加联合的成员企业同意延长该期限；或者

2. 尽管第一句已提到一个月期限,但联合已被执行了,或者在四个月期限尚未满时联邦卡特尔局已按第一句作了通知；或者

3. 被执行的联合和申请的内容不同；或者

4. 联合尚未执行,或者,联邦卡特尔局就联合在第一句所指的通知中或按第二十四条第二款第一句所发的禁令中的根据已发生了根本变化；

5. 由于参加联合的成员企业或其他企业不正确的或是不完全的情报,造成联邦卡特尔局疏忽了第一句的通知或是第二十四条第二款第一句的禁令的发布；或者

6. 联邦卡特尔局未能接到或未按时接到第二十三条第六款或第四十六条要求提供的情况,因而促使了第五项所指的行为。

（三）申请联合计划的登记并不影响按第二十三条对联合进行报告的义务。按第二十三条报告时可以引用申请登记联合计划时提交的材料。

（四）联合计划如果已按第一款第二句申请登记，则在第二款第一句所指一个月期限满之前，当联邦卡特尔局按第二款第一句作了通知时，则在四个月期限满之前或协定的延长期期满之前，不允许实行联合或是参加实行该项联合；除非联邦卡特尔局在第二款第一句所指期限满之前已书面通知申请人：联合计划未达到第二十四条第一款规定的禁止先决条件；违反禁令的法律行为无效。对于企业合并、转化、并入或设立的合同以及股份公司法第二百九十一条和第二百九十二条意义的企业间合同，一旦已在商业登记簿或合作社登记簿上登记并发生法律效力后，不适用上述原则。

第二十四之二条 垄断委员会

（一）为正常鉴定德意志联邦共和国企业集中化的发展和适用第二十二条至第二十四之一条，设立垄断委员会。它由五名成员组成，他们必须具有专门的国民经济学的，企业经济学的，社会政治学的，技术的或经济法方面的知识及经验。

（二）垄断委员会成员既不得就职于政府机构、联邦立法机构或州立法机构，亦不得是联邦、州或其他公法人的公职人员，但可以是高等学校教员或专门科学研究所的工作人员。他们也不得作为经济协会或雇主组织或职工组织的代表人，也不得与常设机构或商业事务方面有什么关系。在被当选为垄断委员会成员的前一年，他们也不得担任过同类职务。

（三）垄断委员会应就企业康采恩化的现状，可预料的发展写鉴定书，并从经济政策、特别是从竞争政策的观点写鉴定书。并应适用第二十二条至第二十四之一条。该委员会亦应当根据他们的意见对本法有关规定提出必要的修改。

（四）垄断委员会仅仅受依本法设定的委托的拘束。他们的活动是独立的。如果少数人对鉴定书文字有不同意见，则该少数人可将其不同意见在鉴定书中明确表达出来。

（五）垄断委员会每两年在6月30日前，第一次是在1976年6月30日之前提出一份鉴定书，总结前两个结束的日历年内的状况，并提交联邦政府。按第一句规定的鉴定书应立即交给联邦立法机关并同时由垄断委员会公布。联邦政府应在适当的期间内听取立法机关对该鉴定书的意见。此外，垄断委员会可根据其判断另外再提出鉴定书。联邦政府亦可委托该委员会提出增补鉴定书。垄断委员会应按第四句和第五句将鉴定书提交联邦政府并公布之。联邦经济部部长应在请他按第二十四条第三款作出裁定的个别场合下听取垄断委员会的鉴定意见。

（六）垄断委员会成员应由联邦政府建议由联邦总统召见。每年 7 月 1 日，在按第五款第一句提交鉴定书时撤换一名成员。撤换顺序将在垄断委员会第一次会议上抽签决定。联邦总统应联邦政府的建议同时，即任命一名新成员，任职期四年，允许再次任命。联邦政府在建议新成员时应听取垄断委员会的意见。成员有权利对联邦政府作出声明，然后辞职。提前撤换一名成员时，应任命一名新到成员在被撤换成员的任职期任职。准用第四句至第六句。

（七）垄断委员会的决议要求至少三名成员同意。垄断委员会自己选举一名主席。垄断委员会订有工作章程。

（八）垄断委员会设办公所，办公所的活动是：获取和总结关于垄断的原始资料，为垄断委员会会议作技术上的准备，出版和公布签定书以及完成其他管理方面的事务。

（九）垄断委员会的成员以及办公所人员对其咨询活动及垄断委员会明确作为机密的咨询材料有保守秘密的责任，保密责任亦涉及提交垄断委员会并明确作为机密的情报。

（十）垄断委员会成员得到一次性补偿报酬，其旅费可报销。联邦经济部长应就此和内务部长商洽后规定下来：联邦承担垄断委员会的费用。

第四章　限制竞争的行为和歧视行为

第二十五条　相互协调的行为，禁止造成限制竞争

（一）按本法不作为合同拘束内容的由企业或企业协会协调一致采取的行为，要禁止。

（二）企业或企业协会不得以安排某企业不利或允诺给予其利益的手段，促使企业进行按本法或本法的原因，卡特尔当局裁决其不算作以合同拘束的行为。

（三）企业或企业协会不得强迫其他企业：

1. 参加第二条至第八条，第二十九条，第九十九条第二款，第一百条第一款至第七款，第一百零二条和第一百零三条意义的合同或决议；或者

2. 与其他企业进行第二十三条意义的联合；或者

3. 为限制竞争，在市场上采取一致的行为。

第二十六条　禁止中断供货或货源，禁止歧视

（一）企业或企业协会不允许为有意不公平地伤害某些企业而要求另一企业或企业协会中断供货或中断货源。

（二）第二条至第八条，第九十九条第二款，第一百条第一款至第七款，第一百零二条至第一百零三条意义的控制市场的企业，企业协会，以及价格受第十

六条，第一百条第三款或第一百零三条第一款第三项拘束的企业，在同类企业一般均参加的一种营业中既不允许直接或间接地阻止另一企业，亦不允许在缺乏实质合理根据时直接或间接对同类企业加以区别待遇。当企业和企业协会与某特定商品或劳务的供货人或需求人有一定方式的关联，且没有足够的或可期望的可能性把这种关联转移到和另一企业的关联，则适用第一句。当需求者对供应者除通行的营业上的价金减低，或其他报酬外经常要求特别的酬金，且同类需求者均未得到这些时，对第三十七之一条第二款的禁止程序应假定：特定商品和劳务的供货人和需求人按第二句意义的方式相互关联。

（三）控制市场的企业和第二款第一句意义的企业协会，不允许利用其市场地位使其他企业在营业往来中在无实质合理的原因时向他们提供优惠条件。第一句亦适用于本第二款第二句意义的企业、企业协会及与他们相关的企业。

第二十七条 拒绝吸收到经济联合会或行业联合会

（一）当拒绝一个企业加入一个经济联合会或行业联合会，表现出明显的不合理的不平等的待遇，且造成对该企业在竞争中的不公平的影响，则卡特尔当局应有关企业申请可下令联合会吸收之。质量证明协会亦是本法意义的经济联合会。

（二）裁决可附加规定。

（三）准用第八条第四款第一项和第五款。

第五章 竞争规则

第二十八条 竞争规则的概念，在竞争规则登记簿上登记

（一）经济联合会和职业联合会可建立其业务范围内的竞争规则。

（二）本法规定的竞争规则是指，规定企业在竞争中的行为规则，其目的是反对竞争中的违反公正原则的，或违反适合商品和劳务有效竞争原则的竞争行为，鼓励竞争中符合这些原则的行为。

（三）经济联合会和职业联合会可向卡特尔当局申请，将竞争规则在登记簿上登记。已登记的竞争规则的修改和补充均须向卡特尔当局备案。

第二十九条 登记的作用

（一）当事人关于义务遵守已登记的第二十八条意义的竞争规则的约定，不作为本法第一条意义的合同或决议。

第三十条 程序

对同一经济阶段的非成员企业，提供竞争规则所涉及的交货人和顾客的经济和行业联合会，有关经济阶段的联邦机构，卡特尔当局必须提供给他们陈述意见

的机会。卡特尔当局可以公开地将关于登记的申请进行口头谈判，谈判中的每个人均可对登记提出反对意见。

第三十一条 拒绝登记、失效、注销

（一）卡特尔当局可以拒绝登记竞争规则的申请，如果这种规则或有关这种规则的本法第二十九条意义的协约违反了反对不公正竞争法，"减价法"，或帝国总统关于保护经济令的第一部分（"搭配法"）（联邦法律公报第三卷，43-4-1，并通过1974年3月2日法律第一百四十一条修改其文本，见联邦法律公报第一卷第469页），及其已颁布的有关法律或其他法律规定。

（二）经济和行业联合会对他们已在登记簿上登记的竞争规则，须向卡特尔当局备案后才得取消。

（三）卡特尔当局事后如确认，已具备按第一款拒绝登记的前提条件，或者就取消竞争规则已经按第二款向他备案，卡特尔当局必须命令注销登记。

第三十二条 公告

（一）以下各项必须在联邦广告报上公告：

1. 第二十八条第三款规定的申请；
2. 按第三十条第二句进行的口头谈判的约定日；
3. 登记，修改和补充竞争规则；
4. 按第三十一条第三款注销竞争规则；

（二）公布第一款第一项的申请时应说明，申请进行登记的竞争规则已存放卡特尔当局供大众查阅。

（三）如果已经进行第一款第一项所指的登记申请，则要公布申请书视为公布了登记。

第三十三条 建立和管理竞争规则登记簿

对设立、管理竞争规则登记簿的有关事宜，得由联邦经济部长征得联邦议会批准后颁布条例规定。

第六章 一般规定

第三十四条 卡特尔合同和决议的形式

卡特尔合同和卡特尔决议（见第二条至第八条）以及包含有第十六条、第十八条、第二十条和第二十一条所指类型的限制合同须以书面订立，并由当事人在书面决议、书面章程或书面价格目录表等类文件上签字。民法典第一百二十六条第二款不能适用。

第三十五条 损害赔偿请求权，请求制止

（一）故意或过失违反本法规定，违反卡特尔当局或抗告法院根据本法所发布的裁决，当规定或裁定的目的在于保护他人时，违反者对违反所生损害负赔偿责任。违反根据第二十七条发布的裁定时，受害人可对非财产性损害要求以金钱合理补偿。

（二）按第一款意义故意或过失违反卡特尔当局或抗告法院发布的裁决者，当裁决或认定按第七十条第三款是不可撤销的时候，应赔偿裁定送达前所发生的损害。

（三）为促进工商业利益，各种协会可在第一款情况下提出制止请求，但该类协会应有提起民事诉讼的能力。

第三十六条 卡特尔代表

（一）没有权利能力的卡特尔、经济和行业联合会应在其章程上任命代表，并授权其在本法规定的对卡特尔当局的事务中，抗告程序中（第六十二条至第七十二条）和程序中代表卡特尔、经济和行业联合会。代表的姓名、地址应通知卡特尔当局。

（二）如果没有第一款所指代表，应卡特尔当局的申请，卡特尔、经济和行业联合会所在地主管初级法院可任命一名代表。卡特尔当局可依职权或依第三人申请提出申请。待缺额已填补，法院可撤回任命。

第三十七条 无权利能力的卡特尔成员的责任

对无权利能力卡特尔的委任人在执行其应作工作中给第三者造成的按本法应负损害赔偿责任的行为，由该卡特尔的成员对损害负连带责任。

第七章 禁止程序，特别解决款

第三十七之一条 禁止程序

（一）按第一条、第十五条、第二十条第一款、第二十一条，第一百条第一款第二句或第一百零三条第二款无效或不成立的合同或决议，卡特尔当局可禁止其执行。

（二）按第二十五条，第二十八条和第三十条第一款第十一项或第十二项应禁止的行为，卡特尔当局可禁止企业或企业协会的该类行为。

（三）企业若因其相对中小型竞争而具有能够从根本上影响市场状态的市场权力，卡特尔当局则可对其直接或间接不公平地阻止竞争和持久地损害竞争的行为加以禁止。

第三十七之二条 特别解决款

（一）某企业故意或过失出现卡特尔当局按第二十二条第五款或第一百零三

条第六款作裁定加以禁止的行为,并在裁决送达之后要求进行"特别解决"(mehrerlos)时,卡特尔当局可在裁决发生法律效力后,或按第七十条第三款认定后,命令该企业向卡特尔当局交纳相当于额外解决的款额(特别解决款)。当损害赔偿责任已按第三十五条,或已通过罚款完成了特别解决,则不适用第一句。特别解决款只允许在裁决按第七十条第三款的认定发生法律效力后三年之内采用。

(二)特别解决款的执行如果过严而显失公平,则应命令限制适当的款项或停止执行。

(三)特别解决款的额度可估计。应缴款额须以数字规定。

(四)如果已得到执行特别解决款命令的企业向卡特尔当局提交一项有法律效力的裁决,按该裁决它应就同一滥用行为负损害赔偿责任,卡特尔当局可以命令,关于提交特别解决款的命令可不再继续执行。如果特别解决款已交付给卡特尔当局,且该企业向受损害者已证明了,对已生效的裁定上所指的损害赔偿已作支付,则卡特尔当局应将已交付的特别解决款中相当于证实已作为损害赔偿的款额退还给企业。

第二篇 扰乱治安

第三十八条 扰乱治安行为

(一)扰乱治安是指:

1. 对于根据第一条、第十五条、第二十条第一款、第二十一条、第一百条第一款第三句,第一百零三条第二款或第一百零六条不成立或无效的合同或决议,无视其无效或不成立。

2. 对卡特尔当局按第三条第四款,第十二条第三款第三项,第十七条第一款,第十八条,第二十二条第五款,第二十四条第七款第三项,第一百零二条第四款或第五款,第一百零二之一条第二款,第一百零三条第六款第三项,第一百零三条第三款或第一百零四条第二款第三项以生效的裁决宣告为无效的合同或决议,故意或过失忽视其无效性。

3. 违反第十四条第一款未经批准即使用担保;

4. 对按第十二条第三款第一项,第十七条第一款,第十八条,第二十二条第五款,第二十四条第七款第二项,第二十七条,第三十七之一条第三款或第六款,第一百零二条第四款或第五款,第一百零二之一条第二款,第一百零三条第六款第一项或第一百零四条第二款第一项已生效的裁决,当该类裁决明确指向罚款规定时，仍故意或过失违反之；

5. 对按第五十六条或第六十三条第三款的临时处分（中间命令）、按第六十三条的命令、或按第三十八之一条第三款或第六款的可执行的裁决，只要其明确规定罚款，仍故意或过失违反之；

6. 对卡特尔当局在已经生效，且不可撤销的裁决所规定的附加条件，当裁决中明确有罚款规定时，仍故意或过失违反之；

7. 制造或利用不正确的或不完全的报告，以求为自己或他人得到按本法的批准，或偷偷登记一项竞争规则，或造成卡特尔当局在第二条、第三条、第五之一条第一款和第三款或第五之二条第二款情况下不提异议，或在第二十四条第二款第一句情况下不发布禁止，或在第二十四之一条第二款第一句情况下不作通知；

8. 违反第二十四条第二款第四句或第二十四之一条第四款的各项禁止，或参加反对各该禁止的违犯活动，或是违反第二十五条或第二十六条的禁止；

9. 申请或鼓动卡特尔当局作一项裁定，或提出一项他按第十三条拥有的权利，目的在于给他人带来经济上的不利；

10. 受人怂恿或建议与犯有第一项至第九项扰乱治安行为的人合作；

11. 建议用同一形式的行为避开本法所指的禁止或卡特尔当局依本法发布的裁定；

12. 向自己的供货对方建议，在向第三者转销货物时要求一个规定的价格，或要求其使用一定的价格构成方式，或要求其遵守一个规定的价格上限或下限。

（二）第一款第十一项，以及在本第一项情况下，第一款第十二项，不适用于：

1. 中、小企业联合会在其成员圈子内使用的属以下情况的推荐和建议：

a. 建议促进了成员相对大规模营业或大规模经营的企业的营业能力，从而改善了竞争条件；

b. 已对建议对象说明，建议无拘束力，且执行建议不受经济的、社会的或其他方面的压力；

2. 建议的最终目的是使用统一的标准和型号，且如果

a. 第一项 b 则条件已满足；且

b. 建议提出人已将建议向卡特尔当局申请登记，申请书上已附合理化协会的意见，申请书未附该意见时视为申请无效；

合理化协会的建议不需要明确的标志以示没有拘束力，也不需要附向卡特尔当局的登记申请。

3. 经济和行业联合会的建议书包括：为适用统一的标准合同条件。交货条件和付款条件，包括本法第二条第一款意义的现金和限期付款时的折扣付款条件所作的建议，适用第一项 b 则和第二项 b 则，但适用第二项 b 则时将申请书中所附的意见书改为附经济、行业会的意见书。

（三）如果卡特尔当局认定：第二款所指前提条件并未满足，或虽曾满足过但现在又不能满足了，或建议书表现出第一款第十一项或第十二项所指的滥用，卡特尔当局则可宣布不允许第二款所指各类建议书，并提出新的同类性质的建议书。

（四）对扰乱治安行为可处以一百万西德马克以下的罚款，超过该款额的三倍时，可按对违反行为要求的特别解决款处理。特别解决款款额可估算得出。

（五）当第一款所指扰乱治安行为通过印刷品加以扩散时，其法律后果的时效按扰乱治安法规定。

第三十八之一条　对滥用无拘束性　价格建议的监督

（一）当企业转销一种和另一制造商的处于竞争下的同一商品时，该企业的商品若已注册，则以下无拘束性的价格建议不适用第三十八条第一款第十一项和第十二项：

1. 已明确指出建议无拘束力，但包含规定的价格表者除外，建议通过时并无经济的、社会的或其他压力；

2. 建议是被期待着的，所建议的价格与接受建议者大多预期的价格相符。

（二）本第一款意义的注册商品是指：建议产品价格的企业在交货时已保证了通常的或改进的质量，并且将标志来源产地的特征记号（公司名称、字式或图式标志）已装在

1. 货物上；

2. 对消费者提供说明的包装或装潢上；

3. 容纳出售状态货物的容器上；

第一句亦适用于一定规格的农业产品。自然发生的，小量的，生产者已尽其所能但仍不可避免的质量波动可不考虑。

（三）如果卡特尔当局认定，建议书表现出第三十八条第一款第十一项或第十二项所指的滥用，特别是以下滥用，则可宣布不允许第二款所指建议书，并提出新的同类性质的建议书：

1. 建议书单独或与其他限制竞争行为一起，从整体经济关系上以不公平的方式使商品涨价，或阻止商品降价，或限制其生产或销售；或者

附录：主要国家竞争与反垄断法

2. 建议书借建议对象多数提出价格一事来欺骗消费者；或者

3. 建议价格在多数场合下明显超过在本法生效的全部或主要部分范围内事实上常见的价格；

4. 通过建议企业的销售规划或其他措施，在并无实际原因的情况下，排斥某些企业或某些顾客团体销售商品。

（四）为审查第三款的条件是否出现，卡特尔当局可要求企业提供必要情况。适用第四十六条第二款和第五款、第九款。卡特尔当局应规定提供情况的合适期间。卡特尔当局按第四十六条的权限不受影响。

（五）卡特尔当局在按第三款作裁决之前，应要求企业停止已发生的滥用。

（六）卡特尔当局对发生以下情况的企业，可禁止其使用第一款所指类型的建议：

1. 两项不可撤销的根据第三款的裁决；

2. 两项已发生法律效力的根据第三十八条第十一项或第十二项的罚款惩处；或者

3. 一项不可撤销的根据第三款的裁决和一项已发生法律效力的根据第三十八条第一款第十一项和第十二项的罚款惩处。

同时，必须注意到该类企业会继续被宣布为扰乱治安和滥用建议。在特别情况下如果能证明这种罚款假定：第三所指类型的滥用或按第三十八条第一款第十一项或第十二项的扰乱治安行为不会再发生，则卡特尔当局可应企业申请取消禁止。

第三十九条 其他的扰乱治安行为

（一）犯以下行为者为扰乱治安行为：

1. 故意或过失违反第二十三条第六款，第三十八条第四款或第四十六条，提供不正确的，不完全的情况，或不及时提供情况，或者违反第四十六条不提交，不全面提交，或不按时提交营业方面的资料，或是拒绝耐心等待审查；

2. 故意或过失不及时提出按第九条第二款第三句，第一百条第一款第二句和第一百零六条第三款的申请书和按第二十三条第一款至第五款的报告，或是填写的是不正确，不完全的内容；

3. 故意或过失在按第二十四之一条第一款第二句的申请上填写不正确或不完全的内容。

（二）对上述扰乱治安行为可处以五万西德马克以下的罚款警告之。

第四十条——第四十三条 （已取消）

第三篇 主管机关

第一章 卡特尔当局

第四十四条 管辖权

（一）卡特尔机关根据本法的任务和权限按以下规定分配：

1. 联邦卡特尔局（第四十八条）：

a. 对第四条、第六条、第七条的卡特尔，承担不属于联邦经济部长的那些任务和权限；

b. 对第十六条意义的合同和第三十八条意义的各种类型的建议；

c. 对第二十三条至第二十四之一条意义的联合，承担不属于联邦经济部长的那些任务和权限；

d. 当限制竞争，歧视行为，或竞争规则对市场影响的作用超过一个州的领域时；

e. 对联邦邮局和联邦铁路。

2. 联邦经济部长：

在第八条、第十二条第二款结合第六条第一款，以及第二十四条第一款结合第三句、第五句的各种情况；

3. 其他所有情况下，属州法规定的有管辖权的最高州机关。

（二）对保险企业，建设银行或从事银行或储蓄业务的企业，或该类企业的协会，依本法规定一个罚款金额时，卡特尔当局应在征得业务主管当局同意后才发布罚款处分。未得其同意时，卡特尔当局应将此事提交联邦经济部长，并以部长指示代替同意。在得不到同意时，如果卡特尔当局和业务主管当局就是州机关，则应由州法规定的某一管辖机关作裁定。

第四十五条 联邦卡特尔局和最高州机关

（一）联邦卡特尔局对企业、卡特尔、经济或行业联合会进行行政程序（第五十一条至第五十八条），或罚款程序（第八十一条至第八十五条），或进行一项调查时，应立即通知当地主管的最高州机关。

（二）最高州机关对企业、卡特尔、经济或行业联合会进行行政程序、罚款程序和调查时，应立即通知联邦卡特尔局。

（三）联邦卡特尔局按第四十四条第一款第一项有管辖权时，最高州机关必须将案件交给联邦卡特尔局。最高州机关按第四十四条第一款第三项有管辖权时，联邦卡特尔局必须将案件交给最高州机关。

第四十六条 卡特尔当局的权限

（一）卡特尔当局为完成本法规定的任务，必要时可以：

1. 要求企业和企业协会报告其经济状况；

2. 在正常营业时间内查阅企业和企业协会的营业资料；

3. 要求经济和企业联合会提供章程，决议的有关成员企业的数字和名称。

（二）企业所有人或其代表人、法人、社团和无权利能力的协会在章程上规定作代表的有关人员，以及按第三十六条第二款任命的代表，有责任按要求提供情况、营业资料及允许查阅业务资料和进入营业区及房地产之内。

（三）允许卡特尔当局委托的审查委任人进入企业和企业协会的所属范围。"基本法"第十三条的基本权利受本条规定的限制。

（四）搜查仅可根据进行搜查地辖区法院的法官的命令进行。刑事诉讼法第三百零六条至第三百一十六条和第三百一十一条准用于该项命令的撤销。当拖延会造成危险时，第三款的委托人在业务时间内可进行必要的搜查。搜查后应就地对搜查及其结果作成笔录。不带法院命令进行搜查时应在笔录上说明所假定的延期搜查将会造成危险的事实。

（五）义务报告情况人可以拒绝回答某些问题，当回答这些问题会对他本人，或"民事诉讼法"第三百八十三条第一款第一句至第三句所指家属造成有刑事后果的危险，或者造成须进行扰乱治安法规定的程序。

（六）联邦经济部长或最高州机关以书面个别裁定要求提供情况，联邦卡特尔局以决议安排之。其中，应将法律根据，要求报告的情况、目的及报告情况的合适期限指明。

（七）联邦经济部长或最高州机关以书面个别裁定、命令进行审查。联邦卡特尔局征得卡特尔局局长同意后作出决议命令审查。命令中须指明审查时间、法律根据、内容和目的。

（八）（已取消）

（九）依据第一款第一项和第三项得到的情况和资料，或是依据第一款第二项所提供的情况和资料，不允许使用于对违反税法或违反外汇管制所进行的税法程序或罚款程序，或因税法的刑事犯罪或外汇管制上的刑事犯罪所进行的程序。纳税条例第九十三条，第九十七条，第一百零五条第一款，第一百一十一条第五款结合第一百零五条第一款及第一百一十六条第一款不适用。当程序涉及公共利益，或义务报告人或为其工作的人故意报告假情况，则对于税法刑事犯罪程序及与此有关的征税程序，不适用第一句。

第四十七条 （已取消）

第二章　联邦卡特尔局

第四十八条　设立、所在地

（一）联邦卡特尔局是所在地在柏林的独立的联邦主管部门。它从属于联邦经济部长的业务范围。

（二）联邦经济部长作决定后设立决议科，联邦卡特尔局的裁定由决议科作出。此外，联邦卡特尔局局长发布业务规章，规定联邦卡特尔局分工和程序。该业务规章须得到联邦经济部长的认可。

（三）决议科的一名主席和二名决议员作出决议科决议。

（四）决议科主席和决议员须是终身公职人员。主席和决议员必须具有作法官或高级国家工作人员的能力。主席一般应具有作法官的资格。

（五）联邦卡特尔局的成员不得是企业、卡特尔或某经济行业协会的领导人，经理部或监督委员会的成员。

第四十九条　公布联邦经济部长的一般指示

联邦经济部长对依据本法发布的禁止令或裁决若作过一般性指示，则应在联邦广告报上公布该类指示。

第五十条　活动范围

（一）每次垄断委员会按第二十四之一条第五款第一句提交鉴定书一年之后，联邦卡特尔局应公布其前两个日历年度的活动，及其任务范围的地位和发展的报告。报告中应将联邦经济部长按第四十九条意义的一般指示包括入内。对按第二十三条加以报告的联合，如已按第十条第一款在联邦广告报上作了公告，应在报告中另外说明。联邦卡特尔局还应公布将来的管理原则。

（二）对卡特尔当局的报告，联邦政府应附以自己的意见并立即提交联邦议会。

第四篇　程　序

第一章　行政事务

Ⅰ　在卡特尔当局的程序

第五十一条　程序进行、当事人

（一）卡特尔当局依职权或应申请进行程序。

(二）应参加卡特尔当局的程序者有：

1. 申请进行程序者；
2. 作为程序对象的卡特尔、企业、经济和行业联合会；
3. 在第十四条、第十九条和第一百零五条情况下，有关的企业和企业协会；
4. 与裁定有明显利害关系的人及公司，卡特尔当局应其申请进行的程序；
5. 第二十三条第二款第一项或第二项情况下，出售方。

（三）联邦卡特尔局应参加最高州当局进行的程序。

第五十二条　关于管辖权的先行裁定

（一）如果当事人提出卡特尔当局地域性或实质性的无管辖权，卡特尔当局可以就管辖权作先行裁定。裁定可依据抗告单独撤销。抗告有推移作用。

（二）如果当事人未提出卡特尔当局地域性或实质性的无管辖权，则不得以卡特尔当局错误地行使管辖权作为抗告根据。

第五十三条　询问、口头谈判

（一）卡特尔当局应给当事人以陈述意见的机会，应一名当事人的申请，卡特尔当局就须进行一次口头谈判。

（二）与程序有关的经济界代表可由卡特尔当局在适当场合下给予陈述意见的机会。

（三）对第二十二条情况，卡特尔当局根据公开的口头谈判作裁决。企业同意时可不进行口头谈判即作裁定。公开谈判或部分谈判若会造成对公共秩序，特别是对国家安全的危害，或是损及重大的营业和企业秘密，则可应当事人之一的申请，或依职权排除其公开性。在第二十四条和第二十四之一条的情况下，对联邦经济部长进行的程序准用第一句和第二句。

第五十四条　调查、提出证据

（一）卡特尔当局可进行一切必要的调查和提出一切必要的证据。

（二）对勘验和专家鉴定得到的证据准用民事诉讼法第三百七十二条第一款，第三百七十六条，第三百七十七条，第三百八十条至第三百八十七条，第三百九十条，第三百九十五条至第三百九十七条，第三百九十八条第一款，第四百零一条，第四百零二条，第四百零四条，第四百零六条至第四百零九条，第四百一十一条至第四百一十四条。不允许逮捕。对裁决的抗告州高级法院有管辖权。

（三）关于证据的口供应作成笔录，对笔录由进行调查的卡特尔当局的成员签字。有文书亦须由其签字。笔录中应记录谈判地址、日期、工作人员和当事人的姓名。

（四）笔录应宣读给证人听，并经其批准或请其亲自过目。得其批准后则应在笔录上加以注释并由公证人签字。没有签字时应说明原因。

（五）询问专家时第三款和第四款规定准用。

（六）卡特尔当局可要求初级法院让证人发誓，如果他认为发誓会使证人从实叙述。是否发誓由法院裁定。

第五十五条　扣押

（一）卡特尔当局可扣押对调查有证据价值的物品。扣押应立即向有关人员公布。

（二）扣押现场如既无有关人员，又无成年家属或有关人，或有关人员的成年家属虽在场，但却提出过反对意见，卡特尔当局必须在三天以内向没收进行地辖区的初级法院请求法院的认可。

（三）有关人员可在任何时候对扣押要求法院裁定。卡特尔当局应将此项权利通知给有关人。第二款所指管辖法院对其申请作出裁定。

（四）允许对法院裁定提起抗告。准用刑事诉讼法第三百零六条至第三百一十条和第三百一十一之一条。

第五十六条　中间命令

为管理临时状态，卡特尔当局在发布以下事项的最终裁定之前，可先作出中间命令：

1. 第四条，第五条第二款和第三款，第六条第二款，第七条，第八条，第二十条第三款，第二十一条或第二十四条第三款的批准书，第十一条第二款的延长，和第十一条第四款和第五款的撤回或变更。

2. 第十四条的批准。

3. 第三条第四款，第十二条第三款，第十七条第一款，第十八条，第二十二条第五款，第二十四条第二款第一项和第五款至第七款，第二十七条，第三十一条第三款，第三十七之一条，第三十八条第三款或第六款，第一百零二条第四款或第五款，第一百零二之一条第二款，第一百零三条第六款，第一百零三之一条第三款或第一百零四条第二款的裁决。

第五十七条　程序结束裁定附具原因，送达

（一）卡特尔当局的裁决应附具原因。

依照联邦法律公报第210－3第三分册公布的"送达行政管理法"的修订文本（又通过1976年12月14日法律第三十九条修改）（联邦法律公报第一卷第334页）的规定，送达时在裁决上应附具原因及当事人可允许使用的司法救济。按本法第二十二条至第二十四之一条对所在地在本法生效范围之外的企业进行程序时所作的裁定，由卡特尔当局将裁决向企业通知给卡特尔当局的送达代理人送达。企业未指定送达代理人时，卡特尔当局以在联邦广告报上作公告的方式送达裁决。

（二）如果按第一款第二句至第四句向当事人送达的裁决并未排除程序进行，则须向当事人书面通知程序的完毕。

第五十八条　裁决的公告

卡特尔当局的以下裁决须在联邦广告上作公告。最高州机关所作的裁定须在州官方通报上公告：

1. 驳回请求第四条，第五条第二款和第三款，第六条第二款，第七条、第八条所指类型的合同和决议批准的申请和登记竞争规则的申请裁决，

2. 裁决包括一项按第二条第三款，第三条第三款，第五之一条第三款或第五之二条第二款的卡特尔当局的驳回，

3. 裁决包括一项按第二十四条第二款第一句不可撤销的禁止，一项按第二十四条第三款的批准及其修改、驳回，撤回或退出，或已按第二十四条第六款或第七款发布的裁定，

4. 按第十二条第三款，第十七条第一款，第十八条，第二十二条第五款，第二十七条，第三十八条第三款，第三十八之一条第三款或第六款，第一百零二条第四款或第五款，第一百零二之一条，第一百零三条第六款，第一百零三之一条第三款或第一百零四条第二款发布的裁决。

第五十九条——第六十一条　（已取消）

Ⅱ 抗告

第六十二条　对卡特尔当局裁决的抗告

（一）允许对卡特尔当局的裁决提起抗告。抗告可以新的事实和证据为理由。

（二）在卡特尔当局进行程序的当事人均有权提起抗告（第五十一条第二款和第三款）。

（三）如果申请卡特尔当局就禁止发布裁决，且申请者声称他有权利执行裁决，则得对此项裁决提起抗告。当卡特尔当局对执行裁决的申请，在无充分理由的情况下未在合适期限内作出决定时，则作为禁止。该禁止视同驳回。

（四）卡特尔当局所在地有管辖权的州高级法院对抗告裁定有专属管辖权，在第二十四条的第二十四之一条情况下，联邦卡特尔局所在地有管辖权的高级州法院有专属权，它对联邦经济部长的裁决提起的抗告亦有同一权利，准用民事诉讼法第三十六条。

第六十三条　停止作用

（一）如果提起抗告的裁决造成以下情况，抗告有停止作用：

1. 按第十一条第四款和第五款，或第二十四条第五款取消、撤回或修订批准的条件；或者

2. 按第三条第四款，第十二条第三款，第十七条第一款，第十八条，第二十条第三款第二项，第二十二条第五款，第二十七条，第三十一条第三款，第三十七之一条，第三十七之二条第一款，第三十八条第三款，第一百零二条第四款或第五款，第一百零二之一条第二款，第一百零三条第六款，第一百零三之一条第三款，或第一百零四条第二款应作裁决。

（二）如果通过一项裁决颁布了按第十四条的批准，或采取了按第五十六条的中间命令，则对该裁决提起抗告时，抗告法院可命令，抗告程序全部或部分结束后，或已设定担保后，已提起抗告的裁决即发生效力，该项命令可以随时撤销或修改。

（三）第五十六条准用于抗告法院的程序。

第六十三之一条 立即执行、命令和恢复停止作用

（一）当为公共利益或为当事人的重大利益所必须时，卡特尔当局可在第六十三条第一款情况下发布立即执行裁定的命令。

（二）第一款的命令可在提起抗告前发布。

（三）抗告法院可应申请对下列情况全部或部分恢复停止作用：

1. 按第一款发布命令的前提条件尚未发生或不再存在；

2. 对已提起抗告的裁决的合法性存在较大的怀疑；或者

3. 执行会产生对当事人不公正的后果，这种后果并不是重大的公共利益所要求的；

当抗告没有停止作用时，卡特尔当局可暂缓执行。当第一句第三项的前提发生时，应予暂缓。当第一句第二项或第三项的前提发生时，抗告法院可应申请命令全部或部分给予停止作用。

（四）第三款第一句或第三句的申请允许在抗告前提出。申请所依据的事实应由申请人释明。如果裁决在作裁定前已被执行，法院可命令取消执行，停止作用的恢复及命令可视有无担保或其他附加规定而提出。亦可对其规定限期。

（五）对第三款的申请所作的决定可随时修改或撤销，决定如果与申请相符则不能撤销。

第六十四条 损害赔偿请求权

如根据某项裁决已发布按第十四条的批准，且对该项裁决提起抗告后又加以改变或撤销，则根据对裁决提起抗告而采取措施的当事人，须对有关人由此所生

损害负赔偿责任,赔偿请求权自最终裁定送达有关方后六个月消灭时效。

第六十五条　形式和期间

(一)抗告应在一个月期间以内向作出裁决的卡特尔当局书面提出,期间自卡特尔当局的裁定送达后起算。在第二十四条第二款情形下,如果已提出按第二十四条第三款的批准申请,则对联邦卡特尔局的按第二十四条第二款第一句的裁决的抗告,其期间自联邦经济部长按第二十四条第三款作出裁决送达后起算。在该期间内向抗告法院提出抗告即视为足够。

(二)对申请未作裁决时(第六十二条第三款第二项),抗告不受期间约束。

(三)抗告应有根据,提交抗告根据的期间是一个月,期间自提交抗告后起算,应抗告法院院长申请,可予以延长。

(四)抗告根据必须包括:

1. 对提起抗告的裁决申请作修改或取消的范围,

2. 提出抗告的事实和根据。

(五)抗告书和抗告根据必须由一名德国法院批准的律师签字。卡特尔当局的抗告不适用此规定。

第六十六条　抗告程序的当事人

(一)抗告法院程序当事人有:

1. 提起抗告人;

2. 作出提起抗告的裁决的卡特尔当局;

3. 与裁决有重大利害关系的人和社团,卡特尔当局应其申请邀请其参加程序。

(二)对最高州当局的裁定提起抗告时,联邦卡特尔局应当参加程序。

第六十七条　强制使用律师

(一)在抗告法院,当事人必须由一名德国法院批准的律师作为其代理人代表之。卡特尔当局可由当局的一名成员代表。

(二)应当事人申请,应允许一名书面委任的经济审核师或内行进行发言。民事诉讼法第一百五十七条第一款和第二款在该范围内不适用。

第六十八条　口头辩论

(一)抗告法院依据口头辩论对抗告作裁定。经双方当事人同意可不经口头辩论作出裁定。

(二)当辩论日期已及时通知当事人或其非法定代理人时,则仍可进行口头辩论并作出裁定。

第六十九条　调查准则

（一）抗告法院依职权调查情况。

（二）法院院长应尽力消除形式缺陷，解释意义不清的申请书，提出有意义的申请书，补充不足的实际内容，提出有利于认定和判断事实的必要说明。

（三）抗告法院可对当事人提出：在规定期限里做各项必要说明，提出证据，提交手中全部文件及其他依据。延误该期限时，可根据实际情况而不考虑尚未提交的证据而作出裁决。

第七十条　对抗告所作的裁定

（一）抗告法院根据程序中得到的经过确认的全部结果，自由裁量、通过决议作出裁定。裁定必须根据当事人有机会对其发表意见的事实和证据作出。

（二）抗告法院如果认为卡特尔当局的裁决是不允许的或是不成立的，则应撤销之。如果裁决原来就收回过或发生过类似情况，且抗告人就此认定他有合法权益，抗告法院则可应申请宣告卡特尔当局的裁决原来就是不允许的或是无根据的。

（三）按第二十二条第五款或第一百零三条第六款的裁决，如果因事后事实的改变或以其他方式而失效，抗告法院可应申请宣告在何种范围和在何时裁决是有根据的。

（四）抗告法院若认为拒绝或是不作裁定是不允许的或是无根据的，法院则宣告卡特尔当局有责任将已提起抗告的裁决执行下去。

（五）卡特尔当局如果错误地使用过"按其自由裁量"，或超越了法定的裁量界限，或按裁量所作的裁决损害了本法的意义和目的，则其裁决是不允许的和无根据的。法院按第一句审查时，不得干涉卡特尔当局和联邦经济部长对整个经济形势及其发展的评价。

（六）决定应附具理由，向当事人送达时应附以关于司法救济的说明。

第七十一条　查阅案卷

（一）第六十六条第一款第一项和第二项以及第二款的当事人可以查阅法院案卷，并可自费请办公所负责得到经公证的副本或摘抄副本。准用民事诉讼法第二百九十九条第三款。

（二）查阅有关卡特尔当局准备程序的案卷应得到保存案卷或收集各方意见的办公所同意才得进行。案卷包括卷宗、副卷宗、签定书和其他提供情况的文件。为保守工厂秘密，企业秘密，或营业秘密等重要原因而禁止查阅时，卡特尔当局应禁止批准查阅这类资料。如果拒绝查阅或不允许查阅案卷，裁决书上引用该类资料时仅限于已报告的内容。

（三）对第六十六条第一款第一项和第三项所指当事人，抗告法院可按案卷保管人的意见给予上款规定的同样范围的案卷查阅权。

第七十二条 法院组织法和民事诉讼法规定的适用

抗告法院的程序准用以下规定，但另有规定时除外：

1. "法院组织法"关于可公开性，维护会议秩序，法院用语，审判员会议和投票的第一百六十九条至第一百九十七条规定；

2. "民事诉讼法"关于法官的回避和拒绝，诉讼程序代理人和诉讼支持人，依职权送达、传唤、日期、期间、关于当事人本人到场的命令，关于多种程序的合并，关于证人和专家鉴证以及其他证明程序，以及关于延长期限时恢复原状的各条规定。

Ⅲ 再审

第七十三条 批准的和无需批准的再审

（一）州高级法院批准再审时，关于州高级法院就主诉讼标的所作决定应向联邦法院提起再审。

（二）以下情况必须批准再审：

1. 应对一项具有根本意义的法律问题作裁定，或者

2. 为法律发展或为保证一致判决要求一项联邦法院的裁定，

（三）州高级法院必须在裁定书中写明批准或不批准再审。不批准应说明理由。

（四）程序有以下缺陷，且已被驳回时，对抗告法院裁定的再审不需要批准：

1. 未按规定任命作决定的法院；

2. 一名依法剥夺行使法官职权的法官参加了作出裁定，或者因利害关系而曾经成功地回避过的人参加了作出裁定；

3. 曾拒绝依法听取一名当事人的意见；

4. 对进行程序未作明示或默示同意的当事人，在程序中未由本法规定的代表人代表；

5. 口头辩论时违反了程序公开的规定，裁定却依此作出，或是

6. 裁定书未附具理由。

第七十四条 对不批准的抗告

（一）对不批准再审的抗告可单独通过提出不批准抗告书。

（二）联邦法院对不批准抗告以决议作裁定，并附具理由，决议可不经口头辩论作出。

（三）不批准抗告应在一个月期间之内提交州高级法院。期间自被抗告的裁

定送达之日起算。

（四）对不批准抗告适用本法第六十三条第一款和第二款，第六十五条第三款、第四款第十二项和第五款，第六十六条，第六十七条第一款，第七十一条，第七十二条第二项，以及法院组织法第一百九十二条至第一百九十七条中关于审判员评议和投票的规定。抗告法院对发布中间命令有管辖权。

（五）不批准再审时州高级法院的裁定在联邦法院决定送达之时生效，批准再审时抗告期间自联邦法院的决定送达之时起算。

第七十五条 抗告权利人，形式和期间

（一）卡特尔当局及抗告程序当事人有权提起再审抗告。

（二）仅当裁定违反法律时才得提起再审抗告。民事诉讼法第五百五十条，第五百五十一条第一项至第三项，第五项至第七项可适用。卡特尔当局违反第四十四条错误地行使了管辖权不得作为再审根据。

（三）再审抗告应在一个月期间以内以书面提交州高级法院。期间自提起抗告的裁定送达之日起算。

（四）对提起抗告的裁定中认定的事实，联邦法院受其拘束。但参照这些认定会造成允许和有理由提起再审抗告时除外。

（五）此外，对再审抗告还可适用第六十三条第一款和第二款，第六十五条第三款、第四款第一项、第五款，第六十六条至第六十八条，第七十条至第七十二条。抗告法院对发布中间命令有管辖权。

Ⅳ 一般规定

第七十六条 无权利能力的人和社团

除自然人和法人外，无权利能力的人和社团亦有参加卡特尔当局的程序、抗告程序和再审程序的能力。

第七十七条 费用承担和确定

在抗告程序和再审程序中，在公平原则下，为解决问题所必须的费用，可按法院命令，由一方当事人全部或部分补偿（如果这是公平的话）。一方当事人因无根据的司法救济或重大过失造成的费用应由其自己负担。此外可适用民事诉讼法中费用确定程序的规定和费用确定的裁定得强制执行的各项规定。

第七十八条 收费和垫付款、诉讼被邀请人诉讼费的限制

（一）抗告程序和再审程序的收费和垫付款适用民事纠纷的有关规定。对第七十条的决议要求判决收费。抗告程序收费按照上诉审规定，再审程序收费按照再审规定收费。

（二）第五十一条第二款第四项的被邀请人提起的抗告或再审程序的诉讼费

用，按照被邀请人的事情及所发生的事实的意义自由裁量规定之，但不得超过五十万西德马克。

第七十九条　律师费

对联邦律师收费条例的第六十五条作以下补充，并作为其第六十五之一条。

第六十五之一条

按反对限制竞争行为法的程序

本标准用于按反对限制竞争行为的法律的抗告程序和再审程序。费用按第十一条第一款第二项规定。

第八十条　法令条例、应缴费的行为

（一）联邦政府征得联邦参议院批准可通过法令和条例，规定有关卡特尔当局程序的有关事宜。

（二）卡特尔当局对其程序应收费，以补偿行政管理费用。以下均为义务缴费人（义务缴费行为）：

1. 按第九条第二款的登记申请，第九十九条第三款第一项，第一百零三条第三款和第一百零三之一条第一款第二项所指的登记申请，第二十四之一条第一款，第三十八条第二款第二项和第三款，第九十九条第三款第三项和第四款，第一百条第一款第二项，第一百零二条第一款第一项第6则及第五款所指登记申请，以及第一百零二之一条第一款第三项与第一款所指登记；

2. 根据第三条第四款，第四条，第五条第二款和第三款，第六条第二款和第四款，第七条，第八条，第十一条，第十二条，第十四条，第十七条，第十八条，第二十条至第二十二条，第二十四条，第二十四之一条，第二十七条，第二十八条，第三十一条，第三十七之一条，第三十八条第三款，第三十八之一条第三款或第六款，第五十九条，第九十一条，第一百零二条，第一百零二之一条第二款，第一百零三条，第一百零三之一条，第一百零四条和第一百零五条的公务行为；

3. 发给卡特尔当局案卷副本或由他管理的登记簿的副本。

此外还收取公告费预付款。卡特尔当局若已对合同或决议按第六条第四款授权，则可免除第六条第二款发生的公务费。对第二十七条第三款和第八条第四款第一项的情况，仅对无申请结果的情况收费。

第八十一条到第一百五十条　（略）。

四、俄罗斯

反垄断法

(1995年3月25日)

第一章 总 则

第一条 本法的目的

这项法律为预防、限制、排除垄断活动和不公平竞争并促进各类商品市场的发育和有效运行界定组织基础和法律基础。

俄联邦的反垄断法规由俄联邦宪法、本法、与此有关的各项联邦法律、俄联邦总统令及俄联邦政府的各项政令和法规构成。

第二条 本法的适用范围

1. 这项法律对俄联邦全境有效。

本法适用于影响俄联邦各商品市场中的竞争的各种商务关系。这些商务关系是指俄罗斯和外国的法人、联邦行政权力机构、俄联邦各部门的行政权力机构和各市政当局以及自然人参与的商务关系。当上述主体在俄联邦领土之外所从事的活动或所签定的协定,可能对俄联邦市场中的竞争产生限制或其他负面效应时,本法也将适用。

2. 在有关知识产权运用的协议不以抑制竞争为目的时,涉及知识产权的商务关系不适用本法。

3. 与证券市场和金融服务市场中的垄断活动和不公平竞争有关的商务关系,如不影响商品市场中的竞争,由俄联邦的其他法规调整。

4. 如果俄罗斯外贸部制定了与俄联邦反垄断法规中有关规定不同的规则,应以外贸部的规则为准。

第三条 反垄断机构

1. 有关培育商品市场和促进竞争,以及预防、限制、排除垄断活动和不公平竞争的国家政策，由联邦反垄断当局负责制定和实施。

2. 联邦反垄断当局的负责人由俄联邦政府总理提名，俄联邦总统任免。

3. 基本任务：联邦反垄断当局的职能和权力及其官员的责任，由本法和俄联邦的其他法规规定。

4. 为了行使其各项权力，联邦反垄断当局可建立地方代表机构并任命相应的负责人。

5. 地方代表机构向联邦反垄断当局报告工作，并在联邦反垄断当局所定条例的基础上依照俄联邦法律开展其各项活动。

联邦反垄断当局应在其权限之内向地方代表机构授权。

6. 反垄断机构的经费将被列为联邦预算中的独立科目。

第四条　定义

本法使用下列概念：

商品是指以出售或交易为目的的活动（包括劳动和服务）的产品。

互替商品是指一组在功能、用途、质量和技术特性、价格和其他参数上对等的商品，消费者在消费过程中（包括工业性消费）实际上是互替或准备互替地使用它们。

商品市场是指一种商品的流通范围；在该范围中，这种商品没有互替品。或者它是指在俄罗斯全境或部分地区内一组互替品的流通范围；决定该流通范围的基础是消费者在一特定区域内具备购买一商品的经济能力，而在该区域外则不具有这样的能力。

经济实体是指俄罗斯和外国的个人企业家、商业性组织及其联合体（联合会或协会）、非营利性组织。但不从事企业性活动的组织如农业消费者合作社等除外。

竞争是指经济实体之间的对抗；通过这种对抗，所有实体的自主行为相互限制了各实体在一特定商品市场中单方面影响一般商品流通条件的能力。

不公平竞争是指经济实体在企业活动中为获取优势的任何行为，与现行法规、商务惯例、公平性、合理性和公正性要求相抵触，并且可能造成或已经造成对竞争对手的损害，或者已经损害了竞争对手的商誉。

支配地位是指一个或若干经济实体在一个无互替品或互替品商品的市场中所占有的排他性地位，或者它是指一个或若干个经济实体在一组互替商品的市场（下文将称其为特殊市场）中所占有的排他性地位，使该实体或这些实体有机会对有关市场中的一般商品流通条件施加决定性影响，或有可能阻碍其他实体进入这一市场。如果一个经济实体在一特殊市场中的份额超过了65%，而该实体又不能证明它在该市场中不占有支配性地位时，该经济实体的这种地位将被视为是支配性的。如果一个实体在一特殊市场中的份额低于65%，但反垄断机构根据该经济实体的市场份额的稳定性、其他竞争者的相对市场份额、新厂商进入该市场的可能性或者其他与该市场有关的标准，证明该经济实体在该市场中的支配性，则该经济实体的市场地位也将被视为是支配性的。如果一个经济实体在一特殊市场中的份额不超过35%，则该实体的市场地位不能被视为是支配性的。

垄断活动是指经济实体或联邦行政权力机构、俄联邦各部门的行政权力机构和各市政当局所从事的与反垄断法规相抵触的行动，以及会趋向阻止、限制和排除竞争的行动。

垄断高价是指由一个在特殊市场中占据支配地位的经济实体所控制的一个商品的固定价格，其目的在于补偿因生产能力利用不足而产生的不正当成本或者降低质量以攫取超额利润。

垄断低价是指由一个在特殊市场中占支配地位的经济实体作为购买者所控制的可购买商品的价格，其目的在于攫取超额利润或靠损害卖方利益来补偿其自己的不正当成本；或者，它是由一个在特殊市场中占支配地位的实体作为卖方所控制的一个商品的价格，该价格水平引起了该商品销售者的损失，或者通过或可能通过将竞争对手排挤出市场而抑制竞争。

收购公司法定资本中的股票（股份）是指收购一公司的股票或股份，或者通过信托管理、合资、代理契约或其他交易，靠其他手段使自己或使其代表能够行使赋予这些股票或股份的表决权。

主体集团是指符合以下一项或几项条件的法人集体或法人和自然人集体；

作为一项协议（协同行动）的结果，一个主体或若干主体在对应于一个法人的全部法定资本（股份）的股票（捐赠、股份）的总表决票数中，联合拥有（在特殊场合，通过买卖、信托管理、合资或代理契约或者其他交易）能直接或间接处置其50%以上表决票的权利。个人间接处置表决票将被解释为有能力通过第三方实际处置表决票，该主体也被认为拥有上述权利或权威。

两个主体或若干主体签订了一项契约，在契约中由缔约的一方、几方或第三方授予决定企业运营条件的权利或者行使执行机构职能的权利。

一个主体有权任命一个法人的执行机构50%以上成员或者董事会（监事会）50%以上成员。一批相同的自然人成为两个或两个以上法人的执行机构的50%以上成员或者董事会（监事会）的50%以上成员。

本法有关经济实体的规定也同样适用于主体集团。

附录：主要国家竞争与反垄断法

第二章 垄断活动

第五条 经济实体在市场中滥用支配地位

1. 禁止占有支配地位的经济实体从事导致或可能导致限制竞争或侵犯其他经济实体或自然人利益的下列行为：

出于制造或维持一市场中商品短缺或抬高价格的目的而从市场中撤回商品；

将对其他当事人不利或与契约主题无关的契约条款（无正当理由地要求转让金融资产、其他财产、产权、人力等）强加给其他当事人；

在契约中加入置其他当事人较其他经济实体于不利地位的歧视性条款；

在契约中包含有关其他当事人（消费者）不感兴趣的商品的条款时，才同意签定契约；

对其他经济实体进入或撤出市场制造障碍；

违犯由正式法令宣布的限价规则；

维持垄断性高价或低价；

对有需求或有消费者订单的商品，进行生产不会招致损失，却减少或停止生产；可以生产或供应某种产品，却无正当理由地拒绝就该商品与特定购买者（消费者）缔结供货契约。

2. 在例外场合，如果经济实体能证明其行为的正效应（包括在社会经济范围内的正效应）超过对特定商品市场的负面影响，则经济实体从事本条第一款规定的行为将被视为合法。

第六条 经济实体限制竞争的协议（协同行动）

1. 相互竞争的经济实体之间就共同占有一市场35%以上份额所达成的任何协议（协同行动），如果导致或可能导致对竞争的限制，则这些协议将通过已建立的程序全部或部分地被禁止或被视为无效。包括会产生下列后果的协议（协同行动）：

固定（或操纵）价格（价目表）、折扣、加价（销售毛利）或收费；在拍卖或投标中抬高、压低或操纵价格；

划分市场范围、总销售额或总购买额、所售商品的分级，或者卖方或买方（消费者）集团；

限制其他经济实体作为卖方或买方（消费者）进入市场，或者将他们排除出市场；

拒绝与特定卖方或买方（消费者）缔结契约。

2. 如果有若干非相互竞争的经济实体，其中一个实体占有支配地位，而其他实体是其供应商或客户（消费者），则这些实体所达成的任何形式的协议（协同行动）如造成或可能造成对竞争的限制，可根据已确立的程序被全部或部分地禁止或被宣布无效。

3. 在例外场合，除本条第一款所规定的协议外，如果经济实体能证明其所达成的本条所述协议所具有的正效应（包括在社会经济范围内的正效应），超过对特定商品市场的负效应，则这些协议被视为合法。

4. 在商业性组织的商务活动造成或可能造成对竞争的限制时，商业性组织的联合体（联合会或协会）。公司和合伙机构不得为其提供协调服务。

商业性组织的联合体（联合会或协会）。公司或合伙机构违犯上述规定而协调商务活动，法院可依据联邦反垄断当局（或其地方代表机构按其权限）的请求而令其停业。

第七条 联邦行政权力机构、俄联邦各部门的行政权力机构、各市政当局指向抑制竞争的法令和行为

1. 联邦行政权力机构、俄联邦各部门的行政权力机构、各市政当局发布的法令或采取的行动，若是限制经济实体的自主权、歧视或偏袒特定经济实体的，导致或可能导致抑制竞争或损害经济实体或公民利益的，应予禁止。这些法令或行动包括：

在任何行业或产业中限制创建新的经济实体，对实施某些活动、制造某些类型的商品强加禁令，但由俄联邦法规预先规定禁令的除外。

在任何领域中无理由地阻碍经济实体的活动。

禁止从俄联邦的一个区域（共和国、地带、地区、城市市区）到另一个区域进行销售（购买、交易、收购），或者在其他方面限制经济实体进行销售（购买、交易、收购）的权利。

对经济实体下达指令，要求对特定买方（消费者）团体优先供给商品或优先签订契约，而不顾俄联邦的法规和正式法令所规定的优先顺序。

在任何活动领域中无正当理由阻碍创建新经济实体。

无理由地授予特定经济实体或若干经济实体以好处，使这些实体与在同一商品市场中运行的其他经济实体相比，处于更优越的特权地位。

联邦行政权力机构、俄联邦各部门的行政权力机构、各市政当局就经济实体的形成重组和停业（在反垄断法规规定的场合）所发布的决策，以及授予一个或若干经济实体的特权，在俄联邦立法机关的法令未做规定的情况下，都必须经过反垄断当局的批准。

2. 禁止出于制造和销售垄断商品的目的而设立部、政府委员会或其他的联

邦行政权力机构、俄联邦各部门的行政权力机构和各市政当局，禁止将导致或可能导致抑制竞争的权力授予现有的部、政府委员会或其他联邦行政权力机构、俄联邦各部门的行政权力机构和各市政当局。

禁止将联邦行政权力机构、俄联邦各部门的行政权力机构、各市政当局的职能与经济实体结合起来，禁止将上述机构的职能和权力授予经济实体，包括政府监察机构的职能和权力，但立法机构的法令已有规定的情况除外。

第八条 联邦行政权力机构、俄联邦各部门的行政权力机构、各市政当局抑制竞争的协议（协同行动）

一个联邦行政权力机构、俄联邦部门的行政权力机构、市政当局与另一个联邦行政权力机构、俄联邦部门的行政权力机构、市政当局达成的任何形式的协议（协同行动），如果导致或可能导致抑制竞争或损害其他经济实体或自然人的利益时，可根据已建立的程序被全部或部分禁止或被宣布为无效。这包括会产生下列后果的协议：

抬高、压低或操纵价格（价目表）；

划分市场范围、总销售额或购买额、所售商品的等级或卖方或买方（消费者）集团；

限制经济实体进入市场或将其排除在市场之外。

第九条 不允许国家权力机构和国家行政机构的官员参与企业性活动

禁止国家权力机构和国家行政机构的官员从事下列活动：

参与自主的企业活动；

拥有企业；

在一个公司或合伙机构的全体会议上直接或通过代表行使赋予其所持有的股票、捐赠、股份或共享股份的表决权；

在一个经济实体的管理机构中占有一个职位。

第三章 不公平竞争

第十条 不公平竞争的形式

下列不公平竞争行为应予禁止：

散布能使其他经济实体遭受损失或使其商誉受损的虚假、含糊、歪曲信息；

在制造特点、方式和地点以及商品的消费特性或质量方面误导消费者；

将一个经济实体制造或销售的商品与另一经济实体的商品作不准确的对比；

销售非法使用知识产权的产品，包括将法人、产品、劳动或服务个人化的手段；

在未经拥有者同意的情况下，接受、使用或公开科学、技术、工业或贸易方面的信息，包括商业秘密。

第四章 联邦反垄断当局的任务、职能和权力

第十一条 联邦反垄断当局的任务和职能

1. 联邦反垄断当局的基本任务：

在发展竞争和企业家精神的基础上促进市场的形成；

预防、限制和排除垄断和不公平竞争；

确保反垄断法规得到遵守。

2. 联邦反垄断当局职能：

向俄联邦政府提供有关完善反垄断法规及其实施的建议，并对有关发挥市场功能和发展竞争的法律草案和其他正式法令提出评价意见；

在实施促进商品市场发展和竞争的措施方面向联邦行政权力机构。俄联邦各部门的行政权力机构和各市政当局提供建议；

制定并实施消除生产和贸易中垄断现象的措施；

在经济实体的创建、重组和停业过程中确保反垄断要求得到遵守；

当一个经济实体收购另一公司法定资本中的表决权股票（股份），可能使该实体在俄联邦市场中获得抑制竞争的支配地位时，对收购进行监督。

3. 创建一个学术研究机构和专家委员会；该委员会在联邦反垄断当局的领导下工作；其职责是为联邦反垄断当局的活动提供学术支持、制定改善市场运营的措施、促进竞争、克服垄断化趋势、分析商品市场的结构和条件。

第十二条 联邦反垄断当局的权力

联邦反垄断当局拥有下列权力：

在需要制止违犯反垄断法规的行为并消除其后果、恢复原状、强行分解经济实体的下属机构、发出或更改与反垄断法规相抵触的契约、与另一经济实体签定契约、或者将因违反反垄断法规而获得的利润转交给联邦国库时，对经济实体下达有约束力的指令。

在需要废除或修改已通过的违法的法令、制止违法行为、撤消或更改已经签定但与反垄断法规相抵触的契约时，对联邦行政权力机构、俄联邦各部门的行政权力机构和各市政当局下达有约束力的指令。

向联邦行政权力机构、俄联邦各部门的行政权力机构和各市政当局提供下列建议：采用或取消专利权，修改顾客收费表，采用或取消配额，分配税收减免、优惠贷款和其他形式的政府支持。

附录：主要国家竞争与反垄断法

对商业性组织非盈利性组织违犯反垄断法规，做出征收罚金和对其领导人实施行政处罚的决定；对公民包括个人企业家和联邦行政权力机构、俄联邦各部门的行政权力机构以及各市政当局的官员违犯反垄断法规，可以实施行政处罚，违犯有关自然垄断法规所规定的定价规则的行为也同样适用本规定［i］。

违犯反垄断法规的行为向一般法庭或经济法庭提出诉讼，以要求全部或部分撤消一项与反垄断法规相抵触的契约，或者要求法庭向一经济实体发出与另一经济实体签定契约的命令，以及在与应用和违犯反垄断法规有关的问题上参与一般法庭或经济法庭的询问。

对已处于违犯反垄断法规罪调查中的刑事案件向有关诉讼当局提供材料。

证明经济实体占有支配地位的事实。

对反垄断法规在执行中的争议进行解释。

行使由俄联邦法规所规定的其他权力。

第十三条 获得信息的权利

联邦反垄断当局的工作人员为了完成赋予他们的职责，经联邦反垄断当局（或其地方代表机构）允许，有权利凭书面申请自由进入联邦行政权力机构、俄联邦各部门的行政权力机构、各市政当局、商业性组织和非盈利性组织及其联合体、其他组织和机构的办公场所，以了解必需的文件。

民兵当局［ii］在联邦反垄断当局（或其地方代表机构）的工作人员执行公务时有义务向他们提供实际的帮助，保证他们获得为履行其职责所必需的信息。

第十四条 向联邦反垄断当局（或其地方代表机构）提供信息的义务商业性组织和非盈利性组织（它们的领导人）、联邦行政权力机构、俄联邦各部门的行政权力机构、各市政当局（它们的官员）以及公民，包括个人企业家，有义务根据联邦反垄断当局（或其地方代表机构）的要求，提供可能对联邦反垄断当局（或其地方代表机构）开展其合法活动所必需的真实文件、书面或口头证明以及其他信息。

第十五条 联邦反垄断当局（及其地方代表机构）保守商业秘密的义务

联邦反垄断当局（及其地方代表机构）不可公开其根据本法第13条和第14条的规定而获得的秘密商业信息。因联邦反垄断当局（及其地方代表机构）的工作人员泄露商业秘密而造成的损失可以根据民法获得补偿。

第十六条 促进商品市场和竞争的发展并支持企业家精神

为了达到促进商品市场和竞争的发展、支持企业家精神和推动非垄断化的目的，联邦反垄断当局可以向有关的联邦行政权力机构、俄联邦各部门的行政权力机构、各市政当局对下列问题提出建议：

分配优惠贷款和税收减免，或者援助经济实体首次进入一特定商品市场；

修改自由价格、管制价格和固定价格的适用范围；

在贸易和工业中创建和发展并行机构，尤其是运用集中投资和贷款的手段来达到这一目的；

资助旨在扩大商品产量和以排除经济实体的支配地位为目的的活动；

吸引外商投资，创建外商投资组织和自由经济区；

对进出口经营发放特许权和修改海关关税表；

修改特许权发放活动表和特许权发放程序。

联邦反垄断当局参与贯彻联邦非垄断化计划，各种与培育竞争和支持企业家精神有关的计划。

第五章 政府控制的特殊类型

第十七条 政府对商业性组织及其联合体的创建、重组和停业的监控

1. 为了预防商业性组织滥用支配地位和对竞争的限制，联邦反垄断当局应对下列活动实施监控：

商业性组织联合体（联合会或协会）的建立和合并（包括通过收购的合并）。

账面资产额超过10万工资单位［iii］的商业性组织的合并。

全国范围的或城市范围的独家企业（unitary enterprises），其资产额超过5万最低工资单位（minimum wages），如果其结业或分解（包括通过收购的分解）会导致在一个相关市场中出现占有35%以上份额的经济实体，应受到监控；但一企业根据经济法庭的有约束力的判决而停业的情况不在此列。

2. 在本条第一款规定的场合，就商业性组织或非盈利性组织的创建。重组或停业作出决策的个人或机构，除根据俄联邦法规向工商注册机构提交文件外，还应向联邦反垄断当局提出申请，同时还须提供有关该组织基本业务活动、在相关市场中生产和出售的产品（劳动、服务）数量方面的信息。联邦反垄断当局还有权了解其他信息。

联邦反垄断当局无权了解未包含在联邦反垄断当局批准的信息表内的信息。

联邦反垄断当局应在收到必要文件之日后的30日内将其决定通知申请者。如有必要，联邦反垄断当局可延长这一期限，但不得超过15日。

3. 如果批准申请将造成或强化各经济实体的支配地位，或者会抑制竞争，以及在审查申请者所提供文件的过程中发现文件中的信息或对决策具有重要意义的信息不准确，联邦反垄断当局有权拒绝申请。但在申请者愿意服从（由反垄

附录：主要国家竞争与反垄断法

断当局提出的）有效竞争条件的情况下，联邦反垄断当局可以批准申请。这样的条件和申请者达到这些条件的期限都应在反垄断当局批准本条第一款所述行动的决定中加以详细说明。

如果对商业性组织或非盈利性组织的创建、重组或停业作出决策的个人或机构证明其活动的正效应（包括社会经济领域中的正效应）超过其对有关商品市场的负效应，即使存在上述不利后果，反垄断当局仍有权批准申请。

4. 在一新建商业性组织的发起人拥有的资产总额超过 10 万最低工资单位的场合，以及在一合并（包括通过收购的合并）后的商业性组织的账面总资产额超过 50 万最低工资单位的场合，其发起人（或发起人之一）必须自注册之日（国家注册修正案）起 15 日内通知联邦反垄断当局，申请者并应向反垄断当局提交本条第二款所规定的信息。

5. 如果联邦反垄断当局进行初步审查后认为拟议中的组建（合并，通过收购的合并）可能造成对竞争的限制，应决定实施追加调查，以证实该组建计划（合并，通过收购的合并）与反垄断法规的一致性。

决定应在联邦反垄断当局收到申请通知之日起 15 天内送达申请者。

联邦反垄断当局应在本条第二款所规定的期限内做出最终决定，并以书面形式通知申请者。

6. 如果一商业性组织的创建（合并，通过收购的合并）可能造成对竞争的限制，则该商业性组织的发起人或做出该决策的个人或机构应根据联邦反垄断当局的命令，采取措施恢复保障竞争的必要条件。

7. 在本条第四款规定的场合，做出创建或合并（合并、通过收购的合并）决策的个人或机构有权向联邦反垄断当局提出初步申请，而联邦反垄断当局有义务按本条第二款所规定的程序考虑这一申请。

8. 在本条第一款规定的场合，商业性组织或非盈利性组织的国家注册和将商业性组织从单一法人的国家注册名簿中删除，可以由注册机构根据联邦反垄断当局的初步同意来完成。

未经联邦反垄断当局初步同意而创建或重组的商业性组织和这类组织的协会所进行的国家注册，可以由法庭根据联邦反垄断当局（或其地方代表机构按其职权）的申请而被撤消。

9. 违犯本条第四款所定程序创建（合并、通过收购的合并）商业性组织，以及创建会导致或强化市场支配地位或抑制竞争的商业性组织，与不服从联邦反垄断当局按本条第六款规定所提出的要求一样，将成为法庭根据联邦反垄断当局（或其地方代表机构按其职权）的申请撤消其国家注册的理由。

第十八条 国家对收购商业性组织法定资本中的股票（股份）及其他活动遵守反垄断法规的情况进行监控

1. 法人和自然人在下列场合应向联邦反垄断当局提出申请，以获得初步认可：

——主体（或主体集团）收购公司法定资本中的表决权股票（股份）并由此获得处置20%这类股票（股份）的权利的场合。但在公司发起人创建公司的场合不适用本规定。

由一经济实体（或主体集团）收购另一经济实体的固定资产或无形资产的所有权或使用权，而这些资产在资产负债表中的价值超过了被转让经济实体账面固定资产或无形资产总价值的10%的场合。

——主体（或主体集团）获得的权利能让其决定一经济实体从事企业性活动的条件或承担一经济实体行政机构职能的场合。

2. 在本条第一款规定的主体的总资产合计超过10万元最低工资单位，或者这些主体中有一个主体是在一特定市场中持有35%以上份额的经济实体，因而被包括在这类实体的国家注册簿之中，或者受让者是一个控制这类实体的主体集团，他们从事本条第一款规定的交易需要获得联邦反垄断当局的初步认可。关于在一特定市场中持有35%以上份额的经济实体的注册簿（以下简称"注册簿"）应根据俄联邦政府规定的程序保存。

3. 为了进行本条第一款规定的交易，有兴趣的个人应向联邦反垄断当局提出申请并根据联邦反垄断当局规定的信息表提供必要的信息。

联邦反垄断当局应根据本法第十七条第二款所定程序对本条规定的交易实施国家监控。

4. 如果批准申请将强化一个经济实体（或主体集团）的支配地位或造成对竞争的限制，或者申请者所提供的有关决策活动的重要信息不准确，联邦反垄断当局有权拒绝批准其申请。但在申请者愿意服从有效竞争条件的情况下，联邦反垄断当局可以批准其申请。批准条件以及申请者达到这些条件的期限应在联邦反垄断当局认可本条第一款规定的交易的决定中加以详细说明。

如果交易当事人证明其活动的正效应（包括在社会经济方面的正效应）超过了其对有关商品市场的负效应，则尽管可能存在上述不利后果，联邦反垄断当局仍有权批准其申请。

5. 如果本条第一款所规定的各主体的账面总资产合计超过了5万最低工资单位，则这些主体中的一个法人或自然人应在本条第一款规定的交易发生之日起15日内报告联邦反垄断当局。

附录：主要国家竞争与反垄断法

一个自然人成为下列经济实体的执行机构或董事会（监事会）的成员时，应在自己被任命或当选之日起15日之内通知联邦反垄断当局：成为两个或两个以上经济实体的执行机构或董事会（监事会）的成员，而这些实体的账面总资产合计超过了5万最低工资单位；任职的经济实体被包括在属于相同产品组的实体的注册簿中，或者任职的实体被包括在属于同一生产过程或配送过程各阶段的产品组的实体之中。通知须附有本条第三款所要求的信息。

6. 联邦反垄断当局对信息进行初步审查后认为，所通知的交易可能造成或强化一经济实体（主体集团）在市场中的支配地位或者形成对竞争的限制，就应决定进行一次追加的调查以证实该交易是否符合反垄断法规的规定。进行这一调查的决定应由联邦反垄断当局在收到通知之日起15日之内送达申请者。

最终决定应由联邦反垄断当局在本法第十七条第二款所规定的期限内做出，并以书面形式通知申请者。

7. 如果本条第五款所述行为可能造成或强化一经济实体在市场中的支配地位，或者可能形成对竞争的限制，实施这些行为的主体应根据联邦反垄断当局的命令，在规定的期限内采取措施恢复保障竞争的必要条件。

8. 在本条第五款所述场合，有兴趣的主体有权向联邦反垄断当局提出初步申请，联邦反垄断当局有义务根据既定程序考虑这一申请。

9. 如果一项交易违犯了本条所规定的程序并造成或强化了一经济实体的市场支配地位，或者形成了对竞争的限制，而该交易的当事人又未能在规定期限内达到联邦反垄断当局（或其地方代表机构）所提出的保障竞争的必要条件，法庭可根据联邦反垄断当局（或其地方代表机构）的请求宣布该交易无效。

不服从联邦反垄断当局根据本条第四款和第七款所做出的决定，将成为法庭按联邦反垄断当局（或其地方代表机构按其权限）提出的请求宣布有关交易无效的依据。

违犯本条关于进行交易须获得联邦反垄断当局许可的规定（或将交易通知联邦反垄断当局的规定）将成为按本法征收罚金的依据。

第十九条 强制分解从事商务活动的商业性组织和非盈利性组织

1. 商业性组织和非盈利性组织在商务活动中若占有支配性地位或违犯了两项或两项以上的反垄断法规就可以被强行分解。尤其是在联邦反垄断当局认定分解这样的组织或将这类组织的下属机构转变为独立组织将促进竞争的时候。

2. 如果具备下列条件，就可以实施强制分解一商业性组织的措施：该组织的下属机构在组织上或地区上存在着分解的可能性；

在该组织的下属机构之间不存在密切的相互依赖性，特别是在该组织消费其下属机构产出（劳动、服务）的数量不超过其下属机构产出的30%；

经分解而重组成的法人能够在一个特定市场中独立运营。

3. 联邦反垄断当局关于强制分解从事商务活动的商业性组织或非盈利性组织的决定应由这类组织的所有者或其授权机构按照联邦反垄断当局的分解决定规定的条件和期限执行。联邦反垄断当局的分解决定规定的执行期限不得少于6个月。

第二十条 根据本法第三7、18、19条对联邦反垄断当局（或其地方代表机构）所做决定提出上诉

申请者（或通知者）在联邦反垄断当局接到其申请（或通知）之日起60日内没有收到联邦反垄断当局的答复或者对联邦反垄断当局的答复不满意时，有权通过一般法庭或经济法庭寻求恰当的补救。

对强制分解商业性组织的决定，可以向一般法庭或经济法庭上诉。

第二十一条 （被撤消）

第六章 违犯反垄断法规所应承受的处罚

第二十二条 联邦反垄断当局的处理意见具有强制性

1. 在违犯反垄断法规的场合，商业性组织和非盈利性组织（它们的经营者）［iv］，联邦行政权力机构、俄联邦各部门的行政权力机构、各市政当局（它们的官员），以及公民（包括个人企业家）应根据联邦反垄断当局的处理意见，按规定的条件和期限实施下列措施：

停止违犯行为、恢复原状、终止或改变契约、与另一经济实体签定契约、废除与法规相抵触的法令、将在违法活动中获得的利润转交给联邦国库。以分解方式重组（包括通过下属机构的分立实现组织分解），或实施由联邦反垄断当局的处理意见所规定的其他措施。

2. 在发生违犯反垄断法规的场合，联邦反垄断当局有权根据法规，通过一定的行政程序强行征收罚金或发出警告。

第二十二之一条 违犯反垄断法规后受处罚的类型

联邦行政权力机构、俄联邦各部门的行政权力机构和各市政当局的官员，商业性组织、非盈利性组织以及它们的经营者，以及公民（包括个人企业家），在被判处犯有违犯反垄断法规罪时，将被追究民事、行政或刑事责任。

第二十三条 商业性组织和非盈利性组织违犯反垄断法规后应承受的处罚

商业性组织和非盈利性组织因下列违法行为而被征收罚金：

不遵守联邦反垄断当局（或其地方代表机构）的处理意见，可处以不超过

违法行为发生期内每天100最低工资单位和总计2万~5万最低工资单位的罚金；

不按本法第十七、十八条的规定向联邦反垄断当局（或其地方代表机构）提出申请和呈送通知，可处以不超过5 000最低工资单位的罚金；

不遵守联邦反垄断当局（或其地方代表机构）根据本法第十七条第三款、第十八条第四款的规定而强加的条件，可处以不超过8 000最低工资单位的罚金；

不根据联邦反垄断当局（或其地方代表机构）的要求按时提交根据本法第十七条和第十八条的规定应该提交的文件和信息，可处以不超过违法行为发生期内每天50最低工资单位的罚金和总计5 000最低工资单位的罚金；

向联邦反垄断当局提供不准确的信息，可处以不超过1 000最低工资单位的罚金。

罚金数额应根据商业性组织和非盈利性组织的经济状况来决定。

第二十四条 商业性组织和非盈利性组织的经理人员，联邦行政权力机构、俄联邦各部门的行政权力机构和各市政当局的官员违犯反垄断法规后应承受的处罚

1. 商业性组织和非盈利性组织的经理人员，联邦行政权力机构、俄联邦各部门的行政权力机构和各市政当局的官员，以及个人企业家因下列违法行为而应处以行政处罚：

对联邦反垄断当局（或其地方代表机构）对其提出警告或课收数额不超过200最低工资单位的罚金，不按时执行的；

对联邦反垄断当局（或其地方代表机构）的官员执行警告或数额不超过120最低工资单位的罚金加以阻挠的。

2. 在本法第十七条规定的情形下，未经联邦反垄断当局同意便给商业性组织或商业性组织的联合体（联合会或协会）注册的官员应处以警告或处以不超过80最低工资单位的罚金。

3. 公民（包括个人企业家）违犯反垄断法规后应承受的处罚：

在本法规定的情况下，不按照联邦反垄断当局（或其地方代表机构）的要求按时呈送文件或联邦反垄断当局行使其职责所必需的其他信息，应处以警告或不超过80最低工资单位的罚金。

不按本法第十七、十八条的规定向联邦反垄断当局（或其地方代表机构）提出申请或呈送通知，应处以警告或不超过80最低工资单位的罚金。

不遵守联邦反垄断当局根据本法第十七条第三款和第十八条第四款的规定而

提出的要求，应处以警告或不超过 100 最低工资单位的罚金。

4. 商业性组织和非盈利性组织的经理人员或联邦行政权力机构、俄联邦各部门的行政权力机构和各市政当局的官员，在一年时间内犯重复委任罪（guilty of repeated commission）的，或者触犯本条第一款所述错误的，应依法追究其刑事责任。

第二十五条 联邦反垄断当局的官员违犯本法应承受的处罚

联邦反垄断当局（或其地方代表机构）的官员泄露商业性组织和非盈利性组织或个人企业家的商业秘密时，如果实施中的法规对这类错误行为没有规定其他处罚，应依行政法被追究责任。

第二十六条 消除对经济实体的损害

在联邦行政权力机构（包括联邦反垄断当局）、俄联邦各部门的行政权力机构或各市政当局的法令与反垄断法规相抵触或者因这类机构不履行或不恰当地履行其职责而使经济实体或个人受到损害时，应根据民事法规消除这类损害。

如果因经济实体违犯反垄断法规的行为而使另一经济实体或另一个人受到损害，应依民事法规由造成损害的经济实体给受损主体以补偿。

第七章 采纳、执行联邦反垄断当局（或其地方代表机构）的决定和处理意见的程序，以及对这类决定和处理意见提出上诉的程序

第二十七条 联邦反垄断当局受理反垄断案件的根据

1. 联邦反垄断当局应审查违犯反垄断法规的情况，并在其权限之内对这些违法行为做出决定并提出处理意见。

反垄断案件可根据商业性组织和盈利性组织、联邦行政权力机构、俄联邦各部门的行政权力机构和各市政当局的申请，以及公共代理人（the public attorney）的提议而公开。联邦反垄断当局也可以凭借自己的动议权公开反垄断案件。

2. 起诉申请应以书面形式提交联邦反垄断当局，并附有证明违犯反垄断法规的材料。这些材料和起诉书可不公开。

3. 受理反垄断案件的程序应由联邦反垄断当局颁布的规则来确定。

第二十八条 对联邦反垄断当局（或其地方代表机构）的决定和处理意见提出上诉

1. 联邦行政权力机构、俄联邦各部门的行政权力机构、各市政当局（和这些机构的官员），商业性组织和非盈利性组织（和它们的经营者），以及普通公民（包括个人企业家），有权向一般法庭或经济法庭起诉，要求部分或全部撤消

联邦反垄断当局（或其地方代表机构）的决定（处理意见），或者要求取消或更改由联邦反垄断当局（或其地方代表机构）做出的行政处罚或课收罚金的决定。

2. 在一般法庭或经济法庭受理起诉申请的期间内和一般法庭或经济法庭的决定生效之前，联邦反垄断当局（或其地方代表机构）的决定应暂停执行。

对联邦反垄断当局（或其地方代表机构）的决定（处理意见）可以在其被采用之日起6个月内提出上诉，这对不受时效法规影响的权利要求不产生不利影响。

第二十九条 执行联邦反垄断当局（或其地方代表机构）的处理意见和其他决定

1. 联邦反垄断当局（或其地方代表机构）的决定（处理意见）必须在其规定的时限内执行。违反决定（处理意见）应承担本法和其他俄联邦法规所规定的后果。

若关于撤消或修改违犯反垄断法规的法令的决定（处理意见）或者恢复原状的决定（处理意见）得不到执行，联邦反垄断当局（或其地方代表机构）有权向经济法庭起诉，要求法庭做出全部或部分撤消该法令的判决，或者要求法庭命令有关机构采取恢复原状的措施。

若有关修改或解除一项违犯反垄断法规的契约约定（处理意见）或者应与另一经济实体签订契约的决定（处理意见）得不到执行，联邦反垄断当局（或其地方代表机构）有权向经济法庭起诉，要求全部或部分地废除该契约，或者要求法庭迫使一交易当事人缔约。

若关于将违犯反垄断法规活动的利润转交给联邦国库的命令得不到执行，联邦反垄断当局（或其地方代表机构）有权向一般法庭或经济法庭起诉，要求重新将非法获取的利润转交给联邦国库。

2. 联邦反垄断当局（或其地方代表机构）对商业性组织或非盈利性组织课收的罚金（对个人企业家课收的罚金除外），应在做出该决定之日起的30日内直接从其法人账户上强制执行。

联邦反垄断当局（或其地方执行机构）对商业性组织和非盈利性组织的经营者，联邦行政权力机构、俄联邦各部门的行政权力机构和各市政当局的官员，以及普通公民（包括个人企业家）课收的罚金，应在收到罚款决定之日后30日内缴纳。在不按时缴纳罚金或不全额缴纳罚金的场合，联邦反垄断当局（或其地方代表机构）有权向一般法庭起诉，要求法庭对其重新实施罚款，或者要求对商业性组织和非盈利性组织的经营者，联邦行政权力机构、俄联邦各部门的行政权力机构和各市政当局的官员，以及普通公民（包括个人企业家）加收滞纳罚金；滞纳一天，加收罚金总额或罚金滞纳额的 1%。

  联邦反垄断当局（或其地方代表机构）强征的罚金应上交联邦国库。缴纳罚金并不终止执行联邦反垄断当局（或其地方代表机构）的决定或完成反垄断法规所规定其他行动的义务。

附录：主要国家竞争与反垄断法

五、日　本

不正当竞争防止法

(1934 年 3 月 27 日公布 1938 年至 1975 年期间共经过五次修改)

第一条　（不正当竞争行为的禁止）

（一）因下列各项之一的行为，营业上的利益可能蒙受损害者，有权要求停止该项行为：

（1）在本法施行的地区内，使用众所周知的他人的姓名，商号、商标、商品的容器包装等与他人的商品标记相同或类似的标记，或者销售，周转或出口使用这种标记的商品，而与他人的商品产生混淆的行为；

（2）在本法施行的地区内，使用众所周知的他人的姓名、商号、商标等与他人营业上的标记相同或类似的标记，而与他人营业上的设施或活动产生混淆的行为；

（3）在商品或商品广告中，以让公众得知的方法在交易文件或通信中标示虚假产地，或者销售、周转或出口作这种标示的商品，而使人对产地产生误解的行为；

（4）在商品或商品广告中，或以让公众得知的方法在交易文件或通信中，用该商品生产、制造或加工地以外的地区，来标示该商品的出产、制造或加工地，因而使人产生误解的行为，或者销售、周转或出口作这种标示的商品的行为；

（5）在商品或商品广告中，使用对其商品的质量、内容、制造方法、用途或数量使人产生误解的标示、或者销售、周转或出口作这种标示的商品的行为；

（6）陈述损害处于竞争关系的他人营业上的信用的虚假事实，或者散布这种虚假事实的行为。

（二）经 1900 年 12 月 24 日于布鲁塞尔，1911 年 6 月 2 日于华盛顿、1925 年 11 月 6 日于海牙、1934 年 6 月 2 日于伦敦、1958 年 10 月 31 日于里斯本以及 1967 年 7 月 14 日于斯德哥尔摩修改的关于保护工业所有权的 1883 年 3 月 20 日的巴黎条约同盟国（下称"同盟国"）中，拥有关于商标的权利（限于相当于商标权的权利，下同）者，对于其代理人或代表或者曾经是代理人或代表的人，无正当理由未经该商标的权利所有者的同意将与该项权利的商标相同或类似的商标使用在相同或类似的商品上，或者销售、周转或出口使用这种商标的同样或类似的商品者，有权要求制止其行为，但是，曾经是代理人或代表的人在其行为开始之日前一年以内已成为非代理人或代表者不在此限。

第一条之二 （不正当竞争行为者的赔偿责任）

（一）故意或因过失作出相当于前条第一款各项之一的行为者，对因此营业上的利益蒙受损失者，负有赔偿损失的责任。

（二）故意或因过失，作出前条第二款行为的代理人或代表或者在该行为开始之日前一年以内曾经是代理人或代表的人，对因此在营业上的利益蒙受损失的同款关于商标的权利所有者，负有赔偿损失的责任。

（三）对于因前条第一款第一项或第二项或同条第二款的行为损害他人营业上的信誉者或者作出同条第一款第六项的行为者，法院根据被害者的请求，有权命令其采取必要措施补偿损失或者赔偿损失的同时恢复被害者在营业上的信誉。

第二条 （普通名称等除外）

（一）前二条和第五条的规定，不适用于相当于下列各项之一的行为：

（1）以通行的方法使用商品的一般名称或交易上同种商品一般惯用的标示，或者销售、周转或出口使用这种标示的商品的行为；

（2）在交易上，以通行的方法使用同种营业惯用的名称等的标示的行为；

（3）善意地使用自己姓名的行为，或者销售，周转或出口使用自己姓名的商品的行为；

（4）第一条第一款第一项或第二项中所列的标记，在本法施行地区内广为熟知以前开始善意地使用与此相同或类似的标记者，或其由他人继承营业的同时继承使用其标记者使用其标记的行为，或者销售、周转或出口使用此种标记的商品的行为。

（二）因前款第三项或第四项所列的行为，而营业上的利益有可能蒙受损失者，有权要求采用防止商品或者营业设施或营业活动混淆的适当标记，但对单纯销售、周转或出口商品者，不在此限。

第三条 （对于外国人的例外）同盟国以外的外国人，在本法施行的地区内，没有住址或者营业场所者，除在条约或者类似条约中另有规定者外，不得提出第一条、第一条之二和前条第二款的要求。

第四条 （外国徽章等的使用）

（一）外国的国徽、国旗及其他的徽章，与主管大臣指定者相同或者类似的，无该国有关机关的许可，不得将其作为商标使用，或者销售或周转使用这种商标的商品。

（二）前款的徽章，无该国有关机关许可，不得以使商品产地产生误解的方法，在交易上使用，或者销售，周转使用此种徽章的商品。

（三）外国官方监督用或者证明用的印记，与主管大臣指定者相同或类似的，如无该国该机关许可，不得将其作为相同或类似商品的商标使用，或者销售或周转使用此种商标的商品。

（四）关于日本的国徽、国旗及其他徽章或官方监督用或证明用的印记的使用，已取得该有关机关的许可时，虽然与外国的国徽、国旗及其他徽章或官方监督用或证明用的印记相同或类似者，也不适用前三款的规定。

第四条之二 （国际机构徽章等的使用）同盟国成员政府间国际机构的徽章，旗帜及其他徽章、简称或名称，与主管大臣指定者相同或者类似的，无该国际机构的许可，不得用使人产生与该国际机构有关的误解的方法，当作商标使用，或者销售、周转使用此种商标的商品。

第五条 （罚则）相当于下列各项之一者，处三年以下有期徒刑或者二十万元以下罚金：

（1）在商品或者商品广告中作虚假的标示，使人对其商品的产地、质量、内容、制造方法、用途或者数量产生误解者；

（2）以不正当的竞争为目的，进行相当于第一条第一款第一项或者第二项的行为者；

（3）以不正当的竞争为目的，进行第一条第一款第三项至第五项之一的行为者；

（4）违反前二条的规定者。

第五条之二 （双罚规定）法人的代表或者法人或个人的代理人、职工等工作人员，在关于其法人或个人的业务上进行违反前条的行为时，除处罚行为者外，对其所代表的法人或个人，同时课以同条的罚金刑。

第六条 （行使无形财产权除外）第一条第一款第一项和第二项以及第二款、第一条之二、第四条第一款至第三款、第四条之二以及第五条第二项的规定，对根据特许法，实用新设计法、意匠法或者商标法行使权利的行为不适用。

关于禁止私人垄断和确保公正交易的法律
（节选）

（修改：昭和22年法91号、法195号、昭和23年法207号、法268号、昭和24年法103号、法134号、法214号、昭和26年法192号、法211号、政261号、昭和29年法127号、昭和31年法120号、法134号、昭和32年法142号、法187号、昭和34年法129号、昭和36年法111号、昭和37年法134号、法140号、法152号、法161号、昭和38年法53号、昭和39年法12号、法152号、昭和40年法143号、昭和41年法25号、法111号、昭和42年法31号、昭和44年法33号、昭和49年法23号、昭和52年法63号、昭和53年法36号）

第一章 总 则

（目的）

第一条 本法的目的是通过禁止私人垄断、不当地限制交易和不公正的交易方法，防止事业支配力的过度集中，排除用结合、协定等方法，对生产、销售、价格和技术等的不当限制以及其他一切对事业活动的不当约束，从而促进公正而自由的竞争，发挥事业者的创造性，繁荣事业活动，提高雇佣和国民收入的实际水平，以确保一般消费者的利益和促进国民经济民主、健康地发展。

（定义）

第二条 本法所说的"事业者"，是指经营商业、工业、金融业等的事业者。为事业者的利益而进行活动的干部、从业人员、代理人及其他人，适用下款或第三章规定的，也看做是事业者。

（二）本法所说的"事业者团体"，是指以增进事业者共同利益为主要目的的两个以上的事业者的结合体或联合体，包括下述各种形态。但两个以上的事业者的结合体或联合体，拥有资本或事业者成员的投资，经营以营利为目的的商业、工业、金融业及其他事业，而且现在正在经营其事业的不包括在内：

1. 两个以上事业者为其社员（包括准社员）的社团法人和其他社团；

附录：主要国家竞争与反垄断法

2. 两个以上事业者对其理事或管理人的任免、业务活动及其存在起支配作用的财团法人和其他财团；

3. 以两个以上事业者为成员的组合或根据契约建立的两个以上事业者的结合体。

（三）本法所说的"干部"，是指理事、董事、执行业务的无限责任社员、监事或监察人或准此职务者、经理或总店或支店的营业主任。

（四）本法所说的"竞争"，是指两个以上事业者在其通常的事业活动范围内，对该事业活动的设施或形态不作重要变更而进行或可能进行下述行为之一的状态。但是，第四章所说的竞争，不包括进行或者可能进行第二项所述行为的状态：

1. 向同一需要者提供同种或类似的商品劳务；

2. 从同一供给者那里接受同种或类似的商品或劳务。

（五）本法所说的"私人垄断"，是指事业者单独地或与其他事业者结合或合谋以及采取其他任何方法，排除其他事业者的事业活动或进行支配，从而违反公共利益，在一定的交易领域内实质上限制竞争。

（六）本法所说的不当交易限制，是指事业者以契约、协定及其他任何名义，与其他事业者决定、维持或提高价格或限制数量、技术、产品、设备或交易对方等相互约束或促进其事业活动，从而违反公共利益，在一定交易领域实质上限制竞争。

（七）本法所说的"垄断状态"，是指在国内（出口除外）提供的同种商品（包括对与该同种商品有关的通常事业活动的设施不作重要变更而可能提供的商品）（在本款内下称"一定的商品"）以及其性能和效用显著类似的其他商品的价额（扣除相当于该商品的直接课税额后的数额）或在国内提供的同种劳务的价额（扣除相当于对该劳务的受供给者在劳务上课税额后的数额），按政令规定，在最近一年内超过五百亿元的场合，该一定的商品或劳务在与其相关的一定事业领域内，出现下述各项给市场构造和市场造成弊害者：

1. 在一年的期间内，一个事业者的市场占有率〔在国内供给的该一定的商品以及其性能和效用明显类似的其他商品（输出除外）或在国内供给的该劳务的数量（在不适于用数量计算，可计算这些劳务的数量。本项内下同）中，该事业者供给的该一定商品以及其机能和效用明显类似的其他商品或劳务的数量所占的比例。本项内下同〕，超过二分之一或两个事业者的市场占有率合计超过四分之三；

2. 给其他事业者新办属于该事业领域的事业造成明显的困难；

3. 该事业者供给的该一定的商品或劳务，在相当的期间内，对照供求的变动及其供给所需要费用的变动，价格明显上升或很少下降，并且该事业者在这一期间，符合下述情况之一：

（1）在政令规定的该事业者所属的业种中，该事业者取得明显超过政令规定的该种类标准利润率的利益；

（2）与属于该事业领域的事业者的标准销售费和一般管理费相比，该事业者支付着明显过多的销售费和一般管理费。

（八）经济情况发生变化，国内生产业者的交货情况和批发物价发生明显变动时，可考虑这些情况，用政令另行规定前款所述的金额。

（九）本法所说的"不公正交易方法"，是指有妨碍公正竞争危险的、由公正交易委员会指定相当于下述各项的行为：

1. 不公正地区别对待其他事业者；
2. 以不当的价格进行交易；
3. 不公正地引诱或强制竞争者的顾客同自己交易；
4. 以不当地约束对方的事业活动为条件进行交易；
5. 不当地利用自己交易上的地位同对方进行交易；
6. 不当地妨碍在国内与自己或自己是股东或干部的公司有竞争关系的其他事业者与交易对方所进行的交易；或在该事业者是公司的场合，不当地引诱、唆使或强制该公司的股东或干部进行对其本公司不利的行为。

第二章 私人垄断和不当交易限制

（私人垄断和不当交易限制的禁止）

第三条 事业者不得实行私人垄断和不当交易限制。

第四条——第五条 删除

（以不当交易限制等为内容的国际协定或契约的禁止）

第六条 事业者不得签订以属于不当交易限制和不公正交易方法的事项为内容的国际协定或国际契约。

（二）事业者在签订国际协定或国际契约时，必须按照公正交易委员会规则的规定，从该协定或契约成立之日起三十天内，附上该协定或契约的抄件（在口头协定或契约的场合，则为说明其内容的文书），呈报公正交易委员会。

（三）仅此一次的交易（标的物的授受期间超过一年的除外）协定或契约及仅仅授予交易上的代理权的协定或契约（包括约束交易对方事业活动的条件的契约除外），不适用于前款的规定。

（排除措施）

第七条 在发生违反第三条或前条第一款或第二款的规定的行为时，公正交易委员会可以按照第八章第二节规定的手续，命令事业者呈报或停止该行为，或转让其营业的一部分以及为了排除其他违反这些规定的行为而命令采取必要的措施。

（一）公正交易委员会在认为特别有必要的时候，即使在违反第三条规定的行为已经消失的场合，也可以按照第八章第二节规定的手续，对事业者采取旨在通知该行为已经消失的措施及其他为了确保排除该行为的必要措施。但是，从该行为消失之日起，对该行为不作劝告或不开始审判手续经过一年的时候不在此限。

（与违反行为有关的课征金的缴纳）

第七条之二 事业者在以不当交易限制或属于不当交易限制的事项为内容的国际协定或国际契约中，通过与商品或劳务的价格有关的规定或实质上限制商品或劳务的供给量而影响其价格的时候，公正交易委员会应该按照第八章第二节规定的手续，命令事业者向国库缴纳从实行该行为而从事事业活动之日起至实行该行为的事业活动消失之日止的期间（以下称"实行期间"）相当于该商品或劳务按政令规定的方法计算的销售额的百分之三（制造业百分之四、零售业百分之二、批发业百分之一）的二分之一的数额的课征金。但是，其数额不满二十万元的时候，不能命令其缴纳。

（二）根据前款收到命令者，必须缴纳该款规定的课征金。

（三）根据第一款的规定计算的课征金的数额有不满一万元的零数时，其零数舍除。

（四）在进行违反第一款规定的行为的事业者是公司的场合，该公司通过合并而消灭的时候，该公司进行的违反行为被看作在合并后仍然存在或看作是通过合并成立的公司进行的违法行为，适用前三款的规定。

（五）从实行期间终了之日起，经过三年的时候（在该违反行为的审判手续开始的场合，该审判手续终了之日起经过一年的时候（该一年的经过在该实行期间终了之日起经过三年之日前到来的时候，则为经过三年的时候））公正交易委员会不能命令缴纳与该违反行为有关的课征金。但是，对该违反行为在根据第四十八条之二第一款的规定，命令向国库缴纳课征金以后，不在此限。

第三章 事业者团体

（禁止行为和呈报义务）

第八条 （一）事业者不得有下述各项之一的行为：

1. 在一定交易领域实质上限制竞争；
2. 签订第六条第一款规定的国际协定或国际契约；
3. 在一定事业领域内限制现在或将来的事业者数；
4. 不当限制事业者成员（指组成事业者团体的成员事业者，下同）的机能或活动；
5. 迫使事业者进行属于不公正交易方法的行为。

（二）事业者团体必须根据公正交易委员会规则的规定，在其成立之日起三十天以内，将其宗旨呈报公正交易委员会。

（三）事业者团体在与前款规定的有关呈报事项发生变更时，必须根据公正交易委员会规则的规定，在其变更之日所属的事业年度终了之日起的两个月内，将其变更内容呈报公正交易委员会。

（四）事业者团体解散的时候，必须根据公正交易委员会规则的规定，在其解散之日起的三十日以内，将解散的情况呈报公正交易委员会。

（排除措施）

第八条之二 （一）在发生违反前条规定的行为时，公正交易委员会可以按照第八章第二节规定的手续，命令事业者呈报或停止该行为、或解散该团体以及其他排除该行为的必要措施。

（二）第七条第二款的规定，准用违反前条第一款第一项、第四项或第五项规定的行为。

（三）公正交易委员会在命令事业者团体采取第一款或前款中准用第七条第二款所述措施的场合，在认为特别有必要的时候，为了确保第一款或前款中准用第七条第二款的措施，也可以按照第八章第二节规定的手续，命令该团体的干部或管理人或事业者成员（事业者成员在为了其他事业者的利益而从事行为的场合，包括该其他事业者。在第四十八条第一款和第二款中相同）采取必要的措施。

（与违反行为有关的课征金的缴纳）

第八条之三 第七条之二的规定准用于进行违反第八条第一款第一项或第二项（只限缔结以属于不当交易限制的事项为内容的国际协定或国际契约的场合）的行为的场合。在这种场合，第七条之二第一款的"事业者"应改为"事业者团体"；"对事业者"应改为"对事业者团体的事业者成员（事业者成员为了其他事业者的利益而从事行为的场合的该其他事业者）"。

附录：主要国家竞争与反垄断法

第三章之二　垄断的状态

（竞争恢复措施）

第八条之四　在存在垄断状态的时候，公正交易委员会可以按照第八章第二节规定的手续，命令事业者转让营业的一部分及其他恢复该商品或劳务竞争的必要措施。但是，因该措施给当事者带来该供给的商品或劳务在供给上需要的费用显著上升，造成事业规模缩小、管理不健全或使国际竞争力难以维持的场合，以及为了恢复该商品或劳务的竞争而值得采取其他措施的场合，不在此限。

（二）公正交易委员会在命令采取前款措施时，应该基于下述各项的事项，照顾该事业者及相关事业者的事业活动的顺利完成及被该事业者雇佣者生活的安定：

1. 资产和收入及其他的经营状况；
2. 干部及从业人员的状况；
3. 工厂、事业场和事务所的位置及其他的地址选择状况；
4. 事业设备的状况；
5. 专利权、商标权及其他无形财产权的内容和技术上的特点；
6. 生产、销售等的能力和状况；
7. 资金、原材料等的取得能力和状况；
8. 商品和劳务的供给及流通状况。

第四章　股份的保有、干部的兼任、合并及营业的让受

（控股公司的禁止）

第九条　不得建立控股公司。

公司（包括外国公司。下同）在国内不得成为控股公司。

前二款所说的"控股公司"，是指通过占有股份（包括社员所持的份额。下同），把支配国内公司的事业活动作为主要事业的公司。

（超过标准额的股份保有的限制）

第九条之二　经营金融业（指银行业、互济银行业、信托业、保险业、无尽业、证券业。下同）以外事业的股份公司，其资本额在一百亿元以上或其纯资产额〔指从最终借贷对照表的资产合计额中扣除负债合计额后的金额。该借贷对照表所属事业年度的最后一天过后，依据商法（明治三十二年（1899年）法四十八号）第二百八十条之二的规定发行新股票、合并或转换公司债为股票

时，则指加上这些纯资产增加额后的金额。在本条内下同〕在三百亿元以上者，其取得或占有的国内公司的股份的取得价额（在最终借贷对照表中如另附有价额时，则为该价额。下同）的合计额，超过自有资本额或纯资产额中一个名额（下称"标准额"）时，则不得超过标准额取得或占有国内公司的股份。但是，在下述各项情况下，该股份的取得或占有不在此限：

1. 政府、地方公共团体或根据特别的法律设立的法人，由政府金额提供其资本或政府能够对其债务实行保证契约者投资的国内公司，取得或占有政令规定的股份；

2. 有利于产业的开发和社会经济发展的事业，其经营需要大量资金而用通常的方法难以筹措的国内公司，取得或占有政令规定的股份；

3. 以专门经营下述事业之一或两个以上事业为目的的国内公司，取得或占有从事该事业活动所必须的股份：

（1）在国外的事业（包括国内与该事业密切关联的事业及其附属事业）；

（2）对外国政府或外国法人投资或提供长期资金贷款的事业（包括与该事业密切关联的事业及其附属事业。在本项内，下称"投资和通融资金事业"）；

（3）对前项规定的公司的投资和通融资金事业；

（4）对相当于本项规定的公司的投资和通融资金事业；

4. 经营第二项规定的事业以及前项规定的投资和通融资金事业的国内公司，取得或占有政令规定的股份；

5. 把自己现在经营的业务的一部分分出去而成立的国内公司已发行股份的全部，在其成立后立即取得或占有的场合，但只限该公司成立之日起二年内占有；

6. 自己与外国政府、外国法人或外国人共同投资建立国内公司（在第五款中称"共同投资公司"），取得或占有认为这一共同投资形式对其事业活动特别必要的股份。但只限于根据公正交易委员会规则的规定，预先取得公正交易委员会认可；

7. 取得或占有按现在占有的股份（不包括第一项至第四项或前项规定占有的股份）分得的新股或按股份作为利益分配而取得或占有的新股的场合。但只限于在取得之日起二年内占有；

8. 由于行使抵押权或接受代物偿还，取得或占有国内公司股份的场合。但只限于自取得之日起一年（按照《公司更生法》（昭和37年法172号）第265条的规定被认为是代物偿还而取得的股份，在作出更生手续结束的决定之日起一年）内占有；

附录：主要国家竞争与反垄断法

9. 由于不得已的情况而取得或占有国内公司的股份的场合。但只限于根据公正交易委员会规则的规定，预先（如在不得已的紧急情况下取得时，则取得后不拖延地）得到公正交易委员会的承认，并在承认所规定的期限内占有。

（二）由前款规定的股份公司的标准额减少，其占有的国内公司的股份（在属于同款各项的规定的场合，除去该占有的股份）的取得价额的合计额超过标准额，在其超过之日起五年内，在适用前款的规定时，把其取得价额的合计额看作标准额。

（三）在前款的期间内，标准额进一步减少的场合，从同款的期间过后之日起到其减少后经过五年之日止的期间内，在适用第一款的规定时，把其减少前的标准额或前款期间过后之日占有的国内公司股份取得价额的合计额两者中的一个小额看作标准额。其减少后到经过五年之日止，其间标准额进一步减少，也同样看待。

（四）前二款的规定不适用于在标准额增加，而根据这些规定，金额超过标准额时。

（五）公正交易委员会在进行第一款第六项的认可时，应该预先与大藏大臣及与共同投资公司的经营事业有关的主管大臣协商。

（六）公正交易委员会在进行第一款第六项的认可和同款第九项的承认时，应该预先与能够基于特别法律，对与该认可或承认有关的将要取得股份的公司的经营提出建议或指示的大臣协商。

（七）属于第一款第三项的公司，在失去属于该项事业性质时，从失去该项事业性质之日起的一年内，该公司的股份占有，不适用同款的规定。

（八）作为紧急的不得已的情况在股份取得后再得到第一款第九项的承认而取得国内公司股份的场合，在没有得到承认的时候，在未得到承认之日起一个月内，对该股份的占有不适用本款的规定。

（九）经济情况发生变化，在资本额巨额增长，领先的二百家股份公司（经营金融业者除外。在本款内下同）的资本额及纯资产额成为巨额的情况下，领先的二百家股份公司的纯资产额发生显著增减的时候，应该考虑这些情况，对第一款的金额用政令另行规定。

（公司股份保有的限制）

第十条 因公司取得或占有国内公司的股份，在一定交易领域实质上限制竞争时，不得取得或占有股份；不得用不公正的交易方法取得或占有国内公司的股份。

（二）经营金融业以外事业的国内公司，其总资产（指最终借贷对照表的资产合计额。下同）超过二十亿元以上者，或经营金融业以外事业的外国公司，在占有国内公司的股份时（包括与金钱或有价证券的信托有关的股份，自己成为委托者或受益者而能够行使议决权或能够指挥受托者行使议决权），必须根据公正交易委员会规则的规定，把每事业年度终了日时的占有或信托的股份，作一报告书，在三个月内呈报公正交易委员会。

（金融公司的股份保有限制）

第十一条 经营金融业的公司占有国内公司的股份超过其已发行的股份总数百分之五（经营保险业的公司为百分之十。下款同）时，不得取得或占有股份。但是，根据公正交易委员会规则的规定，预先取得公正交易委员会认可时，以及符合下述各项之一者，不在此限：

1. 在行使抵押权或接受代物偿还而取得或占有股份；
2. 经营证券业的公司作为业务活动而取得或占有股份；
3. 接受金钱或有价证券的信托，作为信托财产而取得或占有股份的场合。但只限于委托者或受益者能够行使议决权，或委托者和受益者能够指挥受托者行使议决权。

（二）在前款第一项或第二项的情况下，从占有国内公司的股份超过其已发行的股份总数百分之五之日起，占有该股份超过一年时，必须根据公正交易委员会规则的规定，预先取得公正交易委员会的认可。在此情况下，公正交易委员会的认可必须以经营金融业的公司迅速处理该股份为条件。

（三）公正交易委员会在进行前二款的认可时，应该预先与大藏大臣协商。

第十二条 删除

（干部兼任的限制）

第十三条 公司的干部或从业人员（指干部以外的持续从事公司业务的人员。在本条内下同），由于兼任国内公司干部的职务，在一定交易领域实质上限制竞争时，不得兼任该干部的职务。

（二）公司不得通过不公正的交易方法，强制与自己在国内有竞争关系的公司承认自己的干部兼任该公司的干部或从业人员的职务，或自己的从业人员兼任该公司的干部的职务。

（三）公司的干部或从业人员在兼任与本公司在国内有竞争关系的国内公司的干部职务，而这些公司中的任何一个公司的总资产额超过二十亿元时，必须根据公正交易委员会规则的规定，在兼任该干部职务之日起的三十天内，将这一情况呈报公正交易委员会。

（公司以外者的股份保有限制）

9. 由于不得已的情况而取得或占有国内公司的股份的场合。但只限于根据公正交易委员会规则的规定，预先（如在不得已的紧急情况下取得时，则取得后不拖延地）得到公正交易委员会的承认，并在承认所规定的期限内占有。

（二）由前款规定的股份公司的标准额减少，其占有的国内公司的股份（在属于同款各项的规定的场合，除去该占有的股份）的取得价额的合计额超过标准额，在其超过之日起五年内，在适用前款的规定时，把其取得价额的合计额看作标准额。

（三）在前款的期间内，标准额进一步减少的场合，从同款的期间过后之日起到其减少后经过五年之日止的期间内，在适用第一款的规定时，把其减少前的标准额或前款期间过后之日占有的国内公司股份取得价额的合计额两者中的一个小额看作标准额。其减少后到经过五年之日止，其间标准额进一步减少，也同样看待。

（四）前二款的规定不适用于在标准额增加，而根据这些规定，金额超过标准额时。

（五）公正交易委员会在进行第一款第六项的认可时，应该预先与大藏大臣及与共同投资公司的经营事业有关的主管大臣协商。

（六）公正交易委员会在进行第一款第六项的认可和同款第九项的承认时，应该预先与能够基于特别法律，对与该认可或承认有关的将要取得股份的公司的经营提出建议或指示的大臣协商。

（七）属于第一款第三项的公司，在失去属于该项事业性质时，从失去该项事业性质之日起的一年内，该公司的股份占有，不适用同款的规定。

（八）作为紧急的不得已的情况在股份取得后再得到第一款第九项的承认而取得国内公司股份的场合，在没有得到承认的时候，在未得到承认之日起一个月内，对该股份的占有不适用本款的规定。

（九）经济情况发生变化，在资本额巨额增长，领先的二百家股份公司（经营金融业者除外。在本款内下同）的资本额及纯资产额成为巨额的情况下，领先的二百家股份公司的纯资产额发生显著增减的时候，应该考虑这些情况，对第一款的金额用政令另行规定。

（公司股份保有的限制）

第十条 因公司取得或占有国内公司的股份，在一定交易领域实质上限制竞争时，不得取得或占有股份；不得用不公正的交易方法取得或占有国内公司的股份。

（二）经营金融业以外事业的国内公司，其总资产（指最终借贷对照表的资产合计额。下同）超过二十亿元以上者，或经营金融业以外事业的外国公司，在占有国内公司的股份时（包括与金钱或有价证券的信托有关的股份，自己成为委托者或受益者而能够行使议决权或能够指挥受托者行使议决权），必须根据公正交易委员会规则的规定，把每事业年度终了之日时的占有或信托的股份，作一报告书，在三个月内呈报公正交易委员会。

（金融公司的股份保有限制）

第十一条 经营金融业的公司占有国内公司的股份超过其已发行的股份总数百分之五（经营保险业的公司为百分之十。下款同）时，不得取得或占有股份。但是，根据公正交易委员会规则的规定，预先取得公正交易委员会认可时，以及符合下述各项之一者，不在此限：

1. 在行使抵押权或接受代物偿还而取得或占有股份；
2. 经营证券业的公司作为业务活动而取得或占有股份；
3. 接受金钱或有价证券的信托，作为信托财产而取得或占有股份的场合。但只限于委托者或受益者能够行使议决权，或委托者和受益者能够指挥受托者行使议决权。

（二）在前款第一项或第二项的情况下，从占有国内公司的股份超过其已发行的股份总数百分之五之日起，占有该股份超过一年时，必须根据公正交易委员会规则的规定，预先取得公正交易委员会的认可。在此情况下，公正交易委员会的认可必须以经营金融业的公司迅速处理该股份为条件。

（三）公正交易委员会在进行前二款的认可时，应该预先与大藏大臣协商。

第十二条 删除

（干部兼任的限制）

第十三条 公司的干部或从业人员（指干部以外的持续从事公司业务的人员。在本条内下同），由于兼任国内公司干部的职务，在一定交易领域实质上限制竞争时，不得兼任该干部的职务。

（二）公司不得通过不公正的交易方法，强制与自己在国内有竞争关系的公司承认自己的干部兼任该公司的干部或从业人员的职务，或自己的从业人员兼任该公司的干部的职务。

（三）公司的干部或从业人员在兼任与本公司在国内有竞争关系的国内公司的干部职务，而这些公司中的任何一个公司的总资产额超过二十亿元时，必须根据公正交易委员会规则的规定，在兼任该干部职务之日起的三十天内，将这一情况呈报公正交易委员会。

（公司以外者的股份保有限制）

第十四条 公司以外者因取得或占有国内公司的股份,在一定的交易领域实质上限制竞争时,不得取得或占有股份;也不得用不公正的交易方法取得或占有国内公司的股份。

(二) 公司以外者在占有国内的相互有竞争关系的两个以上的国内公司的股份超过该公司已发行股份总数的百分之十时,必须根据公正交易委员会规则的规定,从占有其股份之日起三十天内,把关于这些股份情况的报告书呈报公正交易委员会。

(公司合并的限制)

第十五条 国内公司相当于下述各项之一者,不得合并:
1. 因这一合并在一定交易领域实质上限制竞争;
2. 这一合并是在用不公正交易方法进行的。

(二) 国内公司在合并时,必须根据公正交易委员会规则的规定,预先向公正交易委员会呈报。

(三) 在前款情况下国内公司的呈报。从受理之日起未经三十天者不得合并。但是,在公正交易委员会认为有必要时,有权缩短该期限或经征得该公司的同意可以将该期限以不超过六十天为限予以延长。

(四) 公正交易委员会根据第十七条之二的规定,为了对该合并采取必要的措施,应该在作出审判开始决定或进行劝告时,按照前款本文规定的三十天的期间或同款但书的规定,缩短或延长期间。但是,在第二款的呈报的重要事项有虚伪记载时,不在此限。

(营业转让等的限制)

第十六条 前条的规定准用于下述各项的公司行为:
1. 接受其他公司在国内营业的全部或重要部分的转让;
2. 接受其他公司在国内营业的固定资产的全部或重要部分的转让;
3. 租借其他公司在国内营业的全部或重要部分;
4. 接受其他公司在国内营业的全部或重要部分的经营委托;
5. 与其他公司缔结共同负担国内营业上全部盈亏的契约。

(脱法行为的禁止)

第十七条 不得以任何名义作出逃避第九条至前条所规定的禁止或限制的行为。

(排除措施)

第十七条之二 发生违反第九条之二第一款、第十条、第十一条第一款、第十五条第一款(包括在第十六条中准用的场合)或前条的规定的行为时,公正交易委员会可以按照第八章第二节规定的程序，命令事业者提出报告书，或处分股份的全部或一部分，转让营业的一部分以及采取其他排除违反规定的行为的必要措施。

（二）发生违反第九条第一款或第二款、第十三条、第十四条或前条的规定的行为时，公正交易委员会可以按照第八章第二节规定的手续，命令该违反行为者提出报告书或进行呈报，或处分股份的全部或一部分，辞退公司的干部以及采取其他排除违反这些规定的行为的必要措施。

（控股公司成立无效和违法合并无效的诉讼）

第十八条　公正交易委员会在违反第九条第一款的规定而成立公司或违反第十五条第二款及第三款的规定而进行公司合并，可以提起成立或合并无效的诉讼。

第四章之二　价格的共同上涨

（价格上涨理由的报告）

第十八条之二　在国内供给的同种商品（输出除外。在本条内下同）的价额（扣除该商品的直接课税额后的价额）或在国内供给的同种劳务的价额（扣除该劳务接受者应交纳的劳务课税额后的价额），按政令规定，一年合计额超过三百亿日元时，在与该同种商品或劳务有关的一定事业领域内，按照供给量（指给一个事业者供给的该同种商品或劳务的数量；在不适于用数量计算时，可按该价额计算。在本条内下同）多少的顺序，领先的三个事业者的供给量的合计量占国内该同种商品或劳务供给量的合计量（下称"总供给量"）的十分之七以上时，包括供给量最多的事业者在内的两个以上的事业者（指按供给量多少的顺序，领先的五个事业者，其供给量占总供给量的二十分之一以上者。在本条内下同）对该同种商品或劳务作为交易标准用的价格，在三个月以内，按同一额或近似额或成比率地上涨时，公正交易委员会可以要求这些主要事业者报告该价格上涨的理由。但是，商品或劳务的价格在由与该事业者经营的事业有关的主管大臣认可、承认或呈报（提出呈报只限主管大臣有权命令变更价格）的上涨不在此限。

（二）经济情况发生变化，国内生产业者的发货情况及批发物价发生显著变动时，应考虑这些情况，对前款的金额用政令另行规定。

第五章　不公正的交易方法

（不公正交易方法的禁止）

第十九条 事业者不得使用不公正的交易方法。

（排除措施）

第二十条 发生违反前条规定的行为时，公正交易委员会可以按照第八章第二节规定的程序，命令采取停止该行为、删除契约条款以及其他排除该行为的必要措施。

（二）第七条第二款的规定准用违反前条规定的行为。

第六章 适用除外

（自然垄断事业上的固有行为）

第二十一条 本法的规定不适用于经营铁道事业、电气事业、瓦斯事业和其他在性质上当然成为垄断的事业者所进行的生产、销售或有关供给的行为等该事业上固有的行为。

（基于事业法令的正当行为）

第二十二条 本法的规定在对特定的事业有特别的法律的场合，不适用于事业者或事业者团体根据该法律或基于该法律的命令而进行的正当的行为。

（二）前款的特别法律另以法律指定。

（无形财产权的行使行为）

第二十三条 本法的规定不适用于行使著作权法、特许法、实用新设计法、意匠法或商标法承认的权利的行为。

（一定组合的行为）

第二十四条 本法的规定不适用于具备下述各项要件并且基于法律的规定而成立组合（包括组合的联合）的行为。但是，在使用不公正交易方法的场合或通过在一定交易领域实质上限制竞争而不当提高价格的场合，不在此限：

1. 以小规模的事业者或消费者的相互扶助为目的；
2. 可以任意成立，并且组合成员可以任意加入或退出；
3. 各组合成员有平等的议决权；
4. 在对各组合成员进行利益分配时，其限度由法令或章程规定。

（再销售价格的决定和维持行为）

第二十四条之二 本法的规定是指公正交易委员会指定的商品，而生产容易识别的同样质量的商品或从事该商品的销售的事业者，在与该商品的销售对方事业者商定该商品的转卖价格（指该对方事业者或买取该对方事业者销售的该商品的销售事业者销售该商品的价格。下同），以维持该价格时所进行的正当行为，不适用本法。但在该行为不当地损害一般消费者的利益时，以及销售该商的事业者的行为违反该商品生产事业者的意愿时，则不在此限。

（二）公正交易委员会非下述各项的情况不得根据前款的规定进行指定：

1. 该商品是一般消费者日常使用的东西；

2. 能够进行该商品的自由竞争。

（三）根据第一款规定的指定，用告示进行。

（四）发行著作物的事业者或销售该发行物的事业者，与该物销售对方的事业者商定该物的再销售价格以及为了维持这种价格而进行的正当行为，同第一款。

（五）第一款或前款规定的销售对方事业者，不包括基于下述法律规定而成立的团体。但是，基于第八项或第八项之二所述法律的规定而成立的团体，只限于事业协同组合、事业协同小组合、协同组合联合会、商工组合或商工组合联合会供直接或间接组成该事业协同组合（事业协同小组合）（注：括号内系根据昭和32年法187号应该插入的改正的遗漏）、协同组合联合会、商工组合或商工组合联合会者消费用的第二款规定的商品或买取第四款规定的发行物的场合：

1. 国家公务员法；

2. 农业协同组合法；

3. 国家公务员共济组合法；

3之2. 公共企业单位职员等共济组合法；

3之3. 地方公务员等共济组合法；

4. 消费生活协同组合法；

5. 水产业协同组合法；

6. 公共企业单位等劳动关系法；

7. 劳动组合法；

8. 中小企业等协同组合法；

8之2. 关于中小企业团体组织的法律；

9. 地方公务员法；

10. 森林组合法；

11. 地方公营企业劳动关系法。

（六）第一款规定的事业者，商定同款规定的再销售价格，缔结维持该价格的契约时，必须按照公正交易委员会规则的规定，在该契约缔结之日起三十天内，呈报公正交易委员会。

（为了克服不景气的共同行为）

第二十四条之三　本法的规定在特定商品的需求显然失去均衡而发生下述各

项事态的场合，不适用于生产该商品的事业者或以该事业者为成员的事业者的团体（以下称"生产业者等"）受下款或第三款认可的共同行为（包括事业者团体让其成员共同行为的行为。下同）。但是，在使用不公正的交易方法时，或让事业者进行属于不公正交易方法的行为时，不在此限：

1. 该商品的价格降到该平均生产费以下，而且该事业者的相当部分事业有难以继续下去的危险；

2. 通过企业合理化难以克服前款所述的事态。

（二）生产业者等在前款规定的场合，为了克服同款规定的事态，进行与生产数量、销售数量或设备的限制有关的共同行为（妨碍设备的更新或改良者除外）时，可以根据公正交易委员会规则的规定，预先得到公正交易委员会的认可。

（三）生产业者等在第一款规定的场合，由于技术的原因，限制与该事业有关的商品生产数量发生显著困难而进行与商定价格有关的行为时，可以根据公正交易委员会规则的规定，预先得到公正交易委员会的认可。在进行得到前款认可的共同行为后，只进行前款规定的共同行为，克服第一款规定的事态仍有显著困难，因而进行与商定价格有关的共同行为时，也同样。

（四）公正交易委员会对不适合前二款规定要件的与申请有关的共同行为以及不属于下述各项的场合的共同行为，不得进行前二款的认可：

1. 没有超过克服第一款规定的事态的必要程度；

2. 没有不当损害一般消费者及有关事业者利益的危险；

3. 没有不当的差别；

4. 没有不当地限制参加该共同行为或从该共同行为中脱退。

（五）公正交易委员会在收到第二款或第三款的认可申请时，认可或驳回该申请或对第二款和第三款所述的认可根据第六十六条第一款的规定作出处理时，应该附上该处理的理由且及时地加以公布。

（六）进行得到第二款或第三款认可的共同行为的生产业者等在停止该共同行为的时候，必须及时地呈报公正交易委员会。

（七）公正交易委员会在收到关于第二款或第三款的认可的异议申请时，应该根据公正交易委员会规则的规定，公开征求意见。

（八）公正交易委员会进行第二款或第三款的认可或驳回该申请时，应该预先与有关该事业的主管大臣协商。对第二款或第三款所述的认可根据第六十六条第一款的规定作出处理时也同样。

（为了企业合理化的共同行为）

第二十四条之四 本法的规定在为了技术的提高、质量的改善、原价的降低、效率的促进以及完成其他企业的合理化而特别有必要时，不适用于生产业者等得到下款认可的共同行为。

（二）生产业者等在前款规定的场合，在进行技术或生产品种的限制、原材料或产品的保管或运输设施的利用或副产物、碎渣及废物的利用或与购入有关的共同行为时，可以根据公正交易委员会规则的规定，预先取得公正交易委员会的认可。

（三）公正交易委员会对不适合前款规定要件的与申请有关的共同行为以及不属于下述各项场合的该共同行为，不得进行前款的认可：

1. 没有损害需要者利益的危险；
2. 没有不当损害一般消费者及有关事业者（需要者除外）的利益；
3. 没有不当的差别；
4. 没有不当限制参加共同行为或从共同行为中脱出；
5. 在参加共同行为者间生产品种限制的内容不同的场合，没有把特定的品种生产不当地集中于特定的事业者。

（四）前条第一款但书及同条第五款至第六款的规定，准用于第二款的共同行为。

第七章　损害赔偿

（无过失损害赔偿责任）

第二十五条 进行私人垄断或不当交易限制的使用不公正交易方法的事业者，对被害者负有损害赔偿的责任。

（一）事业者证明其没有故意或过失，也不能免除前款规定的责任。

（损害赔偿请求权的行使、消灭时效）

第二十六条 前条规定的损害赔偿请求权如果不是在第四十八条第四款、第五十三条之三或第五十四条规定的审决确定以后，或在没有进行这些规定的审决的场合不是在根据第五十四条之二第一款的规定进行审决之后，不能主张裁判上的这种权利。

（二）前款的请求权在同款的审决确定之日起经过三年的时候，时效即因此消灭。

第八章　公正交易委员会

第一节　组织和权限

（任务、所辖）

第二十七条 为了达到本法的目的,设置公正交易委员会。

(二) 公正交易委员会属内阁总理大臣所辖。

(职权行使的独立性)

第二十八条 公正交易委员会的委员长和委员独立行使职权。

(组织、委员长和委员的任命、身份)

第二十九条 公正交易委员会由委员长及委员四人组成。

(二) 委员长和委员从年龄三十五岁以上、具有关于法律或经济的学识经验者中,由内阁总理大臣征得两议院同意后任命。

(三) 委员长的任免由天皇认证。

(四) 委员长和委员是国家公务员。

(委员长和委员的任期)

第三十条 委员长和委员的任期是五年。但是,补缺的委员长和委员的任期是前任的残任期。

(二) 委员长和委员可以连任。

(三) 委员长和委员年龄达到六十五岁时退职。

(四) 委员长和委员的任期届满或发生缺额的场合,因国会闭会或众议会解散不能得到两议院的同意时,内阁总理大臣可以从前条第二款规定的有资格者中任命委员长或委员。在这种场合,应该在任命后最初的国会中得到两议院事后的承认。

(委员长和委员除下述各项场合外,在任中不得违反其意志而罢免):

1. 受到禁治产、准禁治产或破产宣告;
2. 受到惩戒免官处分;
3. 违反本法的规定而处以刑罚;
4. 处以禁锢以上刑罚;
5. 因身体残废由公正交易委员会决定不能执行职务;
6. 在前条第四款的场合没有取得两议院事后承认时。(罢免委员长和委员者)

第三十一条 (删除)

第三十二条 在前条第一项或第三项到第六项的场合,内阁总理大臣应该罢免该委员长或委员。

(委员长的权限)

第三十三条 委员长掌管一切公正交易委员会的会务,代表公正交易委员会。

（二）公正交易委员会应该预先从委员中确定委员长有故障的场合代理委员长者。

（议决方法）

第三十四条 公正交易委员会如果没有委员长及二人以上委员出席，不能进行议事和议决。

（二）公正交易委员会的议事以出席者的过半数决定。在可否同数时，由委员长决定。

（三）公正交易委员会要根据第三十一条第五项的规定作出决定，不管前款的规定如何，都必须有除本人外的全员的一致。

（四）关于委员长有故障的场合第一款规定的适用，根据前条第二款规定代理委员长者被看作是委员长。

（事务局、职员）

第三十五条 为了处理公正交易委员会的事务，在公正交易委员会下附设事务局，除事务局长外，设置所需要的职员。

（二）为了进行一部分审判程序（审决除外），在事务局下设置五名以内的审判官。

（三）审判官由公正交易委员会从事务局的职员中对进行审判程序有必要的法律及经济知识经验而且被认为能够公正进行判断者中选定。

（四）在第一款的职员中，检察官的职务必须给予在任命时担任律师或具有律师资格者。

（五）前款担任检察官的职员所掌职务只限于违反本法规定的案件。

（事务局的组织）

第三十五条之二 公正交易委员会的事务局官房处，设置如下三个部：

经济部

交易部

审查部

（官房）

第三十五条之三 官房掌管如下各项事务：

1. 关于局内事务的综合调整；

2. 关于涉外、公报及文书；

3. 关于人事、会计、物品管理及卫生福利；

4. 关于审判事务；

5. 关于审决的执行及课征金的征收；

6. 关于其他不属于其他部的事务。

（经济部）

第三十五条之四　经济部掌管如下各项事务：

1. 关于事业活动及经济实态（包括与垄断状态有关的情况）的调查；
2. 关于认可、承认、同意、协议及处理的请求（属于其他所掌管的除外）；
3. 关于经济法令等的调整。

（交易部）

第三十五条之四之二　交易部掌管如下各项事务：

1. 关于不公正交易方法的指定；
2. 关于再销售价格商品的指定；
3. 关于转包价款支付迟延等防止法的施行；
4. 关于不当赠品及不当招徕防止法的施行（属于其他所掌管的除外）；
5. 关于零售商业调整特定措施法规定的指示。

（审查部）

第三十五条之五　审查部掌管如下各项事务：

1. 关于案件的审查；
2. 关于劝告及审判开始的决定；
3. 关于课征金的缴纳命令；
4. 关于告发及对裁判所紧急命令的申述等；
5. 关于审决等执行后的监督。

（地方事务所）

第三十五条之六　在公正交易委员会下作为地方分支部局设置札幌地方事务所、仙台地方事务所、名古屋地方事务所、大阪地方事务所、广岛地方事务所、高松地方事务所及福冈地方事务所。

（二）前款地方事务所的位置及管辖区域用政令规定。

（职员的人事管理）

第三十五条之七　公正交易委员会所属职员的任免、惩戒及其他人事管理事项，依国家公务员法（昭和22年法120号）的规定。

（委员长和委员的报酬）

第三十六条　委员长和委员的报酬另定。

（二）委员长和委员的报酬在任中不得违反其意志而减额。

（委员长、委员、职员的特定行为的禁止）

第三十七条　委员长、委员以及以命令任命的公正交易委员会的职员，在任中不得进行下述各项之一的行为：

1. 成为国会或地方公共团体的议会的议员或积极从事政治活动；
2. 除内阁总理大臣许可的某些场合外，不得从事有报酬的其他职务；
3. 经营商业，从事以其他金钱上的利益为目的的业务。

（委员长、委员、职员意见发表的禁止）

第三十八条 委员长、委员及公正交易委员会的职员不得就案件事实的有无或法令的适用，对外部发表意见。但是，在本法规定的场合或发表关于本法研究结果的场合，不在此限。

（委员长、委员、职员保守秘密的义务）

第三十九条 委员长、委员及公正交易委员会的职员以及曾经是委员长、委员及公正交易委员会的职员者，不得把其职务中得知的事业者的秘密泄露给他人或窃用。

（职务执行上的强制权限）

第四十条 公正交易委员会为了执行其职务，必要时可以对公务所、依特别法令成立的法人、事业者或事业者团体或它们的职员，命令其出面或要求其提供必要的报告、情报或资料。

（调查的委托）

第四十一条 公正交易委员会为了执行其职务，必要时可以委托公务所、依特别法令成立的法人、学校、事业者、事业者团体或有学识经验者进行必要的调查。

（公听会）

第四十二条 公正交易委员会为了执行其职务，必要时可以召开公听会，征求一般的意见。

（必要事项的公布）

第四十三条 公正交易委员会为了谋求本法的恰当运用，除事业者的秘密外，一般可以公布必要的事项。

（对国会的报告和提出意见）

第四十四条 公正交易委员会应该经由内阁总理大臣向国会报告每年本法的施行状况。在这种场合，可看作是按照第十八条之二第一款的规定所要求的报告的概要表现。

（二）公正交易委员会可以经由内阁总理大臣就达到本法的目的的必要事项，向国会提出意见。

第二节 程 序

（委员会活动的开始）

第四十五条　任何人在察觉存在着的违反本法规定的事实时，都可以向公正交易委员会报告该事实，并要求采取适当的措施。

（二）收到前款规定的报告时，公正交易委员会应该就事件进行必要的调查。

（三）根据第一款规定的报告在按照公正交易委员会规则的规定用书面摘示具体事实的场合，就与该报告有关的事件，决定采取适当措施或不采取措施的时候，公正交易委员会应该迅速将决定通知进行该报告者。

（四）公正交易委员会在察觉存在着的违反本法规定的事实或属于垄断状态的事实时，可以利用职权采取适当的措施。

（垄断状态场合的通知和意见陈述）

第四十五条之二　公正交易委员会的察觉存在着的属于垄断状态的事实的场合，决定采取前条第四款的措施时，应该将决定通知与该事业者经营的事业有关的主管大臣。

（二）在接到前款通知时，该主管大臣可以就垄断状态的有无以及恢复第八条之四第一款但书规定的竞争而值得采取的其他措施，向公正交易委员会陈述意见。

（调查的强制处理）

第四十六条　公正交易委员会为了对事件进行必要的调查，可以作出下述各项的处理：

1. 命令与事件有关的人或参考人出席审讯，或征求这些人的意见或报告；
2. 命令鉴定人出席鉴定；
3. 命令账簿文书及其他物件的所持者提出该物件或留下提出的物件；
4. 进入与事件相关人的营业所等必要的场所，检查其业务、财产状况、账簿文书及其他物件。

（二）公正交易委员会在认为适合的时候，可以根据命令的规定，指定公正交易委员会的职员为审查官，处理前款事项。

（三）根据前款规定让职员进入检查时，必须携带表示这种身份的证明书，并向相关者出示。

（四）处理第一款规定事项的权利，不能解释为是承认犯罪侦察。

（调查书）

第四十七条　公正交易委员会对事件进行必要调查时，必须将其要点记载于调查书，并且在处理前款规定事项时，要特别将其结果明确加以记载。

（作为对违反者的措施的劝告和劝告审决）

第四十八条 公正交易委员会在认为存在违反第三条、第六条第一款或第二款、第八条、第九条第一款或第二款、第九条之二第一款、第十条、第十一条第一款、第十三条、第十四条、第十五条第一款（包括在第十六条中准用的场合）、第十七条或第十九条的规定的场合，可以劝告进行该违反者（该违反行为在与第八条有关的时候，包括该事业者团体的干部、管理人及其事业者成员）采取适当的措施。

（二）公正交易委员会在认为违反第三条、第八条第一款第一项、第四项、第五项或第十九条规定的行为已经消失，认为特别有必要时，可以劝告进行该违反行为者（该违反行为与第八条第一款第一项、第四项、第五项有关的时候，包括该事业团体的干部、管理人及其事业者成员）采取适当的措施。

（三）受到前二款规定的劝告者必须就是否应允该劝告的问题迅速通知公正交易委员会。

（四）受到前二款规定的劝告者在应允该劝告的时候，公正交易委员会可以不经过审判手续作出与该劝告相同内容的审决。

（课征金的缴纳命令）

第四十八条之二 公正交易委员会在认为存在第七条之二第一款（包括第八条之三中准用的场合。在本条内下同）规定的事实时，应该命令事业者或事业者团体的事业者成员（在事业者成员为了其他事业者利益而进行行为的场合的其他事业者。本条内下同）向国库缴纳第七条之二第一款规定的课征金。但是，在该违反行为审判手续已经开始时，只有在审判手续终了以后才能发出命令。

（二）前款规定的命令（下称"缴纳命令"）通过送达记载着应缴纳课征金的数额和计算的基础以及与课征金有关的违反行为和缴纳期限的课征金缴纳命令书的副本进行。

（三）前款课征金的缴纳期限，必须在课征金缴纳命令书的副本送出之日起，二个月后缴纳。

（四）公正交易委员会在作出缴纳命令时，应该预先给予该事业者或事业者团体的事业者成员以陈述意见及提出证据的机会。

（五）不服缴纳命令者可以根据公正交易委员会规则的规定，在课征金缴纳命令书誊本到达之日起三十天内，请求公正交易委员会就该事件开始审判手续。

（六）缴纳命令经过前款规定的期间以后，关于第二十六条规定的适用，除对该行为进行前条第四款、第五十三条之三或第五十四条规定审决的场合以外，应看作是确定了的审决。

（审判手续的开始）

第四十九条 在第四十八条第一款或第二款规定的场合或认为存在垄断状态的场合（第八条之四第一款但书规定的场合除外。第五十四条第一款同），认为把事件交付审判手续符合公共利益时，公正交易委员会可以开始该事件的审判手续。

（二）在收到前条第五款规定的请求时，公正交易委员会除了认为该请求不合法而以审决加以驳回的场合外，应该迅速开始与该请求有关的事件的审判手续。

（三）在前款规定的审判手续开始进行的场合，与该事件有关的缴纳命令则失去其效力。

（四）公正交易委员会在决定开始与第八条之四第一款有关事件的审判手续时，应该与事业者经营的事业有关的主管大臣协商。

（审判开始决定书）

第五十条 审判开始决定根据文书进行。在审判开始决定书中，应该记载事件的要点，并由委员长及参加决定议决的委员在上面签名盖章。

（二）审判手续通过把审判开始决定书的誊本送达到命令采取第七条第一款或第二款（包括第八条之二第二款及第二十条第二款中准用的场合）、第八条之二第一款或第三款、第八条之四第一款、第十七条之二或第二十条第一款规定的措施（在第五十二条第一款中称"排除等措施"）者或提出第四十八条之二第五款规定的请求者手中开始。

（三）必须命令被审人于审判的日期到场。

（四）审判的日期必须定在从送达审判开始决定书誊本之日起的三十天以后。但是，在征得被审人同意时，不在此限。

（答辩书的提出）

第五十一条 被审人在接到送达的审判开始决定书时，应该迅速向公正交易委员会提出对该决定书的答辩书。

（委任一部分审判手续给审判官）

第五十一条之二 公正交易委员会在作出审判开始决定后，可以任命审判官，并根据公正交易委员会规则的规定，在处理第四十六条第一款各项事项以外，让其进行以后的一部分审判手续。但是，执行该事件审查官职务者及从事与该事件的审查有关的事项者不在此限。

（审查官的到场权限）

第五十一条之三 根据第四十六条第二款规定而指定的审查官，可以出席审判、呈报证据以及进行其他必要的行为。

（被审人的防御权）

第五十二条 被审人或其代理人在审判时可以申述公正交易委员会关于该事件的排除等措施或根据第七条之二第一款（包括第八条之三中准用的场合）的规定而命令缴纳课征金是不当的理由，并提出证明这一点的资料。还可以要求公正交易委员会审讯必要的参考人、命令鉴定人鉴定、命令账簿文书及其他物件所持人出示该物件，或进入必要的场所检查业务及财产状况、账簿文书及其他物件，或审讯公正交易委员会命令到场的参考人或鉴定人。

（二）被审人可以委托律师或得到公正交易委员会承认的适当者为代理人。

（证据不采用的理由说明）

第五十二条之二 公正交易委员会在不采用审查官或被审人或其代理人呈报的证据时，应该说明其理由。

（被审人的不到场）

第五十二条之三 公正交易委员会在被审人或其代理人没有正当理由于审判日期不到场的时候，可以进行审判。

（审判的公开和速记）

第五十三条 审判应该公开进行。但是，在认为有必要保守事业者的事业上的秘密或认为公益上有必要时，可以不公开进行。

（二）审判时应该让速记者到场，笔记陈述。

（参考人、鉴定人的宣誓）

第五十三条之二 刑事诉讼法第一百四十三条到第一百四十七条、第一百四十九条、第一百五十四条到第一百五十六条、第一百六十五条及第一百六十六条的规定，准用于公正交易委员会或审判官在审判时审讯参考人或命令鉴定人鉴定的手续。

（二）在前款的场合，把"裁判所"改为"公正交易委员会或审判官"，把"证人"改为"参考人"，把"寻问"改为"审讯"，把"被告人"改为"被审人"。

（被审人陈述机会的给予）

第五十三条之二之二 公正交易委员会在根据第五十一条之二的规定让审判官进行一部分审判手续的场合，收到被审人或其代理人的呈报时，应该给予他们直接向公正交易委员会陈述的机会。但是，属于根据第四十九条第二款的规定开始的审判手续的事件，而对与该事件有关的违反行为根据第四十八条第四款、第四十九条或第五十四条的规定进行审决的，不在此限。

（同意审决）

附录：主要国家竞争与反垄断法

第五十三条之三 公正交易委员会在作出审判开始决定以后，在被审人承认审判开始决定书记载的事实及法律的适用，向公正交易委员会提出以后不经过审判手续而接受审决的文书，并且排除该违反行为或保证排除该违反行为，或提出为了恢复与垄断状态有关的商品或劳务的竞争，自己准备采取具体措施的计划书的场合，被认为适当时，可以不经过以后的审判手续而进行与该计划书记载的具体措施同样内容的审决。

（审决）

第五十四条 公正交易委员会经过审判手续后，在认为存在违反第三条、第六条第一款或第二款、第八条、第九条第一款或第二款、第九条之二第一款、第十条、第十一条第一款、第十三条、第十四条、第十五条第一款（包括第十六条中准用的场合）、第十七条或第十九条规定的行为的场合或认为存在垄断状态的场合，应该用审决的形式命令被审人采取第七条第一款、第八条之二第一款或第三款、第十七条之二或第二十条第一款或第八条之四第一款规定的措施。

（二）公正交易委员会经过审判以后，在认为违反第三条、第八条第一款第一项、第四项或第五项或第十九条规定的行为已经消失的场合，认为特别有必要时，可以用审决的形式命令被审人采取第七条第二款（包括第八条之二第二款及第二十条中准用的场合）规定的措施。

（三）公正交易委员会经过审判手续后，在认为审判开始决定时不存在属于第一款规定的行为或垄断状态的事实的场合以及在认为审判开始决定时虽存在属于同款规定的行为或垄断状态的事实，但属于该行为或垄断状态的事实已经消失的场合（根据前款规定进行审决的场合除外），或存在属于垄断状态的事实而认为属于第八条之四第一款但书的场合，应该用审决的形式加以说明。

（审判手续后课征金的缴纳命令）

第五十四条之二 公正交易委员会经过审判手续后认为存在第七条之二第一款（包括第八条之三中准用的场合）规定的事实时，应该通过审决的形式，命令被审人向国库缴纳与该违反行为有关的课征金。

（二）第四十八条之二第三款的规定，准用前款的审决。

（事实的认定）

第五十四条之三 在前二条的审决中，除被审人没有争论的事实及公认的事实外，必须认定审判手续中由调查证明了的事实。

（审决的合议）

第五十五条 审决必须由委员长及委员合议。

（二）第三十四条第一款、第二款及第四款的规定准用前款的合议；

（三）要进行命令采取第八条之四第一款措施的审议，不管前款准用的第三十四条第二款的规定如何，都必须有三人以上的一致意见。

（合议的非公开）

第五十六条 公正交易委员会的合议不公开进行。

（审决书的方式）

第五十七条 审决用文书进行。当审决书是公正交易委员会认定的事实和对事实的法令适用以及第五十四条之二第一款的审决时，应该说明课征金的计算基础，并由委员长及出席合议的委员在审决上署名盖章。

（二）在审决书中可以附记少数意见。

（审决效力的发生和竞争恢复措施的执行时期）

第五十八条 审决在审决书誊本到达被审人时生效。

（二）命令采取第八条之四第一款措施的审决，必须在确定后才能执行。

（相关人参加）

第五十九条 公正交易委员会议为有必要时，可以在职权范围内，把与审决结果相关的第三者作为当事者而让其参加审判手续。但是，必须预先审讯被审人及该第三者。

（相关公务所和公共团体的参加）

第六十条 相关的公务所或公共团体认为有公益上的必要时，在得到公正交易委员会承认后，可以作为当事者参加审判手续。

（相关公务所和公共团体的意见陈述）

第六十一条 相关的公务所或公共团体为了保护公共利益，可以向公正交易委员会陈述意见。

（通过寄存免除审决的执行）

第六十二条 公正交易委员会在根据第五十四条第一款或第二款的规定以审决形式命令停止违法行为及作其他处理的场合，被审人可以通过寄存裁判所规定的保证金或有价证券而在该审决确定以前免予执行。

（二）前款规定的裁判，依非诉讼事件程序法进行。

（寄存物的没收）

第六十三条 被审人在根据前条第一款规定进行寄存的场合，当该审决确定时，裁判所可以根据公正交易委员会的呈报，没收与寄存有关的全部或一部分保证金或有价证券。

（二）前条第二款的规定准用前款规定的裁判。

（审决的调查处理）

附录：主要国家竞争与反垄断法

第六十四条 公正交易委员会即使在进行第五十四条第一款或第二款的审决以后，有特别必要时，也可以根据第四十六条的规定进行处理或让其职员进行处理。

（课征金缴纳的督促和延滞金）

第六十四条之二 公正交易委员会在发生到达缴纳期限而没有缴纳课征金的时候，应该用督促书指定期限而督促其缴纳。

（二）公正交易委员会在进行前款规定的督促时，可以按征收同款课征金额每年14.5%的比率，根据从缴纳期的翌日起到其缴纳之日止的日数，计算延滞金。但是，延滞金额不满千元时不在此限。

（三）在出现前款规定计算的延滞金数额未满百元的零数时，其零数舍除。

（四）公正交易委员会在受到第一款规定督促者在指定的期限没有缴纳其应缴纳的金额时，可以按国税条例的滞纳处分征收。

（五）前款规定的征收金的先得特权的顺序，仅次于国税及地方税，其时效依国税条例。

（认可、承认申请的驳回）

第六十五条 公正交易委员会在收到第九条之二第一款第六项、第十一条第一款或第二款、第二十四条之三第二款或第三款或第二十四条之四第二款的认可申请或第九条之二第一款第九项的承认申请的场合，认为申请没有理由时，应该用审决的形式驳回申请。

（二）第四十五条第二款的规定，准用于前款的认可或承认的申请的场合。

（认可的承认和审决的取消或变更）

第六十六条 公正交易委员会对于前条第一款所述的认可或承认，在认为该认可或承认的要件——事实消灭或变更时，可以经过审判手续，用审决的形式予以取消或变更。

（二）公正交易委员会根据经济情况的变化及其他事由，认为维持该审决是不当的，从而违反公共利益的时候，可以用审决的形式予以取消或变更。但是，在损害被审人利益的场合不在此限。

（法院的紧急停止命令）

第六十七条 法院在认为有紧急必要时，可以根据公正交易委员会的申报，命令有进行违反第三条、第六条第一款、第八条第一款、第九条第一款或第二款、第九条之二第一款、第十条第一款、第十一条第一款、第十三条第一款或第二款、第十四条第一款、第十五条第一款（包括第十六条中准用的场合）、第十七条或第十九条规定的嫌疑行为者，暂时停止该行为、行使议决权或执行公司干部的业务，或取消或变更其命令。

（二）法院认为有紧急必要时，可以根据公正交易委员会的申报，对得到第二十四条之三第二款或第三款或第二十四条之四第二款规定的认可者，根据第六十六条第一款的规定，取消第二十四条之三第二款或第三款或第二十四条之四第二款所述的认可，或在有可能发生变更的场合，命令暂时停止得到认可的行为，或取消或变更其命令。

（三）第六十二条第二款的规定，准用于前二款规定的裁判。

（通过寄存免除紧急停止命令的执行）

第六十八条 前条第一款或第二款规定的裁判，可以通过寄存裁判所规定的保证金或有价证券而免除其执行。

（二）第六十三条规定准用于前款规定的与寄存有关的保证金或有价证券的没收。

（利害相关人的记录阅览等）

第六十九条 利害相关人在审决开始决定后，可以向公正交易委员会要求阅览或誊写事件记录或交付课证金缴纳命令书或审决书的誊本或抄本。

（文书的送达）

第六十九条之二 文书的送达准用民事诉讼法第一百六十二条、第一百六十九条、第一百七十一条及第一百七十七条的规定。在这种场合，应把"执行官"改为"公正交易委员会的职员"，把"法院"改为"公正交易委员会"。

（对命令的委任）

第七十条 除本法规定者外，关于公正交易委员会的调查和审判的程序及其他事件的处理以及关于第六十二条第一款及第六十八条第一款的寄存的必要事项，以命令加以规定。

（不服申诉的限制）

第七十条之二 对公正交易委员会根据本节的规定作出的审决和其他处理（包括根据第四十六条第二款规定由审查官作出的处理及根据第五十一条之二的规定由审判官作出的处理），不能根据行政不服审查法（昭和37年法160号）提出不服申诉。

第三节 杂　则

（不公正交易方法的指定手续）

第七十一条 公正交易委员会在决定把特定事业领域的特定交易方法依第二条第九款的规定进行指定时，应该听取使用该特定交易方法的事业者与经营同种事业的事业者的意见，并且召开公听会征求一般的意见，在充分考虑这些意见的

（不公正交易方法指定的告示）

第七十二条 第二条第九款规定的指定，用告示进行。

（垄断状态审判开始程序）

第七十二条之二 公正交易委员会在决定开始与第八条之四第一款有关的事件的审判程序时，必须召开公听会征求一般的意见。

（告发和不起诉处理的报告）

第七十三条 公正交易委员会在觉察存在着违反本法规定的犯罪时，必须向检察总长告发。

（二）对与前款规定告发有关的事件作出不提起公诉的处理时，检察总长必须迅速地经由法务大臣，以文书形式将该处理及其理由报告内阁总理大臣。

（检察总长的通知和调查结果的报告）

第七十四条 检察总长在觉察存在的违反本法规定的犯罪时，可以把其意思通知公正交易委员会，并要求公正交易委员会进行调查并报告结果。

（参考人或鉴定人的旅费和津贴）

第七十五条 根据第四十六条第一款第一项或第二项或第二款或第五十一条之二的规定命令其到场或鉴定的参考人或鉴定人，可以根据命令的规定，请求旅费及津贴。

（公正交易委员会的规则制定权）

第七十六条 公正交易委员会可以制定其内部规则、事件的处理程序及呈报、认可或承认的申请和其他有关事项的必要程序的规则。

第九章 诉 讼

（取消审决的诉讼的提起期间）

第七十七条 公正交易委员会的审决取消的诉讼，必须在审决生效之日起三十天（关于命令采取第八条之四第一款措施的审决为三个月）以内提起。

（二）前款的期间是不变期间。

（记录的附送）

第七十八条 发生提起诉讼时，裁判所应该要求公正交易委员会迅速地附送该事件的记录（包括事件相关人、参考人或鉴定人的审讯调查书及速记录和其他应该作为裁判上证据的东西）。

第七十九条 删除

（公正交易委员会认定事实的约束力）

第八十条 在第七十七条第一款规定的诉讼中,公正交易委员会认定的事实,在有证明这些事实的实质的证据时,对法院有约束力。

(二)前款规定的实质的证据的有无,由裁判所判断。

(新证据的呈报和退回)

第八十一条 当事者可以向法院呈报与该事件有关的新证据。但是,关于公正交易委员会认定的事实的证据的呈报,要具备属于下述各项之一的理由:

1. 公正交易委员会没有正当的理由不采纳该证据的场合;

2. 公正交易委员会审判时不能提出该证据,并且对不能提出该证据没有重大过失的场合。

(二)前款但书规定的证据的呈报,当事者必须说明属于同款各项之一的事实。

(三)裁判所认为第一款但书规定的证据呈报有理由,因而有调查该证据的必要时,可以把该事件退回给公正交易委员会,并命令其采取调查该证据的适当措施。

(审决的取消)

第八十二条 法院在公正交易委员会的审决属于下述各项之一的场合,可以取消审决:

1. 没有实质的证据证明成为审决基础的事实的场合;

2. 审决违反了宪法和其他法令的场合。

(退回)

第八十三条 法院在取消公正交易委员会的审决的场合,认为有让其进一步审判的必要时,可以说明其理由,将事件退回公正交易委员会。

(就损害额征求委员会的意见)

第八十四条 在提起关于第二十五条规定的损害赔偿诉讼时,裁判所应该就同条规定的违反行为而产生的损害的数额,迅速征求公正交易委员会的意见。

(二)前款的规定准用于第二十五条规定的损害赔偿请求在裁判上主张相抵的场合。

(第一审的裁判权)

第八十五条 属于下述各项之一的诉讼,第一审的裁判权属于东京高等法院:

1. 与公正交易委员会审决有关的诉讼;

2. 与第二十五条规定的损害赔偿有关的诉讼;

3. 与第八十九条到第九十一条之罪有关的诉讼。

（与审决有关的事件的专属管辖）

第八十六条 第六十二条第一款、第六十三条第一款（包括在第六十八条第二款中准用的场合）、第六十七条第一款、同条第二款、第七十九条及第九十八条规定的事件，专属东京高等法院管辖。

（东京高等法院的特别合议体）

第八十七条 在东京高等法院中设置只处理第八十五条所述诉讼事件及前条所述事件的法官的合议体。

（二）前款合议体的法官的人数为五人。

（认可取消的异议申诉和诉讼的关系）

第八十八条 第二十四条之三第二款或第三款或第二十四条之四第二款规定的认可取消的诉讼，只有经过对该处理的异议申诉作出决定以后才能提起。

（法务大臣指挥权的排除）

第八十八条之二 与公正交易委员会审决有关的诉讼，不适用于在与国家利害有关的诉讼中关于法务大臣的权限等团体也课以各该条的罚金刑。

第九章之二 杂 则

（经过措施的制定）

第八十八条之三 在基于本法制定或改废政令的场合，可以在判断其制定或改废是必要的合理的范围内，用政令规定所需要的经过措施（包括关于罚则的经过措施）。

第十章 罚 则

（私人垄断、不当交易限制和竞争限制之罪）

第八十九条 属于下述各项之一者，处以三年以下的惩役或五百万元以下的罚金：

1. 违反第三条的规定而进行私人垄断或不当交易限制者；
2. 违反第八条第一款第一项的规定，在一定交易领域实质上限制竞争者。

（二）前款未遂罪按此处罚。

（国际协定和违反确定审决等之罪）

第九十条 属于下述各项之一者，处以二年以下的惩役或三百万元以下的罚金：

1. 违反第六条第一款或第八条第一款第二项的规定，签订以属于不正当交易限制事项为内容的国际协定或国际契约者；

2. 违反第八条第一款第三项或第四项的规定者；

3. 在第四十八条第四款、第五十三条之三或第五十四条第一款或第二款的审决确定以后不服从者。

（股份保有和干部兼任等之罪）

第九十一条 属于下述各项之一者，处以一年以下的惩役或二百万元以下的罚金：

1. 违反第九条第一款的规定，成立控股公司或违反同条第二款的规定者；

2. 违反第九条之二第二款的规定而取得或占有股份者；

3. 违反第十条第一款前段的规定而取得或占有股份者；

4. 违反第十一条第一款的规定而取得或占有股份，或违反同条第二款的规定而占有股份者；

5. 违反第十三条第一款的规定而兼任干部职务者；

6. 违反第十四条第一款前段的规定而取得或占有股份者；

7. 违反依前述各项规定的关于禁止或限制的第十七条的规定者。

（违反关于呈报等的规定之罪）

第九十一条之二 属于下述各项之一者，处以二百万元以下的罚金：

1. 违反第六条第二款的规定，不进行呈报或提出进行虚伪记载的呈报书者；

2. 违反第八条第二款到第四款的规定，不进行呈报或提出进行虚伪记载的呈报书者；

3. 违反第十条第二款的规定，不提出报告书或提出进行虚伪记载的报告书者；

4. 违反第十三条第三款的规定，不进行呈报或提出进行虚伪记载的呈报书者；

5. 违反第十四条第二款的规定，不提出报告书或提出进行的法律（昭和22年法194号）第六条的规定。

6. 违反第十五条第二款（包括第十六条中准用的场合）的规定，不进行呈报或提出进行虚伪记载的呈报书者；

7. 违反第十五条第三款的规定，通过合并进行成立或变更的登记者；

8. 违反第十六条中准用第十五条第三款的规定而进行属于第十六条各项之一的行为者；

9. 违反第十八条之二第一款规定的处理而不报告或作虚伪的报告者；

10. 违反第二十四条之二第六款的规定，不进行呈报或提出进行虚伪记载的呈报书者。

附录：主要国家竞争与反垄断法

（惩役和罚金并课）

第九十二条 对犯有第八十九条到第九十一条之罪者，根据情况可以并课惩役及罚金。

（虚伪陈述和鉴定之罪）

第九十二条之二 按第五十三条之二的规定进行宣誓的参考人或鉴定人进行虚伪的陈述或鉴定时处以三个月以上十年以下的惩役。

（二）犯前款之罪者在审判手续终了前，并且在犯罪被发觉前坦白的时候，可以减轻或免除其刑罚。

（违反保守秘密义务之罪）

第九十三条 违反第三十九条的规定者，处以一年以下的惩役或十万元以下的罚金。

（妨碍检查等罪）

第九十四条 拒绝、妨碍或躲避第四十六条第一款第四项或第二款或第五十一条之二规定的检查者，处以六个月以下的惩役或二十万元以下的罚金。

（违反调查处理之罪）

第九十四条之二 属于下述各项之一者，处以二十万元以下的罚金：

1. 违反第四十条规定的处理，不到场、不提出报告、情报或资料，或提出虚伪的报告、情报或资料者；

2. 违反第四十六条第一款第一项或第二项或第五十一条之二规定的对事件相关人或参考人的处理，不到场、不陈述、进行虚伪的陈述或不报告或进行虚伪的报告者；

3. 违反第四十六条第一款第二项或第二款或第五十一条之二规定的对鉴定人的处理，不到场、不鉴定或进行虚伪的鉴定者；

4. 违反第四十六条第一款第三项或第二款或第五十一条之二规定的对物件所持者的处理，不出示物件者；

5. 违反第五十三条之二中准用的刑事诉讼法第一百五十四条或第一百六十六条规定的对参考人或鉴定人的命令，不进行宣誓者；

（两罚规定）

第九十五条 法人的代表者或法人或自然人的代理人、雇佣人及其他从业者，就该法人或自然人的财产问题进行第八十九条、第九十条、第九十一条（第五项除外）、第九十一条之二或第九十四条的违反行为时，除罚行为者以外，对该法人或自然人也课以各本条的罚金刑。

（二）不是法人的团体的代表者、管理人、代理人、雇佣人和其他从业者就团体的业务或财产问题进行第八十九条、第九十条、第九十一条第一项、第六项或第七项（限与第一项或第六项有关的部分）或第九十一条之二第一项、第二项、第五项或第九项的违反行为时，除罚行为者外，对该行为虚伪记载的报告书者；

（三）在前款的场合，代表者或代理人除其诉讼行为代表该团体外，准用关于把法人作为被告人或嫌疑人场合的诉讼行为的刑事诉讼法的规定。

（对法人代表者的罚则）

第九十五条之二 在违反第八十九条第一款第一项、第九十条第一项或第三项或第九十一条（第五项除外）的场合，对知道其违反的计划而未采取防止的必要措施，或知道其违反行为而未采取纠正的必要措施的该法人（在违反第九十条第一项或第三项场合的该法人是该事业者团体者除外）的代表者也课以各该条的罚金刑。

（对事业者团体的干部、事业者成员的罚则）

第九十五条之三 在违反第八十九条第一款第一项或第九十条的场合，对知道其违反计划而未采取防止的必要措施，或知道其违反行为而未采取纠正的必要措施的该事业者团体的理事和其他干部或代理人或其事业者成员（在事业者成员为其他事业者的利益进行行为的场合，包括该其他事业者），也分别课以各该条的罚金刑。

（二）前款的规定在同款所述事业者团体的理事和其他干部或代理人或其事业者成员是法人和其他团体的场合，适用于该团体的理事和其他干部或管理人。

（事业者团体解散的宣告）

第九十五条之四 法院在认为有充足理由时，在宣判第八十九条第一款第二项或第九十条规定刑罚的同时，可以宣告事业者团体的解散。

（二）在宣告前款规定的解散的场合，不管其他法令的规定或章程及其他规定如何，事业者团体都依宣告而解散。

（专属告发）

第九十六条 从第八十九条到第九十一条之罪，有待公正交易委员会的告发论处。

（二）前款的告发以文书进行。

（三）公正交易委员会在进行第一款告发时，对与其告发有关的犯罪认为进行前条第一款或第一百条第一款第一项的宣告是适当的时候，可以将其记载于前款的文书。

（四）第一款的告发在提起公诉以后不能取消。

（违反审决的罚金）

第九十七条 违反第四十八条第四款、第五十三条之三或第五十四条第一款或第二款的审决者，处以五十万元以下的罚金。但是，该行为应科以刑罚时不在此限。

（违反紧急停止命令等的罚金）

第九十八条 违反第六十七条第一款或第二款的规定的裁判者，处以三十万元以下的罚金。

第九十九条 删除

（专利或实施权的取消、与政府间契约的禁止宣告）

第一百条 在第八十九条或第九十条的场合，裁判官根据情况在宣判刑罚的同时，可以进行下述各项的宣告。但是，进行第一项的宣告只限于该专利权或专利发明的专用实施权或通常实施权属于犯人的场合：

1. 取消供违反行为的专利权的专利或专利发明的专用实施权或通常实施权；
2. 在判决确定后六个月以上三年以下的期间内不得与政府间缔结契约。

（二）进行前款第一项宣告的判决确定时，法院必须把判决的誊本附送专利厅长官。

（三）在附送前款规定判决的誊书时，专利厅长官必须取消其专利权的专利或特别发明的专门实施权或通常实施权。

附　则

第一百零一条 本法的施行日期，以各规定的命令规定（第二十七条到第四十四条、一百一十三条、一百一十四条的规定昭和22年7月1日施行——昭和22年政114号，其他规定昭和22年7月20日施行——昭和22年政142号）。

第一百零二条 在各规定施行时现存的契约中，违反该规定的内容从规定施行之日起失效。

第一百零三条 本法的规定不适用于根据企业再建整备法规定的决定整备计划或根据金融机构再建整备法规定的整备计划进行的事业者的行为。

（二）第十二条第二款的规定不适用于经营金融业的公司基于企业再建整备法规定的决定整备计划取得或占有经营金融业以外的事业的国内其他公司的股份的场合。

（三）第十一条第五款的规定准用于前款的场合。

第一百零四条到第一百一十四条　　（略）。

责任编辑：吕　萍　王　娟
责任校对：徐领柱
版式设计：代小卫
技术编辑：邱　天

《产业经济学》学习与教学手册
主编　杨风禄　尹莉　余东华
经济科学出版社出版、发行　新华书店经销
社址：北京市海淀区阜成路甲 28 号　邮编：100036
总编室电话：88191217　发行部电话：88191540
网址：www.esp.com.cn
电子邮件：esp@esp.com.cn
汉德鼎印刷厂印刷
永胜装订厂装订
760×960　16 开　31.75 印张　560000 字
2008 年 6 月第 1 版　2008 年 6 月第 1 次印刷
印数：0001—3000 册
ISBN 978-7-5058-7142-7/F·6393　定价：40.00 元
（图书出现印装问题，本社负责调换）
（版权所有　翻印必究）